新世纪中学教育的思考与实践

——重庆市中学校长论文（十）

重庆市中学校长联谊会
重庆市教育学会高中专业委员会 编

西南师范大学出版社

编 辑 委 员 会

前　　言

　　《新世纪中学教育的思考与实践——重庆市中学校长论文》第十集的中心议题是"用课程和教学改革探索学校特色发展的途径"。这些论文是重庆市中学校长们 2009 年至 2010 年努力探索和研究的成果。这些成果曾在 2010 年 12 月重庆市中学校长联谊会和重庆市教育学会高中专委会北碚年会上进行过广泛的交流,引起了与会者的强烈共鸣。

　　近年来,不少校长积极推进学校课程改革,在全面提高学生素质、培养学生创新精神和实践能力方面,进行了大胆的探索。力求做到精心实施国家课程、精心安排地方课程、精心创设本校课程的有机结合,力求做到必修课程、选修课程、活动课程、实践课程的有机结合,努力突出课程的科学性、综合性、创新性、互动性和实践性。

　　翻开这本论文集,你会发现,重庆市中学校长们推进的课程改革,在充分发挥各自学校的教育资源优势、密切课程内容与时代、与生活的联系方面,呈现出百花齐放、百家争鸣的态势,给学生提供了充分发展的余地。他们或在发展性教育、自主教育、责任教育、生活教育、善雅志教育方面大胆探索,或在引导学生自主学习、研究性学习、探索性学习方面取得经验,或在科技教育、劳动技术教育、信息教育、外语教育、艺术教育、体育特长教育(如柔道、摔跤、篮球、足球等)以及地域文化建设、校园文化建设方面有了突破,等等。

实践有力地证明,不断深化的课程改革进一步促进了学生学习方式的转变,进一步促进了教师教学方式的转变,进一步促进了学校办学特色的形成、成熟和发展。

我们相信,这本论文集能继续给校长们以及有志于中学教育的工作者们以启发和思考。

由于时间紧迫、编者水平有限,编辑中难免出现差错,希望能得到您的批评指正,以便进一步改进我们的工作。

重庆市中学校长联谊会
重庆市教育学会高中专业委员会 论文编辑委员会
2011 年 11 月 17 日

目　录

新世纪中学教育的思考与实践

加强新课程建设　凸显学校特色

重庆忠县中学　沈仕平

　　新课程改革是深入全面推进素质教育,办好现代化教育的突破口,要求以学生为本,树立基础教育为社会发展和学生的终身发展服务的理念。温家宝总理说"教育要符合时代发展的要求……归根到底就是要与时俱进,赶上时代发展的步伐,办出具有中国特色、中国风格、中国气派的现代化教育。"新课程改革需要每所学校与时俱进,寻找新的"生长点",显然,学校特色建设无疑是一条有效途径。通过学校特色建设,优化配置教育资源,立足于学生学习的需求,自主发展和优化学校的个性特长,激活学校向前持续、快速发展的活力,朝着优质化、品牌化方向持续发展。创建特色学校需要新课程改革形成共同的教育理念,形成独特的、稳定的办学风格和文化特征,把学校的优势项目发展成为学校特色项目,进而办出学校特色。因此,新课程改革与办学特色建设互为保障,相辅相成。

一、理念先行,依据新课改理论,唱响"精忠"理念特色

　　一所学校只有确立了自身独特的办学思路,才可能真正落实课程改革,才可能形成具有实质意义的特色。这就需要我们把注意力放在能够促进师生尽快成长,学校快速发展的最优化的思路上;需要我们找准自身具备的适应客观发展要求的"生长点",再经过全体教职员工长期的经营,逐步形成特色。引导大家摒弃功利行为,追求教育理想,回归教育本质,把学校建设成为塑造高尚灵魂,发展个性特长的高地,为学生一生的幸福和发展奠基。于

是，我校响亮地提出了"以特色求生存，以特色求发展，以特色创品牌，走个性化内涵发展之路"的发展战略。

学校生存与发展的内核就是学校精神、理念的凝练与生成，没有学校精神和理念就无从谈起创建学校特色。同样，新课程改革的落实，不仅需要有包括新课程开发、开设在内的课程实施行为方式的创新，更重要的是要有深层次的理念的创新。高中新课程改革明确了高中教育的性质："普通高中教育是在九年义务教育基础上进一步提高国民素质，面向大众的基础教育，普通高中教育应为学生的终身发展奠定基础。"对普通高中教育基本定位于"为学生终身发展奠定基础"，就要以学生为本，树立基础教育为社会发展和学生的终身发展服务的观念。

在我校 70 多年办学过程中，我们一方面深刨"精忠报国"传统文化之根，以坚守其基本内核，另一方面又分析当代社会发展对教育提出的新要求，提出"精忠树人"的办学理念。

"精忠树人"昭示忠县中学师生"精于治学，忠于真理；精于教学，忠于事业；精于求学，忠于祖国；精于善学，忠于时代"，以"树德高身正、业专技长、与时俱进之名师，树品洁行雅、志远学博、与日创新之优生"。

这一极富特色的办学理念，集中体现了新课程改革的精神，体现了忠县中学的价值观、世界观、发展观，体现了学校以人为本的素质教育思想，体现了与时俱进、科学发展的创新思想，体现了教育和谐均衡的发展思想，体现了学校继承和发扬办学传统，把学校推向新的发展阶段的信心和决心。我们利用各种集会和各种宣传阵地，向师生灌输"精忠树人"的理念，并把这种理念贯穿到学校活动的方方面面，成为忠中人的自觉行动，"精忠"特色逐步深化，逐渐由学校特色发展为整个学校的文化精神，从而稳步地提高办学水平和育人质量，引领学校可持续发展。

二、环境育人，依照新课改要求，建设景致校园特色

良好的校园环境对学生的发展有着巨大的影响作用，有着良

好的育人功能,这主要表现为它能通过外部环境促进学生内心世界的变化,这也就是我们常说的"隐性教育"。我校以校园环境建设为基础,经过多年实践营造的"精忠"文化育人氛围,是被全体师生认同并一致遵守的一种学校特色,它是学校的风气,学校的精神,学校的生命。

(一)构建独具艺术特色的校园建筑,以艺养心

我校抓住移民迁校契机,高起点,精心规划,打造精品建筑群,构建独具特色的校园环境。我校的大门为古典牌楼式建筑,长 70 余米,高 20 余米,像一个大大的括号,既标注着忠县中学辉煌的历史,又像张开的双臂,拥抱着八方来客。呈三角形造型的第一教学楼,犹如凌空展翅的雄鹰,直插霄汉,也似巨大的炼炉,陶铸金丹。依山就势建设的科学馆,集实验、图书、微机等各种功能于一体,仿佛是科学的海洋、知识的高山、信息的高速路、成功的加油站。造型别致的艺术楼和 400 米标准田径运动场,是灵动与活力的源泉,愉悦与快乐的驿站。校园花圃草坪的图案栽植,名木古树的形象布置,"精忠魂"浮雕壁画的精心设计,塑像字画的合理摆布,亭台景观的装饰点缀,名人名言长廊的构思建造等,都严格以园林的标准来规划、布局、施工,整个校园做到"五化",即绿化、美化、净化、香化、文化,具有很高的艺术性和观赏性。2007 年,重庆市人民政府命名我校为"重庆市首批十佳园林式单位"。

(二)赋予校园景致丰富的文化内涵,以文化人

教育家苏霍姆林斯基说:"我们的教育应当使每一堵墙都会说话。"在校园文化建设中,我校让橱窗、墙壁、走廊、移动展板、草坪、雕塑和喷泉,都"活"起来、"动"起来,让室内室外到处传递着文化信息,发挥着育人化人功能。校大门外用紫丁香花组成的一对"钥匙",与红继木、黄金叶精心搭配成一幅光芒图案,让绿色的"钥匙"金光四射,寓意为"忠县中学交给学生的是绿色钥匙",学生将用这对钥匙去打开知识之门、人生之门。校园大门右边的一

片苍翠的竹林,昭示全校师生根深才能叶茂。喷泉荷花池被命名为"北大湖",雅致园林被命名为"清华园",这些景观设计匠心独运,时刻提醒学生理想与现实的距离。教学楼东边草坪孕育着新生命的"子宫"图形,教学楼南边蜡烛造型的灯柱、大写意的学位冠冕,教学楼北边墙上的"珍惜今天,成就明天",教学楼西边茂密的银杏树等无不寄托着忠中人的美好希望和良好祝愿。精忠广场左侧是以中国地图、世界地图为衬景的"胸怀祖国,放眼世界"八个大字,昭示着忠中人饱含拳拳爱国热情和面向世界,面向未来,面向现代化的雄心壮志。由喷泉、塑像、草坪、小桥流水景观等组成的世纪广场是文化广场,更是教育广场。两千多年前的圣人孔子和现代的物理学家爱因斯坦、生物学家达尔文、音乐家贝多芬的铜像静穆地伫立在青翠的草坪和文化长廊里,沐浴着忠县中学的阳光雨露,日夜陪护着忠中师生。他们深邃的眸子里透射出的思想之光,不正是一粒粒启迪忠中学子的灵丹,一记记鞭策前进的响鞭么?师生徜徉其中,深受无声教育。

我校集"育人校园、学习乐园、生活花园、居住家园"一体的校园环境和内涵丰富、魅力无限的"精忠"文化,不仅成为我校每年新生入学教育的大课堂,更成为实施课程改革和学生能力展示的大舞台,有力地促进了学校的内涵发展。

三、整合阵地,依托新课程建设,打造精彩课堂特色

(一)新课程的建设

1999 年 6 月,全国教育工作会议明确指出:"调整和改革课程体系、结构、内容,建立新的基础教育课程体系,试行国家课程、地方课程、学校课程。"重庆市教委今年发布的《重庆市普通高中新课程实验课程设置及实施指导意见》规定新的普通高中课程由学习领域、科目、模块三个层次构成立体的课程体系,分语言与文学、数学、人文与社会、科学、技术、艺术、体育与健康、综合实践活动八个学习领域设置课程。《重庆市普通高中学生学分认定管理办法》规定普通高中学制为 3 年,学生 3 学年中必修 116 学分,选

修学分不低于 28 学分,总学分达到 144 学分方能毕业。

我校是具有"示范性、实验性"特色的重庆市重点中学,除了落实好国家课程和地方课程外,应有自身的办学思路和风格,充分体现教育的时代性和学校办学的特色性,在切实执行国家课程的同时,开发和实施校本课程,构建我校新的课程模式。学校制订了《重庆市忠县中学校本课程开发与实施纲要》《重庆市忠县中学校本课程开设条例》,并将校本课程开发分为 4 类,即理科拓展类课程、文科自选类课程、特长培养类课程和自育活动类课程。目前已申报的课程方案达 29 种,已进入编写的课程有"提高学生写作能力的有效途径"、"忠县地名与历史文化"、"精忠文化"、"化学与生活"等 10 种,拟在修订完善的基础上向学生推出并接受选修。

(二)精彩课堂的打造

新课程的落实和我校"精忠树人"办学理念的体现必须找到一个自身个性追求的切入点。这个切入点就是我们依托新课程建设,不断追求的"精彩课堂"建设。

"精彩课堂"以"一课三步"循环课堂教学为基本范式:第一步,由教师向学生发放"学案",并精要点拨学案内容;第二步,由学生依据"学案"进行充分自学;第三步,通过生生互动、师生互动、人机互动,合作探究,交流展示,归纳总结,练习巩固,达成学习目标,实现高效课堂。具体表现为课堂的"两导、三做、四让、六统一、七转换"。"两导",即主导、诱导;"三做",即课前精心地做预习,课中精要地做展示,课尾精准地做练习;"四让",即让学生成为课堂的主人,让教室充盈民主的气息,让课堂充满智慧的挑战,让课堂成为成长的乐园;"六统一",即预设和生成的统一,内容和方法的统一,主导和主体的统一,开与达的统一,严与爱的统一,导与牵的统一;"七转换",即课堂活动在"听、看、说、想、做",以及"动与静"中有效转换。

我们创建"精彩课堂"的目标是明确的,思路是清晰的,是体现新课改理念的理想课堂,它以学生全面发展、主动发展为宗旨,具有张扬个性特长,培养学生自主学习能力的人本归真特点的课堂。这个课堂是学生自主探究、合作的过程,是学生展现才能和智慧的场所,是师生共同感悟提高的一段历程,是健康的、充满活力的课堂。几年来,我们的"精彩课堂"的创建工作大体经历了三个阶段:第一个阶段,我们结合新课改的理念,制订"精彩课堂"的评价标准。通过评价标准,改变旧的教学方式,倡导与新课改理念相一致的教学方式,主要致力于 40 分钟课堂的改变,使以老师为主导的满堂灌课堂教学状况有所好转,课堂的主导权逐渐转向学生。第二个阶段,为了使教师更多地参与课堂改革,我们将教科研与教学工作结合起来,以"问题即课题,改善即成果"为原则,鼓励教师大胆创新,我们在"大学科"观的指导下,通过学科活动,给学生搭建展示个性的舞台。我们先后搭建了文学享受平台、英语交流平台、艺术创意天地、制作实验创新四个平台,将学科教学与学科活动有机地结合起来。第三个阶段,经过了前两个阶段,我们有许多学科的教学特色逐渐显露,如语文组的语文课程资源的开发,通过语文活动课,带动语文课的教学活动。于是,我们就以"龙头带动,典型推广"的方式,把"精彩课堂"做细做强,鼓励其他各科教研组,发挥学科优势,走学科特色之路。

在创建"精彩课堂"的过程中,我们体会到:一是可以改变传统学科过于强调知识传授的倾向,促进学生形成积极主动的学习态度,学会学习的科学方法;二是可以改变传统学科过于强调学科独立,缺乏整合的现状,做到学科交叉渗透,科学精神和人文精神的有机结合;三是可以改变传统学科偏重书本知识、结论性知识,做到实践能力和创新精神与社会发展、学生生活的结合,与学生经验和兴趣结合;四是可以改变传统学科强调接受学习和机械学习,做到学生的主动参与和探究发现能力,提高信息收集和处理能力,获取知识与他人合作能力的形成和发展;五是在"精彩课堂"中,把课堂教学的自主权交给学生,以培养学生的自主学习为主,把更多的时间和空间还给学生。

四、结合实际,依循新课程目标,培养创新特色人才

我们学校地处农村,在培养人才方面定位了自己的特色——

"树品洁行雅、志远学博、与日创新之优生"。

(一)培优辅差,持之以恒

每一学期初,由班主任向学校反馈本班学生学习情况,明确培优辅差对象,然后由教务处详细布置要求,做到定计划、定时间、定地点、定人员、定内容、定责任,并要求科任教师从学生进校的第一天抓起,从起始年级抓起,不放弃每个优等生的培养,也不放弃每一个差生的提高,让教师用情感温暖学生,用鼓励打动学生,用尊重贴近学生,用真诚走进学生,尽量让学生在自信与快乐中学习。同时,要求教师给他们每个人确立一个竞争对手,让他们互相追赶,以便形成竞争氛围,并做到持之以恒、坚持不懈。培优的结果是为高一级学校输送了成绩优秀的学生,辅差的结果是为社会培养了成绩合格的劳动者。近年来,我校师生参加各类竞赛获市级以上奖励 800 余人次,其中,获国家级奖 256 人次,市级600 多人次,高考上线率均在 98% 以上,先后有 30 多名学生升入清华、北大名校。在今年的高考中,我校理科学生潘欣以 681 分的成绩被清华大学录取,成为忠中人优秀形象的又一代表,成为忠中优质教育的又一见证。

(二)关注兴趣,因材施教

俗话说:"双手生十指,长短不一样。"众多的学生,他们的个性、兴趣、爱好也各不相同。所以,我们学校始终不以成绩去衡量一个学生的好坏,因为成绩只是一张纸,能力才是一辈子。有些学生虽然学习成绩不好,但他(她)们在其他某些方面却表现得很突出。根据这一特点,学校积极组织开展各种兴趣小组,如田径(上世纪 90 年代我校就是全国体育后备人才培养试点学校)、篮球、美术、音乐、舞蹈、乐器、书法、写作、科技等兴趣小组,多年来常抓不懈,努力给我校学生在各自兴趣上提供发展的平台,让他们在校期间各自学有所得,将来走入社会各有专长。

(三)特色人才,特色培养

回顾几年来的教育实践,在培养人才方面,我校除了注重培优辅差、因材施教外,还特别注重特色人才的特色培养。这里所说的特色人才,是指在某些方面有自己天赋的学生。偌大的学校,什么奇才、怪才没有,只是"千里马常有,而伯乐不常有"罢了。所以,学校始终坚持不贻误人才的原则,在教育教学中十分关注在某些方面有特长的学生,并责其教师对这类学生作特殊辅导与教育,努力为他们提供各种学习机会,多方塑造,使其天赋得到发挥,为其将来实现梦想打好基础。学校先后培养出了不少特色人才,近年来,高2007级张袁媛同学今年在全国大学"校园天使"才艺比赛中荣获亚军,高2010级周旋同学获2008全国中学生英语能力赛一等奖,高2011级谭媛同学获2008年重庆市首届中小学"科技之星"一等奖,高2011级谭海涛同学获2009年重庆市数学竞赛一等奖,高2011级古云忠同学获2010年重庆市第三届运动会跳高第一名,还有绘画小天才秦竹韵同学等等,他们凭借自己的天赋和努力,既展示了自己的特长,也为学校树立了品牌。

新世纪中学教育的思考与实践

课程改革的重庆一中探索

重庆一中　鲁善坤

重庆一中课程改革始于上个世纪 60 年代。从唐恂季老师的化学"单元教学法"，黎见明老师的中学语文"导读法"，黄慧灵老师的政治"读讲议看写"教学法到当前"激活语文"教学模式、"三·三"课改教学模式、"中心学习法"教学等等，无不闪耀着一中教学改革的光芒。以人为本，尊重个性是学校课改的宗旨，与时俱进，勇于创新是学校课改的突出特色。特别是新世纪以来学校在发展性教育思想指导下，全面践行"学校的一切为学生的发展而存在"的办学理念和"让每一个学生发展得更好"的办学思想，学校的课程教学改革紧跟时代的脚步，始终焕发着蓬勃的朝气和旺盛的生命力，一直走在重庆基础教育的前列，不断书写着教育教学改革的传奇。

一、学校课程改革发展

近年来，学校根据党和国家《基础教育课程改革纲要》、《深化教育改革，全面推进素质教育的决定》和《国家中长期教育改革和发展规划纲要（2010—2020 年）》的要求，全面贯彻教育方针，调整和改革学校的课程体系、结构、内容，构建符合素质教育、创新教育的教育课程，实现了课程功能的转变，体现了课程结构的综合性、选择性，密切了课程内容与时代生活的联系，改善了学生的学习方式。

学校在具体实施国家课程和地方课程的前提下，通过对学生的需求进行科学调研评估，充分利用重庆的教育资源开设了多样性、可供学生选择的校本课程。

学校课程既是对国家、地方必修课程的深化、拓展和延伸,也是学科综合、专题学习、实践活动、研究性学习的校本化。我们继续实行必修课、选修课、活动课、实践课 4 个板块教学的有机结合,使基础课程与综合课程、拓展课程与研究课程、显性课程与隐性课程密切结合,相得益彰,突出了科学性、综合性、开放性、创新性、互动性、实践性的特点。

学校多元化的选修课有 150 多门,使学生大胆质疑,探索未知领域,培养了创新精神和实践能力,形成了一系列独具特色的教育教学。

二、学校课程改革特色

(一)劳技教育培养学生动手动脑能力

学校劳技教育从最初只有两名教师,一间教室,仅开设了木工、金工等机械制作课,发展到具有专兼职教师 6 人,专用教室 4 间开设,以创造发明为龙头,以电子技术为基础,面向全体学生的课程。

在劳技教育中,学校选择与小发明、小制作联系密切的信息技术、通用技术作为基础课程,增设了制图、摄影、摄像、造型设计、缝纫、烹调、茶艺等兴趣类课程,并开设了发明创造课、汽车模拟驾驶课。学生连续 5 年荣获重庆市青少年科技创新市长奖,成为重庆市唯一的获奖学校,市级以上创造发明奖 20 余项,国际银奖 3 项,国家金奖 100 多项,获国家专利 6 项,有 3 项已被厂家开发生产。

学校荣获联合国教科文组织创新学习与研究实验学校、国家宋庆龄少年儿童科技发明示范基地、全国现代教育实验学校、全国中小学信息技术创新与实践活动先进单位、全国机器人能力风暴创新实践基地、首批重庆市科技教育特色学校、重庆市中小学信息技术先进集体、重庆市青少年科技教育先进集体等称号。

(二)科技教育提升学生创新能力

多年来,科技教育从最初的学生课外活动兴趣小组,发展到现在已经成为学生综合实践活动和研究性学习的一种重要形式,进入课堂教学。

学校的《科技四小活动》被教育部列为面向全国中小学推广的四种研究性学习多样化模式之一。在中央电视台"异想天开"活动中,学生用一节五号电池驱动一个玩具小电机,拉动了一辆熄火的长安之星汽车,在规定的 20 分钟内移动了 145 厘米,成为比赛中结构最巧、花钱最少、效果最好的设备,在全国引起了轰动。学生多次获得央视"三星智力快车"周冠军、月冠军。学生获得各级各类科技比赛奖项达 8000 多个。学校荣获四川省青少年科技活动先进集体、重庆市计算机教育先进单位、重庆市电化教育工作先进集体、重庆市中小学计算机教育示范校、重庆市青少年科技教育先进集体、重庆市创新学习研究先进集体、重庆市信息技术创新与实践活动一等奖等称号。

(三)艺术教育提高学生综合素质

学校校园文化异彩纷呈。学生自办了校报《四月风》和期刊《心檐滴雨》、《零度风格》。校广播站、新闻摄制组为学生搭建了空中舞台。文化节、艺术节,学生建立了 60 个自己的社团:鲁迅文学社、话剧团、曲艺团、舞蹈团、民乐团、管乐团、合唱团、通讯社、书画社、摄影协会、书友会、航模协会、海模协会、车模协会、无线电测向协会、天文爱好者协会、绿色环保协会、各种球类协会、武术协会、健美协会、棋牌协会……为学生个性特长发展和全面素质提高提供了广阔的平台。

学校舞蹈《山野小曲》、《竹韵》、《春蚕》、《烛光》连续四届荣获中国艺术节暨全国群众艺术最高奖"群星奖"金奖,学生在参加各级各类音乐、舞蹈、书法、绘画、摄影、动漫设计等比赛中获奖达6000 多个。学校荣获全国艺术教育工作先进集体,全国百佳艺术教育单位,全国校园环境文化艺术建设先进单位,全国精神文明建设先进单位,重庆市首批创建艺术教育示范校、书香重庆、和谐教育示范学校等称号。

(四)体育教育促进学生身心健康

学校创办了冬季象征性百日长跑活动,已坚持了 30 年。春(秋)季运动会举办了 69 届。坚持"两操一课",学生每天锻炼 1 小时以上。经常举办学生各年级的广播操、健美操、跳绳、迎面接力、拔河、篮球、足球、排球、羽毛球、乒乓球、游泳等比赛,举行教职工体育运动会。

1994 年学校成功举办了全国中学生田径运动会,多次承办省市田径、篮球比赛。学生男子篮球队曾多次获得省市冠军、全国中学生男篮冠军、世界第八名的好成绩。学校培养了运动健将 7 人、一级运动员 86 人。学生在各级各类体育比赛中取得全国金牌 10 块、银牌 6 块、铜牌 7 块,省市级金牌 239 块、银牌 261 块、铜牌 273 块。学校荣获全国体育传统项目先进单位、全国优秀体育传统项目学校、四川省优秀体育传统项目学校、全国群众体育先进集体、北京 2008 奥林匹克教育示范校、重庆市学校体育工作先进单位等称号。

三、学校课程改革设想

教育是国计,也是民生;教育是今天,更是明天。重庆一中在新一轮课程改革中,要认真贯彻"教育规划纲要",在市教委的领导和指导下,积极探索课程改革新路子,创新课程改革思路,出成果、出经验、出人才,扎实推进学校课程改革。

1. 创新人才培养体制、办学体制、教育管理体制,改革质量评价和考试招生制度,改革教学内容、方法、手段,建设现代学校制度。

2. 树立科学的质量观,把促进人的全面发展、适应社会需要作为衡量教育质量的根本标准。注重教育内涵发展,办出特色、办出水平,出名师、出人才。

3.优化学生知识结构,丰富社会实践活动,强化综合能力培养,教育学生学会知识技能,学会动手动脑,学会生存生活,学会做人做事。

4.全面加强和改进德育、智育、体育、美育,坚持文化知识学习与思想品德修养的统一、理论学习与社会实践的统一、全面发展与个性发展的统一。

5.促进教育公平和教育均衡发展,合理配置教育资源,扩大优质教育资源,发挥重点中学辐射示范和带动作用,更好地满足群众接受高质量教育的需求。

6.切实减轻学生过重的课业负担,科学设计课程,进一步规范办学行为,把减负落实到教育教学各个环节,给学生留下了解社会、深入思考、动手实践、健身娱乐的时间和空间。

7.建立科学的教育质量评价体系,全面实施高中学业水平考试和综合素质评价。建立学生发展指导制度,加强对学生的理想、心理、学业等多方面指导。

8.注重学思结合。倡导学生启发式、探究式、讨论式、参与式教学,激发学生的好奇心,培养兴趣爱好,营造独立思考、自由探索、勇于创新的良好环境。

9.注重知行统一。坚持教育教学与生产劳动、社会实践相结合。开发实践课程和活动课程,增强学生科学实验、生产技能实训的成效。

10.提高教师专业水平和教学能力。鼓励教师在实践中大胆探索,创新教育思想、教学模式和教育方法,形成教学特色和教学风格,努力造就一支师德高尚、业务精湛、结构合理、充满活力的高素质专业化教师队伍。

立足学校文化　打造特色学校

重庆北碚王朴中学　胡长江　卢必权

当前,基础教育课程改革正以举世瞩目的火热之势在每一所校园中迅猛推进,学校便毫无争议地成为了课改的中心和主阵地。在新课程改革的背景下,什么样的学校才是好学校呢?

笔者认为,立足学校文化成长起来的特色学校才是新课程改革背景下的好学校。

新课程改革以"回归生活世界,寻找教育意义,转变学习方式,解放学生个性"为基本理念,以"关注人(学生)的发展,为人(学生)的终身发展奠定基础"为课改的主题,最终的落脚点是以学生发展为本,而学生是一个个鲜活的生命个体,是独具个性的生命个体,且每一个学生的个性既是具有独特性、自主性的存在,又是关系中的存在。因此,学校应用一种整体的观点来全面把握学生的个性发展,并将其视为学校发展的根本目标,帮助并引导学生科学地处理与自我的关系,与他人和社会的关系,与自然的关系。唯有立足人(学生)的发展,才能成就新时期的一流学校。

众所周知,"民族的才是世界的",在此笔者套用一下,"本土的才是一流的";众所周知,一流的学校做文化,一流的文化出特色。学校特色是学校文化的整体表现,是学校理念和精神由内而外的自然呈现与自然生成;是与学校文化的整体协调;是全体师生所共同认可的,并能够表现为师生的基本行为;是在学校氛围中能够感觉到的,而不需要刻意讲解和阐述。因此,建设学校文化就是形成学校特色,学校特色应是文化的、内涵的、品质的,是在学校文化建设过程中自然形成的。因此,笔者认为立足校本文化,才能建设特色学校,才能建设一流学校。

一、深度思考,找准学校文化的内涵与新课程改革的契合点

学校文化是指学校师生长期教育实践过程中所创造的反映着人们价值取向、思维方式和行为规范的文化,是学校物质文明与精神文明的总和。具体而言,学校文化分为三个层面:表层面、中层面和深层面。表层面是物质形态的学校文化,包括校园内所有的物质形态的东西;中层面是制度形态的学校文化,包括制度纪律、校训校规、规章制度、奖励惩罚、评估体系等校园内一切制度形态的东西;深层面是精神形态的学校文化,包括奋斗目标、价值观念、态度作风、行为方式、礼仪习俗、人际关系等校园内所有精神形态的东西,它是具有校本性(本土性)的一种团体意识和精神氛围,是维系学校团体的一种精神力量。

新课程改革在课程结构、课程标准、课程评价、课程管理等方面均有重大突破,其中最突出强调的是落实"以人为本",重视"回归生活"。对于学校文化建设而言,就是要坚持"以人为本"的教育理念,要密切与生活的关系。这便是二者的契合点。

学校提出了以"德"为核心,以"创新"为支撑,以"复兴华夏"的教育理想为目标的办学理念——"德铸群英兴华夏",这一理念立足于人的和谐发展,以"复兴华夏"的教育理想为目标,紧跟时代发展方向,推动学校科学发展。学校文化建设紧紧围绕办学理念开展,成人以"德"为先,成才以"创新"为要,把复兴民族的使命感、责任感凝铸于每一个学生的灵魂中并以此来教育和培养每一个学子,把他们铸造成有理想、有道德、有文化、有健康体魄、有创新能力的复兴民族的英才! 因此,学校文化体现着"以人为本",和谐发展,涵盖了"成人"到"成才"的核心要素,体现着人的发展的基本规律,与新课程改革相适应。

二、立足文化，寻求建设新课改背景下的学校特色的新途径

（一）提升学校显性文化品质，实现学校的外显特色

每个学校都有其独特的社区环境、历史传承及文化底蕴，是学校师生的基本活动场所，因此可以说，学校环境是无声的教育，是学校文化的重要组成部分，是学校办学理念，师生情感、态度、价值追求的物化与外显。优雅、和谐、人文的学校环境可以更好地规范人的言行、陶冶人的情操、净化人的心灵、促进人的交流等，其作用自不多言。

王朴中学由红岩英烈王朴为革命而创办，地处国家级花木之乡，长年坚持错位发展，以科技创新教育为全面实施素质教育为突破口。学校长年坚持办学理念，以"一腔忠义九州魂"为文化主题，重视校园环境的改造，注重人文景观的营造，扩大校园绿化面积，更新教室和功能室内部布局，力求"融校园、家园、花园、乐园为一园，集社会美、艺术美、自然美、科学美于一身"，努力营造"一草一木都能说话，一砖一瓦皆可育人"的充满艺术氛围和人文精神的校园环境。

学校强力打造三大主题式教育园区，加快校园物质文化建设。一是建设以王朴烈士塑像为核心的"革命精神昭示主题园"；二是建设以"科技之星"钢雕、"薪火相传，开创未来"浮雕和科技文化长廊为核心的"现代文明成果主题园"；三是建设静观蟠扎、园艺精粹为核心的"静观特色文化主题园"，展示深厚的人文底蕴，彰显浓郁的育人环境。同时，学校建设了桂花树阵、楠木树阵等几个绿化阵地，美化了教学厅门厅，建设了王朴中学荣誉墙，装点了楼道字画和楼层主题字牌，加强了教室文化和寝室文化的建设，建设了"德"字主题墙等，命名了志达楼、正本楼、滕王阁、思甜楼、骏朗轩、兰蕾亭等，以本校师生的字画和花木精品装点其间，从可视、可闻、可感等多个角度使学校处处蕴藏着教育资源，处处洋溢着文化气息，让学校每个角落都发挥教育作用。

(二)丰富学校隐性文化内涵,凸显特色学校的内涵特色

1.以校园精神为原动力,指引特色学校的发展方向

校园精神是校园文化的核心,是校园文化中最具价值的部分。校园精神主要体现在学校师生总体的价值取向,以及学生的学风建设和教师、干部、职工的精神凝聚力上,其内容包括校园历史传统和被大多数师生认同的文化观念、价值观念、生活信念、思想意识等。表现形式则是精神创造活动及产品,是校园隐性文化的主要组成部分。

学校秉承革命传统,弘扬"红岩精神",深度挖掘了在"红岩精神"深刻影响下的"王朴精神",铸就了学校的校园精神。"王朴精神"是爱党爱国、勇于牺牲的奉献精神;追求真理、献身人民的革命精神;坚忍不拔、百折不挠的奋斗精神;勇往直前、宁死不屈的拼搏精神。这种精神既是光荣的革命传统,又是无私奉献、拼搏奋斗、改革创新的全心育人的教育思想,是学校在"红岩精神"的传承和弘扬中找到的推动学校发展的精神内核。学校号召全校师生继承先烈的革命传统,把理想和现实的学习、工作紧密结合起来,从而激发了全校师生巨大热情,积极投身教育教学实践,为实现民族的伟大复兴而奋斗。有了这样坚实的校园精神,学校特色发展就有了方向。

2.以校本课程为突破口,明确特色学校的建设路径

在传统的教学论概念系统中,"课程"被理解为规范性的教学内容,而这种规范性的教学内容是按学科编制的,故"课程"又被界定为学科或各门学科的总和。随着新课程改革的深入推进,尤其是高中选修课Ⅱ(校本课程)的开设,课程就不只是"文本课程"(教学计划、教学大纲、教科书等文件),而是"体验课程"(被教师与学生实实在在地体验到的课程),即课程不再只是特定知识的载体,而是教师和学生共同探求新知的过程。教师和学生是课程的有机构成部分并作为相互作用的主体,教师即课程,教师不是

孤立于课程之外的,而是课程的有机构成部分,课程的创造者,课程的主体。学生同样是课程的有机构成,同样是课程的创造者和主体,学生与教师共同参与课程开发的过程。这样教学就不只是忠实地实施课程计划(方案)的过程,而更是课程创生与开发的过程。教学过程成为课程内容的持续生成与转化,课程意义不断建构与提升的过程。这样,教学与课程相互转化、相互促进、彼此有机融为一体。

校本课程的优劣直接影响教育目的实现的充分度。先进的课程文化的核心,是提供适合每个学生最佳发展需要的教育,它包括开发提供丰富适宜的课程资源,构建有效的教学方式,寻找灵活的教学方法等。

学校结合学校历史,依托静观地域文化优势,努力撰写以革命英烈、科技创新、佛道文学、花木文化、民俗文化、人物传记等为内容的具有地方特色的校本教材,诸如《王朴精神》、《王朴鸿文苑》等。学校努力整合课程资源,形成一个课内外结合,校内外结合,知识、能力、素质并重,课堂、学校、社会相连,开放、多重、立体的课程体系。建立了鑫峰园林、怡胜园林、缙云山森林公园等多个社会实践基地,成立了"月亮花"文学社等多个学生社团。

3. 以特色活动为立足点,推动特色学校的全面发展

校园文化活动是校园文化建设的重要内容,是潜移默化对学生进行思想品德教育的重要载体,是充分拓展学生施展才华、培养个性、促进发展的重要平台,将推动特色学校全面发展。

学校以"绿叶"校园广播站,《月亮花》校刊为阵地,以各类学生社团为主体,以各类文娱艺术节、科技活动节和运动会为载体,以班级文化建设为细胞,多渠道、多层面、多形式开展丰富多彩的校园文化活动,营造浓厚的校园文化氛围。通过高尚的文化浸染,净化学生的心灵。开展具有学校特色、静观特色的综合实践活动和研究性学习活动,让学生了解花木栽培历史、技术,了解生态农业在国家经济发展中的突出作用,完成小论文、研究报告等,使学生在活动中了解农村,树立信心,坚定意志,为建设祖国、报

效祖国而发愤读书。注重社团活动的多样化和丰富性,更广泛培养学生健康向上的情趣,锻炼学生多种能力,全面提高学生综合素质。

总之,新课程理念下的学校文化建设是以实施素质教育为主旋律的现代校园文化的选择、设计、转化和生成。建设的出发点是以育人为本,以培养具有中华民族灵魂和世界眼光的现代人为总目标。学校是实施课程改革的中心,而新课程需要有新的校园文化。学校文化建设与课程改革是相互依托、相互促进的互动关系。一所学校要真正实施课程改革,首先必须确立与课程改革相适应的体现素质教育精神的校园文化主导价值观,如果把新课程嵌入旧的学校文化中去实施,是很难实现预期的改革目标的。因此,要实现课程改革,就必须建设与之相适应的学校文化,必须建立立足学校文化的特色学校,所以,构建与新课程改革相互促进和协同发展的学校文化建设体系,打造新课程背景下的特色学校是我们共同的愿望,更是当前新课改实施与成功的关键。

课程：学校特色发展的核心

重庆南开中学　宋　璞

课程是学校教育的基本方式，它规定了教育的内容、手段、进程和目标，是办学的核心。一所学校的特色发展，首先应当着眼的就是课程，最终展示的平台也在课程。课程特色就是最大的学校特色。从上世纪 80 年代开始，南开中学就致力于构建和谐课程体系，变封闭学习为开放学习，变被动学习为主动学习，变接受式学习为探究性学习，努力打造特色课程。

特色课程要渗透学校的办学理念，独有的理念才能成就独有的课程，进而发展成学校独有的特点。南开中学的办学理念是"允公允能，日新月异"。"公能"的办学理念，贯穿了学校的整个办学实践，也渗透在了课程开发之中。

一、课程目标：以面向未来作为发展愿景

1. 强化学校的"公能"特色，促进学校内涵发展

重庆南开中学将自身的教育目标定位为"把南开中学建成现代化的、具有一定国际知名度的中华名校"。要实现这一目标，把南开中学办成"中学中之大学"，就必须不断强化学校的特色，而最能彰显该校特色的就在于校训中的"公能"二字。

"公能"是南开办学理念的集中体现，也是"南开精神"的精髓所在。因此，学校在进行课程设计的过程中，在每一门课程的身上都烙上了"公能"的符号，充分挖掘自己在"软硬件"方面的优势，形成并不断完善独特的"公能"校本课程开发体系。

2.塑造"公能"教师,促进教师专业化发展

南开中学的教师要培养学生的"公能"精神,最好的方法莫过于先把自己培养成为"公能"教师,以身作则,用自己的一言一行感染学生。通过感悟"公能"内涵,将"公能"心内化于身,不断提升个人素养。有了教师的"公能"榜样,加之教师的"公能"教育,更有利于学生成为"公能"南开人。

3.培养"公能"人才,促进学生全面发展

"公能"精神是南开的"魂",时代需要"公能"精神。培养具有"公能"精神的南开人是学校矢志不渝的奋斗目标,课程开发就是实现这一目标的重要手段。通过各类各科课程的学习,南开中学培养的学生应该展现的"公能",即公民素养和综合能力。其中公民素养包含了政治素养、法律素养、道德素养、文化素养,综合能力包含了生存能力、认知能力、实践能力、共处能力和创新能力。

二、课程构建:以全面促进作为基本框架

课程实施是培养人的基本途径。构建怎样的课程,直接决定了培养怎样的人。重庆南开中学构建的特色课程,明确地指向了促进学生的全面发展。自上世纪 80 年代起,南开中学就有意识地进行了课程开发,经过摸索阶段、课程领域拓展阶段和课程体系及相应管理制度不断完善阶段,已基本形成了学科课程—活动课程—隐性课程和必修课程—选修课程—自修课程的体系框架。

这一框架紧紧围绕"公能"人才的培养目标,就课程基础及教育目标的差异性和修习方式着眼,立足于张扬学生的个性,满足学生全面发展的需求。

1.学科课程—活动课程—隐性课程

作为最古老、使用最广泛的课程类型的学科课程,担任着促进学生全面发展的重要任务,是整个课程体系的基石。但真正能

体现学校"公能"特色的应是活动课程和隐性课程。

活动课程以其自主性、实践性和多元性，满足了学生的个性发展需要，为实现学生的主动发展提供了可能。重庆南开中学的活动课程由来已久，在烽火年代，为了锻炼学生的生活能力，就专门开设了"社会实践课"；为了锻炼体魄，开展各种体育竞赛活动，提倡"三点半，操场见"，大家一块儿强身健体；为了开阔视野，培养学生思维的深刻性，学校常邀请名人来校演讲国际大局、抗战形势、时政财经等，同时，学校还组建了各种各样的课外活动小组和学生社团等。如今，学校的活动课程在继承、吸收传统精华的基础上开展得有声有色，已经达到了20多种，有实践活动、社团活动、艺术活动、竞技活动、科技活动和讲座活动6大类型。其中，实践活动类包括军训、劳动课、研究性学习、综合实践活动课等；社团活动类包括读书会、心理社团、"青枫"文学社、"众绘阁"学生论坛、南开剧社、《公能》编辑部、学生广播站、南开ZERO漫画社等；艺术活动类包括舞蹈队、管乐队、弦乐队等；竞技活动类包括足球队、篮球队、排球队、网球队、跆拳道训练队等；科技活动类包括绿色行动小组、生物活动小组、科技创新活动小组等；讲座活动类包括南开讲坛等。

丰富多彩的活动课程的设置，让学生有了展示各种能力的舞台。心理社团的《心海导航》是同学们每月中旬翘首以盼的一份礼物；读书会的《不已报》开阔了大家的视野；"南开讲坛"把大师请进中学，让学生听"世界"。经过活动课程的陶冶，南开学生在升入大学之后往往能快速适应，和同龄人相比更加有底气。

与活动课程不同，隐性课程以其弥散性、普遍性和持久性对学生的成长起着潜移默化的作用。从某种程度上说，隐性课程最能体现一个学校的办学特色，因为它应该是一所学校文化积淀的总和，它无声地影响着身处其中的人，而师生在受到浸染的同时，也在续写和丰富着这一文化内涵。重庆南开中学充分利用丰富的历史文化资源，和谐的物理环境，致力于精神文化的建设，形成育人氛围。彰显公民意识和时代精神的校训"允公允能，日新月异"是学校教育价值观的主导；遵循中正简约原则进行的校园设计，风格稳健、外形端庄的校内建筑，草木蓊郁、鸟语花香的校园自然环境，孕育了 33 位院士的桃李湖、三友路，著名国家领导人毛泽东、周恩来留下足迹的津南村，集中展示南开气质和办学成果的校史陈列室，纪念在中美合作所殉难者的革命英雄纪念碑，历久弥新的"面必净、发必理、衣必整、纽必结"的容止格言……这一切都在透露着一种浓厚的历史沧桑感和责任感，都在形成着一种南开大气而不张扬、稳重而又常新的文化心理暗示。中国科学院院士张伟平说："南开的上空有一种'空气'，这是一所名校的'气场'，是一种不可复制的文化氛围，是一种百年来历史积淀的结果。这样的'气场'让人学会独立，学会淡定，学会自信，学会包容，学会当仁不让……南开的多元和包容能让我们探寻到知识和人生的更多可能。""学习只是积累和成长的一种方式，成绩并不是一切，生活还有更宝贵和更丰富的内容。"南开学子们的真实感受是对隐性课程建设的最好注脚。

2. 必修课程—选修课程—自修课程

必修课程、选修课程、自修课程是就课程的修习方式而设的，不同的修习方式会让学生有更自由的选择，更适宜于学生张扬个性，培养其自主性和自制能力。

与相对固定的带有强制性的必修课程相比，选修课程能增强课程的适应性，有助于充分发挥学生的个性特长，切实有效地培养学生的创新意识，锻炼学生的实践能力，满足学生自主发展的需求。同时，恰当的选修课程还可以拉近学生和社会的距离，将小课堂与大社会统一起来，广泛开拓学生的视野，培养学生的世界眼光。重庆南开中学自 1984 年就开始了选修课程体系的建设，从初期的 6 门课程到如今的 60 多门课程，20 多年如一日的坚持学生自主选课，打乱教学班，实行走班制的选修课，早已成为学校"办中学之大学"思想的重要体现，成为学校"公能"特色体现的重要阵地。校园植物漫谈、儒家伦理、美国高中生工商管理学、数独、生活中的经济学、青少年心理健康与成就人生、天文科技活动、陶艺制作、剪纸、国际象棋、绿色行动小组等都是深受南开学生喜爱的选修课程。

考入中国人民大学国际经济学系的赵亮是南开中学高 98 级学生，他在给母校的信中深有感触地写道："南开中学的选修课让同学们从应试教育的重压下抬起头来，看到了一片崭新的天地……正是当年计算机选修课使我在当今信息社会的竞争中抢占先机。"

高 2010 级 3 班的张静怡美选了书法课，她写道："在淡淡的墨香中，拾起管锥，用恬淡在微微泛黄的宣纸上轻轻划过。也许，在短短的一学期中，并不能完全掌握那精湛的技巧，但至少，你我心中，已收获的淡然，在散发着馥郁的芬芳……"

"喜欢跆拳道这项运动，起初只是因为新鲜，学过一段时间以后才真正领悟到了这浓厚的武道精神——忍耐、克己、顽强不屈。无论是在对抗以前友好地鞠躬、一招一式间展露出的力度，还是在坐下或站立时的昂首挺胸都让我振奋……"

学生的话语中满含着对所选修课程的无比喜爱之情，他们坚信这样的课程就是他们人生路上那看似平凡却会在关键时刻发挥重要作用的鹅卵石。

自修课程建设作为课程体系中一个不可或缺的部分，主要着眼于培养学生自觉学习、选择性学习和终身学习的习惯，而这也是实现"公能"目标中"能"的重要一环。

三、课程评价：以学生成长作为终极标尺

一所学校是否有特色，一所学校实施的课程是否有特色，最终是要看培养出来的学生是否有特色。学生是教育的最终检验者。历史上重庆南开中学走出去的学生是有"特色"的："抗战期间，重庆南开中学设在重庆沙坪坝，名重一时。各方学子，以入南开为荣。南开学生举止端庄，走出校门，即便不戴校徽，人家也能认出那是南开学生。""所培养出的学生称之为'精神贵族'，其实就是具有独立意志、独立人格、尊重社会，有责任感的公民，具有远大目光、高尚情操、丰富学识、平常心态的精英分子。"

今天，重庆南开中学培养出的学生也是有"特色"的：他们自喻为永远向着太阳绽放的葵花，立志做多元化发展的世界公民——沉着的态度、缜密的思维、简赅的语言，反映了南开学子的一个侧面；当然还有一个侧面是人所共知的，那就是他们优异的学习成绩，直辖至今 10 余年间 600 名学子考入北大和清华的事实可作为注脚。

其实应该不止这些，课程带来的改变是深远的。总会不时听到这样的评价：南开的学生是能看出来的。极平实的一句话其实是对课程实施效果的极高度的评价，也是对课程成就学校特色的准确注释。或许这就是依托课程而形成的南开特质。

课程，是学校特色发展的起点和归宿。发展了课程特色，自然成就了学校特色。从目标、构建和评价三方面讨论课程的指向，其实也是对学校特色发展全过程的扫描。特色立校，首要是实施特色课程；特色立校，最终的参考也是特色课程。

深化课程改革　促进特色创新

　　课程改革和特色创新是当下学校改革的两大基本主题。一所有作为的学校要真正能够得到健康发展，就必须很好地将这两大主题结合起来，统一起来。

一、稳步推进课程改革，切实提高教学效率，逐步提升学校形象

　　新课程改革是经济社会发展的需要，是教育改革与发展的需要，也是每一所学校自身建设与发展的需要。历史经验告诉我们，只有不断地改革创新，不断地丰富和发展办学特色，才能促进学校的可持续发展，才能不断提升学校形象。

　　怎样才能将新课程改革落到实处，并以此促进学校教育教学质量的全面提高呢？

1.选点突破，树立典型，走好课改第一步

　　从学校推行新课程改革的"步骤"来看，首先还是要选点突破，做好实验，树立典型，积累经验，然后再推展开去。选点突破就是要选择一个最佳突破口，这个"突破口"怎样选呢？按照我们的做法，最主要的就是要从学科建设和教师队伍建设这两个方面来选择。

　　从学科建设的角度看，根据外国语学校的办学特色，我们首先是以外语学科为突破口，通过外语学科的改革实验，创造新鲜的经验，再逐步地向其他学科拓展推进。

新世纪中学教育的思考与实践

26

从教师队伍建设的角度看,就是要充分发挥"名师"和骨干教师的示范引领作用,为新课程改革"探险"、"排雷"、"引路"。我们的具体做法就是:首先选派各门学科的教研组长、教学骨干以及教学改革的积极分子参加一些国家级和市级新课程培训,然后由他们根据新课改精神在教学中去开展实验,让他们成为第一批"吃螃蟹"的人,走在教学改革的前列,为全面推进教育教学改革积累经验。

2. 全面实施,稳步推进,打好课改攻坚战

在选点突破、做好实验的基础上,接下来的进程就是全面实施新课程,稳步提高教育教学质量。我们的做法是:首先,要科学总结外语这门"实验学科"所取得的成绩与经验,同时也对其中所存在的问题进行分析,探寻解决问题的最佳策略;其次,根据新课程改革的需要,结合学校实际,在反复讨论的基础上制订学校新课程实施方案;然后,根据重庆市教委的安排,从 2010 年秋季开始在高中 2013 级全面实施高中新课程。

再从学段的角度来看,我们的整体设想是:三年三段,突出重点,突破难点,讲求实效。具体地说,在高一年级,重点就在一个"新"字。主要是转变观念,改进教法,全面落实新课改的精神,切实转化教师的教学方式和学生的学习方式,构建新的课堂教学模式。在高二年级,我们的重点在一个"深"字,在第一学年改革的基础上,全面总结,科学反思,有针对性地解决新课改中存在的种种具体问题,从完成新课程改革的"精神"转化,达到切实地提高教学效率的目的。高三的重点在一个"实"字,就是要取得"实效"。教学改革绝对不能搞花架子,要结合实际,讲求实效,要真正实现以新课程改革提高教育教学质量、促进学生综合素质的全面提高为根本目的。因此,我们不能不清醒地认识到,高考依然是衡量教育教学质量高低的一个重要参照,新课程改革无论如何不能"回避"高考,更不能"输"在高考。就外国语学校来说,我们固然有我们的优势,那就是"外语特色",每年有 20% 的高中毕业生可以参加"保送";还有"国际发展",每年有几十名高中毕业学

生可以直接进入国外知名高校学习。但是,我们还有一半以上的学生必须参加高考。这就决定我们的高三教学仍然必须重视考试,重视高考。但是,我们也必须清楚地意识到,新课改背景下培养学生参加考试的能力,仍然是以培养和提高学生的综合素养为根本,这绝对不是"应试教育"。

3. 逐步提高,不断完善,深入推进新课改

任何改革都不可能一蹴而就,新课程改革也是如此。我们尤其需要在科学实验的基础上,逐步改进,不断完善,通过艰辛的实践和积极的探索,把教学改革推向一个崭新的境界。从一所学校的建设与发展的角度来说,必须以新课程改革为契机,通过不断探索,积极创造,不断反思,科学提炼,努力形成自己的优势,自己的特色。对于特色学校而言,尤其需要在反复实践的过程之中去提升,去完善,实现学校办学特色的创新与发展。

按照我们的规划,首先,要不断地总结高中新课程改革的经验,为 2014 级、2015 级提供可资借鉴的经验。更重要的是,在 2013 年第一届高中新课程改革完成之后,我们将对这一届的各项工作进行全面的总结、反思、评估,并在此基础上,从课程设置、教学模式、评估标准、校本教材、教师发展、教育科研等各个方面进行整体规划,修订完善学校高中新课程实施方案,促进学校教育教学改革迈上一个新的台阶,跨入一个新的阶段。

二、从学校实际出发,走内涵发展之路,探索特色创新的新思路

走内涵发展之路,突出办学特色,促进学校可持续发展,是一项需要在不断的实践中永远探究的课题。同时,还必须清醒地认识到,任何一个特色学校的办学特色既有稳定性,也有发展性。特色学校建设与发展的核心就是在保持和发扬特色的基础上,实现特色创新。所谓特色创新,一是要促进特色的弘扬,使"特色"更为鲜明,更为优秀;二是要实现特色的更新,根据教育改革和学

校发展的需要,丰富学校"特色"的内涵,甚至提炼和创建新的特色。怎样才能实现特色创新呢?

1.更新观念,以特色创新谋求学校的可持续发展

观念决定行动,行动决定未来。作为一所现代学校,我们应该树立怎样的观念呢?

首先,要树立以人为本的观念。以人为本首先是要把"人"放在第一位。相对于学校教育而言,特别要注重两点:一是要尊重学生,尊重学生身心发展的规律,促进学生健全发展;二是要尊重教师教育教学的创造性和个性,让每一位教师都形成自己的教学思想。

其次,要树立特色创新的观念。每一所学校要发展,首先要打造自己的特色,要坚持自己的特色,但是坚持不是死守,不是故步自封。而是要发展,要丰富,要创新,要赋予已有特色以新的内涵,要在传统特色的基础上创建新的特色。大致说来,一所特色学校的形成与发展常常要经历这样的一个历程:学科特色—特色学科—学校特色—特色学校—发展中的特色学校。

再次,要树立国际发展的观念。这不只是要聘请外教,办国际部,实施 AP 课程,更重要的是,要以世界眼光办现代学校,学习现代国际先进的教学思想,借鉴国际先进的办学模式,吸收国外先进的教学方法,切实提高学校的教育教学质量,把学校办成真正的在世界有影响的"国际学校"。

2.改变教法,以教学改革提高课堂教学效率

按照新课改的精神和现代教育发展的规律,现代教学,从本质上说,就是教学生学。教师不是教知识,而是教学生,教学生学习,让学生会学习。所以,现代教育就应该以改变学习方式为核心,要以组织引导学生进行自主、合作、探究为主。教师的教就是引导,是点拨,是激励,是启发。按照新课改的精神,课堂教学应该以学生自主学习为主,以"对话"为主,以师生之间和生生之间的谈论和探究为主,以切实提高课堂教学效率为根本。

现代教育应该努力追求教学相长。教学相长,这是古朴的真理。用现代教育的理论来解释教学相长,就会发现其中包含十分丰富的意蕴。一是学生与教师是相互促进的,教师的教会直接促进学生的成长,学生的学也会间接促进教师的发展;二是教师的教与教师的学是相互促进的,要教必须学,学好才能教好。教师的生命活动形式就是教与学,先学后教,边教边学,亦教亦学。

3. 深化教育科研,以改革创新促进学校特色发展

有一种错误的认识,认为中学的教育科研只是点缀,只是形式,只需要做做样子就行了。原因是,我们的教育科研常常是以上级下发的科研课题为主,常常显得大而空,不能切合学校的实际,不能解决学校教育教学改革中所存在的实际问题。由此可见,我们的教育科研也要转向,必须切合学校实际,解决具体问题,推进课程改革和教育教学创新。具体地说,学校的教育科研要坚持三条原则:

一是教研结合的原则。结合新课程改革,我们主要通过教材、教法、教改结合的"三教合一"的教研模式来促进教学创新与教学改革,促进教师的专业发展。

二是以校本科研为主的原则。"校本科研应该是以学校所存在的突出问题和学校发展的实际需要为选题范围,以学校教师作为研究的主要力量,通过一定的研究程序得出研究成果,并且将研究成果直接用于学校实际状况改变的研究活动。"学校的教育科研要以解决学校教育教学改革中的实际问题为要务,这种务实的、有用的教育科研才是学校教育科研的本质。

三是以小课题研究为主的原则。小课题研究的特点是短、平、快,耗时短,经费少,方法活,收效快。它非常有利于及时、有效地解决学校教育教学中所出现的新问题。从研究程序上说,小课题一般不需要按照大课题的规范和程序来实行,它更加灵活,常常只需要结合实际,开展小规模的实验和研讨就可以解决问题。

驾乘课程改革东风　打造自主教育特色

重庆长寿中学　雷文超

　　2010 年的全国教育工作会议，让我们看到了希望，人才培养体制改革第一次被放在了所有教育改革的首位。更新人才培养观念，创新人才培养模式，注重学思结合、知行统一，改革教育质量的评价和人才评价制度，成为教育改革的出发点和落脚点。躬逢其盛，所有教育工作者都在思考，在大力发展均衡教育的背景之下，如何让这些新教育精神得到真正的贯彻和实施。正所谓"八仙过海，各显神通"，在摸索中前进，在前进中摸索，因地制宜，因材施教，特色教育应运而生。而笔者认为，"自主"是这场教育革命的关键词。以课程改革为契机，打造自主教育特色，应该是学校发展的一条科学之路！

　　《基础教育课程改革纲要》在谈及新一轮课程改革的具体目标时，首要的一条就是："改变课程过于注重知识传授的倾向，强调形成积极主动的学习态度，使获得基础知识与基本技能的过程，同时成为学会学习和形成正确价值观的过程。"这一目标使"改变学习方式，倡导自主学习"成为改革的灵魂，使"培养终身学习能力"成为学习的本质，也使"为每一个学生自主发展奠基"成为教育的任务。

一、自主意识先行，师生双管齐下

　　学生是新教育的主体，教师是新教育的主导，师生能够共同改变观念，意识到"自主"之于"教"—"学"的重要性和必要性是新课程改革的思想基础，也是自主学习能否收到实效的前提条件。

从学生层面而言，要让学生有非常清醒的"本位"意识，认识到为适应职业转换和知识更新频率加快的要求，每个人都必须具备终身学习的能力；未来社会的核心竞争力和信息时代的知识驾控力，归根结底，都取决于一个人是否具有终身学习的能力；自主学习能力已成为21世纪人类生存的基本能力。意识到位，才能激发学生依靠自己，努力学习的欲望；才能促使学生自觉、主动、积极地去获取知识。

从教师层面而言，教师作为知识的权威，主宰着传统的教学课堂。营造自主学习的课堂氛围，探索自主学习的有效途径，必须基于教师角色意识、育人理念和教学方式的根本转变。作为教育者，更应该清楚地懂得，使学生在基础教育阶段学会学习是我们的使命。唯其如此，教师才能走下高高的讲台，将课堂的主角地位还给学生，致力于学生"自主·合作·探究"精神的培养。

二、校本课程配套，彰显自主特色

课程是一所学校特色教育的基础和保障，任何办学特色都需要一定的课程作为支撑，没有一定的课程支持特色理论是架空的，所以，要形成学校特色就必须关注课程的差异性。融三级课程（国家课程、地方课程和学校课程）为一体的"金字塔"形校本课程群可作为自主教育的配套课程体系。

塔尖——管理层校本课程：行政成员定期培训及每周例会。

塔身Ⅰ——基层班组校本课程：年级正副主任、班主任、教研组长、备课组长暑期培训及每月例会，班主任论坛，班主任博客《我讲我的教育故事》，《班级文化构建》，学年《心理主题班会研究》，《感恩主题教育月活动思考》等。

塔身Ⅱ——教研教改校本课程：《新课程自主学习研究》、《利用中学地域性环境资源，开展学科渗透环保教育的研究》、《说课与磨课》、《听课与评课》、《精讲与精练》、自制学案、集体备课，开设科学与人文大讲堂，成立学校竞赛教练队，分年级组建命题组并形成试题库。

塔身Ⅲ——教师成长校本课程:青年教师培养计划("1346"计划,即1年合格,3年出师,4年骨干,6年名师)、骨干教师培养规划及考评、名师培养计划及评选、校本教辅工作室、课题研究、教师专著、名师工作室、名师课堂、名师讲座等。

塔基——"以人为本,自主发展"校本课程:

课程名称	课程类别	课程主题	学习内容
德育课程	校园文化生活课程	思想道德课程	爱国主义教育;国防教育;行为规范、礼仪常规教育;法制、安全(交通、食品、禁毒、消防等)等教育
		身心健康课程	青春期教育;心理健康课;心理主题班会;心理咨询;心理小报创编;心理知识讲座等
		校园人文课程	校歌学习;优秀电影展播及影评征文活动;校刊创编;校园文化特色活动;社团活动;"唱读讲传"活动;学生会自治;校友成功人生课程等
	结合实践活动课程	社会实践课程	高一:军政训练;高二:拓展训练;高三:成人仪式;职场指南;特色夏令营;社会调查等
		社区服务课程	青年志愿者活动:敬老活动、助残活动、爱心行动;拥军活动;公益活动;环保宣传等
		主题德育课程	"品德自育、交往自律、为人自强"教育;责任教育;感恩主题教育;"爱心在行动中成长"主题教育等

课程名称	课程类别	课程主题	学习内容
智育课程	人文社会课程	基础型课程	国家、地方必修课程
		拓展型研究型课程	时事政策教育课程;国学概论;名著导读专题讲座;经典诵读专题讲座;格律诗词基本常识讲座;中华古典讲座;朝阳读书计划;文学与创新课程;校园历史剧;开心辞典;英语夏令营;英语沙龙;英语知识与学法指导;人文大讲堂;研究性学习;"自主学习"教育等
	自然科学课程	基础型课程	国家、地方必修课程
		拓展型研究型课程	奥赛辅导;奥赛冬令营;实验课程;"自主学习"教育;科学考察;学科思维训练;科技节;科技小制作;自制学具;科学大讲堂;科模培训;航模大赛;科技手抄报;动漫制作等

课程名称	课程主题	学习内容
体育与健康课程	基础型课程	国家、地方必修课程
	拓展型研究型课程	运动会;体育社团;田径队;自编健身操;篮球队;足球队;游泳课程;课外活动选修;健康教育;太极拳健身;武术;棋类选修等

课程名称	课程主题	学习内容
艺术课程	基础型课程	国家、地方必修课程
	拓展型研究型课程	艺术选修;艺术节;书画赛;钢琴课程;舞蹈课程;主持人培训;健身操课程;艺术特长班;管乐队;合唱团;国旗班;礼仪及形体训练课程等

课程 名称	课程 主题	学习内容
信息技术 劳动技术 课程	基础型课程	国家、地方必修课程
	拓展型 研究型课程	学工学农实践;生活自理教育;生活技能培训;义务劳动;通用技术课程等

　　这样的课程设置兼顾了学生的统一学习与自主选择学习,满足了不同个体的学习需求。苏霍姆林斯基说:"世界上没有才能的人是没有的。问题在于教育者要去发现每一位学生的禀赋、兴趣、爱好和特长,为他们的表现和发展提供充分的条件和正确的引导。"同时,这样的课程设置凸显出"品德自育、学习自主、交往自律、生活自理、为人自强"的教育理念,彰显了学校"以人为本,自主发展"的办学特色,建构起"多元化、多层次、多维度"的人才培养课程机制。

三、自主选修制度,落实因材施教

　　传统意义上的"因材施教",即在教学中根据不同学生的认知水平、学习能力以及自身素质,教师选择适合每个学生特点的学习方法来有针对性地教学,发挥学生的长处,弥补学生的不足,激发学生学习的兴趣,树立学生学习的信心,从而促进学生全面发展。如果这样理解"因材施教",笔者认为是有失偏颇的。首先,国家建设和社会进步需要教育培养尽可能多的创新型人才,既是创新型人才,标准就不应该整齐划一,"全面发展"是理想,"个性发展"才更符合实际。其次,因材施教的主客体应该是双向的,教师可以根据学生的学情特点选择适当的教学方法,学生也可以根据自己的实际情况自主选择课程和老师。这也就是新课程的高明之处——设置选修课。课程选修制是在保证必修课学习之外,学生根据自己的兴趣、特长并充分考虑自己的现有基础,选学自己心仪的课程。每一个学生都是一个生动发展的个体,他们有权力获得适合自己的不一样的教育。这才是真正意义上的"因材施教"。配合这种制度,学校应本着一切为学生服务的思想,在学校师资和设备条件许可的前提下,尽最大可能多开设各类选修课,以满足各类学生的不同需求。值得注意的是,对一部分存在严重偏科现象的孩子,我们的老师要认真对待,正确引领,激励成长。学生自主选修制度为他们的成才创造了极大的可能,也为他们发挥自己的特长开辟了崭新的天地。信心是最大的潜力,培养富有个性的杰出人才,也许就要从人们习惯称为"偏才"、"怪才"的孩子抓起。有教无类,才能做到真正的教育公平!

四、教师舍得放手,提高学习效率

当甲型 H1N1 流感在各地蔓延的时候,我校发生过一件耐人寻味的事情:A 班由于发现确诊病例所以放假一周,同年级的 B 班及其他班级照常上课。阶段性检测结果出人意料,一向表现不如 B 班的 A 班不但没有受停课一周的影响,反而在各项考核指标上大大超出 B 班。这一现象引起了领导和老师们的思考。无独有偶,江苏某中学做了一项试验:平行的两个班级由同一位老师对相同的 10 道题施行不同的教学方式,在甲班 10 道题老师全部详细讲解;在乙班老师只精讲几道有代表性的题目,其他题目由学生根据老师讲解的方法自行解决,然后原封不动地用这 10 道题来进行考试,结果显示,掌握情况甲班只占到 30％左右,而乙班占到了 90％以上。

以上两则案例让我们想到,自主教育需要时间和空间的保证,老师在必要的时候要舍得放手。在宽松的自主学习时空里,学生可以根据自己的实际情况查漏补缺,完成知识的融会贯通与有效整合,不必忙于应付老师交代的繁重的学习任务,不必在自己已经理解后还因为要照顾没理解的同学而忍受老师不厌其烦的重复,不必局限于课本知识的学习,完全可以在老师的指导下利用各种渠道获取对自己的学习和成长有用的信息并进行资料的搜集和分类整理、提炼,以备"为我所用"。利用充分的时间和广阔的空间,与同伴一起合作、探究,接受信息技术和劳动技术教育,参加社区服务和社会实践。在这个生态化过程中,学生用其乐无穷地获取经验和教训取代了聆听教诲和听取指导。这样一个自主学习的过程有成功的欢乐,有失败的领悟,又岂是枯燥乏味的说教能够相提并论的。

教学中,教师一定要给学生充裕的时间,让学生充分地思考、感悟、体验、探究,给学生犯错和改错的机会,"纸上得来终觉浅,绝知此事要躬行。"讲求自主教育的效果,千万不能让学生的自主学习走过场。那种担心学生的自主学习占用了过多的时间,会影响教学进度,会影响教学任务的完成的想法,是错误的。因为一切教学活动都是为了促进学生的自主发展,在教学过程中,应该是教师为学生的学习活动提供有效的服务,而不是让学生为教师完成既定的教学任务服务。学校安排的自习课也应是名副其实的自己学习、自由学习、自主学习课,不应该"挂羊头卖狗肉"。要真正提高学习效率,时间就得真正还给学生。

五、助力教师成长,提供硬件保障

百年大计,教育为本;教育大计,教师为本。要打造自主教育特色,全面贯彻新课程改革精神,没有一支专业素质过硬,理论修养深厚的师资队伍是不可能实现的。加强师资队伍建设,为自主发展提供不竭动力,笔者认为可以以三方面为抓手:

1. 深化继续教育,提升专业水平

校长应坚持以教师为本的思想,尊重教师,依靠教师,并发展教师,努力为教师专业化发展搭建平台,通过组织教师学习新教育理念,学习现代教育论著,学习名校经验,开展教师论坛,组织教师外出学习、考察、培训,读书活动等形式,深化教师的继续教育意识,提升教师的专业化水平。

2. 加强校市教研,强化科研意识

从学情、校情、地情出发的校本教材、本土教材的开发是新课

程改革的一大亮点,也是学校特色教育的最佳体现形式。个性化课程建设与开发使命需要我们担当。有以促进每一个学生自主发展为宗旨的校本教研,才有真正的自主教育特色。为此,需要强化每一位教师的科研意识,充分发挥教研组的作用,敦促每一位教师每一学期上好一堂研究课,读好一本教育专著,参加好一项课题研究,写好一篇教育科研论文(简称"四个一"活动)。

3.实施名师战略,发挥示范作用

"优良的示范是最好的说服"。实施骨干教师、名教师的教师成长战略,并落实骨干教师、名教师的相应待遇,能起到很好的示范激励作用。学校关注教师的成功进步,满足教师的合理要求,让环境和教师成长实现良性互动,能极大地催生教师的工作热情,激发教师成长的积极性、主动性和创造性,从而带动学校各项工作又好又快发展。

在大力加强师资队伍建设,为自主教育提供良好的软件基础的同时,学校还应在硬件保障上下工夫。信息技术教育、劳动技术教育等都需要设施设备的完善。尤其是综合实践活动基地如工厂、监狱、社区等的建设和利用对实施自主教育意义重大。

总之,打造自主教育特色,是在办人民满意的教育,是在办社会满意的教育,是在办家长满意的教育,更是在办孩子满意的教育。站在新起点上,经验告诉我们,要把"自主教育"真正落到实处还需要时间,用国家督学、北京市十一学校校长李希贵的话说,"还有很长的路要走,甚至还会出现某些曲折,但是,毕竟我们还是嗅到了春天的气息"。

深化课程改革　彰显课堂特色

重庆渝北中学　张正明　汪天彬

近年来,我校教育教学工作以新课程改革为突破口,紧紧围绕"发展为目标、改革为动力、细化管理为抓手、提高教育质量为根本"的中心,积极走"以科研促教学,教学科研共相长"的道路,打造特色课堂,努力增强每一位教师实施课程改革的使命感和责任感,深化以课堂教学为中心的教育教学改革,充分发挥教育科研的先导功能,以课题研究为载体,学科课堂教学为基地,努力提高教育科研质量,在创新中寻求发展,不断促进我校教育教学工作水平向更高层次发展。

一、校本教研蔚然成风

1. 学校加强了对校本教研的领导

确立了科研兴校的办学理念,成立学校教科处,从管理上协调、整合教研组、备课组等各种资源力量,并从财力、物力上予以大力支持,积极创造条件,确保校本教研健康有序地开展。主管教育科研的领导更是身先士卒,积极参加校本教研活动,指导校本教研,使校本教研健康发展。

2. 学校建立了各种规章制度

为校本教研提供保证:一是建立学习培训制度,学校通过多种渠道培训教师,如:选派英语教师参加教育厅组织的专业培训,采用多种形式定期组织理论学习,利用教研组活动时间,学习了中央教科所出版的校本教研材料和北京等地开展校本研究的先进材料,使教师不仅对校本教研的理论有了一定的认识,而且在实践上有了可资借鉴的样式;二是建立对话交流制度,学校定期邀请教育科研人员和优秀教师进行信息交换、经验交流、专题研讨和互相对话;三是建立课题研究制度;四是建立教研激励机制,定期奖励教学研究成果;五是建立检查制度,定期检查校本教研工作。

3.学校正在建立一体化教研系统

切实把教学研究作为学校的中心工作,形成教学、研究、进修密切结合的教研系统,加强对校本教研的管理。以学科教研组为单位,以年级备课组为研究小组,充分发挥教师个人的主体作用和教研组、备课组的集体优势。采取"自我反思提出问题—教研组研究确定课题—备课小组共同设计方案—研究者付诸实施并反思—教研组集体反思并评价"的运行机制。

4.倡导合理、科学的校本教研制度的具体形式

一是倡导同伴互助合作,学校将原每周的教研组活动时间确定为"校本教研日",教务处、教科处精心组织好每周一次的教研组活动,做到有时间、有地点、有主题。以学科组、年级组、课题组为单位,总结、交流、反思本周教学教研情况,思考、研讨下周教学教研内容。二是根据教育教学实际定期围绕某一专题开展研讨。三是要求教师每节课做一次教后反思,每月提供一个典型案例,每月上一节研讨课,每学年至少提供一篇教学论文。每年一度的重庆市渝北中学优秀教学论文评选早已在我校形成传统,每年6月份,学校教科处均确定一个主题,面向全校教师开展征文活动,并组织教研组长对所有论文进行评选,最后对获奖教师在全校予以表彰,还将所有获奖论文编印成集,在校内外广泛交流。四是开展"一堂好课"活动,前期是由各教研组学习教务处印发的"一堂好课"的标准和要求,后期是开展"一堂好课"的授课和评课活动,使新课程理念在教学中得到具体体现。五是在条件成熟时,

学校举办教学开放周,邀请其他学校教师和部分家长参加教学观摩研讨。

5. 教师经常反思

结合自己的教学设计、教学行为、教学过程和教学效果,在反思过程中,不断发现、提出、分析、解决教学实践中的问题,逐步培养自己的问题意识和解决问题的能力,由单纯的教学者向研究型、专家型的教师转变。许多教师坚持写反思记录,在不断学习—实践—反思—再实践—再反思的过程中提高自己的专业化水平。

6. 加强教师之间的交流

通过专业切磋、协调和合作,通过互相交流、互相启发、互相学习、互相促进、共同分享经验、研究问题,最终达到彼此支持,共同提高,共同成长。学校通过拜师"结对子"这种以老带新的办法,发挥名师、学科带头人和骨干教师的积极作用,并利用教师节等活动对结对师徒予以肯定和表彰,以此促进青年教师的尽快成长,能够早日成为学校教育教学的骨干力量。倡导科学精神,营造求真务实、科学严谨的教研氛围,提高教研质量。

7. 开展形式多样的校本教研活动

结合我校实际,实践反思是教师专业成长的必经之路。教师只能从教学中学会教学,而学会教学必须经历一个反复实践反思的过程。伙伴合作是教师专业成长的有效办法。教师的集体备课,相互听课,互相切磋,取长补短,凝聚了集体的智慧,克服了个人经验的局限。只有在不同声音的相互聆听与碰撞中,才能一次又一次迸射出创造的火花,实现优势互补。学校根据不同年龄层次,确定听课节数,特别倡导青年教师多听课,向老教师学习。专业引领是教师专业成长的重要条件。在学习化的社会里,人人需要终身学习,凭靠一次学历用终身的时代早已过去。教师为了提高自己的专业素养,除了向周围的同事、学生、家长学习,向书本、实践学习之外,还必须向专业人士和成功人士学习,能者为师,不断接受先进理论、技术、方法和经验的专业引领。

二、统筹课程,聚焦课堂

课程改革是提升核心竞争力、推进特色学校建设的根本途径。按照培养兴趣、提高技能、发展思维的螺旋上升原则,根据各年级学生学业基础、教学任务的具体实际和课标要求,统筹规划高中三年的学科教学、课程安排、学分安排。开齐、开足国家课程,开发社团活动、学科兴趣、艺体素养、德育教育等校本选修课程,构建满足学生需要,促进学生全面发展、个性发展的有学校特色的课程体系。教师人人要参与开发校本课程,应至少能上一门校本课程。充分挖掘课程资源,合理利用社区、家长、高校及自身资源,尤其重视教学实践中生成的资源。组织学科组研究各必修模块、选修模块和专题,研究校本课程的开设次序与要求,研究学业水平考试、新课程高考等新形势、新要求,初步形成科学的学校课程实施纲要。

课堂是实施素质教育的主阵地。聚焦课堂,打造精致课堂是教学工作的永恒主题。围绕提高课堂教学效率,组织开展全校所有中青年教师参与的精致课堂竞赛、展示活动,跟踪、研究、打磨问题课堂,提炼、总结、推广高效课堂,进一步完善高中新课程课堂教学模式。针对课堂教学中的典型问题,组织学科组开展小课题研究及案例专题研讨会,切实提高教师研究问题、解决问题的能力,提高教师实施素质教育的水平与能力。转变教师教育质量观,建立面向全体学生、以合格率为核心、以优秀率为重要因素的教学质量评价标准。完善以课堂教学督评为中心、以教学抽查和学生问卷调查情况为参考的教学督评制度,做到督评工作常规化、督评过程精细化、督评结果权威化,扎实推进教学方式改革,全面提高学生自主学习和自主探究能力,培养学生创新精神。

活动是实施素质教育的有效途径。每周开出活动课,做到有活动计划、有活动时间、有活动场地、有指导教师、有活动总结与评价,努力打造几个在省市有一定声誉的活动团体,培养出一批有兴趣特长、有活动能力、有团队协作精神的学生。开足、上好信息技术和通用技术课,组织开展学生技术操作比赛,开展科技发明创新活动,提高学生技术素养,为学生走入社会、适应社会打下坚实的基础。认真做好研究性学习的选题、开题、研究、结题的组织、指导、评价与展示工作,培养学生掌握一定的科研方法,具备一定的科研素养。组织开展学生社会实践活动,激发学生认真学习文化的兴趣,提高学生利用所学知识解决生产、生活中实际问题的能力,进而形成特色鲜明的教学实践活动文化。

三、研究性学习的开展颇具特色

新一轮基础教育课程改革大力倡导面向全体学生,开展多样化的研究性学习。研究性学习作为一个独具特色的课程领域,成为我国基础教育课程体系的有机组成部分,被公认为是我国当前课程改革的一大亮点。新事物、新情况,带来了新任务、新问题,呼唤着新思路、新对策,特别是广大教师更需要更新教育理念,积极进行这方面的探索和实践,以适应与新一轮课程改革相结合的目标体系和教法、学法。

我校积极投入到研究性学习的探索和实践中,力图以课题研究带动新课程改革的实施,实现质量立校,科研兴校。开展研究性学习活动,成为我校教育教学活动的重要组成部分。从选派教师赴上海参观学习,组织全校师生学习上海地区开展研究性学习的先进经验,观摩各校开展研究性学习的范例,到我校各年级共20多名教师参与到研究性学习的实施和实验中,老师和同学们深入社区调查,深入生活体察,搜集信息,分析材料,讨论验证,撰写文章,展示成果。至今共有20多个课题先后实施和结题。学校精心编辑《渝北中学研究性学习实例汇编》,共有21个典型案例收录其中,受到兄弟学校以及学生和家长的一致好评。

开设研究性学习课程,对于促进我校学生增强实践能力,推进教师的专业发展,建立新型的师生关系都具有十分积极的意义。同学们在研究性学习结题报告中深情地写道:"研究性学习为我们开辟了一块自由的天地,让我们以无尽的遐想来耕种它。我们很庆幸,我们渝北中学及老师给了我们这样一个天地,那么,我们的任务是十分明确的——发挥我们的潜力,以超凡的能力去发掘潜藏在学习生活中的乐趣!"我们的老师也欣喜地看到研究性学习真是一种全新的教学活动,没有了传统教学那种沉闷与束缚,取而代之的是全新的学习内容和学习方式。学生们兴趣很浓,积极性很高。老师在对学生活动的评价中写道:"虽然他们的观点还有些稚嫩,文章略显得粗糙,但却不乏他们思索的痕迹。这次研究性学习使我学会了用欣赏的目光来看我的每一位学生,我相信,给学生一次机会,他们会送给你一个奇迹,一次学习虽然结束了,但它带给我们的意义却是深远的,无论对学生,还是对老师。"

近年来的研究与实践,使研究性学习在我校广泛开展并向纵深发展。新学期开始,研究性学习已在我校高一年级各班全面启动,它必将伴随着新课程改革进一步走进每一位师生,走进每一节课堂。

四、推进课改,倡导自主

在渝北中学,没有对学生简单武断的否定,有的是殷殷关切、赏识激励;没有学生对老师的敬而远之,有的是朋友间的倾心交流;没有对学生优劣高低的区分,有的是对每个不同心灵的尊重。"新课改的意义之一就是变革学生学习地位,让学生成为自主学习的人,成为自主发展的人。"学校要求教师们在课堂教学中,鼓励学生提出自己的观点,进行富于启发价值的评价,引导个性鲜明的学生朝正确的方向发展,让课堂真正成为学生自主学习、张扬个性、和谐发展的平台。

在课改方面,渝北中学以"为每一位学生的可持续发展奠定基础"的办学理念为出发点,开展独特的人文课程。通过落实新课程标准、开发校本课程、转变教育教学方式,培养学生可持续发展的综合素质,为学生全面、主动、可持续发展奠定了坚实的基础。在改革中,学校倡导"主体化"学习方式,培养学生可持续发展的学习能力,以环境课程蕴含丰富的内涵,以学科课程体现全面提高学生综合素质的要求,以活动课程为促进学生的主动发展和个性发展创造广阔的空间。

作为这次课改最积极的践行者,得益于渝北区委区政府的高度重视,渝北中学单独立项投资 150 余万元,在全市率先建立了高规格的通用技术专用实验室和设施设备,为助推新课改提供了有力支撑。在这里,学校可开设简易机器人制作、家政与生活艺术、汽车驾驶与保养等 7 门必修、选修课程,为我市的通用技术培训提供了蓝本。

五、以课题研究带动我校校本课程的开发、管理和评价

长期以来,为了确保我国基础教育的共同质量,同时,也便于管理与评价,我国采用"从上而下"的中央集权的课程政策模式,使得我国基础教育课程多年来一直处于高度统一的状态。但随着社会经济文化的发展,仅是整齐划一、统一标准的国家课程满足不了社会经济对多元化人才的需求,满足不了学生个性发展的需求,也不能完全体现学校的教育思想和办学特点。因此,形势的发展给我国校本课程开发的实践提出了迫切的要求。

《基础教育课程改革纲要(试行)》中提出:"为保障和促进课程适应不同地区、学校、学生的要求,实行国家、地方和学校三级课程管理。"国家以文件的形式规定了学校必须开设校本课程,从而为校本课程的开发注入了强大的热情和引进了保障机制。

我市高中阶段课程改革已于今年 9 月全面展开。新一轮基础教育课程改革使各地拥有自主规划、开发、管理好地方课程,发展学校课程的权利,以提高课程对不同地区、学校的适应性,走国家、地方和学校共同建设课程的路子。因此,高中课改启动了校本课程,校本课程的开发为学校和教师提供了发挥创造力的空

间,在开发、实施校本课程中,我们本着以学校师生为主体,以人的发展为根本,以培养创新精神与实践能力为灵魂,形成学校特色,发挥教师专长,发展学生个性,积极探索校本课程建设的策略,全面推进校本课程建设,为我校实施新课改开通绿色通道。与此同时,如何做好对校本课程的开发、管理和评价,使之成为我校课程体系生动而富有活力的一部分,则是一个急需研究的课题。

2009 年 1 月,我校申报的重庆市"十一五"基础教育科研课题"校本课程的开发与评价研究"获准立项。2009 年 9 月 15 日,该课题开题会在我校会议室隆重召开。共有 15 名教师在会上畅谈自己所开设校本课程的课程纲要和大胆设想。11 月份,在教科处的统一组织下,共有 12 门校本课程进行了第一节实验课,并且教科处还精心组织制作了每一门校本课程的宣传海报,实验课在全校师生中产生了强烈的反响。每一节实验课后,授课教师均认真填写教师互评、自评表和学生反馈调查表,进行及时的反思和总结,此次活动的成功开展,为今后我校校本课程以及选修课的广泛、顺利开展奠定了坚实的基础。

以文化人　明体达用

重庆永川中学　李天鹏　唐钦贤

特色是一所学校长期形成的、相对稳定的、体现自身内涵的个性化表征,是区别于其他学校的重要标志。因此,我们从学校文化建设入手,通过建构"体用文化"识别系统,营造"体用文化"环境、推行"体用文化"德育、倡导"体用文化"课堂,实施学校文化管理,来系统建设学校"体用文化",倾力探索践行了"以文化人,明体达用"的办学理念,促进了我校的特色发展。

"以文化人"就是用文化来化育学生,充分发挥文化在养性、怡情、启智、审美等多方面的功能,为育人服务。这里的"文"是立足校园之文,是吸收内化之文,是学校创生之文。"明体达用",源自北宋教育家胡瑗"明体达用"的教育主张,原指阐明"六经"中的圣人之道并依此用以治事。"体"本指事物的形质,有本体、理体之意;"用"本指事物的功用,含有应用、运用之意。按我们今天对它的理解,就是要识大体、明规律、懂规则,自觉按规律和规则行事,主动应用规律和规则造福于社会。1900年翰林院编修黄秉湘秉承北宋胡瑗"明体达用"的教育主张创办了永川中学的前身"达用学堂"。所以,"体用文化"就是永川中学在践行"以文化人,明体达用"过程中积淀、滋生、繁衍、发展起来的校本文化,是我校价值理念、教育行为、习俗风尚等文化内容的高度概括。

一、建构"体用文化"识别系统

学校文化识别,是塑造学校独特形象和个性品质的文化个性化手段。我校紧扣"体用"构建了集中反映学校存在的社会价值、追求目标以及怎样办学的基本思想的理念识别系统,包括办学理念、育人目标、治校方略、校训、校赋、校风、教风、学风、学校精神及学校传统等;构建了集中体现学校运作方式和师生行为规范的行为识别系统,包括学校"三制三式"的管理模式、行为规范、办事准则与流程等;构建了集中表现学校个性的视觉识别系统,包括校标、校徽、校旗、校歌、校服、校报、校刊与校广播台、电视台等。系统从各个方面来充实和丰富"体用文化",让"体用文化"来统领学校的一切教育行为。系统中的每个要素,直接或间接地指向"体用文化"的内涵,通过反复呈现、不断强调,让师生看得懂、记得住、吃得透,使之逐渐成为一种风气,一种习惯。

二、营造"体用文化"环境

为了充分发挥环境的"育人"作用,让学生"时时受教育,处处受感染",我校编制了《永川中学学校文化建设实施方案》,并将"学校文化"作为重要内容纳入《永川中学高中迁建项目》的规划设计之中。

学校建有"明体达用"碑刻;修建了"达用亭",亭上镌刻了"达四书五经自通九衢,用六艺七技谁分八斗"的藏头联和"博通古今明能见机之谓达,融贯中西学以济世斯为用"的嵌尾联,并在亭的周围配置了 16 幅励志图文碑刻;建有校友画廊,全部悬挂的是校友中"明体达用"的佼佼者,有一对足千秋的楹联名家游子明,有实业救国的民生公司经理郑东琴,有捐躯报国的财政次长黄大暹等 80 余人,以激励师生见贤思齐、奋发有为;在桂山书院(达用学堂前身)广场,用的是 36 首桂花诗、24 个典故来烘托学校历史文化;在毓秀楼、桂山书院广场建有励志碑刻;在运动场建设的大型浮雕,通过民俗体育、传统体育、特色体育和现代体育 4 个部分,来反映体育的演变过程和体现体育文化,让师生能追根溯源、致知力行;在行政办公室主要用教师书画来装饰,如嵌有"桂山"书院名的"桂移月影浮香远,山蕴龙光射斗牛"、嵌有"锦云"书院名的"水映秀色披玉锦,鹰击长空上青云"、嵌有永川中学校名的"万卷奇书消永昼,一轮皓月映中庭"等,这也是对教师"达用"成果的展示。

"明体达用"的核心是"达用",它是"明体"的外化过程和最终目的,建设"体用文化"的核心在于师生的广泛参与,在于师生的自觉践行。为此,学校大力营造馥郁的"体用文化"氛围,为师生提供"达用"的平台。建设了书画陈列馆,集教育、展览、交流、收藏于一体,每年将艺术节中获得一等奖的书画作品收藏,并颁发收藏证书;将校刊、校报、校台交给学生去策划、组稿、编审;开展了小画家、小书法家展评活动,学校教学楼装饰的书画作品,大都是展评活动的成果;开展了校歌、校赋、对联征集活动;编辑了《花开的声音》《诗意阅读,诗意人生》《文化作文》等师生作品;开展了"一班一品"文化建设活动等等。这不仅能形成浓厚的文化风气,而且能鼓励师生勇于创作、学以致用,还能丰富学校的文化积淀。

根据《永川中学高中迁建项目》的规划设计,将在迁建的高中校区建设校训石、校赋碑、教育碑林、永中知名校友名录、永中考入北大清华学生名录、永中海外留学生名录等等。通过建设,将使亭台楼阁互相呼应,廊桥沟渠互相依偎,山石树木互相映衬,使之既具有江南园林的灵性,又具有汉唐金石的韵味,真正做到"一步一景,移步换景"。

三、推行"体用文化"德育

所谓"体用文化"德育,就是基于"体用文化"的思想道德教育,或者说是找到"体用文化"与德育之间的联系,充分利用其所蕴涵的育人资源,借助其导向、规范、修复、激励等多种育人功能,达到滋润心灵、培养品行的教育目的。

充分发挥学生的主体性。学校坚持活动导向,鼓励学生自主设计活动方案,德育处对方案审核把关,最后交由学生会自主组织,尽可能让更多的学生积极主动地参与到活动中来。学校的"新生才艺展示"汇报演出、"田径运动会"、"校园歌手大赛"、"迎新元旦晚会"等许多活动的全过程都由学生独立完成。如学校田径运动会，裁判员、裁判长、仲裁委员由学生担任，会徽会标由学生设计，竞赛规程由学生制订，开幕式和闭幕式由学生会干部组织，联系商家赞助以及奖品的发放由同学负责，教师只作指导和咨询。

充分发挥活动的育人性。一方面，立足于"金秋十月"学生艺术节和"阳春三月"科技文化节，广泛开展丰富多彩的活动，在活动中"达用"、"达行"。如"唐宋诗韵——诗歌朗诵"、"激扬文字——中文演讲赛"、"水墨丹青——书画摄影展"、"飞天神韵——舞蹈大赛"、"金钟初鸣——器乐大赛"、"校园之星——歌手大赛"、"走向世界——英语演讲赛"、"文鼎九州——征文大赛"等活动，经过多年的开展，这些活动已经成为学校的品牌活动。另一方面，依托"雪浪花"文学社、"小百灵"合唱团、"金凤凰"舞蹈队、"金钟"民乐队、"同龄人"广播站等社团组织开展活动，如"川剧进校园"活动、"民乐之声"专场演出、黄勇老师"盛世繁花，怀故寄情"个人专场国画展等。

充分重视德育的实践性。让学生在实践中成长，在实践中巩固。我校开展了许多实践类主题活动，如"永川边界七日徒步考察活动"、"成长心连心——互助活动"等等，最为典型的是，我校与永川区人大常委会联合举办的"走进人大，感受人大"全程模拟活动，从"人大代表"的产生到"地方法规"的出台全程模拟召开人民代表大会的程序、办法、实景，印制了学习资料和会议资料，制作了选民登记表、选票、代表证、座牌、会标等。实景模拟召开"区人大常委会"，专题研究预先确定的议题，修订并通过了《永川校园周边环境治理暂行办法》(试行)、《永川饮水卫生安全管理暂行条例》(试行)等地方"法规"。永川区人大常委会主任在观看了同学们模拟召开的"人大常委会"后感慨地说："同学们对活动投入了极大的热情，调查翔实，准备充分，发言有理有据，援引得当，分析中肯，条分理析，措辞准确，表达流畅，表现出了很强的参政议政能力，反映了新一代中学生的主人翁意识、主体参与意识和民主法制意识，收到了良好的育人效果。"《公民导刊》用大量的篇幅,以"尝尝梨子的滋味"为题作了全面报道。

四、倡导"体用文化"课堂

教学不仅是引导学生获得真知,更重要的是启迪智慧,培养能力,将所学应用于实践去解决问题。为此,我们对教师提出了"功夫体现在备课上,水平展示在组织上,效果体现在过手上"的要求,对课堂提出了"有学有用,学用结合,学以致用,以用促学"的要求。重点在"两字一课"上做文章,即"动"与"活"两个字和"实践活动课"。

让学生"动"起来。陶行知说:"人有两件宝,双手和大脑,双手会做工,大脑会思考,动脑又动手,才能有创造。"我们高度重视学生在课堂学习中的主体地位,努力增强学生课堂的参与性、实践性和体验性,不仅让学生带耳,还要动目、动口、动手、动脑,真正让学生"动"起来。于是,学校构建了"发现—引导—探究"、"质疑—辩疑—释疑"、"问题—体验—发现—反思"等20余种课堂教学模式,根据不同的对象、内容、课型有针对性地设计课堂的教与学。例如,我校英语教师赴黔江马喇中学给初一学生上的一节观摩课,课前我们都很担心,因为黔江是偏远山区,在小学可能没有开设英语课,如果全部像我校那样用英语上课,课堂教学可能根本无法进行,但是,英语老师借助于神情、动作等肢体语言和简单的课件,让学生跟着说、唱、写、比划,使整个课堂异常活跃,学生十分投入,效果也很好。课后,学生追明星一样围着老师签名、合影,他们说:"学得轻松,学得快乐,学得会。"

让课堂"活"起来。由于受"应试"的深刻影响,考纲、考点和考题成了缠绕课堂教学挥之不去的影子,使教育者本能地围绕"应试"来设计和组织教学,课堂成了过度追逐知识、技巧的工具,充盈课堂的是单调、枯燥、乏味的数字、符号、公式、程序、解法,忽视了学生在情感、意志、心理、价值判断等多方面的需求。应该让课堂"活"起来,使之赋有生命性、文化性、审美性和机智性,要千方百计地引导学生去触及、领略各学科那鲜活、丰富、优美,甚而动人心魄的一面,去感受其深邃的思想、丰富的情感、奇妙的理趣、科学的方法、创造的智慧。如:我校教师所授"化学平衡"一课,当他引导学生学习完"化学平衡"的内容后,话题一转,让学生去思考"政治平衡"、"生态平衡"、"冷战对抗"、"家庭平衡",并继续让学生思考"平衡能不能打破?"、"打破平衡意味着什么?"、"怎样才能形成新的平衡?"这种由此及彼的联系、举一反三的类比、触类旁通的升华、学以致用的迁移,是不是更为丰富,更具生机,更表现出一种机智?"活"不是教师独角戏式的"活灵活现"的表演,不是一问一答式的"假活跃",更不是群龙无首似的"满堂闹",而是围绕问题激发思维、引发思辨、促进问题的解决。课堂"活"起来,核心是课堂设计和课堂组织,我校专门开展了课堂设计和课堂组织的研讨、观摩、展示和评比活动。

大力开展"实践活动课"。我们依托"研究性学习课程资源开发利用与管理模式"课题取得的初步成果,结合学校实际,因地制宜地开展以"研究性学习"为主的或分学科,或分板块,或分单元的实践活动课,以激发学生探究的兴趣,帮助学生了解科学研究的方法,增强学生实践和创新意识,发展综合运用知识的能力,促进学生"体用兼备,知行合一"。制订了《实践活动课实施指导意见》和评价办法,开设了"生活中的化学"、"文学中的科学"、"景因文而名"、"网页制作"等 20 余门课程,极大地促进了学生从"明体"到"达用"的转化。

五、实施学校文化管理

"管理"本身就是一种文化,其所蕴涵的价值观念通过制度、管理活动等潜移默化地渗透、影响着组织成员。所谓"文化管理"是继"科学管理"之后的一种新的管理理念和管理模式,它以"文化人"为假设前提,重视感情和价值在管理中的运用,通过构建组织的共同愿景,以文化渗透与价值导向引导职工的行为趋向,来实现超越制度管理的管理观念、管理所运用的理论体系、管理的思维习惯。它更加重视"文化"在"管理"中的作用,使管理更富人性化、人文性、文化性。

我校借助文化管理理念，围绕"体用"文化的价值核心，综合考虑权力、经济、制度、情感与心理、理想与追求之间的协调，尽可能满足每个个体多方面的价值需求和不同对象的不同价值需求，构建并实施了"三制三式"的管理模式，即处室主任负责制、年级主任负责制、教研组长负责制三种管理体制和文化管理、制度管理和目标管理三种管理方式。一是充分考虑了权力与学术、自由裁量权与权力制约、组织行为与非组织行为、权力范围和职能职责的界限，通过"明目标、明权限、明职能、明职责、明经费、明评价"对管理过程和结果进行督导，理清了各种关系，提高了执行力；二是充分重视文化价值观的引领作用，"管人要管心"，重视办学理念、共同愿景、核心价值在支配人的行为中的作用；三是以"软性管理"为主，重视区间性和发展性在管理评价中的作用。通过文化价值导向，建立文化管理组织，健全文化管理制度，推行民主监督，使学校内部管理上了一个新的台阶。

"经史子集其明体乎？礼艺书数在达用哉！"这副嵌有"明体达用"的对联，集中反映了永川中学百年办学的执著追求，我们将不懈努力，进一步彰显"体用文化"特色，并将向全面推行"体用教育"迈进。

打造特色课程 走特色强校之路

重庆杨家坪中学 张 成

新课程改革到今天,很多学校认识到学校特色发展的关键在于课程实施,尤其是特色课程的开发与实施。学校的特色,首先体现在学校的办学理念和办学目标上,而学校的教育目标和办学特色总要通过课程实施来实现,否则就落不到实处。可以说,没有特色课程,就没有学校特色,更谈不上特色发展。

一、什么是特色课程

笔者认为特色课程包括两个层面:一是凸显学校特色的校本课程;二是能强化学校特色的国家课程。前者具独特性、差异性,后者是保障,是基础,后者对前者有重要的支撑、强化作用。若无国家课程的根基,是奢谈校本课程。所以要发展学校特色,必建设特色课程,要打造特色课程,必在已经实施好的国家课程(包括地方课程)中,挖掘、拓展优势课程和资源,打造特色校本课程。

校本课程开发是在我国新一轮基础教育课程改革,实行国家、地方和学校三级课程管理的要求下提出的。校本课程是指"在具体实施国家和地方课程的前提下,通过对本校学生的需求进行科学的评估,充分利用当地社区和学校的课程资源,根据学校的办学思想而开发多样的、可供学生选择的课程。"它不仅对国家、地方课程起到补充作用,还体现了学校的自主办学,能促进学校自身建设。但很多学校的校本课程多是停留在对课堂教学的补充、延伸的层面上,诸如:语文学科开设国学常识、诗词欣赏、民俗文化等课程,物理学科开设科技与物理、物理学史、生活中的物理等,这些课程也许任何一所学校都可以开展,算不上"特色",只能算作一般的校本课程。还有些学校动员全体教职工,发挥特长,各显神通,开设一些小型课程,如:手工、剪纸等等,五花八门,样样都有,开设过多,分散了学校资源和力量,难以形成"拳头",特色自然不明显,甚至显现不出特色。

国家总督学顾问、中国教育学会副会长陶西平先生说过:"形成一个领域的卓越是学校特色发展的关键。"可见,一所学校可能开设多门校本课程,但真正体现学校特色的应该只有一门,即"特色课程",它是以某门国家课程为丰厚底蕴的凸显学校特色的校本课程,是体现学校优势的、独特的、"我有他无"的课程,是学校办学理念和办学特色的重要载体,是在塑造学校特色文化中不可或缺的课程。把特色课程开设好了,学校的特色也就鲜明了,也就有了教育品牌,从而实现良性循环,确保学校特色可持续发展。

二、建设特色课程的措施

1. 健全课程开发与实施的领导机构

首先领导要重视,高瞻远瞩,把特色课程的建设放在学校战略管理的高度,做好中长期规划,把特色课程的建设列入学校教学工作的一个重要内容。特色课程的建设是一项系统工程,需要由多方面、多部门共同协作配合和全校师生的参与来完成,建立一个强有力的领导机构是特色课程建设得以成功进行的保证。所以,学校应建立健全组织,成立以校长为组长的课程领导小组或课程研究中心之类的机构,由教务处、教科处、德育处主任,年级主任,教研组长及热心于特色课程开发的、科研能力强的教师组成,在校长的直接领导下,负责特色课程的实施与管理。特别是对特色课程的教学目标、教学时间、教学内容、教学方法、课程评价、选修方式、学分认定进行研究、评估,落实课程教学的管理等。

2. 依托优势,立足校情,科学定位

学校特色建设的第一步是定位准确,既要传承历史,又要着

眼未来。学校必须发挥本校的传统和优势,结合学生兴趣与需要,因地制宜,科学定位。根据学校教学设施设备、师资力量的优势确定特色课程。课程建设过程应贯彻学校办学理念,彰显学校办学特色。先进的理念是学校特色建设的灵魂。所以要精心提炼,确定学校办学理念、办学目标和学校特色。

我校拥有一流的体育馆、艺体楼和三个塑胶运动场;有一支数量充足业务精良的体育教师和教练员队伍;具有广泛的群体性运动基础,拥有多支全市一流的高水平运动队。学校依托现有资源优势,在深入挖掘自身的发展历史、办学经历的基础上确定了建设体育特色的思路,提炼出以"健体、明德、益智"为理念的学校体育特色,"合作、竞争、超越"的体育精神,作为学校"育德育能和谐发展"办学理念的深入诠释和有力补充。学校以体育特色课程建设与实施为主要途径,提高了学生的健康意识和运动技能,塑造了健全人格,把体育精神渗透到学习的各个方面,促进学生全面发展。经过几年的打造,我校的体育特色鲜明,成绩显著,教学质量突飞猛进。学校有自编的校园瑜伽操、国际象棋课程、乒乓球课程等,有体育文化节等系列活动。学校"绿杨青少年体育俱乐部"已成为国家级青少年体育俱乐部;2007 年重庆市乒乓球队落户我校,今年成功晋级全国甲级联赛,这些都是得益于体育特色课程的准确定位与努力实施。

当然,也可以发挥地域及区域文化优势,联动社区,确定与校园文化相关的课程;把各种活动"回归"课程,不为了活动而活动,用新课程的理念把原有的特色项目、特色活动打造成系统的、科学的课程,形成学校特色。

3. 培养一支课程建设的骨干力量

教师是特色课程的开发者、组织者和实施者。因此,组建一支水平高、责任心强、乐于钻研、踏实勤勉的课程建设的骨干团队是至关重要的。同时,必须对参与课程实施的教师进行培训,一是统一思想,提高认识,二是学习课程建设的相关理论和方法,否则盲目干,将事倍功半。每一个阶段还要进行总结、反思,对实施过程中的优良做法进行提炼、推广,对出现的问题予以研究、解决。

4. 示范引领,广泛开展群体性的特色活动,做到点面结合,突出重点

特色课程要满足学生的个性需求,但更应激发、引导其兴趣爱好及发展需求。特色课程不是少数学生的特长,否则形不成学校特色。要成为真正的特色,必须是全校群体性参与,共同打造,同时又需要"榜样"的力量带动。因此,课程选修可以分类进行,如上海莘格中学就实行限定选修类、非限定选修类、高端个性选修类,形成了金字塔式的课程结构。限定选修类是面向全体学生由学校自主选择限定学生选修,体现莘格群体特色和个性的课程,如高一年级全体学生选修培养学生科学素养的科技课,保证群体性参与课程;非限定选修类是面向全体学生由学生自主选择内容,这一类课程立足于学生个性发展,在学习活动中培养学生的兴趣和自主选择、学习的能力;高端个性选修类是面向部分学生立足学生高水平的创造性学力培养的课程,这类选修课不仅有专业教师培养,学校还可配有专门的辅导员给予心理、生活、人生等各方面的指导,呵护其向"尖端"发展。我校也首创中学体教结合的课程模式,并引进俱乐部的管理方式,大力支持乒乓球队、足球队、国际象棋队、游泳队等几支高水平运动队的发展,取得了骄人成绩,这就做到了"尖",反过来对学校体育特色课程的开展又起到示范作用,激发学生参与体育运动的热情。

学校还可组建学生社团,特别是特色课程下的社团,进行特长生的锻炼与展示,让他们来带动多数学生参与课程,增加特色课程的群众基础。我校就充分发挥学生会职能,体育部积极组建足球、篮球、乒乓球、田径协会和校园吉尼斯纪录委员会等多种学生体育社团。学校各小型比赛全都由学生体育协会社团来组织(包括裁判工作),配合学校开展各种群体性体育运动,竞技体育与群体活动并重,月月有安排,周周有比赛,天天有活动,达到师生体育活动经常化、制度化。一年一度的体育文化节历时半年,群体项目丰富,趣味性强,参与面广。

对一些新生的、另类的事物要宽容,要引领其走上正道。如江苏省邗江中学发现学生热衷街舞,干脆就开设这门校本课程,请一个硕士研究生来开课,成为该校艺术特色教育的一部分,不仅没影响学生学习,反而形成学校一道亮丽的风景线。

5.培育特色文化,增强学校的核心竞争力和品牌价值

学校要大力营造特色文化氛围,如:设置特色文化宣传长廊,完善现有文化设施建设,重点展出优势项目;利用多种媒体报道、传播,如:网站、广播站、校园电视台、黑板报、橱窗和海报宣传相关知识、特色课程的开设情况、取得的成果,重点报道新闻人物、重大事件等;主动参加、承办高级别的赛事、展示活动,奠定和巩固学校特色项目的优势地位,驱动老师、学生参与,逐渐使特色建设成为全体师生的自觉行为。结合特色课程开展多种形式的活动,如:表演、摄影展、各种学习比赛等,丰富学校特色文化。

另外,我们不仅要努力营造特色文化,还要向社区进行文化渗透,与社区文化建设联动,争取得到家长、社区的支持、帮助,把特色课程的实施开展到校外去,扩大影响和知名度,也给老师、学生提供更大、更多的舞台,展示、强化学校特色。

三、特色课程建设的反思

1.打造特色课程是促进学校特色发展的必由之路,但不可舍本逐末,必须依靠国家课程来强化学校特色

国家课程在学校教学中的地位都是不可动摇的。要想使学校的教育形成特色,仅仅依靠一两门校本课程和课外活动是远远不够的,必须严格执行国家课程计划,充分挖掘国家课程的潜力,使国家课程的功能最大化。一是开足开齐国家课程计划中规定的课程和课时,二是在确保国家必修、选修模块教学工作保质保量完成的前提下,开设特色课程。我校在打造体育特色的过程中,长年坚持将体育课、大课间、课外活动与体育特色课程有机结

合,确保学生每天锻炼一小时。正因为有此,基础体育特色打造才比较成功。

若连国家课程都未开设好,教学质量低下,想建设学校特色是不可能的。众所周知,教学质量是学校生命线,连国家课程这一生命保障都没有,何谈特色? 谈也是空谈。齐鲁名校长王品木曾讲到:"质量是本,特色是品。"可见没有高质量,就没有特色。要提高教学质量,就必须落实好国家课程的实施,走"质量保生存,特色促发展"的道路。

2.加强特色课程课堂教学的组织与管理

首先要保证课程实施的时间和空间,把特色课程列入课表中,避免随意性。再就是要把常规管理与评价激励结合起来,规范教师课堂教学行为,定期对老师和学生进行问卷调查,甚至让家长参与课程评价,对教师课程实施过程进行跟踪管理,及时反馈调控,以学生的满意度、学习成果和学习指导情况为依据对教师授课进行评价,必要时同检查国家课程的实施一样,采取行政督教的方式,予以督查考评,促进教师教学方式转变,优化教学行为,提高教学实效。对学生来讲,除了实行学分制管理,还可在学段末进行成果展评,将考评成绩记入学生成长档案等。

学校还可以充分发挥教育评价的作用,把组织、参加各类特色课程活动纳入到教师、班主任、班级的考核之中,促使全校师生都能重视和参与到特色课程中来。

3.积极开展特色课程的研究,以校市教研促进学校发展

特色课程也是在不断地实践中生成、完善的,把特色课程教研与学科教研整合,在课程实施过程中不断总结,不断提升。为了确保研究的质量,还可以通过课题研究的形式来引领特色课程的建设。我校在确定体育特色课程的开发与实施后,就立项了市级特色课题,积极开展各专题的研究,为打造体育特色课程,培育体育特色文化,提供了理论支撑。

随波逐流的教育,不会哺育一代英才,没有特色的教育,不能

彰显名校华章。在大力提倡人性化教育,鼓励个性化发展的今天,"学校有特色,学生有特长"是各学校共同的教育追求,各校都高度重视学校的特色建设,积极探索特色教育发展的新途径。在新课程改革的大背景下,打造适合学校的特色课程,对促进学校特色发展将起到不可估量的作用,但这条路也许还很长,不可能一蹴而就,我们将不断努力,开拓创新,走"质量立校,特色强校"之路。

解放课改思想　促进特色发展

重庆字水中学　李　伟

　　基础教育课程改革是从课程观念、课程结构到课程实践的一次深刻变革,学校管理层面、教师、家长和学生在这一个过程中要面临一次大洗脑,要更新观念,要扮演好自己的角色,要提高自身素质,促进学校特色发展,以应对这场挑战。

　　总体来看,课程改革主要体现在以下三个变化上:

　　一是教育理念的革新。新课程倡导的"一切为了每一位学生的发展"是新课程的最高宗旨和核心理念。

　　二是现代课程观的建立。现代教育观念认为:教科书是最具代表性的核心教材;教材除了教科书以外还包括大量的教学辅导用书、视听教材、电子教材、生活事件转化来的现实教材,以及传承人类文明的各种物化形态和非物化形态;课程更是"体验课程",教师和学生都是课程的有机构成部分,都是课程实施中最具活力的部分,都是课程的创造者和开发者,课程不是"死"的,而是动态的、创生的。

　　三是新教学方式的探索。首先,要建立起平等交往的对话机制,要善于处理教材,选择进行对话的话题。其次,就是要根据教学内容适当设计问题情境,让学生经历从问题的提出到自主设计方案解决问题,获取结论的过程。再次,就是要关注学生学习方式、思维方式的差异,着力研究学生的学法分层,要根据教学内容的不同和学生的不同,让学生在经历多种多样的教学方式中,选择、形成自己的学习方式。

　　与新课改的要求相比,我们目前的教育始终在实践层面上没有解决好培养什么人和如何培养人的问题,极端功利主义的价值观扭曲了基础教育的育人功能,学生的发展不符合教育、家庭和社会的期望,教师和学生失去了教育的幸福感。

在新课改大力推行之际,面对这样的现实,不得不引起我们对今天学校教育的反思,我们将给学生怎样的教育?怎样遵循教育规律、科学施教,回归教育本质?我认为解决这些问题还得从多维度解放课改思想,促进学校特色发展做起。

一、管理层转变教育思想,用理念之木构建素质教育的殿堂

教育的本质是育人,育人德为先。在教育实践中应该确立育人第一,升学第二的观念。升学固然重要,但是如果把教育的责任简单地归结为获取高分,唯分数论,就是背离教育本质的行为。因此,我们的学校教育、班级管理、学科教学,乃至我们的家长会、班教会等教育活动,首先应该关注的是学生的思想观念,情感态度、行为习惯,真正把"培养一个思想行为健康、道德高尚的人"这一目标作为我们教育的根本。

近年来,学校秉承"为每一个学生的终身发展奠定良好的基础"的办学理念,坚持"以生为本,全面育人;以师为本,科学育才;以校为本,凸显特色"的指导思想,坚持以"树君子德,兴学者风,立强国志"的人才培养模式,刻苦自励,锐意进取,教育教学质量稳步提高,取得了良好的社会声誉。

二、执行层转变重智轻德的观念,开德育之花,结出素质教育的硕果

教以德为首,以人为本,德是学校教育的灵魂。学校坚持"以德治校,育人为本",努力构建青少年道德建设基本模式。我校的德育教育成系统、有特色,将德育教育进行了四维度拓展:"五个到位"基本模式、字水德育全程设计、国学德育校本教材提炼、字水心理在线网络平台。

学校首创了"五个到位"的青少年道德建设基本模式。其一是身教重于言教,领导与教职工模范执行师德师风要求和作公民道德建设表率的行为要到位;其二是占领课堂阵地,寓教于学、寓教于乐,切实做到未成年人道德教育渗入课堂的教育要求到位;其三是依托多种教育资源,拓展思想道德教育范畴,未成年人思想道德课外教育网络构建基本到位;其四是抓生动活泼的未成年人思想道德教育活动的序列化与纵深化,创新形式,力求教育活动校本特色建设到位;其五是关爱为要,期待为先,对困难学生和问题学生的扶持到位,此举得到学生、家长及社会的普遍认可,市委宣传部部长何事忠同志对此给予极高评价。

其次,学校探索并形成了《字水中学德育全程设计》,确立了初一到高三的德育主题。初一年级以"五爱和道德教育"为主,其中上学期是"迈好中学生的第一步",下学期是"做合格的中学生";初二年级以"五心和健康心理品质教育"为主,上学期是"迈好青春的第一步",下学期是"向共青团报到";初三年级以"四有、四自和理想法制教育"为主,上学期是"迈好理想的第一步",下学期是"以真才实学回报母校回报父母";高一年级以"完善人格"为主,上学期是"相逢是首歌",下学期是"树立远大的理想,健全自己的人格";高二年级以"拼搏进取"为主,上学期是"学会学习"、"从小事做起",下学期是"感恩的心"、"我是一个成年人";高三年级以"放飞理想"为主,上学期是"艰难困苦,玉汝于成"、"做社会的有用之才",下学期是"把美好留给母校,让回忆成为自豪"。通过不同阶段,不同主题的班会,引领学生一步一个台阶迈向成功的人生。

第三,为弘扬国学,提炼国粹,发扬传统,结合学校德育示范特色,使学生恪守"以孝为尊,以爱为贵,以信为格,以诚为风"的道德准则,学校提炼自编出国学德育校本教材。校本教材《孝本》已在各年级课堂教学中推广,《信典》、《义经》已经编撰准备出版,并鼓励教师个体、集体编撰,正式出版有价值的校本选修教材并给予奖励。

第四,学校结合中央电教馆"十一五"专项课题《利用网络的积极作用对中学生实施心理健康教育的对策研究》的研究成果，成功开辟"字水心理在线"网络平台，2010年被评为"重庆市优秀德育网站"，是江北区"三网"之一，并依托北京智慧思源研究院成功建立学生心理健康档案管理系统。

三、智囊层坚持走品牌之路，独辟素质教育的蹊径，促进学校特色发展

学校注重学生的全面发展，以"优秀的学业＋健全的身心＋明显的特长"作为人才培育的尺度，体育、科技特色明显，成为学校的一大亮点。

1. 竞技艺体特色

学校竞技体育特色项目：篮球、田径、毽球。

学校先后有5名学生达到国家一级运动员标准，约250名学生达到国家二级运动员标准。

校田径队多次取得市、区及全国竞赛好成绩，如：2010年参加重庆市青少年田径锦标赛暨重庆市体育传统项目学校比赛获区组团体第一名。校运动员别舸代表重庆市参加全国青年田径锦标赛获4×100米第三名，单项200米获全国第六名。

学校毽球队在全国青少年毽球锦标赛中也取得好成绩。2011年代表重庆组队参加全国青少年毽球冠军赛获男子三人赛第四名、女子三人赛第四名、男子单人赛第三名、女子双人赛第五名。

学校先后获得重庆市体育传统项目学校、北京2008年奥林匹克教育示范学校、全民健身活动全国先进单位等多项荣誉，这是学校高度重视艺体特色教育的结果。

2. 科技教育特色

学校科技教育特色项目：重庆市江北区科技教育活动分中心、"一四三三"发展模式。

学校紧紧围绕"一四三三"发展模式来开展"2＋2"项目和学校科技教育特色工作，即围绕一个"中心"，抓好四个"侧重"，设计三个"平台"，开展三项"活动"。2011年申报成功建立重庆市江北区科技教育活动分中心。

一个"中心"是指以培养全体学生综合素质，提高创新能力，训练与造就科技思维为中心。

四个"侧重"是指：（1）决策层的思想观念应侧重于合理调配、组织骨干队伍，保障经费与人力投入，强调全面科学育人的指导思想，把培养学生科技素养作为兴校的支点之一，在扎实的基础上推动各方面工作。（2）微观管理层（学校科技工作小组及相关中层管理干部）的思想观念应侧重于将决策层的理念显性化，将科技知识的传导纳入课时计划，将科技辅导员队伍的培训抓上手，将学校整体科技活动制订成阶段性工作计划，将对科技工作的考核与奖励形成方案。（3）班级管理层的思想观念应侧重于积极支持，主动配合。要充分认识到科技教育工作的综合性、艰巨性、长期性，发现有潜质的学生，帮助树立学科学，用科学，投身科学的好品质，为学生参加科技活动作好奠基工作。（4）科技辅导员层的思想观念应侧重于讲奉献、讲协作、讲方法。只有讲奉献，才能长久坚持，正视工作的艰巨性；只有讲协作，才能与他人一道排除障碍，共育人才；只有讲方法，才能使工作的有效性得以提高。切忌急功近利，越俎代庖，追求短期效益。

三个"平台"是指：科技教育兴趣化平台、基础化平台、信息化平台。科技教育兴趣化是在初中的综合实践课和劳技课中用自编教材开发校本课程，加入学生感兴趣的"三模一电"活动内容，改变以往"三模一电"活动只有在课外兴趣活动组中少数学生可以参加的情况，让更多的学生可以有机会接触到"三模一电"活动。科技教育基础化是在初中的综合实践课和高中的研究性学习课中大力推行探究性学习和研究性学习。充分利用课程的开放性和广泛性，加强对学生的指导，贯彻"三小"活动（小制作、小发明、小论文），让学生广泛地学习科学知识，锻炼实践能力，塑造坚韧的意志品质。科技教育信息化，即学生可以通过学校的网络同世界网络相联系,比较轻松自如地学习,从而更具个性化。学习的方式可以说是敞开式的教育,也就是说,不光在学校、工作场所,家庭也是学习的阵地。教学手段的现代化,将对提高研究性学习课程和科技课、劳技课的教育教学质量产生决定性的作用。

三项"活动"是指:电脑机器人活动、模型活动、虚拟运动。(1)以在研究性学习课程、劳技课程和信息技术课程中开展电脑机器人活动为载体,走学科课程整合的道路,将研究性学习、劳技、信息技术三门课程有机地结合起来,让学生的能力在开展活动的同时得到全方位的锻炼与提高,有较高的科技教育含量,提升我校的科技教育形象。(2)作为我校的科技活动的拳头项目,模型活动将是我校未来发展的重点之一。我校的模型活动有悠久的历史,取得了非常好的竞赛成绩,还培养出了像郭晓陵这样的全国航模冠军、国家运动健将。因此,我校将进行更大力度的投入,保证每年均能有学生代表重庆市参加全国模型竞赛,力争能够获得更多的国家级荣誉,展示我校在科技竞赛活动中的特色。(3)虚拟运动是一项新兴的科技活动,它科技含量高,学生感兴趣,同时也是国家航管中心重点推广的模型活动,已经成为国家体育大会的竞赛项目,同时,第五届全国体育大会已经定于2015年在重庆举行,重庆把模型活动和虚拟运动定位为重点的夺金项目,进行重点培育。我校此项活动开展较早,有一定的基础,在硬件设备上有所提升,很有希望培养出优秀的运动员,获得较好的竞赛成绩。

四、实施层依托团建 32331 模式,培养新时代青年

团建 32331 模式:三支队伍、两个阵地、三支服务队、"三自"能力目标培养、一个平台。

1. 以"三支队伍两个阵地"为载体,促进"党建带团建,工作增活力"。抓好三支队伍建设:一抓学生干部队伍建设;二抓国旗班队伍建设;三抓广播站、校园电视台队伍建设。学生组织能力、协调能力大大提高。建好业余党校和业余团校两个活动阵地,满足

团员需求。

2.以"三支志愿者服务队"为先锋,参与社会实践,奉献自我。这三支志愿者服务队分别是绿色志愿者服务队、文明志愿者服务队、"情暖夕阳"志愿者服务队。

3.以"三自"能力(自我教育能力、自我管理能力、自我服务能力)培养目标为主题开展活动,丰富组织生活,提升团员素质。

4.以"感恩教育"为平台,加强美德教育,让生命充满爱。

五、团队层依托"五个校园"建设,尽力打造自己的特色环境校园

学校精心打造"五个校园",让"五个校园"凸显特色。1.健康校园:内外兼修健康双保障;2.绿色校园:"绿"在于形,更在于心;3.平安校园:学生安全重于泰山;4.人文校园:以文化人,以文立校;5.数字校园:让教育更"先进"。

目前,学校领导班子决心在"江北区1595发展战略"统筹下,团结带领全校教职工,牢记"追求与践行理想的教育是本质,奉献和提升完美的服务是责任"的教育思想,结合创先争优活动和"五个校园"建设,以昂扬的斗志,饱满的激情,全力以赴迈向创建具有一流的管理、一流的队伍、一流的设施、一流的质量的重庆市优质教育示范高中的新征程……

新课改来了,在学校特色教育和特色发展的道路上,我们还有太多的路要走。

路漫漫其修远兮,吾将上下而求索!

发挥"基石"作用　加强课程改革

重庆求精中学　庞　静

一、新形势下的教育定位

在党的十七大报告中,胡锦涛总书记提出了"教育是民族振兴的基石"的全新理念,在 2010 年 7 月召开的全国教育工作会议上,胡总书记进一步作了深入阐述,指出:"教育是民族振兴、社会进步的基石,是提高国民素质、促进人的全面发展的根本途径","是全面建设小康社会、加快推进社会主义现代化、实现中华民族伟大复兴的必由之路","全党全国要积极行动起来,坚持育人为本,以改革创新为动力,以促进公平为重点,以提高质量为核心,推动教育事业在新的历史起点上科学发展,加快从教育大国向教育强国、从人力资源大国向人力资源强国迈进,为中华民族伟大复兴和人类文明进步作出更大贡献。"

"教育是民族振兴、社会进步的基石",不仅是最新的理念,而且把教育提到了空前高的地位。过去讲教育是"基础",而且加上了"是文化建设的基础工程"(十五大报告)、"是发展科学技术和培养人才的基础"(十六大报告)等定义限制,比较起来,十七大报告后指出的"教育是民族振兴、社会进步的基石",显然站得更高,而如果我们把"基础"与"基石"的意义作一个考察,就会看得更加清楚。

现在,党和国家领导人把"教育"说成是"民族振兴、社会进步的基石",就是把"教育"看成是国家"基础的基础",是"基础的中坚",这样的定位,达到了过去从未有过的高度。

二、新定位下的学校作为

新的定位,既是对我们的鼓舞,又是对我们提出的更高要求。我们一定要倾注全力,把教育这个"民族振兴、社会进步的基石"打造得坚如磐石,固不可摧,充分发挥"基石"、"中坚"或"根本"作用,为"民族振兴、社会进步"、"缩小同世界先进水平的差距,增强发展的后劲"贡献力量,实现"在 2020 年左右,基本建成人力资源强国和创新型国家"的战略目标。

立校之本在于树人,树人之基在于课程。一定的教育目的,必然有相应的课程设置。"朝为田舍郎,暮登天子堂。"中国封建社会的这种教育目的,必然要为学子能够顺利求官入仕设置尊孔、读经、写八股等课程。时移事易,读书做官并非唯一出路,于是,教育有了变化,设置了一些西学课程,例如,我们求精中学1891 年由美国基督教"MEM"会传教士鹿依士创办,就开设了地学、算学、化学、格物、生物、天文、英文等课程。新中国成立后,为培养社会主义事业的建设者,课程设置就有了更新的变化,而为了适应形势的发展和建设的需求,国家先后进行了 8 次课程改革。现在,立足长远发展、迎接世界挑战,"推动教育事业在新的历史起点上科学发展,加快从教育大国向教育强国、从人力资源大国向人力资源强国迈进,为中华民族伟大复兴和人类文明进步作出更大贡献"(《国家中长期教育改革和发展规划纲要(2010—2020 年)》),国家大力推进新课程改革。在这样的形势下,我们必须有所作为,积极投入新课程改革,加强新课程改革,为新课程改革作出应有贡献。

从初中新课程改革开始,到现在进行高中新课程改革,我们着力进行全面提高素质、培养创新精神和实践能力的改革实验和大胆探索,取得了一些经验。

(一)树立一个追求

新课程改革的根本目的是"努力培养造就数以亿计的高素质

劳动者、数以千万计的专门人才和一大批拔尖创新人才"(《国家中长期教育改革和发展规划纲要（2010—2020年）》)。围绕这个目标,我校构建了高效教育机制与管理模式,形成了具有求精特色的教育文化体系,使我校的新课程改革能有效地培养具有大思想、大精神、大志向、大情怀、大气概、大智慧、大品格,具有"精益求精"意识和作风、德智体美全面发展的建设人才,从而使我校能担当起培养民族未来杰出人才的光荣使命。

(二)组建一个机构

新课程改革不是一般的方式方法改革,而是思想、观念、体制、机制、行为、方式、方法等全方位的系统改革,必须建立坚强而高效的组织管理,才能卓见成效。为此,我校成立了新课程改革领导小组,校长任组长,书记和分管副校长任副组长,行政办公室主任、教导处主任、学生处主任、教科室主任、学校督导室主任、专家委员会主任、学科学术委员会组长为成员。领导小组下设办公室,教导处主任为办公室主任,协调开展相关工作。

(三)夯实三个基础

新课程改革既然是整体改革、全方位改革,就必须夯实三个基础。

1.打造精良师资队伍

"教育大计,教师为本。有好的教师,才有好的教育。"(《国家中长期教育改革和发展规划纲要（2010—2020年）》)只有精良的师资,才能实现新课程改革的目标。为此,我校构建了"学研结合、立体分层、宽径成才"的校本培训体系,采取课题研究、全员培训、定向培养、校本教研、学术引领、实战竞技、专家导航、人事改革、督导推动等,大力培养"以身为范的师风"、"严谨治学的学风"、"精耕细作的教风",开发教师人才资源,打造精英教师队伍,为加强和推进新课程改革奠定了坚实基础。

2.树立精心育人理念

学生是教育的主体。新课程改革如果没有学生积极主动、"用志不分"的参与,是不可能达到目的的。因此,我校大力实施精心育人战略,大力实施有效德育工程。遵照"百年树人,精益求精"的办学理念,我们创建了科学高效的立体育德体系,通过"五爱三雅"、"道德三在"、"文明在我,我创文明"、"唱读讲传"、"我就是雷锋"等德育创新手段,培养学生胸怀祖国、情系人民、笃志成才的精神,并将这种精神化为"为中华复兴而学习"的积极行动,"把学校作为自己大写人生的起点",满腔热情、精益求精地投入到学校的新课程改革中去,实现自己的人生目标。

3.强化精细管理行为

推进新课程改革,没有高效的管理、强大的执行力是不行的。因此,我们从"精"字着手,更新观念,注重实际,强化责任,关注过程,落实细节,大力实施精细化管理:一是率先建立校级督导室,聘请校级督学,采取专人巡查、定期汇报、集体视导、专项督导、个体评价、小组评议、处室评议、学校审定等,督察、指导、引领教师进行新课程改革;二是采取"人人有责,层层问责"制,确保新课程改革;三是定期和不定期检查教师教案、学生作业,召开家长和学生代表座谈会,推进新课程改革;四是适时召开年级和班级质量分析会,促进新课程改革。

(四)坚持四项原则

在加强和推进新课程改革中,我们坚持按以下四大原则开展工作:一是科学实施与注重实效相结合的原则;二是加强过程与重视结果相结合的原则;三是促进教师发展与促进学生发展相结合的原则;四是学校管理与年级组管理、教研组管理相结合的原则。

(五)制定五项制度

为加强和推进新课程改革,我们制定了五项制度:一是行政管理层层负责制;二是教师教学绩效考评制;三是师生发展家长监督制;四是学术发展专家引领制;五是整体发展校级督学制。五项制度确保了我校新课程改革不断发展,教育教学质量不断提升。

(六)强化六个环节

在加强和推进新课程改革中,我们强化了六个关键环节:一是"重整合",即根据课程标准和新课程改革要求,统整课程资源(包括学校、社会,教师、学生,教材、报刊等),重建教学体系。二是"强关注",即关注学生发展,构建和谐课堂,因材施教,用教师自身的优良素质、过硬的专业功底引领学生发展。三是"倡合作",倡导师生合作、生生合作、师师合作,相互沟通,共同研究,共同发展,共同进步。四是"重反思",要求教师认真做好和写好课后反思,通过反思不断达到课程标准,提高新课程改革水平。五是"挤泡沫",即坚决遵照课程标准和新课程改革要求,杜绝花架子,反对装样子,消除随意性,摒弃放任性,做到观念鲜明、主线清晰、重点突出、内容充实,学生学习充分、能力发展有效。六是"出特色",即加强新课程改革教学评价研究,通过教师和学生发展性评价,激励教师教出特色、教出水平,学生学出特色、学出水平,向着自己规划的人生目标前进。

(七)实施五步发展

为加强和推进新课程改革,我们实施了五步发展:一是举办教师学生论坛,增强推进新课程改革的集体意识。二是加强推门听课督导,促进教师全面关注新课程改革。三是开展"精品课"评比,提高教师新课程改革课堂教学水平。四是开展"样板备课组"评选,大面积提升新课程改革质量。五是开展"样板教研组"争创，确保新课程改革高水平发展。

三、新作为中彰显学校特色

（一）彰显学校特色的必要性

《国家中长期教育改革和发展规划纲要（2010—2020 年）》提出，要"鼓励学校办出特色、办出水平，出名师，育英才"。在教育新定位、学校新作为的历史发展中，打造学校特色，走特色强校之路，既是时代的使然，也是历史的必然，更是现实和未来的应然。

1. 时代的使然

"强国必先强教。中国未来发展、中华民族伟大复兴，关键靠人才，基础在教育。"作为一所巴渝名校，如何站在时代的高度，冷静地选择学校的发展方向，确定正确超前的办学目标，实施科学的发展策略，用新课程改革来谋求学校的特色发展，是时代的使然。

2. 历史的必然

所谓历史的必然，包括两个方面：

首先是社会历史发展的必然。中国必须崛起，经济必须腾飞，社会必须繁荣，教育必须占先。现代教育的特征是多元统一的个性教育，个性体现共性，共性寓于个性之中。教育占先的大思路，就是要以突出个性的发展来带动和促进共性的发展，从而步入世界先进教育之列。而办出鲜明的学校特色，正是以突出个性的发展来带动和促进共性的发展的关键一环，是学校持续发展的源泉。

其次是学校历史发展的必然。实现特色强校，需要有长期的办学探索和实践，更需要有深厚的历史文化积淀。学校特色是历届校长长期坚持的、区别于其他学校的办学追求，在师生共同坚守的办学理念的指引下，通过长期的教育实践，遵循教育规律，发挥本校优势，点面结合，整体优化，最终形成一种独特的、优质的、整体的、稳定的、具有学校文化特质并得到师生和社会广泛认同的办学风格。一所学校要准确、科学地实现学校的特色定位，必须要仔细研读、分析本校在长期的教育实践中形成的独一无二的办学历史。

3.现实和未来的应然

所谓现实和未来的应然，就是根据现实和未来的需求，把教育办成"应该如此的教育"，把学校办成"应该如此的学校"。办特色教育、特色学校，既然是时代的使然，历史的必然，自然是现实和未来的应然。我校确立"精益求精"为学校教育教学的整体特色，就是现实和未来应然的选择，因为"精益求精"不是一个空泛的概念，它既是过程，又是目标；既是精神，又是载体；既是继承，又是发展；既全面推进，又突出重点。它的精髓是"追求卓越，永无止境"，"好上加好，追求更好"，任何事情都以做到"至真、至善、至美、至精"为目标。在具体推进中，我们以新课程改革为龙头，形成了一个科学、完整的特色教育教学系统，彰显了"精益求精"的整体办学特色。

（二）加强课程改革的几点做法

1.倾情课改，大胆探索，展示"精益求精"风格，凸显教学求精

为学之道，在于育才；育才之基，在于课程。为了培养适应未来社会发展需要的杰出人才，我们倾情课改，大胆探索，在新课程理念的指引下，从课程设置和课堂改革两个方面入手，大力推进新课程改革，展示"精益求精"风格，凸显精品教学。

在课程设置方面，我们采取"国家课程精心实施、地方课程精心安排、校本课程精心创设"的方针，大力实现"国家、地方、校本"三种课程的紧密结合。我们在不折不扣地执行国家课程和地方课程的基础上，制订了《新课程改革选修课实施方案》，大力开发校本课程，已经确定并陆续实施的校本课程有：选修Ⅱ中必选课

程:《求精史话》、《国防教育读本》;选修Ⅱ中自选课程:数学应用、物理与生活、中国航天的现在与未来、遗传与变异、化学与生活、生物与自然、中国的历史与未来、金融与股票、行走天地间、机器人1、机器人2、机器人3、计算机编程、科技发明、科技实践、课题研究与科技论文、音乐与乐器、美术应用、舞蹈等等。同时,大力实施"综合实践活动课程"、"研究性学习课程"。

在课堂改革方面,我们采取五步策略,追求精品教学:一是实施"三课三精"工程,调动全校教师全面关注课堂,提高课堂教学质量。二是提出"让每一堂课都成为精品课"的目标追求,激励全校教师树立课堂教学的精品意识。三是创建示范备课组,发挥集体优势。四是创建示范教研组,强力推进精品教学。打造精品课堂,采取"专家导航"、"骨干示范"、"专题论坛"等形式,运用"精品教研"强力推进"精品教学"。五是实施"特色课程、特色教学、特色教师"的"三特工程",鼓励教师创建有特色的课程,实施有特色的教学,成为有特色的教师,实现"师生充满智慧,课堂鲜活灵动,教学优质高效"的目标,不断攀登教学质量高峰。

2.创新途径,铸造灵魂,彰显"精益求精"本色,凸显育人求精

新课程改革的一个重要要求,就是学生必须成为主体,而主体意识、主体品格、主体行为的确立,必须依靠有效的德育来支撑。我校坚持"以生为本"、"实践第一"原则,从精心育人出发,按照"培养道德精神,树立道德意志,养成道德习惯"要求,充分发挥家庭、社会、班级和学科课堂教育的作用,创新途径,铸造灵魂,彰显"精益求精"本色,凸显育人精心,为学生一生的健康成长倾情付出。

我们创立了"五爱三雅"德育新品牌,创设了让德育入口、入脑、入心、入行的校本德育课程,创编了《让人生更加靓丽——社会主义荣辱观读本》、《求精史话》、《国防教育读本》等德育校本课程教材,创新了德育与学科课程有机结合的课堂教育,并创造性地开展了"希望在这里放飞"、"文明在我,我创文明"、"做一个有道德的人"、"道德在校园,道德在家庭,道德在城乡"、"践行八荣

八耻,争做'四有'新人"、"与边远山区和灾区孩子'手牵手'"、"援助三峡库区学校建设"、"支援灾区人民重建家园"、"弘扬奥运精神,学习抗震英雄,情系伟大中华,笃志求精成才"、"唱读讲传"、"我就是雷锋"等系列活动,铸造学生"德崇志远、学高品优、言行文明"的高贵灵魂,引领学生积极投入新课程改革,大写自己的人生。

3.树立标尺,多种途径,显出"精益求精"品质,凸显师建求精

新课程改革的另一个重要要求,就是教师必须成为主导,而教师的主导意识、主导品格、主导行为的确立,必须大力培养精英教师。我们采取了四种方式来实现:一是建立名师工作室,评选师德标兵、模范教师、优秀班主任等,为全校教师树立标尺;二是创新教师培养途径,构建"学研结合、立体分层、宽径成才"的校本培训体系,提升教师综合素养;三是紧紧围绕师资队伍建设开展系列课题研究,如:国家"十一五"教育部规划课题《教师人才资源开发与学校文化建设研究》、重庆市级课题《培养适应现代教育需要的高素质教师队伍的途径研究》、《大力开发教师人才资源,促进学校可持续发展研究》等,大力提升教师的教育、教学和科研水平,一大批反思型、研究型、创新型教师茁壮成长;四是鼓励教师发展个性特色,努力打造一批有高尚师德、独特理念、独到见解、独特方法、自成体系、成果丰硕、为人称颂的特色教师。通过深入扎实的教师人才资源开发,大力培育"以身为范的师风"、"严谨治学的学风"、"精耕细作的教风",学校培养了一批精英教师。学校现有特级教师、研究员、重庆名师、渝中名师 9 名,全国优秀教师、全国未成年人思想道德建设先进个人、"十佳"教师 7 名,渝中区十大杰出青年 1 名,重庆市骨干校长 1 名,市区级骨干教师、学科带头人 50 多名,数 10 名教师在全国、全市各种竞赛中荣获一等奖。

4.多元探索,百花齐放,亮出"精益求精"特质,凸显文化求精

办学之旨,在于育人;育人之根,在于文化。教书育人,说到

底，就是文化育人。新课程改革必须建立新课程文化，没有新课程文化，是不可能实现新课程改革的目标的。因此，在推进新课程改革的过程中，我校紧紧抓住文化建设这一根本，采取多元探索、百花齐放的策略，不断创新、发展和丰富学校的精神文化、物质文化、制度文化和行为文化，创造"精益求精"的特色学校文化，亮出了"风貌求精，内涵求精，品位求精，魅力求精"的"精益求精"特质。

我们的基本做法是：第一，弘扬传统文化。我们建立了"校史文化墙"，塑造了开国元勋刘伯承元帅和国画大师张大千的浮雕，树立了"中国战时儿童保育总会纪念碑"，编印了《求精史话》校本课程教材，让"精益求精"的光荣传统在学生心中生根开花。第二，强化精神文化。我们用集中体现了学校办学精神的"百年树人，精益求精"理念，引导学生成长走精品之路，教师发展走精英之路，德育工作走精心之路，教学工作走精艺之路，管理工作走精细之路，追求"至真、至善、至美、至精"的"精益求精"品质。第三，抓好学习文化。我们提出了"享受读书幸福，提升生命质量"的口号，通过大力实施"充电富脑"工程，让教师多读教育名著，提高教育理论素养和教育教学科研水平；通过大力开展"读名著，诵经典"活动，开阔学生的文化、知识和精神视野，用人类创造的精神财富来武装自己的头脑；利用课余时间，举办系列学术讲座、热门话题报告会、辩论赛、征文赛、演讲会、文化节、艺术节、科技节等，营造健康向上的文化氛围和学习环境。第四，加强社团文化。我们鼓励学生组织和参加各种社团，先后成立了卿卿红楼、朗诵艺术团、小作家协会、舞蹈队、合唱队、机器人小组、话剧社、文学社、动漫社、书画社、摄影协会、历史研究组、时事研讨组等几十个学生社团组织。他们利用课余时间和节假日，开展学习、研究、讨论、创作、外出考察、户外写生、戏剧表演、举办展览等活动，极大地丰富了精神世界、提升了能力本领。第五，营造环境文化。我们建设了中心花园、灯饰工程、校史文化墙、战时儿童保育总会纪念碑，校园道路旁设立了名言警句宣传牌，教室走廊设计成了艺术长廊，充分发挥环境育人功能。

此外，我们在新课程改革中，还凸显了"科研求精"、"课程求精"、"产品求精"、"管理求精"等特色，特别是我校首创的中学校级督导体制，首建的中学校级督导室，首聘的中学校级督学，在学校"精益求精"的管理中发挥了巨大作用，在全国和全市产生了广泛影响。由于以上取得的成果，我校近年来先后荣获全国文明单位、全国全民国防教育先进集体、全国精神文明建设工作先进单位、全国德育科研先进单位、重庆市最佳文明单位、重庆市首批未成年人思想道德建设先进集体、重庆市"十佳"教育科研实验基地等 100 多项荣誉称号。

　　"为人之计在一生，为校之计在历世。"我们必须弘扬"精益求精"的办学传统和学校特色，必须坚持"心之树人，情之树人，百年树人树俊杰；教以求精，学以求精，万载求精求英才"的理想，与时俱进，开拓创新，科学发展，发挥好"基石"作用，在加强和推进新课程改革中，把"精益求精"特色抓得更实更细更靓，让"精益求精"的特质成为全校师生的自觉行为，为学生、教师、学校的持续发展打下坚实的基础。

　　"路漫漫其修远兮，吾将上下而求索。"第四次全国教育工作会议和《国家中长期教育改革和发展规划纲要（2010—2020 年）》对我们提出了更新更高的要求。面对新的形势和新的挑战，我们将保持清醒的头脑，以更高的目标、更高的标准、更坚定的步伐，进一步彰显"精益求精"的学校特色，提升"求精名校"形象，为我国基础教育的改革和发展作出新的更大的贡献！

开发校本课程　彰显学校特色

重庆二十九中学　汪　洪

一、正确认识校本课程，探索特色建设途径

"课程是教育的心脏"，学校特色的发展，校本课程是重要载体。

《教育部地方课程管理指南》在关于实行国家、地方、学校三级课程管理的意见中明确提出：

"中小学校是基础教育课程实施与管理中最基本、最重要的单位……学校要根据国家的教育方针、课程管理政策和课程设置要求，针对学生的兴趣和需要，结合学校的传统和优势，充分利用学校和社区的课程资源，开发校本课程。要着眼于发展学生的兴趣、需要和特长，关注学生的个性发展，充分体现师生的自主性和创造性，使其具有鲜明的学校特色。"

"地方课程和学校课程更要改变以教科书为唯一课程资源的现象，建立以书籍、实物、影像、软件、网络等为载体的地方课程资源系统……"

校本课程最突出的特点就是学校要根据自己的校情开设课程，这体现了学校的个性，突显了学校的特色。

富于特色的学校传统文化是校本课程开发的重要资源。重庆市第二十九中学是一所文化深厚的百年名校，诞生于 1907 年。学校走读部地处重庆中央商务区中心解放碑，是旧时的重庆府文庙，1914 年于此创建四川省立第二女子师范学校，1919 年再开办重庆留法勤工俭学预备学校，这里成了川东师资的渊薮和走向世界的窗口。抗战时期，这里曾是中华民族的精神堡垒。革命前辈张闻

天、萧楚女等曾在此任教并从事革命活动；邓小平、周钦岳、聂荣臻、冉均、赵世炎等优秀巴渝儿女从这里走出国门，走向世界。

学校住读部位于革命圣地红岩村，红岩志士们在这里工作、学习，传播革命理想，投身社会革新，追求民族解放。进步师生砸烂旧世界、建设新中国的革命精神更在学校烙下深深的红岩印迹。我校教师彭立人，学生何敬平、刘德惠、唐慕陶、陈鼎华等都是"11·27"革命烈士；漆南薰、童庸生、周贡植、周国仪等革命志士也都是我校师生。

新中国成立后，红岩精神焕发出强大的育人力量，感召着一代代二十九中学子，热爱祖国，开拓创新，心怀天下，从这里走出了王鸿举等九位市长，走出了全国十大杰出青年、新时代的保尔·柯察金臧雷，打破世界纪录为国争光的运动健将高联珍……

梳理学校文化，秉承先贤精神，取中外文明精华，合"三个面向"方针，我们铸成校训——走向世界。其具体内涵就是：培养走向世界的现代中国人。其含义有四层：第一层是"人"。"人"是教育的首要使命，"人"是教育的尺度，教育必须完善人、发展人，"以人为本"。第二层是"中国人"。我们培养的是生长在中华民族大地并与之血脉相通的人，必须具有强烈民族情怀、民族精神。第三层含义是"现代中国人"：这群中国人绝不应是刻板狭隘的民族主义者，他们必须掌握现代科学技术知识，与时俱进。第四层含义是"走向世界的现代中国人"。这些现代中国人，必须要有世界的眼光、胸怀与素养。归结到一点，就是发扬新时期的红岩精神：爱国，奋进，走向世界。对学校传统文化特色的梳理，为校本课程的开发奠定了坚实的基础。

二、努力开发校本课程，彰显学校红岩特色

（一）丰富课程资源，营造红岩特色校园

1. 环境资源

"扬红岩文化，铸龙魂碑韵"是学校特色建设的主题。经过三

年有计划地建设,目前,红岩文化元素在我校校园内得到了充分展现,让师生置身于一种"爱国、奋进、走向世界"的校园氛围之中。走进校门,可以感受到强烈的红岩文化精神的冲击,身临其中,犹如徜徉于一种肃穆的文化氛围之中。"希望"、"苦学"、"磨针图"、"学弈图"……一座座雕塑,一面面浮雕,在绿树丛,在行道边,浓缩着民族的文化、精神的感召。校门广场的花丛中醒目地树起费孝通"弘扬红岩精神,培育一代新人"的题词石碑,感受到历史的沧桑与久远,述说着遥远的希冀;校园内"走向世界"的青年邓小平塑像,昭示着一种心系祖国、胸怀天下的气度,让人荡胸生豪情;教学楼旁依山就势建起的红岩墙,上书"龙魂碑韵"四个古体大字,旁边株株红梅掩映,给人以深远的启迪。"闻天楼"、"大成楼"、"期贤楼"、"通慧路"等楼名道名,给人悠远的记忆和强烈的文化意味。教学楼大厅两侧的"岁月镏金"和"历史沿革"的文化墙,展示百年名校的深厚文化底蕴,杨闇公、萧楚女、张闻天、邓中夏、吴玉章、邓小平、胡子昂,直至今天的王鸿举、童小平等杰出校友的照片,一张张画面,一幅幅场景,一段段历史,一个个光辉的形象,无声地感召着广大师生;甬道两旁的校园文化长廊里,从"二十九中九烈士"到今天的"红岩少年",显示着榜样的力量。另外,大厅两侧镏金的校训,教室外悬挂的班训,精心布置的办公室文化、寝室文化,无不给人强烈的感染与启示。红岩文化专栏,使校园散发出浓郁的文化气息;用现代声光电手段建造的校史馆和琳琅满目的荣誉室,更是爱校教育和红岩文化教育的生动教材。

2.课堂资源

(1)常规课堂——红岩课堂的实质是济世救民的情怀、学以致用的智能、民主平等(平等合作)的教养。新课程追求自主、合作、探究的学习方式,追求知识与技能、过程与方法、情感态度价值观"三维目标"的全面落实,学校"培养走向世界的现代中国人"的校训与此不谋而合。红岩课堂要求课堂的目标既要有民族精神的熏陶,又要有世界眼光的培养;既要有知识技能的掌握,又要有学习探究能力的培养。课堂的形态要求师生平等与合作，课堂氛围要求自主、合作、探究。学生有济世救人的抱负，又有自主学习的精神，也要讲究同伴的合作，更要有探究的意识。尤其是在语文、政治、历史等课堂，教师更注重挖掘利用身边的红岩课程资源，加强红岩文化的渗透。

（2）创新课堂——我们"走进二十九中"的开学第一课，包括"走进历史"、"走进现实"、"走向未来"三个板块，让新的老师和学生了解二十九中的过去、现在与未来，其核心是校园的红岩文化精神，这个课堂，于爱校教育中进行红岩文化教育。"红岩文化主题班会课竞赛"每年一次，各班参与，层层筛选，学生自主、创新教育形式，为学生喜闻乐见。

3.实践资源

创建红岩英烈班，举办红岩英烈班的传接仪式，建立班规、班旗、班歌、誓言……这个班从 1985 年创办至今，历时 25 年，传承14 届，红岩英烈班早已成为全校的旗帜，如今，在学校特色建设中发挥着更为重要的作用。学校每年还举办走进红岩村、白公馆、渣滓洞的"红色之旅"夏令营，举办"红歌会"、"红色经典读书会"等，通过实践性课程，加快学校红岩特色建设的推进。

4.社团资源

学校大力扶持学生社团建设，搭建平台，提供帮助，加强监管，使社团成为学生自我管理、自我教育、锻炼才干的舞台。目前，学校有学生爱心社、街舞社、动漫社、文学社、戏剧社、合唱队、管乐队、舞蹈队、体操队、篮球队等十余个学生社团，既丰富了校园生活，也提高了学生自我管理能力，为培养"走向世界的现代中国人"发挥着越来越重要的作用。

（二）利用校本资源，开发红岩校本课程

为了推动新课程的实施，我们成立了校本课程实施小组，由

校长统率,办公室与德育处参与,教科室具体负责。首先由教师本人申请课程,提出方案,然后由领导小组鉴定、完善后确定实施。我校红岩校本课程建设方面批准确定了三个课程,即陈江老师开设的"教你如何做记者",米玉霞老师开设的"学习做导游",王瑞老师开设的"虎岩文学"。

"教你如何做记者"课程,以"29频道"校园电视台和"29波段"校园广播站为依托,借助重庆电视台和重庆师范大学文学院的支持,开展得有声有色。我校电视台始建于2001年,广播站建于2005年,有着良好的硬件条件和成熟的运作基础,有过硬的师资条件和杰出的业绩,对同学们有着深深的吸引力。这里曾经走出过北京大学学生会主席廖望,走出过"中国网络第一娃"李琪缘,走出过重庆电视台主播陈理楠……每年都会为高校输送播音主持特长生数人,在各大学校园发挥着重要作用;指导老师陈江、罗化瑜有过电视台工作经历,而且与重庆电视台少儿频道有着广泛的交流,这些有利条件为开展好校本课程奠定了良好基础。课程实施中,他们利用重庆师范大学文学院的指导,开展采访活动,并与专业大学生交流采访心得与困惑;到重庆电视台参观,与电视台记者交流;参与学校各项活动的采访报道,参与学校每周一期的节目录制……这门课程的开展,不仅让学生学到了采访的相关知识,培养了采写、播报、编辑的能力,而且在采访前辈、学校红岩主题活动、红岩文化建设过程中也教育了自己,更为重要的是电视台、广播站的宣传推动了学校的红岩文化建设,使之成为学校红岩文化宣传一扇重要的窗口,发挥着极为重要的教育作用。

"学习做导游"课程,依托身边的红岩革命纪念馆,借助重庆教育学院的专家资源,通过课堂模拟导游、专家指点,与教育学院导游系学生交流,参加校史馆解说训练,与红岩革命纪念馆的导游们交流,向他们学习,并参加红岩革命纪念馆解说实践,参加烈士墓清明扫墓,接待来校访问的国内外友人……学生们掌握了解说与演讲的知识技能,培养了学生演说能力与仪态,在这个过程中,学生的知识文化、思想品德、技能本领都得到了全面提高,受到红岩文化的教育,并以自己的演说,教育影响着其他的同学。

"虎岩文学"课程,其名源于学校所在地虎头岩。虎头岩是抗战时期著名的"红色三岩"(红岩、虎头岩、曾家岩)之一,它紧邻红岩,是当时新华日报所在地,具有丰富的红色文化资源。当年周恩来等革命前辈曾在此工作,据传学校后山上的芭蕉林就为当时周恩来等所种植,著名的"二十九中九烈士"曾在此参加革命活动,校史馆至今保存有当年《挺进报》手抄版……王瑞老师利用这些资源,开展红色经典诗歌朗诵会,《红岩》等文学作品阅读交流活动,经典文学作品影视鉴赏活动,寻访历史足迹的实践活动等等,请西南大学文学院、红岩博物馆等专家来校讲学,出版《虎岩文学》专刊,把文学鉴赏、写作与红岩文化的教育有机结合起来。

(三)固化校本资源,编写红岩校本教材

在校本课程实践过程中,在我们深入研究与发掘的基础上,我们组织老师编写了《我们二十九中人》德育校本教材、《二九天空》文化专辑、《写意校园》等三本校本教材,并拟撰写《光荣二九》一书,把研究成果加以固化,为开展校本课程积累更丰富的素材,提供更有力的帮助。

三、科学反思校本课程,促进学校特色发展

近三年的红岩特色校本课程建设探索,有收获,有失误,有经验,有教训,有山重水复疑无路的困惑,有柳暗花明又一村的喜悦。

(一)特色课程的开发教师是基础

特色课程的开发,必须利用教师的专业特长,而且必须要求教师有敬业的精神。学校"教你如何做记者"课程之所以开展得很好,首先是与陈江老师的专业特长有关,他参加过电视台工作,学的是计算机,对记者工作的硬软件知识技能都有相当的了解。同时,他还不断学习自己比较陌生的播音主持等专业知识,并勤于思考,善于利用身边资源。他带领学生到各种场合采访、学习,

几乎都是课余时间,而对采访的编辑处理,更是得利用休息时间。几年的校本课程实践,让他收获很多,提高很大,却也付出太多,牺牲太多。这告诉我们,要搞好特色校本课程开发,教师是第一要素,而教师的必要条件就是敬业的精神和专业的特长。

(二)特色课程的开发资源是关键

特色课程的开发必须立足校本。利用教师特长,其实也是一种校本资源,前文述及,此不赘论。这里讲的校本资源,是指学校的文化积淀、物质基础、社会条件等等。在二十九中开展红岩特色校本课程建设,就是基于学校的文化个性,这种个性,有历史的基础,有现实的温床,血脉贯通,易于生长。同时,我们利用了红岩文化纪念馆、重庆师范大学、西南大学、重庆教育学院、重庆电视台等资源,得到他们的有力帮助,这是我们课程得以高质量开展的重要条件。

(三)特色课程的开发兴趣是保证

学生对选修课的选择,常常是以兴趣为转移的。校本课程的开发进行得怎样,很大程度要受学生兴趣的影响。"教你如何做记者"之所以开展得很好,很大程度是因为学生兴趣极浓,学习方式生动有趣。而"虎岩文学"课最初命名为"红色经典赏析"课,报名者寥寥,后来改为"虎岩文学影视赏析",呼啦啦就来了很多人,最后我们觉得不应停留在"赏析"上,才定名为"虎岩文学"课。而在学习内容与方式上,王老师最开始采用同语文课一样的阅读赏析与写作方式,且内容是以革命题材为主,学生兴趣不高,课程几乎进行不下去,后来把红岩精神的理解与时代结合,把内容扩展到一切进步的文学领域,而形式以活动为主,与现实生活结合,采用了影视赏析、外出写生、追寻历史足迹、办专刊等形式,课程才蹒跚起步,并渐入佳境。

(四)特色课程的开发制度是保障

学校老师们课程任务本来就很重,考试压力也很大,在这样的情况下,再开设校本课程,如果没有一定的制度作保障,课程的开发一时则可、长期坚持并办出特色就很难。所以,必须建立相应的课程管理办法。我们在这方面走了些弯路,后来逐渐摸索出一些规律,并制订了相关的制度,使参与校本课程开发的老师觉得有动力、有追求,使课程得以顺利开展下去,这也应该是特色建设必须注意的一个问题。

论新课程改革与学校特色发展

重庆云阳高级中学　卢　军

实施新课程改革标志着教育改革进入了学校工作的主渠道。这对学校工作提出了新的挑战,也为学校发展提供了一个好的机遇。我们应该以主动的姿态去迎接新课程的挑战,在推进新课程改革中促进学校的全面发展。但在促进学校发展的过程中,校长要联系正在进行的新课程改革实际,正确地履行校长在新课程改革中的角色职责,为新课程改革营造一个适宜的管理环境,去统领和推进新课程改革的实施。

一、增强教师课程意识,有效促进教师发展

教师是一个学校的灵魂,是学校的生命和活力所在,精神和力量所依。教师是新课程改革的主体,也是学校特色发展的关键。新的课程理念和学校的特色主题,都必须依靠一支与之相适应的教师队伍去实施。只有把新的课程理念内化为每个教师的自觉行动,并持之以恒地努力实施,学校才能适应新课程改革,逐步形成鲜明的办学特色。教师在特色学校的创建中起着不可替代的组织引导作用。一名好的校长是先进教育思想的实践者和探索者。围绕新课程和学校的特色主题坚持不懈地组织教师不断学习,启发指导教师形成共同的教育价值观,达成共同的行动目标,培养他们成为学校特色资源的开发者。

新课程要求教师首先要增强课程意识,转变观念,转变教师角色,更新知识结构,掌握新的教育手段和技能。"新课程力图从根本上扭转人们对教学的片面看法,强调教学首先要有课程意

识，教学与课程不可分离，教学不只是课程传递和执行的过程，更是课程创生和开发的过程，是课程内容持续生成与转化、课程意义不断建构与提升的过程。"这些都将促进教师的专业发展，为学校发展注入新的活力。教师也应以育人为己任，创造性地为特色学校创建服务。

教师教育思想观念的转变，是新课程实施的基本前提。学校应引导教师在理论学习和教改实践中，注意确立以学生发展为本的观念，新学力观（基础性学力、发展性学力、创造性学力的统一），个性化的观念，综合化的观念，科学精神与人文精神统一的观念。我校历来鼓励参加高层次的学术交流活动，近两年，学校先后派出了多名领导、教师赴北京、重庆、上海、昆明等地参加国家级新课程学术会议的学习交流，选派教师参加市、县两级各类培训或听专家讲座近千人次。选派备课组长、实验班教师赴重庆等重点中学学习交流。多次接纳重庆市送课下乡工程来我校指导视察。全员全程参与由我校承办的市级赛课活动的听课。邀请市内外专家举办讲座，开设校内"名师讲坛"，举办学科中心组讲座近百次，全方位、多层次地开展校本培训，通过这些学习方式，让教师不断洗脑充电，从而准确把握新课程动向。采用"专家引领、名师示范、课堂践行"的新课改学习模式，要求教师在教育理论学习和教学实践方面下工夫，积极搭建平台，努力营造氛围，促进教师健康成长。我校拥有重庆市名师、重庆市特级教师、重庆市学科带头人八人，市级骨干教师十八人，一大批青年教师茁壮成长。

二、构建多元课程体系，开发特色校本课程

课程是学校教育的核心，学校的办学特色在很大程度上取决于学校的课程特色。由于受传统课程体制的影响，大部分老师的课程意识淡薄，习惯于做一个被动的课程的执行者。"与原课程相比，新课程不仅对基础教育的课程体系、结构、内容等进行了调整，还对教学过程和方法，以及学生的情感、态度、价值观等给予

了足够的关注;新课程不仅促使教师教的方式、学生学的方式的改变,还将促进评价制度等的改革。"作为学校,应该引导教师了解课程改革的必要性,认识变革的有效性以及自己在课程改革和实施中的重要作用,形成对课程改革的内在需求,作为主体积极参与课程改革,成为校本课程的决策者、设计者和管理者。教师在一定程度上参与课程规划和课程设计,不仅会影响到课程设计的结果,而且也会影响到课程实施的过程,有利于新课程在实践中得到实施。

首先,学校应该在充分领会课程文件精神的基础上科学、有效地实施国家和地方课程,提高学生对新课程的适应性。

其次,学校在开设国家课程和地方课程的基础上,还要根据学校的培养目标与现有的课程资源,开发满足学校发展需要的校本课程,进而形成学校的办学特色。校本课程是发展学生兴趣、形成学生特长的基本途径,校本课程是培养多种人才、满足社会多样化需要的重要措施,是体现与发挥学校办学特色,提高教育质量的必要环节。

新课程改革突出的重要理念是,教师要从"课程执行者"转变为"课程参与者"。我校立足实际,建立了一支业务素质高的校本课程建设教师队伍,完善严格的组织管理制度,落实完备的设施与条件,开发了多个层面、可供学生选择的校本课程。出版了《青春导航》、《人品、学品、业品》、《慧耕集》、《礼仪》、《现代中西文化交汇》、《传统思想与现代运用》、《三峡库区文化研究》、《移民文化》等几十本校本教材,初步建立了开放、包容、多样的校本课程体系,在实践中形成了以库区文化、移民文化为根基的校本课程特色。

三、加强课堂教学改革,打造特色高效课堂

课堂是学校永恒追求的主题,课堂变化应该是学校发展的一条主要之路。我们实施新课程更应该具备这个特征,应该追求"把学生学习的权利还给学生,把学习的自由还给学生,把学习的

快乐还给学生,把学习的空间还给学生"的课堂活力。在课堂教学中,教师应积极创造条件,引导学生实现学习方式的转变,从以往被动地接受知识向自主探究和发现知识转变,真正成为学习的主体。"只有在这样的课堂上,师生才是全身心地投入。他们不只是在教和学,他们还在感受课堂中生命的涌动和成长;只有在这样的课堂,学生才能获得多方面的满足和发展,教师的劳动才会闪现出创造的光辉和人性的魅力;也只有在这样的课堂,才不只是与科学,而且是与哲学、艺术相关,才会体现出育人的本质和实现育人的功能。"

自从重庆市实施新课程改革以来,云阳高级中学校就以积极认真的态度,借鉴市内外优秀学校的经验,经过反复研究决定,调整作息时间,增设公共自习和活动课,完善相关制度。以务实创新的精神选准课堂教学改革为突破口,积极探索高效课堂的建设,加强教师集体备课,提出"精讲深思精练"课堂教学模式。目的就是改变教师的传统灌输式教学方式,改变学生传统的接受式学习方式,真正体现出教师在教学活动中的主导作用和学生在教学活动中的主体地位,提升学生的学习能力,提高教学效率,打造特色高效课堂。"精讲深思精练"教学模式对课堂有四点要求:起点低一点,容量大一点,节奏快一点,方法多一点。课堂教学环节包括情景问题导入、互动探讨研究、归纳总结拓展、练习巩固提高四个步骤。

"精讲深思精练"课堂是我校课堂教学实践的一次大的改革,它很好地解决了传统课堂教学在新课改下的种种弊端,激发了课堂教学活力,提高了课堂教学效率。围绕"精讲深思精练"课堂教学,学校开展了课堂评优、导学案评选、优秀学生成长共同体等一系列的活动,以行政推动、课题带动、活动促动的策略,极大地推动了课堂教学改革,促进了课堂教学效率的提高。2010 年,我校被评为重庆市普通高中新课程实施样本学校。

四、文化引领学生成长,彰显学校办学特色

"一所优秀的学校必然有其特色所在,优势所在,风格所在。

一所学校如果没有特色,就没有强劲的生命,也就没有比较优势。"特色是教育的品牌,特色是学校的文化,特色是学生发展的外显。学校特色发展,是学校高质量发展的必然要求,是实施新课程的有效路径。

"什么是'文化'? 有人认为,'文化'就是'人化'——依'人'的意义、向'人'的理想改变世界和人本身,使之美、善、雅、自由、崇高。"基于这种理解,可以说,学校文化建设的深层价值无疑就是促进人(学生、教师和校长等)的发展,使其更完美、更完善,因而,学校文化建设应该切实做到"以人为本",促进人的发展。新课程改革强调"一切为了每个学生的发展",促进学生在原有基础上的提高与和谐发展,这是新课程改革的宗旨和核心理念。

学校特色文化的构建,学校要做在前,思在先,用创意来发展特色,通过挖掘学校自身的历史,总结多年的经验,以新课程的先进理念引导学校文化建设,坚持从学生发展的实际出发,形成学校的办学特色。这样的学校,才是真正具有生命力的学校。云阳高级中学校在 109 年的办学历程中,严谨务实,励精图治,积累了丰富的办学经验,形成了独具特色的"为人正、为学勤、为业精"的"三为"办学理念。"三为"理念的核心是注重人的全面发展、协调发展,让学生"形成积极的学习态度,健康向上的人生态度,具有科学精神和正确的世界观、人生观、价值观,成为有责任感和使命感的社会公民等",形成"文化育人"的办学特色。

一是德育品牌正在形成,学生文明素养不断提高。我校开展的全国教育科学"十一五"规划子课题"特色学校发展中的道德感悟教育"研究,以其丰富和发展感悟德育理论,推动学校"德育品牌"建设。3 年来,我校围绕"感恩教育"、"爱国教育"、"礼仪教育"、"生命教育"、"国防教育"、"习惯教育"、"励志教育"等数十个主题,利用"班班通"多媒体设备,成功举办了《我为你感动》、《Beijing2008》、《宽容》、《责任》、《花季不烦恼》、《No smoking》、《品味中秋》、《父爱如山,母爱似水》、《安全伴你一生》等一系列主题班会,全校学生在同一时间观看、学习班会精美课件,辅之以讨论交流、撰写心得体会、展板宣传,配之以黑板报、学校网站、校园广播、校园电视台等综合立体德育平台，道德感悟教育收效明显。

二是社团活动丰富多彩，为学生终身发展奠基。云阳高级中学校高度重视学校活动文化建设，每年通过举办传统节日纪念、成人宣誓仪式、辩论赛、诗歌朗诵会、才艺大赛等系列主题活动，每周举行周末"激情广场"或周末影院等文化活动，丰富学生的校园生活，努力营造具有高尚价值观念的学校文化氛围。近3年来，学生参加各类竞赛获国家、省市级奖励250余人次，在国家、省市级刊物发表作品200余篇，2006年10月云阳高级中学选送的舞蹈节目《百合花》参加重庆市中学生艺术展演荣获一等奖；2006年12月云阳高级中学校刊《校园生活》、《白云》在中央教科所、教育杂志社、中国教育学会举办的"首届全国中学生优秀校内期刊评选活动"中皆获得最佳校刊一等奖；在2008年重庆市"快乐阳光"第三届少儿才艺大赛中，云阳高级中学取得一等奖1名，二等奖3名，三等奖5名的好成绩；2009年1月校学生舞蹈队的节目《竹枝词》参加全国第四届"魅力校园"暨第九届校园春节联欢晚会文艺汇演评选，从全国各级各类学校报送的1684个节目中脱颖而出，喜获金奖，并在中国教育电视台展播；2009年10月云阳高级中学选送的舞蹈节目《荷·韵》参加重庆市中学生艺术展演荣获一等奖；2011年我校21名学生获得重庆市中学生才艺大赛一、二等奖，我校舞蹈节目《花季》获得云阳县2011年春节联欢晚会节目演出一等奖。

形成办学特色，创办特色学校，除了上述所说的抓住新课程的机遇外，还需扎扎实实抓好教育教学及学校管理的各项工作。学校特色建设是一个系统工程，需要在新课程理念引领下，结合学校实际，不断地创新，不断地深化，力求形成自己的文化，办学特色只有积淀上升形成一种文化，才能具有持久的生命力，才能提升学校的核心品质。学校文化是实施新课改的动力源泉，它一旦转化为全体师生的自觉行为，便会成为一种追求、一种激励、一种规范，就会为学校的新课程改革拓展出更广阔的空间。

凝练办学特色　引领课改风骚

重庆涪陵五中

教育的本质功能是育人，是为学生的终身学习、终身发展奠定基础。站在新课改的角度审视，普通高中教育不仅要关注人的社会性，同时必须关注人的自然性及其个性。普通高中教育必须既重视教育的社会需求，又重视人的发展需求；既重视社会对教育的选择功能，又重视教育自身的本质功能。因此，普通高中教育的任务就是为学生的终身学习和终身发展奠定坚实基础。

就实施普通高中新课程而言：

一是适应科技发展和社会文化变迁的迫切需要。

今天，科技迅猛发展，知识日新月异，这为教育的高速发展提供了极大可能和迅捷条件，也对教育提出了更新要求。课程是学校教育的核心问题，教育的发展与改革需要以课程改革为其坚实基础。而高中教育是基础教育的一个重要阶段，对人的知识和能力的形成具有重要的作用。只有推进高中课程改革，才能进一步推进义务教育的课程改革，真正提高基础教育的质量。

二是与国际教育改革发展接轨的必然趋势。

当今世界，国际竞争的实质是科技和人才的竞争。为了提高综合国力和竞争力，20世纪中后期以来，世界各国政府在推进教育改革中都十分重视中小学课程改革，并在政策上将其作为关系国家、民族生存与发展的重大问题优先予以考虑。我国的高中课程也需要适应国际社会的进步发展而进行改革，因而，实施普通高中新课程就成为与国际教育改革发展接轨的必然趋势。

三是我国在新的历史时期全面推进素质教育的必然要求。

在新的历史时期，我国要全面实施素质教育，就必须从根本上促进我国基础教育从传统的基于工业化社会的教育向信息化社会的新教育转变，在强调科学文化知识传授的同时，树立以人为本的理念，加强人文教育和个性化教育，促进学生的身心和谐发展，全面提高学生的综合素质。也正是在这个意义上讲，普通高中新课程实施就必须全面贯彻素质教育的战略思想，重新构建符合素质教育系统工程要求的新课程体系。

四是提高我国现阶段普通高中教育质量的客观需要。

随着人类社会的进步和现代教育的发展，我国现行的基础教育课程存在的问题和弊端日显突出，主要表现为：学校教育中过分注重知识传授，忽视了学生的社会性、价值观、创造性和个性；课程内容旧、偏、繁、难，过于注重书本知识，脱离了社会生活与学生经验，忽略了学生个性及其发展；现行的课程体系以学科知识为核心，过于强调学科本位，强调不同学科的独立性，科目繁多，忽视了科学、艺术和道德的联系，忽视了各门学科的整合与关联；学生在学习过程中被迫采取被动式的接受方式，死记硬背，机械训练成为学生的学习常态，以教师讲授为中心，以课堂为中心，以课本为中心，不尊重学生，缺乏自主探究和合作学习，成为一成不变的教育机制；在教育评价上过于强调评价的选拔功能，忽视评价促进学习者发展和提高的教育功能；课程管理过于集中，强化统一，忽视了学校在课程管理与开发中的作用。所有这些问题都十分严重地制约了我国现代教育的长足发展。

一、自主发展——涪陵五中之办学特色

涪陵五中秉承"尚美求真"的办学理念，"正心、养德"的校训，"博学、笃行"的校风和"自主、自立"的培养目标，坚持德育为首、全面育人、培养学生综合素质的办学思路，注重塑造学生的自立形象，强化学生的自主精神，培养学生自主管理能力，并通过开展各类文艺汇演、学生节、球赛等活动，为学生发展个人兴趣和爱好提供了广阔的舞台，营造出丰富多彩、生动活泼的校园文化氛围，

初步探索出了一条学生自主发展的特色之路。尤其是涪陵五中独有的晨跑活动曾经得到薄熙来书记的高度赞扬。2008 年 5 月8 日，薄书记视察涪陵五中时，认为"涪陵五中的体育工作做得好，尤其是校园晨跑很有气势、很有特色，值得推广。"在学校的引导下，学生将在晨跑、太极拳等体育锻炼中养成的自律习惯、自主行为延伸到学校学习、生活、活动的方方面面后，我校学生在身体锻炼、学业精进、寝室管理、班级建设、课外活动以及学生食堂管理等各个方面都实现了自主管理，完善了学生的自我人格修养。

目前，涪陵五中已经初步探索出了一条学生自主发展的特色之路：

学生锻炼实现了自主管理。早上 7：40 到 8：15 的晨跑锻炼，跑掉了倦怠、惰性、散漫，跑出了健康、纪律、精神。

学生自习实现了自主管理。学校做到了星期六全天学生自主自习，只有少数教师值班，学生自主学习形成了氛围。

学生寝室实现了学生自主管理。就寝铃响后，只需 10 分钟左右时间，学生就全部就寝，校园一片安静，保证了学生有充足的睡眠时间。

食堂就餐实现了学生自主管理。学生代表不定期检查食堂食品购买情况，把好食品质量进口关；学生自主维护食堂纪律，学生就餐井然有序。

课外活动实现了学生自主管理。学生节、运动会、"五四"青年节、国庆、元旦等文艺演出及校园社团活动由学生自我组织、自我管理，学生的各种能力得到了有效和谐发展。

学生仪容仪貌监督实现了自主管理。为养成学生良好的生活、学习习惯，学校首先从规范学生的仪容仪表开始，制定了重庆市涪陵五中发型发式规范，先在全校主要场所和教室张贴，学校通过发文件、班主任宣讲、校园之声广播站、校园周报、学校校园网等方式和渠道进行广泛的宣传，然后由学校德育处具体负责组织检查各班学生的遵守情况。

校园不文明行为劝导活动实现了学生自主管理。目前，我校正在全体同学中开展不文明行为劝导活动，这项活动由学校学生会、团委牵头，每周由一个班出任值周班，在校园内各主要路口设立监督岗，具体落实劝导活动。这项活动的开展，使全校同学的文明程度得到了进一步的提高，很好地推进了"五个校园"建设。

二、弘扬"自主发展"特色，探索五中课改新路

弘扬"自主发展"特色，涪陵五中新课改之路究竟应当怎么走，这是我校必须首先破解的一个重大命题。

这次普通高中新课程改革的宗旨是构建现代的普通高中课程体系。为了每位学生的发展成为贯穿其中的核心理念，其内涵价值包括：促进高中学生全面而有个性的发展；促进学生主动适应社会发展和科技进步的时代需要；加强高中课程与社会发展、科技进步以及学生生活的联系；促进学习方式的多样化，发展学生自主获取知识的愿望和能力；创建富有个性的课程制度和学校文化。其内涵特质是：努力转变教育观念，遵循教育规律，尊重学生人格，开阔国际视野，运用现代教育技术手段，为创新型人才培养奠定基础。

所有这些，就必然要求我校在实施普通高中新课程实践中，积极开展教育教学改革，推进普通高中课堂教学改革和学生学习方式的转变。通过选修课程、涪陵地方课程、五中学校课程的充分开发、实施，探索与高中新课程相适应的教学管理制度，创建涪陵五中新的课程文化，形成百年五中更加鲜明的办学特色，提升五中品质与学校品牌。

弘扬"自主发展"特色，探索涪陵五中课改新路，必须精确把握普通高中新课程结构的主要特点。那么，普通高中新课程结构的主要特点有哪些呢？

首先，普通高中新课程在结构上必须充分体现其基础性，强调课程整合。

其次，普通高中新课程在结构上必须充分体现其选择性，突出多样化。

再次，普通高中新课程在结构上还必须充分体现其均衡性，

重视艺术类和技术类课程。

三、走出涪陵五中特色的课改新路

弘扬"自主发展"特色,必须立足"西部新课改"的高度,争取课程改革自主权,为学校创造性地实施国家课程、因地制宜地开发学校课程,以及为学生有效选择课程等提供切实保障。

必须改革学校课程结构,精选有益于学生终身学习的、必备的基础内容,丰富独具涪陵五中特色的课程内容,重构重基础、多样化、有层次、综合性的,适应社会的多样化需求以及适应学生全面而富有个性发展的课程结构。增强课程结构的整合功能,增强与社会进步、科技发展、学生经验的密切联系,拓展学生视野,引导创新与实践。

学校必须创设有利于引导学生主动地、兴趣盎然地学习的课程实施环境,有益于提升学生自主学习、合作交流、分析和解决问题的能力。

学校要把着眼点放在研究性学习必修课程、通用技术课程、社区服务综合实践活动以及其他社会实践活动四个方面,同时积极增加、充实丰富百年五中特色的校本教育内容。

(一)研究性学习拓展如下特色内容

古代巴人文化研究、古代巴人王陵考古探索、秦汉时期巴人迁徙与巴国社会研究、涪州易学研究或点易文化研究、涪陵佛教文化研究、涪陵道家文化研究、白鹤梁文化研究、涪陵川江民俗研究、涪陵方言起源与发展研究、涪州历代文学研究、涪陵民族分布现状考、涪州原住民现状考、涪州地理志、涪州人文志、涪州历代诗词检索、涪州历代散文检索、涪州历代史传文检索、涪州历代杂文检索、涪州历代佳联检索、涪州榨菜文化考究、涪州历代治所变迁图志、涪陵历代兴学志考、乌江文化小考、涪州音乐检索、涪州历代绘画佳作检索等等。

(二)通用技术课程

可以大力开发地方特色经济实用技术、实用通用技术、信息通用技术、艺术创作与欣赏等四大模块的校本教育资源。

1.地方特色经济实用技术

涪陵榨菜传统腌制基础技术培训、涪陵榨菜风脱水基础技术培训、胭脂萝卜加工基础技术培训、长江养殖基础技术培训、乌江鱼养殖基础技术培训、涪州剪纸技术培训、涪州风筝制作技术培训、涪陵蚕桑种养殖基础技术培训、涪陵烤烟种植基础技术培训、涪陵青菜头种植基础技术培训、五中国际象棋基础培训、五中围棋基础培训、五中中国象棋基础培训等等。

2.实用通用技术

汽车基础通用技术培训、汽车驾驶技术培训、汽车驾驶与保养、现代农业技术、家政与生活技术、建筑及其设计、服装及其设计等等。

3.信息通用技术

算法与程序设计、多媒体技术应用、网络技术应用、数据管理技术、人工智能初步、电子控制技术、简易机器人制作等等。

4.艺术创作与欣赏

名著鉴赏与文学创作、绘画、雕塑、设计工艺、书法、篆刻、戏剧创作入门、戏剧表演基础、民族民间音乐、舞蹈与服饰、中外戏剧欣赏、音乐创作与欣赏、演奏、舞蹈、材料与造型艺术、影视特技、现代媒体艺术等等。

(三)社区服务综合实践活动以及其他社会实践活动

在这两方面学校可以因地制宜增加丰富多彩的具有五中特

色的学习内容。

这样也就可以改变学生以往单纯地接受教师传授知识为主的学习方式；为学生构建开放的学习环境，提供多渠道获取知识并将学到的知识在实践中加以综合应用的机会；促进学生形成积极的学习态度和良好的学习策略，培养创新精神和实践能力；通过综合实践活动的学习，学生获得亲身参与研究探索的体验；培养学生搜集、处理信息的能力及发现问题和解决问题的能力；使学生学会分享与合作，进一步增强学生的社会实践和社会思考能力，培养科学态度和科学道德，培养社会责任心和使命感；并学有一技之长。

四、涪陵五中校本课程的开发实施应注意的问题

学校在校本课程的开发、实施过程中，首先，要确定开设的校本课程属于三类课程中的哪一类——基础性的学科类课程、丰富性的活动类课程、发展性的研究型课程。基础性课程是指授给学生可再生长的基本知识和可再发展的基本技能的课程，它是在国家课程的基础上，对课程内容采取改编、新编、拓编的方式更新，或对国家课程中的学科知识分层建构，横向整合。丰富性课程是指丰富学生生活，促进学生全面发展，提高学生综合素质和生活质量的课程，包括健身、博知、怡情、生活、励志、广行等。发展性课程是指拓展学生能力，激发学生创造力的课程，它在基础性课程上提高要求，增加难度，以培养研究性、创造性人才为目的，重视学科的前沿性、学术性和学习的研究性。

其次，要确定开设校本课程的教师。

第三，要研制课程纲要，课程内容设置，课程实施，课程评价，课程实施安排。

第四，学校还要群策群力，积极高效地开发、选择、整合校本课程资源。

第五，校本课程研究需要外部环境的支持。校长、教师、校外专家、学生是其四大核心要素，他们构成了校本课程研究的"四位

一体"的整体关联。校长要成为校本课程研究的积极组织者与引领者。教师要增强新课程实施的研究意识,养成理论学习和实践反思的习惯,不断提高课程开发和应用能力,通过教师个人的自我反思、教师集体的探讨尝试,使日常教学工作和教学研究、教师专业化成长融为一体,形成在研究状态下工作的职业方式。校本课程研究需要教研机构的支持,需要教育教学理论专家的引领,需要广泛开展校际间的合作交流,需要引进来,走出去。校本课程研究是以学校为研究基地,以学校的教师和领导为研究主体,以全体学生、学校教育中的实际问题以及丰富的教育资源为研究对象,通过校外专家的专业引领、合作、拓展、提升、推广,探索教学规律。

第六,必须构建一种教育质量长效监测机制,提高课堂教学质量、尊重学生个体差异、促进学生和谐发展、促进学校长足发展是衡量校本课程研究成效的重要参数。

第七,必须切实构建校本课程研究制度、积极倡导奖励制度和可持续保障制度。校本课程研究需要科学管理、科学评价、积极奖励和后续保障等机制。只有这样,方能促使校本课程研究由无序走向有序,由自发走向自觉。

适应新课改　构建新课堂

重庆梁平中学　余孝明

在推进基础教育课程改革的背景下,重建课堂成为实施教学改革的重要任务之一。重建课堂就是要按照新课程的理念研究、改变和重塑教学,意味着教师必须改变惯常的思维方式和教学行为,意味着课堂教学应该发生一种结构和性质的变化。为加快推进高中课堂教学方式的变革,我们要依据新课程理念和教育教学规律,深层探索构建新课堂之路。

一、当前课堂教学存在的问题与原因分析

从高中课堂教学整体来看,存在下列问题:

1. 未能完全做到教师为主导、学生为主体

课堂上,老师讲的时间还是多于学生学和练的时间,学生自主学习、自我思考、讨论交流的时间不足。学生习惯于围着老师转、跟着老师的思路走、按照老师的设计学习。教师也很少指导学生如何学、怎样学,致使学生思维不积极、回答不主动、课堂不活跃。

2. 未能完全做到思维为主旨、练习为主线

教师的教学思想还是定位在我要讲什么、学生应该记什么上,仅考虑"我"如何将知识讲清楚、讲明白,对学生的学习积极性、学习兴趣、学习习惯和学生的学习过程考虑很少。教师只注重课本知识传授,忽视了教学的生成性和学生的差异性,不能让

学生通过思维过程去感悟知识、理解原理、掌握规律、熟练方法。练习的针对性差,不能将例题和习题归类、拓展、延伸,不能举一反三。不能精心设计自主作业、分层作业和创意作业,学生整天埋头于统一的、大量的作业之中,只有题量的增加没有能力的提高。

3.未能完全做到使用教材但不拘泥于教材

教师考虑较多的是学科本身的知识点和训练量,就本论本、就题讲题,对学科之外的资源使用很少,如:对有效的课外读物、音像资源、现代化教学设备的运用和各种有利于提高学生兴趣改变学生学习方式的活动、实验以及教师自身的人格魅力对学生的潜在影响等思考不多,没有充分利用现有的教学资源。

产生以上问题的原因是多方面的,概括起来主要是以下几个方面:

(1)受传统教育观念的影响,没有真正树立"一切为了学生的发展"的教育理念。教学要以提高学生的学习能力和思维能力为目标。教是为学服务,教是为了不教,教育的根本是呼唤学生的主动意识,没有学生的自主和自觉,任何教育都是徒劳的。

(2)课堂教学评价缺乏创新。课堂教学评价不能体现高效课堂的特点,评价不能激发教师的改革意识和热情,不能促进教学及研究能力的提高。

(3)教学研究流于形式。教学研究仅是个别教师的自我行为,教学研究风气还不浓,还不能深入到对课堂教学策略、学生学习方式转变的研究及学校文化建设的研究上。研究课题缺乏针对性,不能针对教师在教育教学中的日常教学行为、教学习惯、教学活动所存在的问题或困惑,教学研究没有真正起到促进学校发展、促进教师专业发展的作用。

二、新课堂构建的方向和目标

培养学生思维的独立性和学习的自主性,促进学生在教师指导下主动地、富有个性地学习，创设引导学生主动参与的教学环境，激发学生的学习积极性，培养学生学习知识和应用知识的能力，使每个学生的学习成绩都有提高，使每个学生的个性特长都能得到充分的发挥。转变教师的教育观念和教学行为，让教适应学，让教辅助学，让教服务学。教师真正做到教好教会，学生真正做到学好学会。

三、课堂教学改革的措施与要求

每位老师都要充分认识课堂教学改革的重要性、必要性和迫切性，把课堂教学改革作为教学工作的重点，作为教学改革的首要任务，加强学习，大胆实践，全面提高课堂教学水平和教学质量。

（一）各年级、各教研组、每位老师都要依据课堂教学中存在的实际问题或困惑，进行专题研究与实践

自主选题、重点研究、各个突破，并在研究过程中，不断反思、不断改进、不断总结，最终取得成效、取得成果，写出总结报告，进行交流或推广。各年级、各教研组要拿出详细的、具体的课堂教学改革措施，让每位老师都清楚课堂改革怎样开展。各年级、各教研组要强力推进、务求实效。

（二）积极构建高效课堂

1. 先学后教

教师应先教给学生自学的方法，学会解读信息、捕捉信息、研究信息、运用信息。每节课教师要使学生明确目标、要求、方法、重难点。先学后教的教应注意三点：一是教的内容，应该是学生自学后还不能理解和掌握的地方，学生自学已掌握的，一律不教。二是教的要求，不就本论本，不就题讲题，而是以问题和习题为载体，寻找出规律，探讨出方法。三是教的方式，让学生先讲，如果学生讲对了，教师不再重复；讲不完整的，达不到深度的，教师再

补充；讲错的，教师要更正。

2.合作探究

学生自学后，将碰到的问题或教材设置的探究环节与小组内的同学讨论交流。新教材中设置了许多讨论与交流、拓展一步等探究问题，要让学生在合作探究中悟出道理，得出结论。

3.当堂训练

学生自学教材与合作探究，把基本问题弄清以后，就可以做课本中的练习或习题，老师要善于将课本题拓展、引申，围绕核心知识、主干知识选编补充题。教师要使尽可能多的习题在课内得到解决，减轻学生课后的学习负担。对学有余力的学生还可布置一些有趣味性、挑战性、创新性的选做题。对解题有一定困难的学生，由教师和同组的同学予以指导，帮助其完成基础题、中档题。从基础抓起，从最差的学生抓起，差生的学习上来了，全班的学习也就上去了。这样可使上层生"吃得饱"，下层生"吃得了"，人人有事做，人人得到发展。检测题要分层设立，课后批阅，下节课点评。

4.评价激励

教师在整个学习过程中，要密切注视各组学生的讨论、探究和训练情况，学生提出的问题要逐个解决，对每个发言和学生做的题目做出评判，较易的问题让中下层生解决，适时启发引导、适时查漏补缺、适时评价表扬，让他们多感受学习成功的乐趣，增强学习信心。

（三）积极探索"五环四步"合作教学模式

1."五环"是指学生学习中的学、思、议、展、评

（1）学。学生通过导学案，认真自学，教师要认真钻研教材，

站在学生的位置选题、做题，精心编制导学案。导学案为学生的学习提供了依据，要将自习课前置，让学生有充足的时间通过小组合作探究完成导学案，然后教师批阅。这些工作都要在自习课及课余时间完成。教学要求是：先学后教，不学不教，不做不教，不批不教，以学定教。

（2）思。学生通过导学案的学习，进行认真思考。学生应充分准备、认真思考、发现问题、提出问题，找出知识及方法上的问题及困惑。

（3）议。对存在的问题及困惑在小组内讨论、交流，以发现问题、解决问题。解决不了的由小组长进行记录。

（4）展。对于全班比较困惑的问题由小组长向老师请教，然后班内展示解决问题的方法。

（5）评。"评"是对小组的多元化评价，小组评价、组间评价、教师评价，表扬突出的小组及个人。形成良好的互助竞争氛围。全班同学共同督促、相互激励、努力进取。达到兵教兵、兵练兵、兵强兵的最优效果。

2. 四步是指：讨论、展示、点拨、总结

（1）讨论。上课后老师点出本节课的任务及学习目标，学生根据自己的学习情况讨论，把握课堂，形成知识网络。把握本节内容，学生在展示知识点的过程中进行讨论，加深对知识的理解。

（2）展示。学生对所做习题进行展示讲解，处理习题。其他学生参考评价讨论，好的地方借鉴吸收，找出自己的不足进行弥补完善，共同进步。让学生通过合作探究突破难点，用变式训练拓展学生进行研究性学习的空间，把课堂变成学生的演义场。

（3）点拨。指导学生把复杂问题有效地有条理地分割，先分析完条件，后提出问题，有利于引导学生思考，降低题目的难度系数。教师在点拨的过程中，处理好两个方面。第一方面，教师根据学生的展示对有争论的地方予以点拨，对重要的知识点和好的做题方法予以强调。对暴露出来的问题进行指导，对处理得比较好的习题，教师进行转变，进行提升，看学生是否能够解决，开放

思路达到课堂的高效。第二方面，教师随时对整个课堂进行调控，充分调动好学生的积极性，让每个学生都参与到教学活动中来，这是搞好"五环四步"合作教学模式的重要环节。把学生的积极性调动起来达到课堂的互动是决定课堂成败的关键。

（4）总结。一是对知识的总结，学生通过本节课的学习，对本节课的内容形成知识体系，对规律性的东西予以总结，对做错的地方要着重标明，对于知识的不足要强化训练。二是对学习方法进行总结，对体现的教学方法及教学思维进行总结。

（四）教务处要加强对各课堂教学改革的指导和督导

要把课堂教学改革作为评价各年级教学管理的主要内容，把教师的教学创新和课堂教学作为教师评价的重要指标。激发广大教师课堂教学改革的自觉性和积极性。积极组织开展课堂教学观摩、达标和研讨交流活动，培养骨干、树立典型、总结经验、推广成果。

（五）建立课堂教学评价标准

要按照课程改革的要求，建立课堂教学评价新标准。各教研组在对教师课堂教学进行评价的基础上，选拔课堂教学改革效果明显的老师上展示课，活动结束后，要全面总结。

（六）年级分管校长是课堂教学改革的第一责任人

班子成员要深入课堂、深入教师、深入学生，加强对课堂教学的研究，引领学校课堂教学改革。各教研组长和备课组长，要认真组织本教研组及本年级的教学研究活动，并做好活动的考勤和情况记录。

教学工作是学校工作的核心，课堂教学是教学工作的重中之重，我们必须更新观念、勇于探索、大胆实践，构建具有明显特色的新课堂，全面提高学校的教育教学质量。

开展科技教育 促进学校特色发展

始建于 1957 年的重庆市渝高中学校走过了半个多世纪的风雨历程,在 50 多年的历程中,她继承优秀传统、传承先进文化,她继往开来……

2002 年,重庆市渝高中学校加入重庆市重点中学行列。学校秉承"渝变至善、厚德致高;渝变至和、博学致高"的办学精神,围绕"学生在和谐中成才,教师在育人中升华,学校在创新中发展"的办学宗旨,实施"全面了解学生,系统研究学生,科学教育学生"的系统教育工程。近年来,学校确定以"尊重教育"作为学校文化建设的统领,以"科技教育"、"艺术教育"为学校特色发展的两翼,全面推进"精品渝高"学校特色发展建设。强调"尊重教育"从人文角度去熏陶学生——人文求善;强调"科技教育"从科学角度去激励学生——科学求真;强调"艺术教育"从美学角度去感染学生——艺术求美。

《国家中长期教育改革和发展规划纲要(2010—2020 年)》强调,教育改革和发展的战略主题要坚持能力为重。优化知识结构,丰富社会实践,强化能力培养。着力提高学生的学习能力、实践能力、创新能力,教育学生学会知识技能,学会动手动脑,学会生存生活,学会做事做人,促进学生主动适应社会。

在不断的实践中,我们充分认识到科技教育既是拓展学生知识面和优化学生知识结构的重要平台,更是丰富学生社会实践经验,培养学生学习能力、实践能力、创新能力的重要手段。在不断的实践中,我们逐步完善科技教育的实施办法和管理措施,促进学校教师在教育教学中贯彻科技教育思想,教育学生学会知识技能,学会动手动脑,学会生存生活,学会做事做人。

一、加强组织领导,完善管理评价制度,完善设施设备

为推进科技教育工作,学校早在 2002 年就成立了科技教育领导小组,组建了一支由优秀教师组成的科技教师队伍,并根据需要不断地充实补充科技教师队伍。为扎实开展青少年科技教育活动提供了强有力的师资保证。近年来,学校逐步制定了《重庆市渝高中学校科技教育发展规划》,进一步完善了《重庆市渝高中学校综合实践活动实施意见》,修订了《重庆市渝高中学校学生奖励方案(科技实践类)》和《重庆市渝高中学校教师评价奖励方案(科技科研类)》,极大地激发了学生和科技辅导教师的积极性。每学期,科技教育领导小组都要针对科技教育工作进行专题研究,商讨、制订科技活动计划和具体实施方案,以确保各项活动的顺利开展。

为把学校建成信息交流、资源共享的平台,为优化教师的教学方法和手段,学校加大了信息技术建设的力度。现在,学校内部校园网络体系建设已初具规模,学校建有校园网络系统、闭路电视系统、广播音响系统,学校配备有 3 间学生计算机活动室、3间多媒体活动室,各班级教室内均安装了多媒体、实物投影等设备,实现了互联网络"班班通"。学校重视师生信息素质的培养,全体教师的信息素养得到了较大提高,一支完备的教育信息化管理的骨干队伍、一支具有较高教育信息化应用能力的教师队伍、一支能在学习中充分运用信息技术的学生队伍正在形成,学校已稳步实现了数字化教育教学。另外,学校建立并逐步完善的理化生实验室,配齐了各种器材、设备。建立了专门的科技活动室和科技实验室,配备了各种活动器材和实验工具设备,定购了相关的科技图书。这一切都为学校科技教育的开展奠定了坚实的基础。

二、管理措施到位，活动内容充实，科技氛围浓厚

学校严格按照重庆市颁布的中小学课程（教学）计划，本着培养科学兴趣，发展能力，培养创新精神，培养科学作风，陶冶高尚情操的目的，积极开展科技教育活动。学校配备专职教师，开足上好综合实践活动课、课外兴趣活动课等课程，采取课内与课外、集中与分散相结合的办法，建立了多种形式的科技兴趣小组，开展了信息技术、科技小发明、科学实验技能竞赛、综合实践等活动，培养了学生的动手能力、合作精神和实践能力。

比如，学校每年举办科技节活动（目前已经成功举办四届科技节），通过举办科普影视展播、科普故事会比赛、科技主题黑板报等活动，引导学生主动去了解课外科普知识、感受科学探索精神、体会科学发展的曲折历程，促进学生树立科学意识。通过举办科技作文比赛、"节约"金点子宣传画评选、创意文化衫作品评选、科学小创意作品评选等活动，引导学生积极参与活动，启发学生探究思维、反思现实生活、规划设计未来生活，促进学生创新精神的形成和发展。通过举办物理化学生物实验技能竞赛、计算机硬件组装比赛、计算机软件设计及应用比赛、小制作小发明作品评选等活动以及趣味实验体验活动和综合实践活动，引导学生积极动手参与活动，培养学生实验操作技能、计算机应用技能、通用技术技能、科学实验研究技能、科学调查分析技能等，提高学生综合实践能力。

三、加强专业培训，建立校外基地，提升科研水平

通过校内的普及性的科技教育实践活动，每年在科技节开展过程中都会涌现出一批对科技活动有浓厚兴趣和特长的学生和不少具有特别创意的科技小作品。学校将这部分学生组织起来，让学生自愿选择参加各类兴趣小组，比如：电子电工电气类兴趣小组、化学化工实验类兴趣小组、环境环保生物类兴趣小组、社会经济调查统计类兴趣小组、网络信息多媒体软件类兴趣小组等

等。各类兴趣小组在相应的指导教师带领下,进行专项科技实践探究活动,得出相应的科技实践成果。比如,我校的《方便食品中防腐剂使用情况研究》(第24届重庆市青少年科技创新大赛一等奖作品)就是我校学生在教师指导下,进行社会调查、科学实验(小白鼠实验)后撰写的研究报告。

在科技活动兴趣小组的基础上,学校每年推选出高一优秀的学生参加我校的"科技夏令营"活动,到四川大学、电子科技大学、重庆大学等高校实验室进行实验探究活动。我校于2008年与成都博士达现代教育开发与研究中心合作设立了"博士工作站",聘请四川大学、电子科大、重庆大学等高校教师指导我校学生的科技创新实践活动,拟通过专家的指导来促进我校科技类教育活动质量的全面提升。从2008年暑假开始,共派出了3批近50位同学进入到四川大学、电子科大、重庆大学等高校实验室,在导师的指导下进行科学探究实验。通过暑期的科学探究实验和后期的进一步深入学习,学生们的科学实践能力得到了提升,科学思维水平得到了发展,并取得了一定的科学实践方面的创新成果。这些成果在第24届和第25届重庆市青少年科技创新大赛中共获得一等奖3项、二等奖9项、三等奖12项。其中,我校吴维同学的实验研究成果《纳米金属镍粉的制作及其特殊性能的研究》,曾洋同学的创造发明《变压器防盗监测装置》,秦皎皎、曾繁、王智瑞团队的研究论文《重庆抗战遗址的保护现状与重庆城市文化形象品牌的重塑》获得重庆市一等奖。

四、教师爱岗敬业,工作职责明确,活动成效显著

我们认为,做好科技教育的关键在于教师要有积极性,要有乐于奉献、敢于大胆创新的精神。我们根据教师的个人特长和兴趣爱好,选择挖掘精干的科技辅导老师,并根据科技教育活动开展的需要,明确了相关领导和教师的职责,保证科技教育活动的顺利开展。

例如,由我校教务处主任担任科技教育联络人,负责组织科

技教育材料的征订、组织各类科技活动竞赛、制订科技节的方案、负责综合实践活动开展等；陈伟老师具有电子与计算机专业背景，基础扎实，工作勤奋，负责学校电教仪器、教育技术、电视节目制作、计算机多媒体硬件方面的活动；谭乐明老师具有化学专业背景，做事认真细心，动手能力强，负责学校综合实践、科技兴趣小组、科创社团、创新实验竞赛等指导活动；李文明老师具有计算机专业特长，计算机网络和软件开发专业知识丰富，负责学生信息技术创新与实践活动（NOC）以及学校网络建设、软件开发等工作。

我们一直积极组织各兴趣小组参加各级各类科技竞赛活动，如：重庆市青少年"科技之星"创新大赛，各种级别的青少年科技创新大赛、全国中小学信息技术创新与实践活动、宋庆龄少年儿童发明奖、"明天小小科学家"奖励活动等。

近年来，学校在各级各类科技竞赛活动中，取得了可喜的成绩。（见附件1、附件2）

我们在青少年科技教育工作中充分认识到，对学生进行科技教育能有效地促进素质教育的全面推进，有利于学生创新精神和实践能力的培养，有利于普通中学在竞争中的特色发展。通过科普宣传和科技教育活动的扎实开展，我校师生的科学文化素养有了明显提高，校园科技活动活跃，学生创造性思维能力、观察能力、动手能力和协作能力都显著提高，校风校纪、校容校貌明显改善，逐步形成了科学、健康、和谐、向上的良好校风，科技教育活动成效显著。

"科技是第一生产力"。作为我们教育工作者，更应注重对学生科学态度、科学观念、科学精神、科学方法、科学思想的培养。我们将一如既往、踏踏实实地抓好学校的科技教育工作，圆孩子们一个欢乐的梦——科技之梦！

附件1：近年来，学校在各级科技活动中取得的成绩统计表
（一）国家级奖励
1.连续3年获"全国优秀科学教育实验基地学校"称号。2.

连续 3 年获"全国德育科研先进实验学校"称号。3.全国实验仪器教具比赛二等奖。4."明天小小科学家"奖励活动三等奖。5.宋庆龄少年儿童发明奖入围奖。6.全国中小学信息技术创新与实践活动三等奖。

（二）重庆市级奖励

1.重庆市青少年科技创新大赛一等奖 9 人次、二等奖 17 人次、三等奖 13 人次。2.重庆市中小学信息技术创新与实践活动三等奖 5 人次。3.重庆市青少年"科技之星"创新大赛二等奖 2 人次、三等奖 3 人次。

（三）区级奖励

1.九龙坡区和北部新区青少年科技创新（综合实践活动及作品）比赛一等奖 8 人次、三等奖 2 人次。2.北部新区"三小"作品比赛一等奖 24 人次、二等奖 22 人次、三等奖 6 人次。3.北部新区青少年科技创新活动（科学研究论文）一等奖 12 人次、二等奖 8 人次、三等奖 3 人次。

附件 2：重庆市渝高中学校第二届科技活动安排表

	序号	活动名称	地点/收集人	参加人员	日期	牵头部门	报名时间
集体活动	1	开幕式	足球场	全体学生	3 月 9 日	德育处	
	2	闭幕式	足球场	全体学生各班代表	4 月底	教务处	
	3	科普影视展播	各班教室	非毕业年级	3～4 月每周 1 次	科技处	
教师项目	4	自制教具实验改进	赵崇恩收集	理科教师	3 月 9 日前	教务处	
	5	教育博客网络空间	教务处邮箱	学校教师	4 月 10 日前	教务处	3 月 15 日前
	6	选修讲座	教务处邮箱唐冬梅收集	学校教师	视申报情况再定	教务处	3 月 2 日前

	序号	活动名称	地点/收集人	参加人员	日期	牵头部门	报名时间
竞赛项目	7	科普故事会比赛	杨琴与学生主持、礼堂	初1、2学生	4月上旬	教务处	4月1日前
	8	理化生实验技能比赛	实验室	高1、2学生	4月上旬	教务处教研组	4月1日前
	9	计算机硬件组装比赛	微机室或足球场	高1、2学生	4月上旬	郭建华	4月1日前
	10	科技作文比赛	阶梯教室	非毕业年级	3月中旬	教务处语文组	3月10日前
	11	节约金点子宣传画等	杨琴收集教务处邮箱	全体学生	2月27日前	团委	2月27日前
评比项目	12	科技主题文化衫作品评选	班主任收集唐冬梅收集	非毕业年级	4月3日前	教务处	
	13	科技主题黑板报评选	杨琴评选	非毕业年级	4月6日前	团委	4月6日前
	14	小创意作品评选	杨琴收集	非毕业年级	3月7日前	团委	3月6日前
	15	小制作、小发明作品评选	班主任收集,唐冬梅统计	非毕业年级	3月6日前	教务处	3月6日前
	16	改革30周年科技成果图片展	闭幕式上展示	全体学生	4月下旬	党总支	
展示项目	17	博士站教学和实践活动成果展	闭幕式上展示	全体学生	4月下旬	教务处	
	18	第二届科技节活动项目展示	橱窗展示	全体学生	5月上旬	教务处	
	19	理化生实验体验活动	闭幕式上展示	全体学生	4月下旬	教务处	

以校本课程建设促进学校特色发展

重庆三十七中　毛　伟

学校发展基本途径不外乎两条：一是外延的发展，二是内涵的发展。其中，外延的发展，即主要依靠增加投资规模来实现；而内涵的发展，则主要依靠改善要素组合、激发学校各方面的积极性与创造性来实现。目前，各级各类学校大多以创造特色学校来整合学校内部的各要素，引领学校的内涵发展。

一、创建特色学校的几个环节

特色学校是学校长期文化积淀的一种外在表现，是学校办学水平的重要标志。创建特色学校就是寻找学校教育的客观规律。只要找到了本校的办学规律，有效地挖掘了学校的教育资源，学校就能办出自己的特色，提升学校的形象，促进师生的发展。特色学校的发展要求我们振奋师生的精神，树立正确的价值观，增强事业心、责任感以及树立良好的校风等。具体来说，包含以下几个方面：

1.办学思想的广泛认同

先进的办学理念对学校建设有积极的指导与推动作用。广大师生共同参与学校特色的提炼与特色学校的创建工作，统一学校的核心价值观，让学校特色深入人心。

2.丰富的学校课程体系

学校特色项目的发展需要课程体系的保障。学校层面要做好课程规划，教师层面要整合好课程资源，构建课程体系以及相应的评价体系，让学生有所选择，有个性地发展。

3. 以人为本的学校管理

优秀的学校管理应该是制度管理与人本管理的结合。制度与人性的结合，强调团队目标与个体目标的一致性，在达到组织目标的同时，也要满足组织成员的个人需要。

4. 高素质的教师队伍

加强教师的专业化发展，提高教师综合素质。不断寻找制约本校教育教学水平提高的问题，引导广大教师积极参与研究实验，发挥教师的智慧和热情，提升其教学业务水平和能力，从而做到"教有特色"。

5. 不断提高教育教学质量

社会对学校的关注，除了有影响力的办学特色，还有学校的教学质量。特色学校的创建要提高教育教学质量，促进学生的全面和谐发展，并为学生的未来发展奠基。

二、课程建设与学校特色发展的关系

《国家中长期教育改革和发展规划纲要（2010—2020年）》要求，遵循教育规律和人才成长规律，适应经济社会发展和科技进步的要求，积极推进课程改革。

校本课程强调尊重学校师生的独特性与差异性，因而有助于学校办学传统和特色的创建与发展。我们认为，积极建设具有特色的校本课程是学校突出办学特色的重要举措。

1. 课程建设应适应学生发展的需求

我们不少学生在中学甚至大学毕业后，无法适应社会。十年寒窗苦读，过程可谓艰辛。他们究竟收获了什么？这是值得我们思考的问题。校本课程是适合学校实际和学生需要的课程，强调尊重和满足学生的差异性特点和多样化需求，为学生提供更多的课程选择权。我们为学习能力强、成绩优异的学生传授更深奥的知识，送他们到高等学府深造，这是家长和学生自己的愿望，同时也是学校自身的需要。对那些学习有困难的学生，我们不应该仅仅停留在规范其在校行为，对其进行品德教育，让其不犯错的程度上，而应该进一步帮助其发现自身价值，在满足个体成长的同时，成为社会需要的人。这才是真正面向未来的教育，也是真正平等的教育。而学生的良好发展是培养目标顺利达成的重要标志，也是学校办学水平、教育质量的重要指标。

2.课程建设促进教师专业化的发展

校本课程是学校自己开发的课程，教师作为课程开发的主体，参与开发校本课程的系列实践活动，可以使教师的聪明才智得到充分发挥，并在能动的实践中，推动教学方式改变与教师教育教学观念的更新，锻炼并提高课程开发及教育科研的能力，也能够帮助教师克服对国家课程的"依赖心理"和"忠实执行的习惯"，增强教师的自主意识和创造精神，确立教师在课程实践中的主体地位。通过创造性地实施新课程，形成在研究状态下工作的职业生活方式，提高教师教育教学质量和课程建设能力，切实提高教师的专业化水平。

3.课程建设体现学校的办学思想

学校的办学思想最终要体现为学校要办什么样的教育，培养什么样的人，而课程建设则很好地体现了学校的办学思想。学校为培养学生而开发相应的校本课程，教师因开发校本课程而更新知识体系与教育教学观念，在观念的变革中，教师认识到个人专业成长与学校特色创建的高度一致性。教育教学方式也因新的课程而呈现自主、合作、探究的特点。学生因个体的需要得到学校、教师和课程的支持而呈现个性化成长。师生的发展整合在课程的建设与实施过程中。整个课程体系的建设、管理与实施体现了以人为本的思想。

三、我校校本课程建设的探索

我们认为：校本课程主要是必修课、选修课和综合实践活动课程的校本化建设，也就是教师根据学生需求对原有课程进行调适或重新创设，使之更加适合学生的学习。

1. 校市"三课"的内在联系

我校坚持课改兴校，彰显学校特色。在长期的实践探索中，对必修课、选修课、研究性学习或综合实践活动课（简称"三课"）进行"校本化"建设，形成了"受学生欢迎、促教师发展"的校本特色课程。

在校本课程建设实践中，我们探究出"三课"之间的内在联系：研究性学习生成选修课，选修课促进必修课，必修课引发研究性学习；与此同时，必修课促进选修课，选修课生成研究性学习。"三课"综合研究，相伴相生。这逐渐转变教师的教学观。所产生的效能是：生成学科选修单课与必修关联，或生成超出学科的综合课；生成选修主题后开发系列课；探究学生参加教师课前准备的选修和必修，在课堂上展示类似于研究性学习的小课题研究的单项报告、演示等，协助教师完成教学任务，长期坚持，这可能是微观情景下的差异教育。

2. 强调"做中学"，发挥教师的创造潜能

我们致力于将必修课、选修课、高中研究性学习以及初中综合实践活动与校本课程开发整合，打上学校的烙印，显现学校特色。学校聘请专家在指导必修课教学的基础上，组织教学研究、任课教师讨论会，进行教学交流和探讨。专家的指导与教研组教师的集体智慧让执教教师的课程质量有了大的提高。形成一些"三课"操作的基本套路，具体来说，就是利用社区资源，立足学生、教师和学校现状，促进学生、教师、学校发展。

对必修课、选修课和活动课进行再创造，也就是课程的校本化。主要分为以下几个方面：

对必修课创新（主要是国家课程方面），结合时代特点与乡土特色，把研究性学习的理念与方法渗透于教学中，指导学生参与教学准备，实施互动教学，鼓励学生质疑，设计课后探究性作业，以求更好实现新课改促进学生主动性和创新意识与能力发展的目标。

对选修课（校本选修）建设，依据学生的需要、兴趣和经验，利用现有的条件，开发相应的课程，让学生实现差异发展、个性发展、全面发展。为教师提供转变课程实施者角色的机会，提供更为广阔的发挥专业特长、进行实践探索和追求创造性教学的时空。

在综合实践活动方面，注重过程性与生成性，对教师进行系列化专题培训，对学生进行积极的课题引导，让学生接触社会，合作研究，开阔视野，提升个性品质。在实践中继承成功经验，将研究性学习与科技创新整合，给学校带来新的活力。继续在初中综合实践活动中，结合学生生活实际，设计一些主题、项目，让学生掌握劳动技能，参与社区服务与实践。通过对身边社会现象和经济现象的观察、参与和思考，既重视技能培养和积极的体验教育，同时，渗透着培养学生适应未来竞争的素质与公民意识。

3. 研究性学习与科技创新整合

《国家中长期教育改革和发展规划纲要（2010—2020 年）》提出："注重学思结合，倡导启发式、探究式、讨论式、参与式教学，帮助学生学会学习，激发学生的好奇心，培养学生的兴趣爱好，营造独立思考、自由探索的良好环境，开发实践课程和活动课程，增强学生科学实验、生产实习和技能实训的成效。"

研究性学习作为新课改中一个亮点，受到大家的重视。很多学校都对研究性学习的操作与推进策略进行了深入的思考。我校在研究性学习的推进中，提出研究性学习与科技创新整合，以研究性学习的广泛开展为基础，把科技创新当成课题来做，注重其过程性与生成性；对研究性学习的问题和成果进行深入挖掘，提升创新价值。

研究性学习与科技创新整合要把握两者的关系。整体策略是在研究性学习的基础上，对有能力、有条件的学生，抓住发展势头，对学生研究性学习成果进行挖掘，组织教师带领学生向科技创新发展，满足学生求知和发展的需要，突显科技创新价值。

具体操作中，我们着重进行了以下工作：

（1）建立了相关机制。成立了以校长为首的组织领导小组和技术指导小组，并形成了相关制度。一是建立了学生研究性学习小组章程，二是建立了各种学生研究性学习、科技竞赛、航模、车模评比制度，三是建立了学生成果奖励制度，四是建立了辅导教师奖励制度。

（2）开设相关课程。科技创新需要意识，也需要能力。学校开设了科技创新的选修课，充分利用课堂的主渠道作用，对学生进行专门的意识与能力的培养。

（3）实施与评价。在实践操作中，把常规活动与临时活动结合，以活动为载体。研究性学习与科技创新活动在全校非毕业年级广泛开展。在评价中，学校进行师生双轨评价，首先突出学生的自我评价，让学生对自己感到满意，把情感、态度、价值观摆在优先位置，其次才是过程与方法，最后是知识与技能，关注学生研究性学习与科技创新的过程，培养学生的主动意识、创新精神与实践能力。

（4）开拓资源，加大投入。挖掘学校已有的成果资源，在学校科技创新活动的开展中，充分利用校外资源，进行多方合作。对于研究性学习与科技创新，学校给予硬件与经费的保障。开设科技制作的活动室，作为师生活动的场地。为了保障研究性学习和科技创新活动的顺利开展，学校拨出专项经费，完善设施，奖励先进。

4.跆拳道和跆搏操的教学实验

《国家中长期教育改革和发展规划纲要（2010－2020年）》提

出："坚持全面发展,加强体育锻炼,牢固树立健康第一的思想,切实保证体育课和体育锻炼时间,增强学生体质,科学安排学习、生活、锻炼,保证学生睡眠时间,开展'阳光体育'运动,保证学生每天锻炼一小时。"这几年,市委薄熙来书记提出学校体育要办"三件大事",其中一件大事即中小学都要多请教练,让孩子们学会一两种像样的体育技能。

2006年以来,我们成立了专业教练培养的跆拳道队,几次排名重庆市第一位。还把跆拳道的基本动作编制成适合学生课间锻炼的跆搏操。

跆拳道侧重竞技,跆搏操侧重普及。在实践操作中,学校通过广泛动员和组织,做到学生的全员参与。一方面,引进优秀的跆拳道教练员,另一方面,由专业教练员对学校体育老师进行基础培训。同时,让一部分拥有体育运动基础或热爱体育运动的学生及跆拳道运动队队员先学会整套跆搏操,在经过教师的指导和允许后,推荐优秀学生带领大家练习,通过同龄人的示范,激发学生的学习热情。

四、校本课程建设取得良好成效

数年的校本课程建设实践,大大促进了我校以研究为基础、以特色发展为重点的学校文化建设,活跃了校本教研,改变教育教学方式,使学校学科教学质量和整体水平都不断提升,增强了学校的影响力。

第一,形成了一致的价值认同。全校师生共同参与到学校的办学思想与特色定位的讨论中来,挖掘学校的特色与亮点,统一学校的核心价值观,让学校特色深入人心,师生都了解、认同并积极参与学校特色的提炼与特色学校的创建工作。目前,我校参与研究性学习的教师达到90%,参与科技教育的自然学科教师达到80%,参与跆拳道专业队训练的学生近100人,已编的跆搏操从高一、高二年级逐步扩展到其他各年级。

第二,推动了健康校园的建设。伴随着跆拳道和跆搏操特色项目的建设,促进了"阳光体育"活动的广泛开展,提高了学生参与活动、自主活动的积极性,增进了身心健康。教职工健身活动也蓬勃开展,本学期成立了篮球协会和乒乓球协会,教职工参加区教育系统运动会获得一等奖。

第三,构建了自主的研究文化。我校的研究文化可以概括为:个体研究带动群体研究,案例研究引出开发研究,专题研究促进常规研究,问题研究形成实验研究。几年的研究,大大促进了学校以研究为基础、以特色发展为重点的学校文化建设,形成了表现于师生学校生活与工作方方面面的研究文化。限于时间、精力和理论水平的不足,我校教师搞教育科研着重开展小课题研究,就教育教学过程中的一些环节和困惑进行思考和探索,进行行动研究。这样,虽然理论水平不一定很高,但解决问题的实用性却大大增强。很多教师在教育科研方面都有了长足的进步。

当然,创建特色学校是一个长期艰苦的奋斗过程,需要孜孜不倦的积淀,没有立竿见影的捷径,更不会轻而易举地成功。为此,我们需要紧密联系学校实际,认真研究学校特色建设的理论,更新教育教学理念,构建特色课程体系,探讨办学特色的内涵和创办特色学校的意义与途径,在祖国教育事业的征途上不断创造新的辉煌。

在新课改中加强特色学校建设

重庆南坪中学　赵　屏

　　我校是重庆市首批"艺术教育示范学校",经过十余年的不懈努力,逐渐形成了艺术教育办学特色:适合我校教师和学生的教学发展,开拓学生创新能力,培养学生终身学习能力,学生喜欢、乐于参与学校艺术教育。提高学生的艺术修养和审美情趣,培养学生欣赏美、表现美、创造美的能力,达到以美辅德、以美益智、以美健体、以美促劳的目的,把学生的和谐发展作为学校的终极使命。

　　重庆市今年秋季开始的新课程改革给中学教育注入了生机和活力,同时,也给广大学校带来了机遇和挑战。在新课程改革的实施过程中,我校秉承"以人为本,成功与人,和谐发展"的办学理念,对我校特色建设进行了新的思考。

一、用新课程理念审视特色学校建设

　　新、旧课程的本质区别是理念的不同,主要表现在两个方面:一是课程观的不同,旧课程观中的课程是文本课程,教师是传授者,因而教师是中心;而新课程观认为课程不仅是文本课程,更是体验课程。是教师和学生共同探求新知识的过程,学生获取知识的过程是自我建构的过程。二是课程实施策略的不同,旧课程观认为课程与教学是相互分离的,教材意识是第一意识,按教学大纲完成教学计划则是第一要务;而新课程观则认为课程是由教材、教师与学生、教学情景、教学环境构成的一种生态系统。教必须服务于学,在教学过程中促进学生学习方式的转变是教师首要的任务。

在特色学校建设中要树立新的教育理念。树立新的教育理念首先是要接受，但接受只是一种认同，还没有成为教师自身的一种素质，要把一种理念变成人的素质只有认同是远远不够的，还需要对理念进一步地感悟和在实践中的自觉运用。

二、在新课程实施中加强特色学校建设

艺术是一种重要的文化行动，新课程下的中学艺术教育已不再把艺术当做单纯的"术"的训练，而是看做一种文化学习教育，其中，"美育"是首要目的。新的《艺术课程标准》倡导的艺术教育思想是坚持以人为本、育人为本的思想，闪烁着人文主义的光彩，它鼓励学生走进大师，了解世界艺术的文明，培养学生对文化的持续兴趣和关注，鼓励他们大胆表达自己的内心感受，发表自己的独特见解，激励学生去思考、去发现、去创造，维护、信任、发展学生的好奇心、想象力与创造力，充分相信并尊重学生的潜能和个性。在此基础上培养良好的审美观，建立符合个性天赋的思维及体验美、感悟美的渠道，促使学生观察生活、体验生活、热爱生活。

根据新课程理念，我们主要加强了艺术教育内容的整合性、学生学习方式的合作性以及学习过程的探究性。

（一）学习内容的整合性

美育是促进学生全面发展的重要手段，与其他学科相容互补，学校许多老师对此作了一些有益的探索，尝试将音乐、美术、舞蹈、电影、文学、历史、地理等专门领域的教学融入其中。如，音乐具有强烈的情绪感染作用，是美术的姊妹艺术，好的音乐牵引我们的思想进入画境、感受画韵，使人们在感情上产生共鸣，提高审美情趣。再如，"诗是有声的画，画是无声的诗"、"诗中有画，画中有诗"，这是诗画两种艺术密切关系的写照，无论是用恰当的语言去描绘画境，或是用确切的形象去阐释语言，对于培养想象能

力、提高创造能力都是很有好处的。在艺术课教学中，注重引导学生寻求"艺术通感"，做到诗中有画，画中有诗，音乐中有诗情画意，诗画中有音乐的旋律。如：在听《潜海姑娘》音乐时，学生便能感觉到鱼儿在自由自在地漫游；当听到各种车的叫声时，学生则能用线条来表现车的叫声，这就是艺术所提倡的通感。通过综合艺术课程教学，教师的教育观念得以更新，加强了团队协作，不断地开拓自己的视野，充分研究艺术学科之间的联系，运用探究性、活动性、生成性的教学策略，使学生能更主动地介入学习，让学生在艺术课中体验美。

艺术是美的载体，在艺术课上欣赏美、体验美是一种教学的本能，而在语文课、历史课、政治课甚至是在化学课、物理课、数学课上挖掘美，体验美，学生的课堂就不会枯燥单调，反而激发学生学习的热情，在学习中发现美，进而促进学生综合素质的提升。一曲《松花江上》在教室里唱响，唱尽了东北血泪史。它如诉如泣、壮烈低回的情韵，激励着人们同仇敌忾、共赴国难，将同学们带回那段惨痛的历史中，也深深地铭记住了那惨绝人寰的"九一八"事变。艺术课与文化课有机结合，在音乐中回顾那段历史，感受历史带来的震撼，彼此互补，实现了教与学的真正目的。数学课上，不会再觉得是那么的枯燥，老师会让你感受到数学课堂里依旧有美：有对称美、线性美、逻辑美……在美中学习枯燥的理论，在美中发现数学的魅力。

（二）学习方式的合作性

在未来社会中，合作的意识和能力是人才的基本素质，只有学会合作，才能适应信息社会高速发展的需要。在新课改中我们采用以下途径来培养学生学习的合作性。

1. 开展艺术审美实践

学校提倡和鼓励学生进行艺术审美实践，开展了丰富多彩的文化艺术活动，为学生搭建艺术审美实践的平台。

（1）常年艺术活动

开展丰富多彩的活动。如每年"五一"的歌咏比赛、"艺术节"、"文化节"、学生"书画展"、小制作、校园"卡拉 OK 歌手"大赛、新年晚会，以及各个年级、班级的形式多样的艺术活动等。让学生时时处处受到艺术的熏陶，浸润每一个学生的心灵。

（2）成立艺术团队

学校成立教师乐队、教师健美队和芭蕾舞队；学生成立艺术团，下设合唱团、舞蹈队、竖笛队、管弦乐队、民乐队、美术组等。

（3）参与社会活动

组织参加各类竞赛活动和社会公益活动是学校艺术教育成果的展示与检验，是让学生获得成功体验的机会，是学生成长过程中不可缺少的经历，使学生在更广阔的舞台上获得了锻炼。如：各种文艺演出、拥军联欢、庆祝活动等。

学生社团活动打破了传统的、教师单向以"讲解"为主要手段传授知识、技能的教学模式，为学生创设了一个师生平等的空间。所有的学生都参与到活动中，充分表达自己的意愿；所有的学生都围绕一个明确的主题，用自己独特的方式解决疑难问题，并由此发展与同学的合作关系、交往合作的能力和解决问题的能力。

2.开展研究性学习

研究性学习着眼于转变学生的学习方式，培养创新精神和实践能力，目标指向主要是学生学习兴趣的满足和能力品性的提高，强调学生对所学知识技能的实际运用、能力的形成和经验的获得，强调学生通过亲身体验加深对学习价值的认识，在思想意识、情感意志、精神境界等方面得到升华。

依据研究内容的不同，研究性学习的实施主要分为两大类：课题研究、项目活动。

课题研究——以认识和解决某一问题为主要目的，具体包括调查研究、实验研究、文献研究等类型。项目活动——以解决一个比较复杂的操作问题为主要目的，包括社会性活动和科技项目的设计两种类型。一项专题的研究性学习活动，可以属于一种类型，也可以包括多种研究类型。综合性较强的专题，往往涉及多方面的研究内容,需要运用多种研究方法和手段,更需要参加者之间的分工协作。

在我校高一年级研究性学习活动中,学生自主选择艺术类课题 33 个,如"古典与爵士钢琴异同的研究"、"歌唱发声与艺术语言关系的研究"、"美术素描、水彩、漫画"、"镜头下的美"、"吉他、架子鼓系列研究"等,占课题总数的 45%,研究性学习活动成为我校进一步推进特色学校建设的新动力。

3.开展"2+2"项目

体育、艺术、科技"2+2"项目(以下简称"2+2"项目)是教育部为了落实德智体美全面发展的教育方针,是推动学校体育、美育和科技教育改革与发展的一项重要工程项目,"2+2"项目也是推进学校特色建设,打造特色学校的重大举措。我校积极响应号召,全面启动和组织实施"2+2"项目,通过学校组织的课内外体育、艺术教育、科技教育活动。让每个学生树立终身体育意识,能够掌握两项体育运动技能;提升学生艺术修养,能够掌握一项艺术特长;树立科技创新意识,具备一定的科技创新能力,为学生全面发展奠定良好的基础。

(三)学习过程的探究性

所谓学习过程的探究性,是一种受好奇心驱动的,以问题为导向的,有高度智力投入且内容丰富、形式各异的学习活动。

新的《艺术课程标准》和《美术课程标准》不仅重视学生学习的结果,更加关注学生学习的过程,倡导的就是探究性的学习方式。一方面,它明确了过程性学习的要求,提出了"大胆采用各种造型方式"、"进行感官体验"、"结合各学科内容灵活地进行创造"、"体验各种绘画工具和不同材料的使用效果"等;另一方面,它加大了对过程性学习的监控与反思,培养问题意识,即能够提出问题,再围绕问题来组织学习活动。

艺术的探究性学习并非必须解决某些具体的问题,关键是通过对某一问题的探究,让学生了解研究问题的方法,培养研究问题的意识,形成科学的研究方法。实际上,真正的探究活动就是由问题引导的,提出问题或解决问题的能力贯穿于探究活动的始终,艺术课堂教学变封闭为开放,课内外的联系和沟通加强,讨论、游戏、表演、创作、展示、欣赏、评价等实践活动贯穿于学习探究的全过程,促使每个人参加到学习探究的氛围中去。

在教学实施中,我们探索了五步教学结构:导入激趣→探究体验→启发领悟→合作演绎→归纳提升。

1.导入激趣:在教学中,教师联系学生的生活实际,贴近时代,选准学生的兴趣作为切入点,去创设每节课的引入。

2.探究体验:学生产生兴趣后,愿意投入到艺术活动中来,进而引导学生探究和体验,这是一个关键的环节。在启发学生原有经验的同时,引导其产生本课学习的感悟,从而使学生形成新的艺术体验。

3.启发领悟:在新的体验基础上,点拨学生进行新的认识,使情感得到升华,从而燃烧起艺术创造的激情。

4.合作演绎:当情感的不断积淀引起师生共鸣,达到师生共同参与、共同释放、共同交融的境界,便进入合作演绎阶段——老师指导学生共同进行艺术创造活动。

5.归纳提升:当合作演绎达到高潮,教师适时归纳,与学生一起提炼课堂所得,从而实现学生艺术素养的提升,达到从感性认识到理性认识的升华。

如:张艳老师在《国乐飘香》一课中,以学校艺术节征集各班有创意的节目为动机,激发学生的参与热情。让学生在创作过程中探究表现形式,初步体验创作的乐趣;老师通过引导,启迪学生理解、领悟艺术表现手段。以民族乐器的丰富表现力感染学生,指导学生用不同的艺术手段共同进行创作活动。最后师生合作完成该课时教学内容的理论归纳。夏涛老师选取了在学生中早已流行的、学生普遍喜闻乐见的卡通,设计了《我爱卡通》一课,引导学生发现卡通的唯美的包装、幽默的故事情节、灵活的画面布局等特点,借鉴现成的卡通版式,启发学生用身边的事物来编写故事,布局画面,并通过不断修改,使故事情节生动,画面设计充满创意,培养了学生的创新思维。

　　新课改是我国学校教育的必然趋势,新的教学理念对教师提出了更高要求。教师只有认真学习,更新观念,才能迅速适应新的教育教学方式,适应时代的发展变化。在特色学校建设中,教师更要优化知识结构,除具备本专业的知识技能外,还必须尽力拓宽知识面,吸纳新知识,获取新信息,储备广博的文化知识和艺术学科基础知识,并善于把这些新理念、新知识、新信息、新技术合理地运用到教学实践中,加以综合运用,在广泛的文化情景中对学生进行审美教育,陶冶学生的情操,提高学生的艺术品位和审美能力,进一步发挥我校艺术教育促进学生和谐发展的办学特色。

抓住新课改机遇　创建学校特色

重庆巫山高级中学　卢　尧

　　我校的新课改方案,充分体现巫山高级中学的办学理念("立德立业,惟精惟一"、"办人民满意的教育")和培养目标("片片红叶展风采,千姿百态成人才"),构建"以每一位学生的发展为本"的核心价值,促进学生个性发展、教师专业发展、学校特色发展。融基础性、综合性和可选择性为一体,全面贯彻党的教育方针,推进素质教育,提高教育质量,突出办学特色。关于这方面的实践,作以下几方面的探讨。

一、在新课改理念上树立建设特色学校的意识

　　高中课程改革的实施,着实加大了学校对课程教学管理的自主权,带给教师的是更为宽阔的实践创新平台,它更有利于特色学校的建设。

　　改革学校课程的管理,根据现代社会发展对人才的需求,在国家课程政策和标准的框架下,结合学校实际,把对学生发展产生影响的各种因素及资源进行整合开发,并加以实施,形成农村高中学校有特色的系统课程。主要分为四类:第一类是国家课程中必修、必选课程的校本化。第二类是学生自主选修课程,包括国家部分选修Ⅰ课程的校本化和学校开设的部分选修Ⅱ课程。第三类是校园生活课程,主要是与学生的校园生活密切相关的部分选修Ⅱ课程。第四类是综合实践活动课程,包括研究性学习、社区服务、社会实践等。四类课程育人侧重点各异,但互相渗透,互为补充,是一个有机整体;四类课程的实施促进了学校、教师、学

生的发展。对学校来说,拓宽了育人途径,有利于实现教书育人、管理育人、活动育人、环境育人、服务育人的目标。

结合新课改,我们提出了我校"三峡红叶"校园文化特色学校建设理念——校长办学理念。校长办学理念决定了一个学校、当地社会文化思潮的方向,是特色学校建设的核心。校长既是特色学校思想文化特色的引领者,同时又是特色学校建设的践行者。以"三峡红叶"为载体,展示巫山高级中学人的精神风貌,是我校特色学校建设的精神体现。

二、在课程设置和资源挖掘上突显学校特色

我校自 2010 年秋,结合综合实践课程的开展,制定出了选修课程(主要是非学术性课程)的管理办法,以建设红叶特色学校为抓手,全面实施新课程改革。巫山红叶堪作校园文化之象征,夫红叶者,其枝若铁,其色若丹,其质若娟,其气若兰。傲霜则色愈浓,斗雪则志愈坚。贫瘠不能动其根本,荒凉不能损其躯干。扎根苍崖,笑朔风之凛冽;昂头青霄,耐冬云之严寒。亦诗亦画,千古文人低首拜;如梦如幻,八方游客仰面看。以此育人,则人必有成;以此治校,则校必可观。片片红叶展风采,千姿百态成人才,促进学生个性发展、教师专业发展、学校特色发展,成为新课改的主要任务。

(一)立足学情,高质量开设国家课程

1. 学科必修课程,不断创新教学模式

在必修课程的教学、学习中,各备课组从学生实际出发,不断摸索适合学情的教学策略,选择最佳呈现方式,提高了课堂的实效性。如:政治组探索"情境—自学—探究—展示—反馈"自主学习教学模式,构建立体课堂,充分发挥学生主体作用,让学生成为真正的主人;地理组挖掘乡土课程资源,努力构建开放的地理课堂,促进可持续发展教育;数学组注重构建"生活化的课堂",引导学生理解数学、体会数学。

2.学科选修课程,重在提升素养

我校开齐开足课程标准所规定的国家必修课程,创造条件最大限度地开设选修课程,满足学生的兴趣、爱好和未来发展需要,提高学生素养。今年,我校开设了"美术的工艺与设计"选修课程,音乐的"歌唱"、"音乐与戏剧"选修课程,开设了"家政与生活"、"电子控制技术"两门通用技术选修课程。选修课程中,学生选所爱,爱所选,学习积极性非常高,教学效果非常理想。

3.综合实践活动,力求丰富多彩

按照我校综合实践活动的规划,我们精心策划,认真组织,使新课程"亮点"真正"亮"起来。

（1）社会实践活动

一是组织好军训、运动会、科技节工作。通过每学期的大型活动,学生的集体观念、纪律意识、吃苦和团结协作的精神都有了很大提高。

二是走出去,请进来。坚持每学期组织学生外出参观、听专家报告、参加当地的公益活动。如:聘请法制副校长来学校进行专题讲座,邀请西北工业大学、北京大学等教授来学校讲座,组织学生祭扫革命烈士墓活动,参加学校中学生团校、业余党校学习等。

（2）社区服务方面

我们在学生中大力宣扬"学校即社区,社区即课堂"的成长理念,着力引导学生的社区服务意识。参加学校或家庭附近所在社区的各种公益活动,如:法制宣传、人口与保健宣传、环保与卫生宣传、科普活动、电脑培训、助学帮困、拥军优属、文娱活动等。为社区成员进行生活服务、家政服务,如:环保卫生、绿地领养、社区学校辅导、板报橱窗制作、交通秩序维护及其他志愿活动等。社区管理服务,如:帮助调查社区社情,参与社区规划,提出社区建设合理化建议,体验社区干部工作等。参加社区劳动和各种义务活动,如:参加社区组织的捡拾白色垃圾、栽树等活动。

（3）研究性学习活动

研究性学习强调学生通过实践，增强探究和创新意识，学习科学研究的方法，发展综合运用知识的能力。从研究人与自然关系的角度，提出如长江巫山段水质监测、大宁河环境保护、观光生态农业建设、农村万元增收工程与农业发展等课题。从研究人与社会关系的角度，提出如学校规章制度研究、师生关系研究、三峡库区工业发展、库区产业调整与转移研究等课题。从研究历史与人的发展角度，提出如龙骨坡文化研究、小三峡悬棺研究、神女传说与文化研究、大昌古镇研究、三峡红叶诗词歌赋研究、三峡方言等课题。从科学的角度去研究社会生活中的一些现象，如巫山峡谷风光的形成研究。

（二）立足校情，挖掘校本课程资源

根据新课程的设置要求，学科教师配置发生了很大变化，这将导致部分学科师资紧缺，相关学科应开设的课程有些无法正常开课。教师不适应新课程教学的需要，成为当前新课改的瓶颈。学校要根据自己的办学目标、理念来设置自己的校本课程，而不是一味地为了追求数量去开设不必要的课程，浪费资源。教室不足、师资不足、实验室不足等等问题，是每个学校都会遇到的困难，我们可以扬长避短，充分挖掘学校的优势资源，办出自己的特色。

1. 整理原有课程资源，纳入校本课程规划

新课程实施后，我校对原有课程进行整理，使之具有明确的目标、任务、内容、评价方式等，形成系列化的、具备课程内涵并有利操作实施的校本课程。

学校还把社团活动纳入校本课程，使校本课程体系更加完备。学校选择有专业特长的教师或在校外聘请教师承担辅导任务。学生在学校课程体系的指引下成立了合唱团、书画社、文学社、摄影协会、街舞社、健美操队、跆拳道协会等，组织文体活动，开展宿舍文化节、主题班会活动、进行手工作品制作等，丰富了学

生生活。

2.挖掘校内外课程资源,探寻课程生长点

我校学生人数众多,学业基础、成材期望、个性特长参差不齐。学校的课程建设充分尊重差异,形成多样性校本课程,让学生根据自己的特点和需要,选择自己所需课程。如:开发了提高学生修养的人文素养类、艺术体育类、信息科技类校本课程,满足学生多样化需求。

盘活图书和实验用品等物质资源,使这些场所成为学生自主学习、实验、探究的园地。我校的实验室、图书馆、电子阅览室、微型科技馆等全天对学生开放,为学生服务。

挖掘本地区民间资源,开发校本课程。将大众体育活动如轮滑、呼啦圈、花样跳绳等引入课堂,深受学生喜爱。从校外请来跆拳道教练、花卉种植专家,真正建立起社会、学校结合的课程资源开发模式,开放办学,拓展教育教学资源。

三、在具体实施新课改中体现学校特色

(一)校本教研的制度化要彰显特色

教材的改革是新课改的重点内容,新的教材涉及的面、点更为宽广,但课时却相对减少了。这也使得教师在教材的处理上有些手忙脚乱。本学期刚拿到教材,又没有对所有教材的整体认识,每一位老师都在反映时间不够用。而高一的课程开得又齐,一时间教师也没有更好的办法来应对,还是遵循过去高考的模式来指导现在的教学。"新的教材,老的练习试题,老的考试模式,高考难度也并没有降低,学生也颇头疼。"因此教师对教材必须进行宏观把握,重新对高考进行定位,大胆取舍。这离不开教研共同体的铸造。

要实现普通高中的优质化与特色多样化发展,校长的工作重心要从行政管理转向教学指导和教研引领。在领导、参与和组织校本教学研究方面的职责和角色集中体现为以下四个方面:一是

资源提供者;二是教学资源人;三是有效的交流者和协调者;四是教师和学生可以接触到的人。

1. 狠抓校本培训,提升教师的科研力

建设好教、研、训三位一体的教师发展体系。建立了培训对象上的师徒捆绑式发展制度,培训途径上的集体备课、听课与评课研究制度,培训内容上的教材、课堂和学生学习三位一体式研究制度,培训绩效上的以学生学习成功为标准的课堂效率评价制度,培训管理上的重心下移的学校三级(行政、科级组、备课组)检查制度。

2. 铸造教研共同体,提高教师的协作力

一是建立了良好的教师交流、协作与共享的运作与评价机制,形成合力,体现教育工作集体性强的特征,发挥教育整体效应。二是效益评价,增强教师的行动力。学校教学质量提高的关键之处就是将先进的素质教育理念转化为全体教师的教育教学行为,通过效益评价,指导教师有效的教学行为,使其落实到每堂课上、每位学生发展上。

校本教研共同体是一种充满"书卷气"的校园文化,一种充满"研究气"的校本教研氛围,教师专业发展就是在这样的校园文化和校本教研氛围中熏陶而成。学校要建立扎根于有效课堂教学、立足于教师专业发展、定位于教学效益全面提高、以行动研究为基本研究方式的校本教研制度;要建设以备课组为核心的校本教研共同体,走共有、共享、共赢的协作发展道路,发挥团队作战整体优势;要促进校本教研的常规化、常态化,深入开展对教学常规环节、教学常见行为的研究;要打造浓郁的和谐的校本教研氛围,使教师在教研文化中熏陶成长,整体发展。

(二)评价体系要有自己学校的特色

新课程实验中的学分认定、学业评价与成长记录相结合的评价方式理念很好,但是教师工作量明显增加,担任的工作更加复

杂，且各校之间在学分认定上肯定存在差异。如何对学校、教师和学生进行评价，将直接影响着新课改的质量，因此，学校必须建立一套完整的评价体系。

1.建立和完善学生发展性评价体系。坚持"立足过程，促进发展"、"激励是手段，发展是目的"新的评价理念，依据基础性发展目标和学科学习目标，深化日常评价改革。班主任和学科教师要搞好教育教学活动过程的学生评价；建立和完善学生成长记录袋评价制度，加强指导，定期举行展示，搞好学生发展过程的自我评价；建立和完善学生发展性评价手册制度，搞好学生发展过程的阶段性评价，并将学生发展性评价手册与学生综合素质评价相结合；要深化学生综合素质评价改革，将学生成长记录纳入综合素质评价范围，促进日常评价结果与学生考试评价相结合，健全和完善学生综合素质评价制度。

根据新课程对教师专业发展的新要求，按照教师发展的不同阶段，把发展性评价与管理性评价结合起来，从职业道德、教育理念、知识结构、教育智慧、行动研究、终身学习等方面全面评价教师，落实教师评价的主体地位，唤醒教师自我发展意识，共同参与、交流沟通、对话互动，激励教师自我改变、自我完善、自我发展、自我超越，真正发挥评价对教师专业发展的导向、调控、激励、促进作用，推动教师专业可持续发展。

2.构建红叶精神评价体系，带动多样化的校园文化特色活动。所谓构建三峡红叶文化内涵的评价体系，是指通过充分挖掘师生个体的红叶品质，弘扬个性发展，构建"红叶名师"、"红叶优秀学生"、"红叶科技节"、"红叶运动会"、"红叶班级"等评价体系，丰富红叶精神内涵，形成学校的特色管理。

红叶文化内涵的评价体系一旦形成，一方面，红叶的精神内涵得以在师生中弘扬，加强了师生对红叶校园文化内涵的理解，形成校园整体的文化氛围；另一方面，以此促进了红叶校园文化建设的实践发展，从教师到学生，从制度到评价，从形式到内容，把全校师生凝聚到红叶精神之下，才能充分形成办学的特色。

总之，新课改的路途漫漫，我们将上下求索。

高效课堂教学与学校特色建设探究

重庆丰都中学　周　勇

一、高中新课程改革背景下推进高效课堂教学的必要性

传统课堂林林总总的弊端期待一场新课程改革,期待高效课堂教学为教育注入新鲜血液。高中新课程改革应致力于重新构建符合素质教育要求的课程体系和能力框架,这是进一步全面贯彻党的教育方针、落实素质教育和促进学生全面发展的具体途径。高中新课程改革的生命力在于,它是对我们现行课程中存在的问题和弊端进行的主动调整、完善与适应,也是探索更加符合个体发展和时代需要的教育的途径。我们现行的课程及学校教育存在着"重知轻能"的现象,忽视学生的社会性、价值观、创造性,而过分注重知识传授,"繁、难、偏、旧"依然是当前课程走不出的窠臼。以学科知识为核心的课程体系,抹杀了科学、艺术和道德之间的内在联系,忽视了学科之间的整合性和关联性;死记硬背、机械训练、题海战术让学生不堪重负,缺乏自主探究、合作学习、对话文本、独立思考的能力训练,从而出现高分低能的扭曲现象;教育评价方式过于单一,一张试卷定乾坤,过于强调评价的甄别和选拔功能,忽视评价促进学习者发展的教育功能等等。以上这些教学现象都有一个共性,它们都忽视了学生在学习中的主体性,片面强调灌输方式,在不同程度上压抑和阻碍了学生的个性发展,不利于促进学生一生的可持续发展。

因此,高中新课程改革,是高中教育进程中一个全新的转折点,是当代社会可持续发展观在教育中的体现,是国际教育发展

的主流趋势在基础教育发展中的必然反映。如何让学生在高中课堂里切实体验到认知与体验的丰富和多元、乐趣与快乐呢？这就要求高中课程知识改革和重建要强调时代性、基础性和选择性。努力构建立足基础、注重多元、富有层次、综合性强的高效课堂教学，以此来适应社会需求的多样化和学生全面而又有个性地发展。传统意义上的课程是一种压抑学生个性和创造力的课程。两相对比，新一轮高中课程改革，特别是课堂教学改革的必要性就显而易见了。

二、新课改背景下推进高效课堂教学与学校特色建设的关系

新课程改革是一把双刃剑，既给学校带来前所未有的发展机遇，也让学校迎来一次提升竞争实力的时代挑战。高效课堂是一块磨刀石，它让新课程改革这把利剑愈加锋利。高中新课改的核心就是推进高效课堂教学的深入研究。谋求新发展，创新办学思路，全面推进素质教育，大力提倡现代教学模式已成为当今教育的主题，做"专家型"校长，做"学者型"教师成为人师者所追求的目标。在这一时代大潮中，新的课程标准、新的教育教学理念，时时令人激动，让人振奋。在此背景下，推进高效课堂教学就成为努力开发已有资源，走学校特色发展的必由之路。

首先，高中新课改催生特色校本教研，促进教师专业成长。

伴随新课程改革的全面铺开和层层推进，校本教研也如春风般飘然而至，吹遍大江南北的高中校园，融入到无数个各具特性的课堂当中。在这一时代大潮的推动下，高中新课改在各具特色的学校得以推行，从而形成校本教研各具特色，百花齐放之势。特色校本教研，能促进教师的专业发展，教师专业发展反过来助推学校特色文化的积极营造，进而推进学校特色的建设。国家基础教育司副司长朱慕菊曾指出，以校为本的特色教研，是将教学研究的重心下移到学校，以课程实施过程中教师所面对的各种具体问题为对象，以教师为研究主体，理论和专业人员共同参与的活动。可见，高中新课改中推进高效课堂教学，催生了特色校本

教研,促进了教师专业化成长。

其次,高中新课改催生特色校园文化,提升校园文化品质。

任何一场改革都是一次文化不断丰富与发展的过程。作为传承历史文化的教育部门,在高中新一轮课程改革中,更是如此。高中新课程改革,从形式上而言,是新教材的推出与使用,是新课堂教学模式的探索与研究,是学生评价方式的变革,是教师与学生在课堂中地位的置换与调整。诸如新的课堂教学模式、变革后的学生评价方式、学生主体和教师主导地位的形成与铺设,都将转化成一个学校的文化因子,沉淀在学校发展的历史进程当中,并不断丰富学校的文化底蕴,拓宽学校的文化视野,增加学校文化建设的厚重感。经过引导与丰富、拓展与归纳,创造性演绎就可以形成学校的文化特色,形成诸如杜郎口中学、昌乐中学、汉阳一中等学校的教学模式,并不断地丰富发展,辐射开去,形成学校浓郁的办学特色,进而提升学校的文化品质。

再次,高中新课改催生特色名师,激活学校生命力。

没有特色的学校,是没有生命力的学校;没有名师的学校,是没有发展潜力与品牌力量的学校。可见,培养并不断推出学校名师、打造学校特色,是借高中新课改之春风推进学校可持续发展的最有力的杠杆。高中新课改给学校的名师培养与发展备好了一池活水,开阔了任其驰骋的千里天空。加强教师教育教学理论的学习研究,不断吸纳别人的成功经验,掌握新课程改革下现代教育科学的理论和方法,不断探索教学规律,才能形成自身的教学特色,进而形成充满生机与活力的校园文化。

三、推进高效课堂教学是体现学校特色的重要途径

高效课程改革是对传统教学的扬弃,是弃其糟粕、取其精华的辩证过程,即在继承传统教学"合理内核"的基础上大胆地创新。有创新,必定生成特色。没有特色的创新,是根本不存在的。很难想象,没有课堂教学改革的学校能建设出自己的校园特色文化。我们要凭借高中新课改课堂教学改革这一主渠道,来践行新

课程理念,推进学校特色发展。

教学是学校工作的中心,为实现课堂教学的高效,必须加强校本培训和校本教研,更加深入、协调和可持续地进行课堂教学改革。校本教研是课程改革顺利开展的活水源头,也是课堂教学改革可持续进行的保证。为使校本教研更具有实效性,校本教研首先应该从教师个体教学活动入手,通过教学反思发现课堂教学中的问题,带着问题组织开展校本教研活动。在活动中集思广益,充分发挥集体的智慧,寻找解决问题的有效途径,并推广在校本教研中成熟的经验。这样,就形成了学校浓郁的研究氛围,为学校特色建设增添一抹亮色。

高效课堂教学充分体现学校的人文气息。课堂教学改革是一项系统工程,它需要教学活动各个环节的相互协调发展,更需要学生与教师在同一课堂的和谐演奏。新课改背景下的高效课堂教学是对传统师生关系的挑战和诘问,只有和谐融洽的师生关系,才会有和谐的课堂教学,才会有高效课堂的诞生和延续。与此同时,课堂评价体系的确立与新课程理念相适应的课堂教学评价制度的建立,都将形成相应的制度文化,共同丰富学校的人文气息。

高效课堂教学充分体现学校的学术氛围。课堂教学改革与学校特色建设不是一蹴而就的,它要经历长期复杂的探索过程,它要求学校营造良好的学术研究氛围。因此,在学校教师中倡导与开展课堂教学改革,正是引导教师更好地去关注和分析各种教育现象、深入思考事实的本质、思考事实之间的因果联系,这样,课堂教学改革必然成为教师学术研究过程当中的"第一块试验田"。离开了课堂的所有研究,都只能是无源之水、无本之木。可见,高效课堂教学研究必然是学校学术氛围的充分体现。

四、高效课堂教学是学校特色建设的一个重要指标

学校特色要植根于课堂教学才有生命力,更要植根于高效课堂教学才会有恒久的生命力。提高教师专业素质,聚焦课堂教

学,构建和谐、高效的课堂是学校特色建设的主题。课堂教学是学校教育的核心,高效的课堂教学是当前教学改革的重要追求,更是学校特色发展的一个重要指标。

高效课堂是立足校本、追求优质教学的根基。在高中新课程改革背景下,教育发展面临的核心任务是提高学校的办学质量与办学水平。所有的聚焦点都将最终集中于课堂。基于这样的思想,切实推进高效课堂教学,提高教学质量,既丰富学校独特的课堂教学文化,又推动学校特色的健康发展。

高效课堂是构建新课堂教学模式,推动学校管理工作特色的体现。众多名校之所以称为名校,除具有各所不同的文化特色之外,都必然具有符合新课标特点的教学模式,都必然有高效的课堂教学,以及在先进的教学模式使用中带来的高质量。所以,在教学实践中,着力推进高效课堂教学,是学校特色建设至关重要的推动力,也是使学校成为特色品牌名校的重要标志。

总之,高中新课程改革背景下的高效课堂教学作为一种校园文化滋润,是一场对传统教学的洗礼,也是一次教育发展进程中的自我完善和主动适应,激发着特色学校建设的内动力。高中新课改催生特色校本教研,促进教研发展;催生特色校园文化,提升校园文化品质;催生特色名师,激活学校生命力。在高中新课改背景下推进高效课堂教学,为学校特色建设开辟了新角度、拓展了新视野,必将开创学校特色建设的新天地。

坚持教育改革　构建学校特色

重庆城口中学　向贵华

"教育要面向现代化，面向世界，面向未来"是邓小平同志欣然为景山学校成立 20 周年的题词，题词不仅是邓小平同志对景山学校的期望，更是对我国教育事业改革与发展提出的重大战略指导方针。

时隔 18 年，我国教育正处于历史上最好的发展时期，政治清明、社会稳定、经济飞跃发展，都为教育事业提供了良好的物质基础和发展环境。时代的大发展，必然带来教育观念的大转变、教育改革的大推动和教育思想的大创新。正如江苏省教育学会会长周德藩先生所言："教育发展到今天，其实践上的必然逻辑就是个性化教育时代的到来。"个性化教育主要体现在：办学的个性化、教学的个性化。换言之，就是学校办学要构建特色，做到"人无我有，人有我优，人优我特"。

一、学校的共性特色

教育具有明显的时代特征。如今，我们正面临着一个创新的时代，需要培养大批创新型的人才。学校作为一个人才培养基地，如果对代表未来的人才培养模式没有创新和改革，就不能很好地贯彻国家的教育方针，不能培养出未来时代需要的高素质人才。所以，学校特色应体现学校的核心价值，也是学校的共性特色——贯彻国家教育方针、执行国家课程标准、落实国家的人才培养目标。

二、学校的个性特色

所谓个性特色,就是学校的整体办学思路或在各项工作中所表现出的积极的与众不同的方面。换句话说,它就是学校积极进取的个性表现。它包括办学理念特色、办学模式特色、学校学科特色、传统活动特色、行为规范特色、校园环境特色等方面。学校的特色发展,就是要努力创造一个领域的卓越,这个卓越领域集中反映学校的价值观体系,并将其融入到学校的生活方式、教学方式及其他的行为方式中,从而成为师生共同成长、具有个性特征的生态环境。

三、学校特色发展途径

学校特色不等于特色学校。正如新加坡一位校长所说:"学校特色就是学校某一个领域的卓越。"即学校工作的某个领域形成特色,是局部特色,可以称之为特色项目或优势项目。

1.校长要当好思想引领者,把准学校特色建设总目标

教育理念创新是形成学校特色的基础。理想的校长,应该是一个不断追求自己人生理想和办学理念,具有独特办学风格的校长。校长不一定是思想家,但一定要有思想。校长要把准学校特色建设的方向和目标。特色不是学校的办学目的,学校特色建设要顺应教育发展的新趋势,着眼于社会需求。最终目标是要提高学校整体办学水平,促进学生全面发展。

2.切合实际,全面分析,找准学校优势项目为发展的突破口

毛主席说:"调查犹如十月怀胎,解决问题犹如一朝分娩,许多事情失败不是因为行动前没有计划,而是缺少计划前的行动。"

学校特色的形成要经过孕育、诞生、培育和成熟的过程,这是一个长期的过程。所以,首先要在全面分析校情的前提下,选准

学校优势项目,以此作为学校特色的切入点。优势项目体现出来的先进性、独特性、优质性,能够逐渐向学校工作的各个方面持续扩散,进而不断深化、不断发展,上升到理论和文化层次。校长要分析研究,弄清哪些是自己的优势项目,经过努力能否实现,然后组织力量实施。因此,学校要根据学校历史文化传统和周边环境条件,全面分析各种办学环境因素,从发挥学校现有优势出发,把握教育规律和素质教育大方向,顺应时代发展潮流,制订战略规划,正确定位,科学决策,不失时机,找准关键,寻求带有决定意义的突破口,不拘形式、不限方法、不畏艰难、不怕失败地大胆实践,定向发展,勿求轰轰烈烈,但求精致专一。

(1)观念突破口。首先将办学目标提升为办学理念,将办学理念溶释到学校的各项工作中,围绕办学理念开展系列工作。并在办学理念的统领下,促使师生构建具有学校特色的认知结构,内化并顺应学校的特色文化,并在自己的学习、生活和工作中努力践行特色文化精神。

如:有许多学校将办学理念分别确立为"幸福教育"、"成功教育"、"求实教育"、"和谐教育"等等,然后将理念贯穿于学校工作的各个方面,围绕"理念"将工作做深做透,最后,形成一种学校文化。

(2)教学突破口。以先进的教育教学思想为指导,根据本校的实际状况,以课堂教学为主阵地,对教学过程、内容、原则、方法等重大问题提出一系列主张,形成独特的指导思想。在此基础上构建以促进学生能力发展为目标的高效的课堂教学模式,构建并形成有自己特色的科学的课程体系,创造学校印记,形成具有学校特色的先进教学方法和强有力的"拳头"学科,并涵盖教学内容特色、教学方法和手段特色、教学评价特色等诸方面。如:在全国影响很大的洋思中学、杜郎口中学,都是以此作为突破口的。

(3)传统文化突破口。深入挖掘传统文化之精髓,并赋予其现代理念,达到启迪心智、教书育人的目的。

如:现在有许多学校开展"国学教育"、"古诗文教育"、"传统文化教育"、"'孝'文化教育"等,都通过继承与创新,将传统文化赋予现代生命活力,成为学校的品牌。

(4)德育突破口。就是以德育为主线,以德促智、以德修美、以德健体,从而促进学校教育质量的全面提高。在实施时,要做到德育目标、计划、内容系列化,德育途径、措施、方法网络化。

由于德育的内容非常庞大,可以抓住某一方面选择有效的突破口。如:行为养成教育、感恩教育、爱祖国教育、心理健康教育等,更具有针对性与实效性。

(5)课程突破口。就是运用本校的办学理念,构建相应的办学目标,编制相关的目标体系。在此基础上,以社会需要、学科体系和学生发展为三个基本点,编制相关的校本课程和编写校本教材,构建课内与课外、必修与选修,学科性课程、活动性课程和环境课程并行的主体化的课程模式,以此作载体来凸显学校的办学特色。比如,某些学校以乡土文化、传统文化、民间工艺等开设校本课程,渗透于学生的发展之中,取得了良好的效果。

3.抓住优势项目,制订战略措施,打造项目特色

(1)学习借鉴。特色学校建设不是对过去的办学传统的彻底摒弃,而应在继承中创新。古今中外有许多学校的创办,在特色方面和攻克突破口方面积累了非常丰富的经验,值得学习。因此,要通过学习借鉴,找到适合自己的项目,寻求有效的突破口。

(2)重点突破。学校的特色发展有助于学校的跨越式发展,起到"以点带面"的作用。重点突破就是根据本校实际情况和周边环境条件,从发挥学校现有优势出发,针对学校存在的突出问题,大胆革新,先就某一方面实施高难度、大跨度的突破,摆脱外来模式的束缚,其目的在于求"发展"。为了突破,可采用"一"字形的工作思路,如树立一个教改典型、扶持一门优质课程、培养一批特长学生、做好一项达标工作等,以求迅速高效地在局部形成特色。

4.强化优势项目,将学校局部特色与学校整体风貌整合

在巩固单项成果的基础上,由点到面,逐步扩展,分类推进,

以特色项目带动其他工作，以其他工作促进特色优化，使局部特色发展为学校整体的个性风貌。在这一阶段，学校不再满足于求发展，而是以创造为目标，成为办学艺术的积极开拓者，学校应当处处、事事、时时都"走自己的路"，各方面逐步表现出独特而稳定的个性特色，做到统筹兼顾、分类推进、积极进取、提炼校风、形成传统，保持与提升特色，造就学校品牌。

总之，创建学校特色是一项复杂的系统工程。思想是先导，创新是灵魂，措施是保障，活动是载体。要有正确的指导思想、长远的规划、具体的目标、系统的设计、切实的措施和运作的机制；要靠脚踏实地的艰苦努力，创造优质的办学成果。创办学校特色的过程是不断探索、不断超越、不断创新的过程。这里有领导的艺术、有辩证的哲理、有对教育事业的执著追求。创建的过程就是传统形成的过程、师生素质提高的过程、学生整体办学水平优化的过程。

依托校本教科研　大力深化新课改

重庆涪陵实验中学　刘群朴

　　随着新一轮基础教育课程改革的逐步展开、深入，尤其是全面推进，我们逐步发现如同 20 世纪末大力推进素质教育、实施创新教育步履艰难一样，新一轮课改也遇到了许多障碍。其中最大的难题是：广大中小学教师还不能有效地把新课改所倡导的新的教育理念、教学行为方式转化为具体的教学行为。如何帮助教师在"新理念"与"新行为"之间架起一座"桥梁"？当然要引导教师"走出去"学习借鉴。但最主要、最长效、最经济的方法是引导、组织教师"自己对自己的教学行为进行研究，进行不断地反思，自己解决或者教师集体共同帮助解决自己在平常教学中、在课改中遇到的问题。"这就必须建立一种机制——校本教科研。我们认为，大力提倡和实施校本教科研，是保证新课改顺利推进的一个关键，是实现"科研兴校、科研兴师、科研兴教"的根本措施。

一、依托校本教科研，转变教师教育行为

　　校本教科研是指为了改进学校的教育教学，提高教育教学质量，从学校实际出发，依托本校的资源优势和特色进行的教育教学研究。校本教科研以"为了学校、在学校中、基于学校"为理念，以改进学校教育教学实践、解决学校所面临的实际问题为目的，从本校和教师自身的实际出发，展开各类型、各层次的研究，挖掘学校和教师的潜力，让学校和教师的生命活力彻底释放，牢固树立这样一种观念，即学校自身的问题要由学校自己来解决。

1.开展校本教科研,有利于新课改教研机制的自我更新和完善

从整个基础教育系统来看,目前在很大程度上讲还是一种单一的自上而下的教研机制,缺少自下而上的和自我更新的教研机制的补充、促进和制约,造成教学研究的重心远离学校、远离学校的真实教学问题。同时使校本管理、校本培训和校本课程等实际运作缺乏整合的纽带和力量。因此,当前建立以校为本的研究制度势在必行。其基本任务指向是:①加强制度建设,使校本教学研究合法化、合理化、经常化、规范化,促进学校一级的教学研究工作,提高学校自身教学研究的质量和水平;②从机制上引导和促进校外教学研究机构改变教学脱离学校实际的状况,突破单一的自上而下开展教学研究的工作方式,把自上而下与自下而上、自我更新几条通道联结起来,重视研究和解决具体学校所遇到的实际教学问题,促进学校一级的教学研究能力不断提高。

2.开展校本教科研,有利于增强教师在新课改中的主人翁地位

以校为本教科研主张学校的校长和教师直接面对自身真实的教学问题而展开思考、探索和改进等活动,是非常重要的教学研究活动,使经常不被看重和看好的教学研究恢复应有的地位,使之合法化、合理化和制度化。这种"学校为本"的基本特征,可以改变中小学教师在教学实践中仅仅处于执行和服从的被动地位,为尊重、调动和保护中小学校长和教师教学创新的积极性开辟了道路。中小学教师可以理直气壮地开展自己的教学研究、解决自己的教学问题、发表自己的研究成果、改善自己的教学实践。正因为如此,校本教科研不仅有利于调动和保护中小学教学创新的积极性,而且有利于鼓励和调动各方面的教学研究力量支持中小学的教学研究;校外教学研究机构可以在为中小学提供更加直接的专业支持与服务的过程中寻找到教研机制创新的生长点和突破口。同时,随着校本教学研究的推进,学生发展为本、教师专业发展、学校办学自主权、学校新文化创建等更深层次的观念和问题,将会更加凸显出来,这十分有利于创办特色学校。

3.开展校本教科研,有利于促进教师参与新课改的主动性

以校为本的教科研活动,是一种国际趋势。在我国,现在号召开展以校为本的教科研活动、建立以校为本的教科研制度,并不是外部强加的,只不过是把在新课程实践中自觉生成的这种活动形式加以提升,并进行制度化的规范。可以说,以校为本的教科研制度,是以制度化的方式保障教师对教学的自主决策、反思和改进的权利;同时,也能够使以校为本的教研活动不只局限于学校这个小圈子、小空间里,而是以制度化的方式督促建立一个以学校为圆心、以不定长为半径的一个大圆、一个网络、一个立体的环境。

我们还应看到,我国的这次课程改革,不仅是教材的变革,还涉及课程功能、课程结构、教学方式、课程评价以及课程管理等方面的变革,从而对教师的专业成长、学校教育的秩序以及整个社会的教育文化都提出了深刻的变革要求。因此可以说,以校为本的教科研制度是在新课程中生发的,是新课程健康运行的需要。

二、依托校本教科研,提高课堂教学效率

以校为本的行动研究方式,其突出的特点就是教师在实践中发现问题、提出问题,并与同事、专家共同分析、解决问题,它强调的是实践反思和交流协作。当然,以校为本并非指学校、教师孤军作战,恰恰相反,在行动研究的过程中,必须要有高水平的专业人员介入,不断提高理论水平和解决问题的能力。由此可见,教师个人、教师集体、专业研究人员是校本研究的三个核心要素,他们构成了校本研究三位一体的关系:教师个人的自我反思、教师集体的同伴互助、专业研究人员的专业引领,是促进教师专业成长的三种基本力量,也是有效开展校本研究、提高课堂教学效率的基本策略。

1. 教师个人的自我反思

自我反思也称反思性教学实践,是指教师自主进行的一种回忆、思考、评价自身教学经验的活动过程,它是对过去经验的反馈,同时又是作出新的计划和行动的依据。反思性教学实践,要求教师在实践中反思实践的内容和结果,分析其背后蕴涵的理论知识,提出解决问题的假设,并在自身的教学实践中检验假设,周而复始,循环往复,不断发展。教育专家指出,反思性教学实践是提高教师素质最有效的途径。他们通过研究发现:教师素质的提高,可以通过教师建立自己的教学理论,总结他们教学的知识、技巧和经验来实现。由此可见,自我反思不是一般意义上的"回顾",而是反省、思考、探索和解决教育教学过程中各方面存在的问题,具有研究性质;同时,通过反思,教师既可以不断更新教学观念、改善教学行为、提升教学水平,又可以形成自己对教学现象、教学问题的独立思考和创造性见解。

自我反思可以分为以下三个阶段:

第一阶段:教学实践活动前的反思。这个阶段的反思主要是在课前准备的备课阶段(或教学设计),具有前瞻性,它能使教学成为一种自觉的实践,并有效地提高教师的教学预测和分析能力,即发展教师的教学智慧技能。教师的教学智慧技能主要表现为:①看能否预测学生在学习某一教学内容时可能会遇到哪些问题;②看能否寻找到解决这些问题的策略和方法。

第二阶段:教学实践活动中的反思。课前的教学设计方案是否合理,还需要经过课堂教学实践的验证。这一阶段的反思主要指向课堂教学,解决在课堂教学活动中出现的问题。

第三阶段:教学实践活动后的反思。这一阶段的反思主要是教师课后对整个课堂教学过程进行思考性回忆。它包括对教师的教学观念、教学行为和学生的表现以及教学的成功与失败进行理性的分析等。

自我反思包括四方面内容:

一是确定内容。教学反思的起点是教学问题。

二是观察分析。在这个阶段,教师既是各种信息的搜集者,又是冷静的批判者,同时也是经验的描述者。首先,教师要围绕所要反思的问题,通过查阅文献、观摩研讨、专访等形式广泛地搜集信息(特别是关于自己教学活动的信息);然后教师要以批判的眼光反观自己,分析产生这个问题的原因以及他人在解决这个问题时的经验与教训。

三是重新概括。在观察分析的基础上,教师必须重新审视自己教学活动中所依据的思想,积极主动地吸取新的信息,并寻求解决问题的新思路和新策略。在此基础上提出假设,制订新的实施方案,着力解决所面临的问题。

四是实际验证。这一阶段是将以上提出的假设和新的教学方案付诸于教学实践,并根据实践的结果验证上一阶段提出的假设和新的教学方案的合理性,将从验证中发现的新问题作为新一轮反思性教学实践的内容。如此反复,直至问题的解决。

综上所述,反思性教学实践的过程,既是一个发现问题、分析问题到解决问题的循环往复的过程,也是一个教师素质持续发展的过程,更是经验型教师走向学者型教师必须经历的过程。

2. 教师集体的同伴互助

同伴互助指教师在积极进行自我反思的同时,还要努力开放自己,加强教师之间以及在课程实施等教学活动上的专业切磋、协调和合作,共同分享经验,互相学习,彼此支持,共同成长。教师互助合作是校本研究的标志和灵魂。在一个教师群体当中,能够有不同的思想、观念、教学模式、教学方法的交流与冲突,是非常宝贵的。协作能力是教师专业发展的关键能力。就校本研究发挥作用的机制而言,必须是教师集体的研究。唯有教师集体参与的研究,才能形成一种研究的氛围、一种研究的文化、一种共同的生活方式,这样的研究才能真正提升教师的教学能力和解决问题的能力。

同伴互助的基本形式:一是交谈,浅层次是交换信息和经验共享,深层次是专业会谈和专题讨论;二是协作,指教师共同承担责任完成任务,协作强调团队精神,在互动中成长;三是帮助,骨干教师、学科带头人要在同伴互助中发挥积极作用,通过同伴互助防止和克服教师各自为政和孤立无助的现象。

3.专业研究人员的专业引领

专业引领就其实质而言,是理论对实践的指导,是理论与实践之间的对话,是理论与实践关系的重建;从教师角度讲,加强理论学习,并自觉接受理论的指导,努力提高教学理论素养,增强理论思维能力,是从教书匠通往教育家的必经之路。

校本研究是一种理论指导下的实践性研究,理论指导、专业引领是校本研究得以深化发展的重要支撑,否则就会囿于同水平反复(始终原地踏步)。专业引领的形式有:学术报告、辅导讲座、现场指导、专业咨询等。

校本研究是一个过程,这一过程的完成,意味着下一过程的开始;上一研究过程结果的应用,即是新的教育教学实践的开始,在新的教育教学实践中又会产生新的问题、新的困惑、新的疑点。因此,真正的校本研究的过程,应该是一个实践和认识都不断得到提升的过程。校本研究过程的不断展开,是推进学校教育教学实践的不断改善,推进教师不断成长,促进学生不断发展的重要而有效的方式。

总之,开展以校为本的研究,要把立足点放在解决课堂教学的实际问题上,把着眼点放在理论与实践的结合上,把切入点放在不断改进教学方法上,把生长点放在全面实现教学创新上。

三、依托校本教科研,促进校本课程开发

我国《基础教育课程改革纲要(试行)》中明确规定:"为保障和促进课程适应不同地区、学校学生的要求,实行国家、地方和学校三级课程管理。"这是说校本课程的开发是在确保国家课程计划和课程标准的前提下,对国家课程计划和课程标准的创新。校本课程不仅包括学校自主开发、自主管理的校本课程,也包括对

国家课程、地方课程的创造性的实施。

1.循序渐进,让"课程"成为一个"动词"

现代课程观认为,"课程"不再是一个"名词",更不等同于静态的文本教材,而是一个动态的、发展的开发过程,是一个"动词",其演化的实质有点儿像皮亚杰的"认识的螺旋"。因此,学校课程开发应采用循序渐进的方法:(1)确定实施范围。初一、初二完善活动课程,并逐步与校本课程接轨;高一开设研究型课程、活动课与选修课;高二继续完成研究型课程;初三、高三以不定期的心理辅导与学法指导开设校本课程。(2)课题立项。我们的课题《构建"生态共生"共同体,促进教师专业化自主发展研究》成为"重庆市十一五规划重点课题",以此树立科研意识,使课程开发与教育研究紧密结合。近年来,我校已编印了10余种各具特色的校本教材。

2.以学生为市

作为一种全新的课程开发模式,校本课程开发首先要体现"以学生为本"的课程理念。因此,我们应当重视学生的需求。

今年,学校对高一新生进行前期的问卷调查,重点是关注学生的需要。在此基础上分析研究我校学生的特点及需求,使教师明确"自己想教的并不一定是学生所需要的",从而让教师重点研究"如何开设学生需要的课程"。在充分了解学生所需的基础上,课题组指导教师进行课题申报及展示,由学生填报校本课程志愿表,体现"教师是菜单的提供者,而学生则是点菜者"。随后,根据学生志愿,确定开课课题,分配课题组成员。以学生志愿为依据,以6人以上选报为开课条件,第一志愿超过10人的课题,采用电脑随机抽取30人的办法确定名单。

最后我们又给学生提供第二次填报志愿的机会(只能选报参加人员较少的课题),最终确定了260个达到开课标准的课题。为了充分尊重学生的选择,我们每个月都要进行一次问卷调查,将结果及时向学生和教师反馈。同时,我们还允许每个学生每学期有两次重新选报课题的机会。

课程内容也是多样的、丰富的。今年学生共申报 300 个课题,实际开课 260 个;教师共申报 30 个选修课专题,实际开课 20 个。所有这些课程,既有学科内纵向拓展性的特色知识,也有学科间横向拓展性的思维训练。从课程形式上看,既有选修课、活动课,也有研究型课程。总之,只要是学生所需,我们便大胆"拿来"。研究型课程重视探索性与实践性,着力培养学生的科技素养、科研方法和实践能力。学科内纵向拓展型选修课,主要是以学生的兴趣为主,着力于培养学科优等生;学科间横向拓展型选修课,提倡多位教师组成指导小组,重点培养学生综合分析问题和解决问题的能力。

教师的教学方法也非常讲究趣味性和丰富性。在校本课程开发的实践中,教师本着以学生为主体的教育理念,充分考虑学生的所需所求,精心选择每一次教学内容及教学活动的形式。每一次活动后,教师都要及时进行反思,总结经验和教训,找到下一次教学活动的内容及形式。

3. 决策分享与全员参与

校本课程的开发体现了国家课程决策权的下放与共事,表达了一种"决策分享"的民主理念以及"全员参与"的合作精神。

我校的校本课程开发,强调以教师为主体,学校正在形成一个由校长、课程专家、学生及学生家长、社区人士等共同开发课程的合作共同体。校本课程委员会成员除了校长和教师,还包括学生、学生家长、社区人士和课程专家。在这个共同体中,任何一方都可以就课程中的某一问题与他人进行平等的交流与合作,大家都有权对课程发表自己的意见,并最终达成一个大家都能接受的课程方案。

4. 多元化的评价

我校根据校本课程开发目标确立评价准则,采用多种评价方式,对课程实施定期评价,评价的结果及时向教师、学生、家长及相关人员公布。我们努力发挥评价对教师教学的促进作用，尝试建立了一种全面评定教师教学业绩的体系。坚持评价主体的多元化，把自我评价、学生评价、领导评价结合起来；坚持评价方式的多样化，把结果评价与过程评价、定性评价与定量评价结合起来；坚持评价内容的多维化。评价要素主要包括选择课程的学生人数，学生的实际学习效果，课程开发委员会成员听课后的评价，学生问卷调查的结果，教师教的方式和学生学的方式等。

总之，我校将以构建并完善新型校本教科研体系为契机，以"为了学校，在学校中，基于学校"为宗旨，大力巩固、深化新课改成果，为国家新课改贡献一份力量。

新课程改革下特色办学的思考与探索

重庆合川太和中学

随着新一轮基础教育课程改革浪潮的到来,我校以转变观念为先导,以提高教师素质为前提,以课程改革为动力,以创办人们满意、具有特色的学校为目的,形成了"与新课程共成长"、"和特色办学同进步"的共识,不断挖掘农村教育资源,以丰富的内容和生动的形式来体现课程改革的新理念、新目标,从而探索出自己的教育教学特色。

一、转变传统思想观念,奠基特色办学

新课程的教育理念要求学校教学管理观念发生相应的变革。其一是转变管理观念。那种"以分定学生,以生评教师"的管理办法已经与新课程理念不相适应了。新课程下的教学业务管理是人格化的管理、学习型的管理、开放性的管理、互动式的管理和个性化的管理。所以我们组织了由中层及以上干部参与的以"我谈新课程管理"为主题的干部论坛,反响甚好。其二是转变教学观念。课堂教学是学校教育的主要形式,课程改革的核心环节是课堂教学改革。只有转变教学观念,才能真正转变教学角色。于是我们开展了"新课程怎么教"的征文活动。以转变教师的教学观念为切入口,教师不断地领悟新课程标准,建立了新型的师生关系,从而体现教师主导作用和学生的主体作用,避免了"轰轰烈烈搞课改,一心一意抓应试"的做法。

二、丰富课程设置内容，助推特色办学

要形成学校的课程特色，首先，解决因国家课程的"被动执行"和"严格忠实"而绝对化、神圣化的理解和执行教学计划、课程标准、教材和课时等带来的负面影响。要有意识打破"校校同课程、师师同教案、生生同书本"的局面。其次，在保证课程的基础性与统一性的前提下，根据学校现有的课程资源，开发满足学校发展需要的校本课程，进而形成学校的办学特色。在这一思想指导下，我们确立了四类课程，即学科课程、活动课程、艺术课程和生活课程。前三类暂不赘述，在生活课程这一块，我校集中人力着手自编了校本教材《心灵航标（德育读本）》和《人文校园手册》。在使用过程中，学生的思想品德和人文风貌都有了很大的改善和提高，对我校的"德育亮校"起了很大的推动作用。

三、加大师资培训力度，给力特色办学

鲜明的办学特色与雄厚的师资力量有着密切的联系。要突出办学特色，势必提高教师素质。在落实"国培计划"的同时，还要注重专项培训、特色培训和校本培训。我们是农村学校，因受诸多条件的影响，开展最多的就是校本培训。我们力求培训内容具有实用性和针对性，培训形式具有多样性和灵活性，培训过程具有实践性和实效性。我们的最大愿望是能从山沟里飞出金凤凰，能有土专家推动特色办学。

在校本培训中做到"五个结合"，即自学与讲座相结合、"请进来"与"走出去"相结合、自我钻研与拜师学艺相结合、专题研究与教学组织形式相结合、理论研究与成果交流相结合。具体方式有：

1. 自我学习与反思

伴随着新一轮课程改革主旋律，我们坚持在教师中实施"八个一"工程，即教师每课有一次教学反思，每月提一个典型课案

例,每学期完成一篇教学论文,每学期确定一个研究专题,每学期读一本名著,每学期讲好一节公开课,每学期转化一个问题生,每学期制作一个课件。由学校教导处和教科处具体负责考核。以教研组为单位进行"八个一"工程成果展。让"人人走进新课程"落到实处。通过学习,广大教师对新课程的认识、理解以及教法有了较为深刻的感悟。

2.参与互动,加强自主合作探究

我们把每年的 5 月和 11 月定为研究活动月,开展岗位练兵,要求个个上阵,人人登台,通过"五课"(备课、说课、讲课、听课、评课),全面提高教师的课堂教学水平。特别值得一提的是我们听课活动开展得有声有色,我们的听课分为三类:一是干部的分组听课,周一至周五每天均有一组;二是学校督查室的专项听课,按学科组进行;三是教师的推门听课,每堂课均有教师参加。

3.案例引领

我们从教材中选出有代表性的章节和篇目,通过"集体备课—示范教学—专家评点"的方式,帮助全体教师加深、加快对"问题"的理解和解决,收到"众人搭台,一人唱戏,大家受益"的效果。我们请过作文教学专家现场指导,还请过赛课高手现场出招,这对提升教师教学能力有很大的帮助。

四、优化课堂教学形式,彰显特色办学

1.加强集体备课

备课是课改的切入点,力避"穿新鞋走老路"。教师怎样才能走进新课程,首先应该在备课和教学设计上寻找切入点。我校在教研组原有职能的基础上,重点加强了集体备课。每学期初采取模块备课的方式,整合整体智慧,实现资源共享、知识互补。每学期初将同年级的学科教师整合在一起,先集体学习,统一对教材

的认识,统一教学理念,统一知识体系,然后公布备课任务。教师根据个人爱好和特长,挑选单元备课任务,对照课标,查找资料、研究学生、钻研教材,完成基础工作。然后组织同组教师集中说评,主备课人说出设计方案及意图,大家民主评议,提出修改意见,定稿印发后,其他教师再结合自己的教学风格及本班学生实际的情况进行补充修改。这其中重点发挥骨干教师的作用,达到了"点燃一盏灯,照亮一大片"的目的。

2. 优化教学设计,立足课堂教学

课改的实施,归根结底要落实在课堂上。首先是重视教学设计。重视教学设计,特别是要从"学"的角度想问题,依据学生兴趣、爱好和个性设计课堂教学,注重学生的个别差异,依据学生的学习基础、性格等进行差异性教学。为避免教学设计的程序化、公式化、单一化,我们提倡教师的教学设计整体上要有生动性,要波澜起伏,加强人情味与幽默感。教学方法设计要有多样性,并在课堂上尽可能多地开展学习竞赛。其次,我们不断探索课堂教学的新模式,立足以问题为中心的课堂设计,建立"问题情境—共同研究—合作交流—实践应用"的课堂结构,构建"对话、合作、发展"这一教学模式。"对话"实则师生交流;"合作"旨在改变学生的学习方式,培养学生的创新精神和实践能力,也包含合作意识、团队意识、竞争意识的培养;"发展"即达到的目标,通过对话、合作促进学生个性发展,促进教师专业发展,促进学校特色发展。

3. 取长补短

充分利用我们九校联盟教学研讨会的机会,学习借鉴兄弟学校在教学上的优势。

当然,特色办学的涵盖面很广,在新课程理念下,值得我们思考和探索的路子还有很多很多。

试论新课程改革与学校特色发展

重庆暨华中学　孙兴林

新课程改革的推进,更加有利于促进学校的特色发展,同时,学校的特色发展也有力地推动了新课程改革的全面深化。

一、新课程更加凸显人的发展

1.新课程的价值取向是人的发展

课程的价值是多种价值的融合,特别是人的发展,将是课程发展的基本趋势之一。马克思认为,共产主义是以"每个人的全面自由发展为基本原则的基本形式",故而新课程的价值在于通过促进人的发展来推动经济发展和社会发展。

2.新课程关注全体学生

课程要着眼于学生的发展,这是课程价值取向定位问题。新课程定位在人的发展上,具体指向以能力和个性为核心的发展。课程改革要培养学生的信息搜集和整理的能力、发现问题和思考问题的能力、分析问题和解决问题的能力、终生学习和创新的能力以及生存和发展的能力。课程改革要培养学生的良好个性品质。

课程面向全体学生。在新课程的实施中,必须面向全体学生,认清每个学生的优势,开发其潜能、培养其特长,使每位学生都具备一技之长,使全体学生各自走上不同的成才之路,成长为不同层次、不同规格的有用人才。

课程关注学生全面、和谐的发展。学生的发展不是某一方面的发展,而是全面、和谐的发展。新课程提出了知识与技能、过程与方法和情感、态度、价值观三个维度的教学目标,实现了知识习得、思维训练、人格健全的协同,实现了在促进人的发展目标上的融合。

3. 新课程目标构建学生全面发展

随着经济和社会的全面进步,学历已不再是单位录用人才的唯一标准,而责任感、事业心已成为选人、用人的主要指标。透视新课程的三维目标,我们不难发现,要达成新课程的核心理念,需完成两方面的建构:

一是把基础知识与技能的学习和掌握与终身学习联系起来——构建新的学力观。所谓学力是指学生在学习过程中所习得的知识、能力,由基础学力、发展性学力构成。所谓基础学力是指以基础知识、基本技能为主要内容,帮助学生打基础的学力;而所谓发展性学力是指以观察能力、自学能力等为主要内容,使学生在未来自己能发展自己的能力。

新课程所强调的基础知识与基本技能又有别于以往,它提倡将双基作为一种载体,强调对学生发现问题的能力、探究问题的能力及合作意识的培养,而这些则是学生终身学习所必备的。

二是既强调健康体魄、健康心理,又强调健康生活方式——提高未来的生活质量。新课程提倡我们不仅要关注青少年学生现实的生活世界,而且还要关注青少年学生可能的生活世界,即关注儿童生活的未来发展趋势、关注青少年学生生活质量的提高。我们比较重视健康体魄与健康心理,而健康的生活方式却一直是我们所忽略的。在影响一个人生活方式的心理素质里,思维方式与主体性是最重要的两个因素,学习方式对一个人思维方式和主体性的形成起决定性作用。从某种意义上说,今天的学习方式就是明天的生活方式。新课程改革倡导自主、合作、探究的学习方式,其意义远不只是学习本身,它关系到学生未来的生活方式与生活质量。

二、新课程改革更加促进学习方式的转变

新课改就是要实现六大转变：一是改变课程过于注重知识传授的倾向，强调形成积极主动的学习态度，使获得基础知识与技能的过程同时成为学会学习和形成正确价值观的过程。二是改变课程结构过于强调学科本位、门类过多和缺乏整合的现状，使课程结构具有均衡性、综合性和选择性。三是改变课程内容繁、难、偏、旧和偏重书本知识的现状，加强课程内容与学生生活及现代社会科技发展的联系，关注学生的学习兴趣和体验，精选终身学习必备的基础知识和技能。四是改变课程实施过于强调接受学习、死记硬背、机械训练的现状，引导学生主动参与、乐于探究、勤于动手，培养学生搜集和处理信息的能力、获取新知识的能力、分析和解决问题的能力，以及交流与合作的能力。五是改变课程评价过分强调评价的甄别与选拔功能的现状，发挥评价促进学生发展、促进教师提高和改进教学实践的功能。六是改变课程管理过于集中的状况，在新课程所要完成的三大主要任务中，转变教与学的方式，尤其是转变学生的学习方式是核心的任务。教师课堂教学方式的改革，最终目的是为了转变学生学习方式，改变学生在学校里的生存条件，改革所培养出来的人能够比传统方式培养出来人的更具有创新精神与实践能力。

三、多元课程结构促进学校特色发展

新课程改革指导纲要中指出："实行国家、地方、学校三级课程管理"。这次课程改革最突出的变化之一就是课程结构由学习领域、模块、科目三个层面构成，提供了多样化的选修课程，实行学分管理。建立健全适应社会多样化需求和学生个性发展的课程体系，全面构重重基础、多样化、有层次、综合性课程结构，这为学校特色发展提供了条件。

1. 学校组织文化建设

新课程改革的最大特点之一就是学校的课程教学和管理制

度发生了重大变化，将课程模块作为课程结构的基本形式，建立选课制度和学分管理制度，构建教学班和行政班并存的班级管理模式，这必然要建立相关的组织制度。学校文化精神是学校特色的核心与灵魂。学校文化精神是非实体性精神，是在长期教育管理与教育教学活动中逐渐积累下来的、被全体师生员工所认同的群体意识和学校气氛。学校文化精神孕育于组织文化环境中，学校特色发展就是学校组织文化成熟的过程。因此，学校组织文化建设是学校特色形成与发展的关键途径。

实际上，学校特色发展就是要发展一种为学校所特有的组织文化。从广泛的意义上说，这种文化既有严密的制度安排又有符合人性的激励措施，既要解决技术性问题也要探索适应性问题。处理好人与制度、学校组织目标和个人发展目标之间的矛盾，就必须营造良好的组织氛围。既要公开坦然、高度信任，又要关心和分享、争取多数人的意见。同时也要支持和珍惜不同意见，最重要的是十分珍惜人的成长和发展。特别是要注意新课程文化的建设，如课程设计文化、课堂文化、教研文化以及管理文化等。课程文化是一种隐性课程，潜移默化地感染熏陶师生的价值观和行为方式。

2.校本课程开发

每个学校都有独特的文化品质、生存条件和发展资源，校本课程开发在一定程度上能体现校长、教师的自主性、能动性、创造性与学校的独特个性。

长期以来，我国实行集中的课程管理，学校没有课程开发权，教师成为国家课程的执行者。这不仅降低了课程对不同地区、学校和学生的适应性，而且制约了学校和教师的自主能动性，学校和教师难以形成自身的特色与个性。为贯彻《国家中长期教育改革与发展规划纲要（2010—2020年）》，为保障和促进课程对不同地区、学校、学生的要求，实行国家、地方和学校三级课程管理。国家课程主要是为学生奠定德、智、体、美、劳的基础，特别是共同的知识基础和能力基础，为学生成为合格的公民奠基，为后续发展奠基。地方课程，主要是反映地方经济、社会和文化的课程，让学生充分了解地方经济、社会和文化情况及特色。校本课程，主要是反映学校个性特色以促进学生个性特长发展的课程，主要功能是激发学生兴趣，培养学生的个性特长，体现学校办学特色。这为学校的特色建设创造了一定的自主空间，使校本课程开发成为学校特色发展的一种现实途径。

3. 课堂教学创新

实施课程的主要渠道始终在课堂，课堂教学是学校实现特色发展的中心环节。学校特色发展就是要在挖掘学校教学传统和优势的基础上，融合新的教学理念，创新课堂教学的目标、内容、过程与方法，从根本上转变教师教的行为与学生学的行为。

当前，课堂教学创新首先需要明确两点：第一，在实践活动的基础上，通过多向交流、合作和学生的主动参与促进学生发展，这是课堂教学创新的基本思路。第二，课堂教学创新的实质是追求课堂教学实践的合理性，即追求合规律性、合目的性与合规范性的统一。以此为基础，课堂教学创新可以从以下几个方面努力：第一，协调历史尺度与价值尺度的内在冲突，确立课堂教学创新的合理尺度。第二，抓住活动、交往和学生的主动参与三个关键环节，提高课堂教学的科学性。第三，把握课堂教学的多重过程与多重意义，体现课堂教学的实践性、社会性与人文性。第四，实施发展性教学策略，发挥课堂教学的发展功能。

4. 校本教研

学校特色发展既需要大量的实践探索，又需要科学理论的指引，更需要实践与理论的有效结合。校本教研正好为这种探索、指引和结合提供了条件。事实上，很多学校的特色发展成果都来自和体现于学校卓有成效的校本研究上。可见，校本教研也是学校特色发展的重要途径。

所谓校本教研，是为了改进学校教育教学工作，提高教育教学质量，基于学校的实际情况和实际问题，依托学校自身的资源和条件而进行的教育教学研究。校本研究强调三点：一是强调以学校教师作为研究主体；二是强调以校为本，围绕学校的实际问题开展研究；三是强调理论指导下的实践应用研究，既注重解决实际问题，又注重经验总结、理论提升、规律探索和教师专业发展。总之，教师个体的自我实践、自我反思与不断学习，教师群体的合作互助，专业研究人员的专业引领是开展校本教研的三种支撑力量。

5. 校本管理

学校特色发展的实质即学校的自主办学和自主发展，体现在学校管理上，呈现在课程文化上，学校特色发展要求学校实行校本管理。

与高度依赖政府的外部管理相比，校本管理首先强调学校基于自身情况进行自主管理，包括自主定位、自我调控资源和自我约束。其次，校本管理强调学校办学权的转移与下放，在学校中把学校办学决策权向广大教师、学生和家长转移和下放，由此促进学校办学模式、办学行为的科学化和民主化。最后，校本管理尤其强调人的因素。最大限度地保证人的工作权力，拓展人的自主活动空间，调动人的工作积极性、主动性与创造性。注重人的自我管理，是校本管理的核心之所在。

推进教学改革　打造学校特色

重庆市江津几江中学是一所具有 70 余年办学历史的学校。学校现有 88 个教学班,在校学生 5200 余名,教职工 320 人,是江津区首批 4A 级特色学校,重庆市德育示范校、安全文明校园、体育传统项目学校,全国群众体育先进集体、全国教育科研先进集体。

近年来,学校秉承"让每一个人的努力都成功"的办学理念,积极参加新课程与课堂教学改革,广泛开展高效课堂模式的探索与研究。在教学改革取得初步成效的基础上,努力提高学生的综合素质,着力打造学校艺体教育特色,在通过教学改革促进学校特色发展方面进行了大胆探索与实践。

一、对教学改革与学校特色及二者关系的认识

1. 教学改革是社会所需、师生所求、潮流所向

（1）破传统——高效课堂所必需

初中课程改革已经实施 10 余年,高中课改已推行多年,但从实际效果来看,都没有达到预期目标。其中很重要的一个原因就是教学改革没有同步进行,很多老师仍然是穿新鞋走老路,课堂教学模式没有改变。传统教学模式的弊端主要表现在"三个本位",即以书本知识为本位、以教师为本位、以教案为本位。因此,我们认为,开展课堂教学模式的改革、打造高效课堂是提高教学效率、提高办学质量的必然选择。

（2）重素质——师生成长所共求

毋庸讳言，传统课堂模式下，我们为社会培养了很多"考试机器"、"读书天才"，一些学生除了所谓的学习好之外几乎一无是处。北师大顾明远教授说："没有分数过不了今天，只有分数过不了明天。"诚如斯言，教育除了要教给学生文化知识，还要着力提高其人文素养，为学生的终身发展奠基。通过自主、合作、探究式学习，可以培养学生睿智的头脑、智辨的思维、高雅的情趣、善辩的口才和创新的精神。老师通过改革实践，应该逐步转变育人观念、优化教学艺术、提升个人魅力，以更为学生所接受、更能激发学生学习兴趣的方式来组织教学，从而提高课堂教学效率，最终提高教学质量。

（3）着力点——教、学方式同转变

教改的主阵地是课堂，改革的着力点在于改变教师教的方式、学生学的方式。一方面，教师要把传授型、满堂灌转变为激发学生兴趣，引导学生学习的高效教授方式；另一方面，学生要把从等、靠、受转变为自觉、主动、自我探究的高效学习方式。

2.特色发展是实施素质教育与兴校强校的正确选择

所谓学校特色，就是办学主体刻意追求逐步实现的学校工作某一方面特别优于其他方面，也优于其他学校的独特的稳定的品质。进入 21 世纪以后，随着全面实施素质教育的深入和学校自身发展的需要，学校正在改变原有的同质化发展状态，特色立校、特色强校、特色兴校正在成为不少学校发展的价值选择。可以说，打造学校特色是薄弱学校提升办学水平的必然选择，也是学校内涵发展、激发办学活力的内在需要。但学校在打造特色的过程中可能会受到种种因素的制约。一是教师观念的制约。一些教师陈旧的育人观念，特别是对学生成才认识上唯分数论、唯学习成绩论，会成为开展特色育人活动的阻力。二是师资力量的短缺。往往形成校长"有心栽花"，但没有花匠来搭台唱戏的局面。三是特色教育活动与日常教学在时间上的冲突。四是特色教育活动缺少展示平台，其成效往往是隐形或缓慢的，短期内可能不为教师、家长、社会所认可。

3. 教学改革与打造特色相辅相成、良性互动

有人认为，开展教学改革与开展特色教育活动是鱼和熊掌，不可兼得。我们认为，二者不是矛盾冲突的双方，而是互惠互利、相辅相成的左右手。

一方面，推进教改有助于打造特色。

打造特色，开展特色教育活动最需要什么？需要时间。活动时间从哪里来？从教改中来。我们说教改打造的是高效课堂，如果老师和学生在单位时间（如一节课）内提高了效率，那他们相对于同一个学习内容所需耗费的时间就会比传统教学所需时间要短一些。即使不是每一位学生都能缩短学习时间，那大部分学生也可以把省出来的时间用于学校开展的其他特色教育活动。这就为学校系统长期地开展特色教育活动提供了时间保证。同时，教改的推进又能加快教师人才观的转变，为实施特色育人打下思想基础。

另一方面，打造特色有助于深化教改。

相对而言，学校特色教育活动的成功开展，对教学改革起到推波助澜的作用。学生通过特色教育活动的锻炼和培养，其综合素质自然会大大提高。他们的视野更为开阔、思维更加活跃、爱好更加广泛、情趣更加高雅，其思维活力和性格的张力会大大增强。这样的效果对于课堂上文化知识的学习不无裨益，尤其是对课堂教学方式的转变会起到推波助澜的作用，长而久之，教学质量不但不会降低，反而会得以提高。

二、我校在教学改革与特色打造方面的实践与探索

我校的办学理念是"让每一个人的努力都成功"，怎样让每个学生都成功？我们觉得，方法只有一个，那就是推行教学改革、发展特色教育，让学生课内课外都有展示平台，有成功的机会。

1. 推行教改——为师生成功搭建课内平台

从 2008 年起，我校不惜重金，先后组织教师 10 余批次、300 余人次赴山东、甘肃、北京以及重庆的綦江、合川等地考察学习教改经验。请来魏书生、龚春燕、丁榕、赵丰平等教育教学专家到学校作专场讲座，从思想到行动上为教师们解惑引航。经过充分讨论、反复修改，我们制订了一套较为完善的《教改实施方案》，以教师集体备课和课堂教学两个环节为重点，大胆探索与实践。

课堂教学是实施课改的关键环节，我校主要以"减少教师授课时间"（教师讲授时间不超过 25 分钟）、"学生小组合作学习"两个措施为抓手，采用"三段六环节"的合作学习模式，努力打造"原生态课堂、快乐课堂、高效课堂"。

学校还把课改推行情况纳入学校各种考核评比之中，成立教改精英团队，评选教改先进教师、先进班级、优秀学习小组，定期予以表彰奖励。

2. 打造艺体特色——为师生成功搭建课外平台

多年来，由于诸多因素，我校生源大多属于三、四流水平，文化基础和行为习惯都比较差。如何落实办学理念，让学生"人人成功"是困扰学校管理者的一大问题。2008 年，学校领导班子经过反复论证，结合学校多年来形成的艺体教育优良传统，特别是有江津区体育运动学校与我校联合办学这一得天独厚的优势，明确提出打造学校艺体特色的办学新路子，并力争通过 3～5 年的努力，把我校打造成市内特色教育的品牌学校。

在全校教师转变观念、统一认识的基础上，我们投入大量资金，完善各种设施设备，设立艺体教育基金，并争取上级支持，从国内一流高校引进数 10 名艺术、体育教师，同时还高薪聘请市内外专家组成专家指导小组，专门指导艺体特色教育工作。与西南大学美术学院、清华艺术培训中心等建立良好的合作关系，定期邀请专家、教授来校指导艺术教育工作。

学校利用新绿艺术团、体育俱乐部和高考艺术培训班三个平台,实施分类教学。利用每天下午第四节课开展兴趣班活动,满足大多数学生的需要,重在培养学生的艺术修养。通过新绿艺术团和体育俱乐部成立了 20 余个专业训练队,为有特长的学生提供专业发展的舞台,为上一级专业队伍培养优秀苗子,为竞技比赛提供人才支撑。在高中阶段还单独组建专业高考班,按照高考的要求进行训练,注重专业素质和文化素质的均衡发展,为学生升学和今后就业铺设了一条新路。

3. 课内课外相得益彰,综合效应初步显现

两年来,随着课堂教学改革的推进,我们欣喜地看到:课堂上学生讲的多了,教师讲的少了;学生的参与多了,睡觉的少了;课堂气氛活跃了,一言堂少了;教师的"讲、点、评"精简了,学生的"比、学、赛"积极了。

通过教改,教师们从钻研"如何教"改为研究"学生如何学",老师们的育人观念发生了根本性的转变。学生学习兴趣浓厚了,学习主动性增强了,良好的学习习惯开始逐步形成。可以说,教学改革的推行,使几江中学的学风、教风和校风都发生了巨大的变化,教学改革带来的良好综合效应正在逐步显现出来。

在教学改革取得初步成绩的同时,我校的艺体特色教育也取得良好的成绩:全体学生至少学会了一种影响一生的运动方式,拥有了一项艺术方面的爱好,为提高其生活品位与终身健康奠定了良好的基础。近 3 年来,有吴艳等 5 人次获教育部、文化部、国家关工委、国家广电总局等主办的各种比赛的金、银、铜奖;王籽懿等 10 余人次在国家级、重庆市的声乐和器乐比赛中荣获特等奖、金奖和一等奖;今年 3 月,音乐考生李媛媛在重庆市高考艺术专业考试中获得第一名。竞技体育方面,我校有 100 余人次在重庆市各级各类比赛中获得田径、排球、举重、散打、跆拳道等项目的冠军;2008 年,我校学生胡代宽作为江津唯一学生代表参加了北京奥运会的火炬传递活动;2009 年 10 月,高一学生刘凤在亚洲青年举重锦标赛中荣获三枚金牌,并入选国家女子举重集训队。

从课程和教学改革中
探索学校特色发展的途径

重庆梁平红旗中学　　余德先

在课程和教学改革的背景下,如何探索学校特色发展的途径? 这是一个亟待思考的话题。一所学校在整体的办学思路中或在办学过程中所表现出来有利于学校发展的、与众不同的东西,这就是学校的特色。一所学校的特色建设不只是外部的建设,诸如校园和班级文化建设,学生的各种社会实践活动,艺术、体育、科技、特长等成果的展示等,还应是学校内部的特色建设,比如学校的办学思想与办学理念如何,学校制度与办学模式如何,课程体系与教学模式如何,教学方法与校本教研如何,人文底蕴与物质环境如何等,都与学校的特色建设有直接联系。

学校肩负着传承中华文明、培养祖国人才的重要使命,课程和教学改革对学校工作提出了新的要求,也为学校的发展提供了难得的机遇。因此,学校应以积极主动的姿态,迎接课程和教学改革的挑战,在扎扎实实推进课程和教学改革的过程中,探索学校特色发展的途径。

一、先进的教育思想是旗帜,决定学校特色发展的方向

学校办学行为需要先进的思想。在教育发展的诸多因素中,先进的教育思想是至关重要的第一教学力。在新课程改革的背景下,新课程的理念始终体现了最先进的教育教学思想。一个学校能否更好更快地发展与新课程的理念有着千丝万缕的联系。课程改革的思想意识要深入全校师生的骨髓,要让师生充分认识到新课程改革的迫切性和必要性,认识到新课程改革是关系到华

夏民族素质、命运与前途的伟大工程。

美国女化学家、诺贝尔奖获得者雅罗曾经说过："能够交出一份漂亮的考卷的，却不等于他有思想，人的思想是最为宝贵的，最好的工作要靠最好的思想。"雅罗这句话让我们知道：思想活跃、思路开阔、勇于并善于进行创造性思维和创造性工作这样的一些思想条件，是任何物质条件所无法代替的。这些思想条件始终与工作者同在，并将不断地燃起他们矢志探求生命世界的奥秘底蕴的热情，照亮他们成功的道路。因此，最好的工作要靠最好的思想。如果说教育质量是学校的生命，管理水平是办学的关键，那么，教育思想、课程改革的思想意识就是办学的灵魂。而这些思想意识往往会成为引领学校特色发展的旗帜，决定学校发展的方向和高度。

我们应该看到，在这场新课程改革中，教师是新课程改革的主体，也是学校特色发展的关键。新课程的实施要求教师增强课程意识、转变教育观念、转换教师角色、更新知识结构、掌握新的教育手段和技能，这些都将极大地促进教师的专业发展，从而为学校特色发展注入新的活力。

任何事物的发展都要符合历史的主流，新课程改革亦是如此。新课程是在新的教育思想观念指导下设计的，一般说来，实施新的课程，要求教师在教育教学行为和思维模式、教学方法、内容安排、组织教学上发生一系列变化。这些变化来自教师对以往教育教学实践总结出来的新的认识。从这个意义说，教师教育思想观念的转变，是新课程实施的基本前提。学校应引导教师在理论学习和教改实践中，注意确立以学生发展为本的观念、个性化的观念、综合化的观念、科学精神与人文精神统一的观念、发展性评价观以及大课程观，形成一种开放的、民主的、科学的课程观，促进教师自身的专业发展；抓住新课程改革的难得机遇，强化课程改革意识，全面提升教师素质，促进教师专业发展，为学校特色发展打开方便之门。

二、"守正创新"既是课程改革的基本原则,也是学校特色发展的基本策略

课程改革要"守正创新",形成办学特色。温儒敏在北大中文系建系95周年庆祝大会上的讲话中提出了"守正创新"的理念。他认为:"守正"就是坚持和发扬优良的学术传统,充分发挥原有的学科优势,保持特色。在这个前提下,再努力"创新",更新观念,谋求更大的发展。应该说"守正创新"是此次新课程改革的基本原则,而课程的设置又是学校教育的核心。我国基础教育课程管理体制、国家课程因其自身的特点与局限,没有也不可能充分考虑各地方、各学校的实际情况,更不可能照顾众多学习者的认知背景及其学习特点,更无力在学法指导与策略教学方面采取相应的、有针对性的措施。这就使得学校拥有一定程度的课程自主权,这就为形成学校的课程特色,进而形成学校的办学特色提供契机。

在新的课程改革背景下,每个学校都要努力形成自己的课程特色。而一个学校要形成自己的课程特色,其关键在于校本课程的开发。每个学校都有独特的文化品质、生存条件和发展资源,校本课程开发在一定程度上能体现校长、教师的自主性、能动性、创造性与学校的独特个性。

我校针对本校及本地区实际提出了实施校本课程三期开发规划,打造体现学校特色的校本课程体系。

1. 校本课程三期开发规划

第一期,学校指定教师开发开设;第二期,学校规划、教师自主开发、学校审核;第三期,打造校本课程体系,提升校本课程开课质量。

2. 校本课程开设主体

学校主导类:由学校根据教育目标和学生需求,向全体教师

公布校本课程开发菜单,由教师独立或合作申请完成校本课程编写。

该类课程分四种类型:

A. "生命教育课程":包括安全教育、应急避险、营养与健康等,教会学生保护生命,指导学生爱惜生命,引导学生欣赏生命,期许学生尊重生命——反映人与自我;

B. "EPD课程"(环境、人口与可持续发展课程):包括生活与环保、生态环境与自然资源保护、自然灾害防治等课程,旨在培养学生关注环境、人口、健康与社会、可持续发展的责任意识,养成环境保护的习惯——反映人与自然;

C. "能力提升课程":主要是通过学科知识的延伸来培养学生创新精神、实践能力以及与他人交流合作的能力,涵盖了如创新教育、学习方法指导、时政论坛、人际交往辅导、话剧表演以及演讲与辩论等课程——反映人与社会;

D. "民族文化课程":体现红旗中学的育人特色,开设国学、梁山灯戏、梁平年画、梁平竹帘等课程,让学生了解、体会并进而去传承中华文化的精髓——反映人与历史。

学科拓展类:由各学科教职工结合本学科教学特点和自己的爱好特长自行开发。

社会参与类:充分利用家长、社区、实践基地、高等院校等校外资源开发课程。

三、课堂教学创新是课程改革的主阵地,也是学校特色发展的根本途径

创新是一个民族的灵魂,一个没有创新精神的民族将无法立足于未来世界。课堂教学是培养创新人才的重要阵地,也是学校实现特色发展的中心环节。学校特色发展就是要在挖掘学校教学传统和优势的基础上,融合新的教学理念,创新课堂教学的知识与技能、过程与方法、情感态度与价值观,从根本上转变教师教的行为与学生学的行为。每一个学生从小就有一种独特性,他要在自己的生活天地中建构一个属于自己的精神世界,同时也需要

得到别人的肯定。所以,教师应充分抓住学生的这种敢为人先,勇于进取的心理,让师生间的学习行为进行碰撞,思想进行交流,这样,我们的课堂教学定能另辟蹊径,定能培养出更多的创新型人才。

作为教育,应该怎样来培养这样的创新人才呢?我认为:在教育教学过程中,应让学生对学习始终保持浓厚的兴趣,这是应试教育最难培养的一点。所以,让孩子触摸到眼前成功的快乐,把成功当成激发孩子学习兴趣的起点。最近美国哈佛大学又推出一个震撼世界的教育新概念——情商教育。他们认为一个人的成功,智商因素只占 20%,情商则占 80%。什么是情商?简而言之,就是情绪智力商数,是人的心理、情景、意志品质等方面的综合反映。而我们却把智商作为测量人才的重要标准,很少考虑到情商,因而不能激发学生乐于学习的激情,他们的智力并没有最大限度地开发出来。有些老师常常把学生的分数进行比较,甚至还说"朽木不可雕也"之类的话,严重挫伤学生的积极性,让学生的心理受到伤害。用应试教育这一套来评价一个学生,难道考100 分的学生就一定比考 97 分的学生高明许多吗?心理学家早就告诉我们:个性是创新的基础。社会学家也早就告诉我们:如果他接受的只是听话的教育、服从的教育,那么他养成的只能是一种奴性,不可能有个性。

教育教学要以学生发展为本,把学生真正当做人。关注人是非常重要的,尊重人是做人的重要因素,以人为本,就是讲人性,人性的起点在于对人的尊重,没有对人的尊重,就没有人性可言;没有对人的尊重,就没有以人为本,没有人道主义可言。学生来自不同的家庭,有的学生很穷,很困难,也可能身体残疾,也可能智力发展缓慢,但是他需要教师对他的尊重。你对他尊重,就迈开了人文关怀的第一步,真正体现了一种人文精神。

四、创新校本教研的新模式,提升课程和教学改革的含金量,促进学校特色又好又快地发展

为了改进学校教育教学工作,提高教育教学质量,基于学校

的实际情况和实际问题，依托学校自身的资源和条件而进行的教育教学研究，对学校的特色发展起着重要作用。学校特色发展既需要大量的实践探索，又需要科学理论的指引，更需要实践与理论的有效结合。良好的校本教研氛围正好为这种探索、指引和结合提供了条件。事实上，很多学校的特色发展成果都来自和体现于学校卓有成效的校本研究上。可见，校本教研也是学校特色发展的重要途径。我校在校本研究模式探索上强调三点：一是强调以学校教师作为研究主体；二是强调以校为本，围绕学校的实际问题开展研究；三是强调理论指导下的实践应用研究，既注重解决实际问题，又注重经验总结、理论提升、规律探索和教师专业发展。总之，教师个体的自我实践、自我反思与不断学习，教师群体的合作互助，专业研究人员的专业引领是开展校本教研模式的三种支撑力量。

新世纪的我国基础教育课程改革，是目前我国教育发展史上规模最大、影响最广、变革最深刻的一次课程改革。在这次课程改革中，我们不能只做思想的巨人、行动的矮子；我们要用先进的思想指导具体的行动，不断提升学校学习品位、文化品位、学术品位。我们坚信，只要我们用坚定的信念、科学的态度、创新的精神、忘我的投入，就能迎来课程和教学改革的春天，就能为学校的特色发展赢得契机，就能为未来社会培养更多的具有人文素养和创新精神的建设者和创造者。

关于特色教育的理解和思考

重庆南川道南中学　任国君

目前,"特色教育"是各级教育行政部门挂在嘴上的特殊名词,也是各学校迷惘于当代教育而反思传统教育所引出的对教育的思考,于是教育家谈"特色",主管部门讲"特色",人人想"特色",学校创"特色"。那么到底怎样的教育才是"特色教育",怎样的学校才是"特色学校"呢?

我认为,看教育是否有"特色",学校是否有"特色",首先在于其独创性。《说文解字》对"特"的解释就是创新性和个性,"特色"应该是以教育理论为支撑,其本质特征是学校的个性化,终极目标是促进人的发展与社会的发展。挖掘地方的文化内涵、提炼学校的办学思想、凝练学校的办学理念、寻找教师的教育特征、分析学生的特长爱好,然后形成上下互动、群体参与的教学新格局,形成有别于其他学校类特征的独立教育方式,培养符合本地本区域文化特征、符合社会人才需求的具有特殊技能、特殊能力的人力资源。教育是多元的,多元教育必然要求承认并尊重教育的差异与个性,必然要求用多个价值标准评价教育。当教育的差异与个性得到尊重并提升的时候,这种教育即为"特色教育"。

其次是社会性。"特色教育"必须植根于教育思想及其教育理论基础之上(特色的依据),有一套成熟的经验和做法,反映学校特定的办学条件与环境,体现学校长期努力的方向和成果,经得起时间、历史和实践的检验。它体现在育人模式和学校管理创新中,表现为教师和校长的教育思想、教学方法、课程设置、教育管理、校园文化的综合特色,能代表学校整体办学水平和办学方向。尊重并高扬教师和学生的主体性,在教育教学成果评估中具有社会价值,专家认可,独创路径,推广效益。学校某一方面有优势或特长不能算办学特色,它需要成果支撑、社会承认。

其三是生存性。"特色"不是一蹴而就的,它需要的是在同类中不同的特征或者表象,要区别类特征和校特征,它是一个办学范畴,属于办学行为的终端目标。它应该富有个性、富有发展性、富有生存性、富有影响力,而且持久稳定,被社会公认、受群众认可。

其四是影响力。任何有特色的东西都有一个共同点:经久的影响力。不管是特色文化、特色景区、特色餐饮、特色产品都要有耐人寻味、挥之不去的影子,它有较大的文化价值和文化内涵,是有感召力和生命力的,是学校教育个性的完成和定型。有与众不同的特点,具有不可替代性。那么,特色学校到底如何建设,我个人认为可从以下五个方面入手:

一、确立理念,锁定方向

不同的地方有祖辈留下的不同的文化精髓,不同的学校有不同的办学历史、办学思想、办学方向。因此"特色教育"理念的确立,不是闭关冥想、突发奇想、随心所欲而来,它应该遵从于社会发展对人才的需要、社会进步对人才的要求,即社会需要与自身发展、社会价值与个体价值的平衡。因而理念的确立、方向的确立需要长期不断地探索、积累、调整、充实而形成。既要体现现实的办学,又要体现未来的人才培养方向,形成个性化教育内涵,独特的教育内容、教育方法和教育途径,做到"人无我有,人有我优,人优我精"的前瞻性模式。真正反映时代要求、教育使命,真正体现昨天的教育、今天的发展、明天的人才。

二、培育文化,扎实根基

"特色教育"必须以传统文化、地方文化、学校文化为基础,只有融入到文化中的教育才能有特色。有道是:"文化如山,厚重博大，坚如磐石；文化如水，柔似无形，水滴石穿。"文化无形确有形，研究中国文化，探索地方文化，挖掘学校文化，寻找文化源头，提炼文化精髓，积聚文化内涵，凝结文化特色，这样，自然生成学校的办学特色文化。

三、创建模式，搭建结构

要构建特色文化教育，关键在于立意要深远、眼界要高远、模式要新颖、结构要合理。要充分尊重地方历史、学校历史，认真分析学生结构，充分考虑教师特点，落脚在现实，着眼于将来。搭建特色教育模式，从而达到可行、合理、有效的结果。

四、蓄聚人才，成就特色

"特色教育"成功与否关键在校长、在教师，这是起决定性的两大因素。它体现着校长对办学方向的把握、办学理念的形成和办学特质的提炼，也体现着校长的办学风格和行为个性，因而，要实践它就必须广纳贤才，囤积有丰富个性潜质的有为教师去产生实际效果。它需要教师有不同寻常的气质、兴趣、才能，在共同愿景下产生一致的从教思维、从教行动和从教方式。教育者的主体性发挥到什么程度，学校的个性就完善到什么程度。当学校的个性完善起来的时候，学校的特色也就形成了。

五、科学决策，大胆突围

特色铸就品牌，但特色的形成需要在教育理念、办学模式等诸多环节或方面开拓创新。开拓创新即意味着对既定利益格局的打破，就是要"突围"。要从传统的教学模式、陈旧的教学方法、死板的办学手段中寻找新的契机突破，因此科学决策，找准突破口至关重要。这需要对学校办学渊源、师资状况、硬件软件、人文精神有一个全面的通透的了解，从中筛选出适合现代教育、学校发展、学校校情、师资能力、学生状况的"特色"，从而选择恰当的方式、渠道予以有效的突破，创办自己的特色。

创立特色不是建造特长，二者是有质的区别又是相互联系的，在创建办学特色上要注意以下几个问题：

1.定位准确，立意要远

我们的教育不是短暂的成效教育，它必须要合规律，合目标，它所体现出来的是人长期的可持续的发展性，其终极目标就是：昨天的教育，今天的发展，明天的人才。

2.沉稳持重，工作要实

"特色"定位不能赶潮流、追时尚，不能闭门造车、突发奇想，它必须是历史文化内涵的自然外现和校长办学思想的再现，是全体教师自觉行动下对学校历史的研究、现状的分析和未来学生的预测，从而扎实推进，自然生成，凸显特色。

3.参与要广，认同要深

特色的形成，需要全体参与并达成共识，要成为每一个教育教学工作者的共同话语、自觉行动和公共目标，也是全体学生学习目的的同一认识。

4.推出要慎，介绍要实

创新要大胆，总结要自信，做法要全面，介绍要实在，不能夸大其词、无中生有，要有独到的文化内涵。

5.总结要准，提炼要精

经过长期实践，通过师生集体努力所创造的特色，一定要准确总结，既要总结出独创性，又要总结出不可替代性。对于其中的精华的提炼要简约、明了、通俗易懂。

新课程背景下学校特色发展的途径

重庆南川中学　唐继德

普通高中课程改革是我国顺应国际教育改革潮流、全面推进素质教育的重大改革。高中课改在于学校办学特色的彰显。新课改的历程也是学校走特色发展道路的历程。在办学特色彰显中实现特色发展，从而稳步推进高中课改，这既是推进高中课改的策略选择，也是当前学校发展的必由之路。

新课改为当前学校特色发展提供了重大机遇。

一、从高中新课改特点看学校特色发展之路

校长角色的新定位。学校被赋予了课程自主权，开发适应本校的校本课程是对校长领导和管理能力的一次挑战，校长要从过去的通识性管理向具有本校特色的管理模式过渡。今后的学校特色是靠校本课程来支撑。作为一校之长，需要根据自己学校客观情况来搭配课程，将自己的办学理念和学校的文化底蕴加入到课程中来，促进学校特色发展。

课程内容的新突破、课程结构的新创意、教学方式的新转变。高中课程内容既体现当代社会进步和科技发展，反映各学科的发展趋势，同时，又关注学生的经验，增强课程内容与社会生活的联系。

高中课程由学习领域、科目、模块三个层次构成。每一科目由若干模块组成，模块之间既相互独立，又反映学科内容的逻辑联系。每一模块都有明确的教育目标，并围绕某一特定内容，整合学生经验和学习相关内容，构成相对完整的学习单元；每一模

块都对教师教学行为和学生学习方式提出要求与建议。

鼓励教师改变教学方式,创设有利于引导学生主动学习的课程实施环境;引导学生转变学习方式,提高学生自主学习、合作交流以及分析和解决问题的能力。

这三方面对教师素质、学校教育教学提出了新要求。具有新课程背景的新教师是当前学校特色发展的重要前提;具有特色的学校活动成为学校特色发展的重要内容。

学分制的新建立、评价机制的新改革。新课改实施后将利用学分来描述学生的课程修习状况。课程方案中设计的学分管理是规定修习年限的学分制管理模式。学分是描述学生学习质量的一种方式,反映的是学生的学习量以及学时,关注的是学生的全面发展和综合素质。

建立发展性评价体系,改进校内评价,推行学生学业成绩与成长记录相结合的综合评价方式,建立教育质量监督机制。

总之,高中的课改,以教育思想观念的转变为立足点,以教师队伍建设为重点,以课堂教学改革为主线,以校本课程开发为依托而进行。学校在推进新课程实施过程中,要抓住课改机遇创出学校特色。

二、挖掘、培育、实践、丰富办学理念内涵并指导实践是实现办学特色的首要途径

学校的办学理念是学校特色发展的立足点,是学校的灵魂。看一所学校是否有凝聚力,重点是看有没有共同的价值观。共同的价值观演绎成师生共同认可的行为准则,这种共同的价值观就是从校长到教职工的一个共同理念,即办学理念。

作为学校共同思想认识与共同价值观的引领,办学理念具有导向性。办学理念涵盖了学校的办学宗旨、办学目标、办学策略。具体体现在校训、校风、校规、校歌、办学宗旨、育人取向、培养目标、精神偶像、育人途径、教师形象、校园文化等各方面。先进的办学理念是凝聚力、向心力。

所以,在学校探索特色发展之路的过程中,首先是充分挖掘

学校传统历史文化的内涵,打造和培育学校办学理念;其次是在学校的教育教学过程中去实践,指导教育教学活动,在实践中不断丰富办学理念的内涵。

三、提高教师素质是推动学校特色发展的重要途径

1.教师是课改实验的主力军

新课改的主体实施者是学校的教师,其理念与行为方式的转变程度决定了课改的成败。从高中新课改的课程内容和课程结构以及教学方式三个方面均对教师素质提出了新的要求。学校应当组织教师深入学习关于课改理念和实施策略的前沿内容,边培训边实践。

2.强化校本课程研究,促进教师成长

教学研究向学校回归、向教师回归、向教学实践回归,是当今世界教学研究发展的共同趋势。因此,学校应当积极创新校本课程培训方式,多层次、多形式、高效率地开展新课程培训,为教师提供最佳的学习、研究和交流的平台。同时,以学校为基地,创建各具特色的以校为本的教研机制,以丰富、生动的研究内容促进教师的专业成长。

3.教师从专业化向综合化方向发展

新课程改革在内容上越来越朝着综合化方向发展,强调学科之间的有机联系,学科课程模块化、学生要求多样化,单一课程观已经不再适应新的形势。开设适合学生需求的选修课,满足学生个性特长发展需求的教师,将是新课程改革中最受学生欢迎的教师。教师的综合化发展是新课程改革的必然要求。

四、结合学校传统历史文化,推进校本课程开发,是促进学校特色发展的重要途径

国家"三级课程"管理的实施,就是把课程开发权部分下放给

学校和教师。学校校本课程的开发与实施的过程就是学校特色发展的过程。在"以学生发展为本"的新课程理念下,学校要立足本校实际去探索和挖掘教育资源,拓宽师生视野,拓展教学研究活动领域,提高课堂教学水平,形成自己的办学特色。

1.学校可以传承民族文化,编写校本教材

继承我国古诗词悠久的历史文化,活化学生和教师的思想,以师生最容易接受的古诗词作为校本教材,营造书香校园,丰厚学生的文化底蕴。

2.学校可以挖掘社区资源

积极引导师生联系当地社区实际,开发形成综合实践活动校本课程。

3.学校可以挖掘本地本乡人文资源形成自己的校本课程

总之,学校要以校本教材为载体,开设自己的校本课程,实现学校的特色发展之路。

五、开展特色活动,打造特色项目,形成特色教育

学校应当本着普及优先、因校制宜、务实求真的原则,挖掘自身特色,分三个层次逐步推进。一是选定特色项目,抓住学校最富特色的单项,尽力做优、做精。二是形成学校特色,在学校单项性特色项目基础上形成较为鲜明的办学特色。三是建设特色学校,在学校具有鲜明办学特色的基础上,形成较为稳定的办学个性,并将其拓展成学校的办学风格,成为全面深化素质教育、提高教育质量的有效载体。

通过特色活动—特色项目—特色教育,开展特色学校建设,走学校的特色发展之路。培养学生个性特长,为学生提供拓宽课外知识和发展成长的机会,使特色学校建设成为提高素质教育的有效途径。

以校本课程开发促学校特色发展

重庆綦江中学　刘玉才

　　校本课程是指学校在保证国家课程和地方课程基本质量的前提下,通过对本校学生的需求进行科学评估,充分利用当地社区和学校的课程资源而开发的多样性的、可供学生选择的课程。进入 20 世纪 90 年代,我国开始把原属于国家的课程权力部分下放给地方和学校,至此,校本课程开发正式成为我国课程改革的有机组成部分。为此,学校便踏上了校本课程设置的探究路程。

一、校本课程的设置形成学校特色课程文化

　　国家课程设置关注学生基本的科学文化素质,追求知识与技能的基础性、全面性、系统性、完整性,为学生的一般发展奠定知识技能与情感态度基础。但它的数量与内容,它在知识的深度与广度上均有一定的限制。校本课程则可以弥补其不足,即它既可以对国家课程设置的内容进行拓展和深化,发展学生的技能和特长,又可扩展学校课程的种类与范围,让学校课程生机勃勃、充满活力,强化学校课程与知识世界的动态联系。

　　课程是教育理念的载体。一所富有特色的学校,办学理念更应通过课程实施彰显出来,让学校文化更具特色化。课程文化是学校文化的核心,校本课程文化是课程文化的重要内容。学校独立开发课程的过程,实际上是一个课程文化重构的过程。

　　校本课程是学校课程文化的重要组成部分,由学校自主开发。它继承学校传统,反映学校的办学宗旨,适合于学校的各种现实条件,满足学生发展的现实需要,体现学校的办学特色,具有

针对性、独特性和适应性特点。

校本课程的设置尊重学生的个性发展和特长发展，并坚持发展性原则、选择性原则和可接受性原则。

校本课程的设置体现学校特定的价值追求。从性质来分，可分为校本必修课和校本选修课；从内容来分，可以分为德育课程（生涯规划课程、意志训练课程、责任培养课程、生命教育课程、心理教育课程）、学科课程（必修课程、选修课程）和综合实践课程（社会实践课程、研究性学习课程、学科活动课程、学生社团、专家讲座和大师课程、科技创新）。

二、校本课程的开发加快教师形成自己的教学特色

在国家课程设置体制中，教师仅仅是课程的实施者，忠实地、不折不扣地执行教科书的意图，严格按照统一的教科书、教参甚至教法进行教学。而校本课程的开设，对教师提出了新的要求、新的挑战，同时也为教师的专业发展、教学特色和教学质量的提升提供了更多的机遇。它改变了教师的传统角色和固定不变的职能分工，要求教师更新课程意识、教学观念，掌握课程开发所必备的知识、技术和能力，吸收当代知识研究的新成果。正是参与课程开发，进行课程设计、实施与评价的过程，使教师不断地反思自己的教育实践，最大限度地发挥自己的专业自主性和创造潜能，发挥自己的优势和特长，获得专业的自主成长和持续发展，形成自己的教学特色。

教师教学的个性化和特色化形成学校教学的特色化，最终形成学校文化的特色化。

三、校本课程的开设促进学生的特长发展

人才素质的提高很大程度是通过教育来实现的。教育的核心是课程，接受什么样的课程教育对形成什么样的人才素质关系极大。因此课程、教材的形式和内容都应体现现代社会发展的要求，体现现代科学技术发展的要求，体现知识经济时代的要求，体

现对学生创新精神和创新能力培养的要求。

学校对拔尖人才的培养，必须以尊重人的差异为前提，以发展人的个性特长为目的，努力开发具有开放性、灵活性、多样性特征的校本课程体系。

新课程改革下的课堂教学，改变教师主授、学生被动吸收的传统教学特点，要求学生是课堂的主人。学生在课前、课中、课后都要大量地使用自己的行为参与和思想参与，在教师的引导下独立获取知识，有利于促进学生的特长发展。

由于遗传、环境、教育与个体主观努力程度不同，学生个体之间水平总是参差不齐，使他们在知识经验、能力基础、家庭背景、兴趣爱好、性格特征等方面均存在着一定的差异。随着年龄的增长，学生个体间的身心差异，在初中阶段开始分化，到高中更加明显。学校教育应该适应学生的个别差异，赋予每个学生选择性发展的权利，引导和促进学生个性和特长的良好发展。可以说，没有"选择"的教育、不讲"个性"的教育，充其量不过是一种"训练"，而不是真正的教育。因此，在不加重学生负担的前提下，开设丰富多样富于弹性的校本课程，拓宽学生的知识视野，促进学生潜在能力和个性特长的充分发展，应该成为现代学校的价值追求。

四、校本课程的建设促进学校特色的形成

教育是改变人的思维方式和行为方式的过程。以学校为主体的校本课程建设，是由学校自主开发的，体现了教育的开放性和民主性，体现了学校的办学思想和价值追求；校本课程满足了学生的兴趣和需要，发展了学生的个性特长，给学生提供了更多的发展自己的机会。

特色是一所学校的立校之本。国家的课程设置，导致千校一面。学校的校本课程才可能成为学校特色之源。校本课程建设常规化、特色化和制度化，特色教育的脚步才不会停止，学校才会走出一条独具特色的发展之路。

学校后发先至发展战略思考

重庆双桥中学　姜道友

新课程改革是新中国成立以来我国基础教育最重大、最彻底的一次课程改革，对我国基础教育的改革与发展将具有重大而深远的意义。新课程、新理念、新要求、教育评价也将发生革命性变化。升学率将不再是学校追求的唯一目标，已经"成功"的名校如果抱残守缺，必将落伍，后发学校如果应对得当，必将后发先至。

一、学校后发先至发展战略含义

"后发先至"的主要含义。孙子曰："后人发，先人至"，也就是说即使后发也能先至；成语有"后发制人"，也即"后发先至"。美国经济史学家亚历山大·格申克龙创立了后发优势理论。在学校管理中的"后"，指发展状态、发展水平与先进学校相比还比较落后；"发"，指发展，强调提档提速式的跨越发展；"先至"，指提前达到，或率先实现崛起。

学校"后发先至"发展战略的基本内涵。"后发"是一个相对的概念，后发学校是相对于先进学校而言的，指在特定时间和区域内，办学条件相对较差，师生素质相对较低，教育管理相对不善和教育质量相对不高，办学效益和社会声望相对低下的学校。学校"后发先至"发展战略，即后发学校坚持正确的办学方向，充分发挥后发优势，积极借鉴吸取先进学校的成熟经验，抢抓机遇，后发争先，从而实现后发快进、跨越发展的方略。

二、后发型学校办学特征

1.教育观念相对落后。长期以来学校办学思想深受应试教育的影响,人才观和教育质量观还停留在应试教育的层面,精力始终集中在应付考试和提高升学率上,与资深名校硬拼升学率,教育目标始终是关注少数人,牺牲一大片,学校发展之路越走越窄。

2.学校管理水平相对不高。表现为干部队伍的改革和开拓意识不强,缺乏基本的办学思想、教育理想和管理经验,导致学校管理始终在相对较低的水平运行。

3.师资水平相对不高。教师队伍表现为群体素质不高以及数量和结构等方面的不足和不合理,缺乏学科带头人、骨干教师以及热门学科师资,教师职业认同度不高,幸福指数不高。

4.优质生源外流,生源素质相对不高,问题学生较集中,学生流失率较高。学校起点低、历史短、问题多,难以形成良好的校风和学风,难以获得社会更高评价。

5.学校自身造血功能低,经济创收能力差。缺乏"地利"因素,又没有择校收入和其他社会捐助,学校经济困难,教师收入低下,人心凝聚力不强。

6.办学成效低表现为办学质量和社会声誉相对低下。教育质量低下,反映为学校升学率、毕业合格率和学段巩固率等各项指标均未达标,学生的身心发展水平达不到国家规定的要求。学校质量低、管理差、校风不正、社会形象不佳。

我们认为,相对后发型学校,应充分抓住新课程实验这一大好时机,分析后发原因,找准"后"之所在;研究探索"发"之前景;与时俱进,巩固"先"之优势;科学规划,确立"至"之目标。更新教育教学理念,重构课程结构,创新教学模式,转变学生的学习方式,完善评价体系,促进学生、教师的发展,实现学校后发先至。

三、新课程背景下后发先至战略的实践探索

基于以上认识,抓住新课实验这一千载难逢的发展机遇,谋

求学校后发先至,应该做好以下工作:

(一)革新办学理念,调整办学方向

学校发展首先必须要坚持正确的办学思想,我们按照新课程现代教育理念要求,学校发展坚持走"精细管理、内涵发展、建设学校特色"的道路,坚持"和谐发展,为学生终生幸福奠基"的办学理念,针对普及高中教育"后"学生差异较大这一现实情况,推行使不同层次的学生在学校都得到发展的育人模式。明确学校定位,理清发展思路,确定发展目标。

(二)倡导精细化管理,规范和创新管理体制

新课程实验得以顺利进行,首先要有规范的管理。倡导精细化管理,狠抓常规管理,并不断改革和创新内部管理,助推学校内涵发展。

1.加强对教学思想的管理,树立正确的教育思想观念。树立正确的教师观,树立为学生发展、终身幸福服务的思想;树立正确的学生观,坚持学生是学习的主体的观念;树立全面质量观,道德人格修养是教育的第一质量,教学质量是生命,特色质量是确保学生个性发展、大面积提高质量的辅助。

2.激活内部管理机制,实行干部述职竞争上岗,实行年级主任组阁聘任竞争上岗制,变"要我干"为"我要干"。改革分配制度,建立充满生机和活力的竞争激励机制、建立教职工工作"质"和"量"考核与津贴待遇挂钩的制度。

(三)加强干部教师队伍建设,提高学校核心竞争力

新课程实验能否得以顺利进行关键在队伍素质,全面提高学校核心竞争力关键在干部教师队伍。我们的目标是全力打造一支特别能奉献,特别能吃苦,特别有水准的高质量干部教师队伍。

1.抓好队伍思想建设。围绕学校办学目标,重视教育思想、价值观念的引导,促使干部教师队伍对学校发展目标更加认同,

促使其主人翁意识和责任感进一步增强。

2.加大干部和教师培训力度。通过外出学习考察、专家集中培训、观看管理音像资料、专题讲座、带头撰写管理论文等形式，组织校际交流，接待友好来访，派出管理干部到教育发达地区、全国名校学习考察。

3.建立校本培训制度，加强对新教师和青年教师的培养力度。建立多层次的教师培养机制，实施教师荣誉等级制度，让全体干部和教师永远有追求。

(四)实施科研兴校工程,提升学校科研能力

教育科研能力是推动学校持续稳定发展、实现内涵发展的重要推动力，是学校办学水平和实力的重要体现。采取专题研讨、教学观摩、说观听评课、案例分析、问题会诊、课题研究、校本教研沙龙、经验交流和成果展示等形式，积极开展校本教研。建立有关工作研究室，筹建家庭教育工作研究室、法制教育工作研究室、青春期教育工作研究室、行为矫治工作研究室、心理健康工作研究室等，专题研究教育教学中突出问题，使教研工作校本化，提升学校科研力。

(五)实施质量立校工程,提高教学质量

1.进一步完善教学常规管理制度。深入细化教学常规管理，教学规划科学合理，教学监控落实到位。实施好集体备课评课制度，提高教师业务和教学水平。

2.建立健全教学常规的基本制度。逐步制订学科教学规范（或教学基本常规），建立集体备课制度、周评议课制度、作业规范和批改制度、早晚自习管理规范、命题规范要求、考试分析评价制度、质量监控制度、教学反思制度、专题研讨制度、师徒结对制度、教学质量考核制度、教学质量通报制度、学科竞赛制度等教学管理基本制度。

3.实施好分类教育和分层教学，大面积提高质量。后发学校要针对学生整体素质不高、差异性大这一实际情况，重点搞好分

类教育和分层教学研究。分类教育抓特长或特色教育，分层教学重点抓好初高中过渡衔接教学。

（六）加大校本课程开发，凸显学校课程特色

普及高中教育，必然带来学生基础素质差异大这一现实，加大课程研发力度，力争为学生量身定做个性化校本教材就显得特别重要。首先要编写高一年级校本过渡教材，根据学生个性发展需要，积极开发校本课程。通过对校本课程的探索、研究、提炼、总结，开发具有时代特色、地方特色、学校特点的校本课程：身心健康类、艺术类、学科拓展类、综合实践类、学生社团活动类、生活职业技能类。各类校本课程开发，必将使学生树立学习信心、个性充分发展、学习成绩提高。

（七）改革课堂教学模式，凸显学校课堂教学特色

新课程实验核心在课堂，坚持"以学生为主体、以教师为主导"的课堂教学改革理念，构建适合校情学情的课堂教学模式。课堂操作体现"学、讲、练、评"四大模块，实施新授课、复习课、讲评课、实验课、自习课五个课型；落实情境导入、明晰目标，学案导航、自主学习，互助合作、释疑解难，展示交流、点拨提升，当堂训练、达标测评，盘点收获、反思提高六个环节。全面提高课堂效率，真正让学生做课堂的主人。

总之，我们认为，学校借新课程实验东风，实现后发先至不失为一项明智选择。在实施过程中，我们只要始终抓住队伍建设这一关键，课堂教学这一核心，课程开发这一载体，把每一项工作做深、做细、做实，后发学校超常发展并非是梦。

在传承与创新中构建学校特色

一所学校，拥有优秀的生源固然令人羡慕，拥有雄厚的师资也是学校最大的资本；而更多的普通学校，在生源与师资不占优势的时候，将以什么作为学校发展的动力？那就是构建学校特色——走特色办学之路，让校园生活别样精彩。

何为学校特色？学校特色就是一所学校的整体办学思路或在各项工作中所表现出来的积极的、与众不同的东西。通俗地说，就是在办学过程中，在全面贯彻教育方针、全面提高教育质量、学校整体工作达到良好水平的基础上，根据自身传统和优势，在长期办学实践中逐步形成并通过学校的活动在教育思想、培养目标、教育管理、课程师资建设、教学方法以及学校文化环境设施等诸方面综合表现出来的自己独特的、优化的、稳定的教育特征和风貌。

构建学校特色意义何在？学校特色建设是全面推进素质教育、建设适应社会变革与发展的教育体系，是实现教育优质均衡发展的需要；是提高办学效益、深化课程改革的重要举措；是规范办学中拓展与丰富某一个性化教育要素的行动。建设学校特色就是为师生进步、学校发展提供多种可能。对内可凝聚人心，明确方向，挖掘出教育者和学习者的巨大潜能；对外可以适应和满足社会的需求。正如著名教育家陶西平先生所说，要让所有学生的潜能都能得到最大限度的开发，也就是"人尽其才"，就必须重视学生智能结构类型的差别，通过创造适合学生的教育，使不同类型学生的潜能都能得到充分开发，建设学校特色就是在创造这种适合的教育。那么,如何构建学校特色?

一、构建学校特色要有正确思想的引领

常言道,思想是行动的先导。构建学校特色,必须有明确的特色建设的方向和目标。这要依赖学校领导班子特别是校长的正确认识和引导。首先,要认识到特色不是学校的办学目标,而是要提高学校的整体办学水平,促进学生全面发展。其次,主动进行课改,进行文化引领,引领家长支持、配合学校特色建设。再次,根据青少年心理成长规律,探索新的办学规律,形成新的适合本校的办学思想、新的运转模式、高起点的办学特色。

二、学校特色发展应与学校的办学理念相符合

一个学校的办学理念是办学者在总结学校发展的历史,筛选学校发展的经验,反思学校发展中存在的问题,并客观地分析学校发展的现状及问题的基础上提出的,是先进教育思想与学校实际相结合的产物,是一种信仰、一种境界、一种追求,是学校之灵魂,是学校文化之根基。学校的一切工作都应与办学理念相符合,特色建设也不例外。

重庆市天星桥中学在历史积淀和长期的实践中,提出了自己的办学理念:科学与人文并重。即用科学知识武装学生,用人文精神滋养学生,培养既具有科学知识又具有良好教养和儒雅气质的现代公民。围绕学校的办学理念,从学校的实际出发,形成了新课改的基本理念,那就是主动适应社会发展和科技进步的时代需要,促进高中生全面而有个性的发展,加强高中课程与社会发展、科技进步以及学生生活的联系,促进学习方式的多样化,发展高中生自主获取知识的愿望和能力。为此,学校确定了特色建设的方向和目标,即构建科技教育特色、普及科学知识、倡导科学方法、传播科学思想、弘扬科学精神,以造就大批具有创新意识和实践能力的教师和学生。

实践证明,学校的决策是正确的。特色建设,为学校营造出

浓厚的科学教育氛围,创造了良好的科学教育的环境和条件,孕育出了大批具有创新意识和实践能力的学生。他们在各种活动中放飞自己的梦想,品尝成功的喜悦,提升科学素养,取得优异的成绩。同时,青少年科技创新区长奖、市长奖,科技活动市级一等奖、全国一等奖,中、高考成绩的逐年上升等成绩和荣誉,也促进了学校的发展。2009 年,学校被评为重庆市首批科技教育特色学校。

三、学校特色要在传承与创新中建构

学校任何一个特色项目的建设,都与学校原有的教育文化积累有着千丝万缕的关系。学校的特色建设是一个不断推进、不断完善、不断发展的积淀过程,它需要稳定、固化,但也需要在继承的基础上,结合新时期学校的发展变化去创新,确保学校特色更独特,更丰富。

重庆市天星桥中学的科技活动始于上世纪 80 年代,起初主要是开展车航模活动,一批批有着兴趣爱好和特长的学生参与活动,使之逐渐形成了学校的传统优势项目。随着时代的发展,学校的科技活动在继承传统的基础上不断丰富、不断创新,由车航模发展到手工制作、建模、创意制作、科幻画等。进入新世纪,学校科技活动更是注入了创造发明、智能机器人制作等新的内容。近 30 年的丰厚积淀,科技活动真正成为了学校的优势项目。学校领导班子抓住创建区"科技示范校"的切入口,实施科技教育特色的构建,将科技教育活动由课外向课内延伸,将培养学生的兴趣爱好上升为普及科学知识、倡导科学方法、传播科学思想、弘扬科学精神。在坚持不懈、持之以恒的特色创建中,关注学生的全面发展,关注学生的情感、态度和价值观,促进学生全面而有个性的发展,培养具有创新精神和实践能力的现代公民,成了全校教师共同的价值取向。学校的特色建设在传承中创新,在创新中发展,在创新中形成。

新基础教育背景下的学校重建

1983 年邓小平提出教育要"面向现代化,面向世界,面向未来";1988 年《人民教育》发表了《提高劳动者素质是基础教育的根本任务》;1996 年《中华人民共和国国民经济和社会发展"九五"计划和 2010 年远景目标纲要》明确提出"改革人才培养模式,由应试教育向全面素质教育转变"。伴随基础教育改革进程,新基础教育在构建,一些教育有识之士开始静下心来思教育,沉下气来办教育。1994 年,以华东师范大学基础教育改革与发展研究所为阵地,开展"新基础教育"成型性研究,对基础教育不是简单的否定,而是继承和创新;不是对基础教育的局部和阶段的思考,而是对基础教育的宏观把握,并在一些学校开展行动研究。新基础教育成型性研究的根本目的是通过学校的转型性变革,改变师生在校生存方式,创建 21 世纪的新型学校,实现学校重建。

学校的重建首先是学校价值追求的重建、学校办学思想和目标的重建,依靠人和发展人,创造幸福的教育。这是学校的灵魂和方向。

学校办学思想和目标的重建必须回归教育的本质即"原点",教育是什么? 教育要干什么? 什么是好教育? 朱永新认为:教育是一个培养人的事业,是一项通过培养人,让人类不断走向崇高,生活更加美好的事业。教育最主要的任务是塑造美好的人性,培养美好的人格,使学生拥有美好的人生。好的教育是一种幸福的教育,教育不仅为未来的幸福做准备,教育生活本身就应该是幸福。因此,追求教育的幸福,从事幸福的教育应该成为我们共同的愿景。我们遵循"全心全意依靠教职工办学"的思想,遵循"幸福为教育,教育为幸福"的办学理念、"团结奋斗,负重拼搏,敢为人先,勇于创新"的学校精神,这是学校发展的力量源泉。孕育高品位的学校、培养高品质的人、追求教育高水平的质量,兴学生向往的学校、办家长满意的教育,创品牌、出特色,打造万州教育亮点,成就万州名校,是我们的办学目标,这一切构成了学校的价值体系。

学校品牌是不可复制的因素,它包括显性的(如品牌名称、品牌标志)、隐性的(如学校教育教学质量和历史文化底蕴)、互动的关系(学校与社会各界的关系状态)三个方面。学校品牌是学校宝贵的资产,教育的竞争从办学规模、设施、师资等的竞争逐渐转向学校品牌的竞争。学校品牌主要表现为人的品牌,如学生品牌(名生)、教师品牌(名师)、校长品牌(名校长)。人的品牌形象是学校品牌形象最具说服力的因素,是走向名校的决定性力量,是构建学校特色的关键。

创品牌、出特色,实现学校重建,必须实现管理机制的重建,实施人性化的管理,内核是领导力和执行力。

传统的学校管理重在管,强调的是服从,完成教育教学目标任务,对上级负责,执行党的教育方针和政策。在新基础教育背景下,学校管理应走向校本管理,学校自主决策、自主管理、自主发展。学校不是一个行政机构,而是一个办学实体;学校管理不是行政管理,而是专业管理;校长不是行政官员,而是专业管理人员。同时,教育本质从知识的传递向人才资源的开发转变,学校教育的两个主要人物——教师和学生的角色地位发生了转换,由从属性的关系转换为平等合作的关系。教师是学校发展的第一资源,学生是学校待开发的资源人,因此,学校管理的重建必须实现管理思想、管理制度、管理精神的重建,实施人性化的管理,牢固树立管理就是服务的思想,管理必须淡化管,而重在理。学校制度强调规范性、淡化约束性,制度是一把双刃剑,好的制度是明确做事的程度、程序以及制度的价值引领,不好的制度是限制、制约、束缚。因此,学校的制度文本不应越来越厚,而应越来越薄。

理想的学校管理是"没有制度的学校"。学校管理要从制度管理向人性化的管理转变，向有精神气质的管理转变。管理强调的不仅仅是做事，更重要的是在做事中做人；不仅仅需要理性，更重要的是需要情感的分享；不仅仅是科层的服从，更重要的是心灵的认同，不仅仅是物质的刺激，更重要的是心理的支持，在做事的过程中展现"人"的价值。精神管理是人的回归。有精神的生活，人生就充满阳光、朝气与激情。其实人与人的不同、学校与学校的不同，就在于此——人有没有精神、学校有没有气质。

优质管理必须打造优质的学校团队，打造高效的领导力和执行力。

什么是团队？著名的管理学教授、组织行为学的权威斯蒂芬·P.罗宾斯认为："团队是为了实现某一目标而由相互协作的个体所组成的正式群体"，由此，我们认为，为了实现某一任务而形成的个体相互协作的群体组织即团队。一个学校团队的建立必须基于共同的办学精神和理念的树立，入于人心、出于言表，高扬团结协作的旗帜。学校质量的优与否不在于有多优良的设施设备和高楼大厦，而在于有没有一个优秀的领导团队和执行团队，拥有共同的愿景、共同的使命感，把优良的学校传统传承，传播知识和道德、传播热情和希望。

领导团队是学校的决策中枢和指挥中枢，必须强化团队的个人素质、团队素质和领导智慧建设。选拔和任用学校领导干部，要坚持高标准、严要求，注重"四能四勤"的个人素质（德能正其身，才能称其职，言能达其意，笔能成其文，勤政、勤教、勤学、勤查）和"团结、务实、开放"的团队素质的培养。以"愿干事才有事干，会干事才有大事干"的工作理念，培养他们的思维品质，学会理性地工作、有智慧地工作。执行团队是学校的操作系统，把学校的理念变成行动、把行动变成结果，团队的执行力是学校的核心竞争力，它是一种能超越其他学校的内在能力。优秀的教职工团队是执行力的基础，不断学习是教师可持续发展的基石，教师是学校可持续发展的基石。

什么叫执行力？联想总裁柳传志认为，执行力就是会任用、会执行的人的能力,在每个阶段、每个环节,一丝不苟地按时、按质、按量完成自己的工作。学校的发展伴随着领导力和执行力的强化,全校教职工想干事、会干事、干成事,学校教育质量一年上一个台阶,学校的发展充满希望。

成功的学校管理必须依托于良好的机制管理。如果把学校看成是一个成长中的生命系统,那么,管理是学校的脊梁,是支撑系统;机制是学校的经脉,是生命保障系统。机制是保证学校不断发展,不断前行的运动系统,学校发展的真正依托不是管理,而是良好的运行机制,学校构建目标导向机制、竞争激励机制和阳光评价机制,确保学校良性运行,科学发展。学校团队中的每个成员把学校意识变成每个人的共同意志,把意志变成行动、把行动变成自觉,养成共同的习惯,良好的教风、校风传承一代又一代,学校发展之路越来越宽广。

学校文化是学校办学特色和魅力的体现;是学校品牌建设的内核,文化立校、文化育人;是创建高品位学校、培养高品质人的学校精品课程。成就名校必须实现学校文化的重建——其生命力在于创新。

学校文化是植根于学校历史传统基础上,在不断传承和发展中形成的,是学校成员共同体验的学校物质文明和精神文明成果的总和。简言之,学校文化就是学校优良的传统和传承,其灵魂是学校精神,其核心是学校的价值追求和价值体系,其根基是学校的历史传统,其表象是学校的人际关系和学校氛围,其载体是学校的课程、活动仪式及典礼,其象征是学校建筑及风貌,其生命力在于传承和创新。学校文化具有相对稳定性,但又永远处于变化之中。学校文化用氛围和精神陶冶人、感化人。

挖掘学校的历史文化,做优良的学校传统文化传承人。

培育学校的环境文化,校园整洁明亮,四季鸟语花香,让一草一物无声地说话,体现人的价值观念和行为规范,让校园的物质环境成为一位沉默而有风范的老师,起着无声胜有声的教育作用。

积累、选择、凝练学校的精神文化,用理念引领人、用精神凝聚人、用目标鼓舞人，以风尚熏陶人，滋润心田，净化思想，提升精神境界，以优良的校风塑造高贵的灵魂。

创建人性化的制度文化，用规范引领，营造公平、公正、阳光的事业场、情感场。

培育学校活动文化，以活动文化释放人、娱乐人。教育是以灵魂塑造灵魂、以情感培育情感的事业，具有多变性、复杂性，困惑必伴、烦恼必生。组织迎新教师座谈会、迎新学生会，既是一次会面会，又是学校传统传承、友谊传递的聚会；举办师生体艺节，是一次师生运动技能的竞技，团队精神的培育和体验，更是一次培养健康体魄、健康心理，提升艺术情操，为幸福奠基的平台；组织教师和党员暑假之旅和红色之旅，不是游山玩水，重在走出去、开拓思路、开阔眼界，体验党的辉煌曲折的历程，重温入党誓词，坚定信念，让党旗更红、党员的示范作用更亮；固化的节日纪念活动和每天的感恩励志活动激发学生情感，爱国、爱校、爱父母、爱自己之情油然而生。

以文化育人是学校永恒的使命，我们必须顺应时代的要求，创新形式、创新内容，让学校永远散发生命的活力，点燃生命的激情。

教育是培养人的事业，须务实求真，定人本化的发展目标、施人性化的管理创新、推人文化的建设发展，以目标育人、以管理机制育人、以文化育人；教育是面向未来的事业，须不断创新，创新机制、创新形式、创新内容，为新基础教育的重建、为学校的重建奉献我们的真情、真知。

校本特色发展之路的探索

重庆文理学院附属中学　吴良平

我校以高中新课改为契机,本着"积极、稳妥、有序"的推进原则,传承六十余年的办学底蕴与办学辉煌,以新课标目标为本、以教师专业成长为本、以学生终身发展为本,勇做新课程改革的"弄潮儿",始终坚持"以培养学生健康个性和健全人格为第一要务"的办学理念和"精细、务实、创新、高效"的教学理念,积极探索一条适合我校实际的校本特色发展新途径。2011年开始创建重庆市重点中学。

我们的主要做法是:认真贯彻落实新课改精神,加强教师专业培训。重点要抓好高2013级新课改实施,树立科学的师生观、教学观,努力构建民主平等、师生合作、教学对路、训考高效的课堂教学模式。高2013级全体教师要认真研究重庆市2013年高考新方案,按照"抓规范、做模范"的高一年级管理理念,从年级规范管理、规范训练入手,狠抓衔接教育、狠抓过程落实、狠抓学法指导、狠抓教学反馈。

一、新课改:校本特色的切入点

(一)因校制宜,推进高中课程改革

1.结合校情,转变观念

我校是一所转制学校,尽管成功转制已八年多,但少部分教师教学观念仍显落后,积极进取、大胆创新的劲头不足。为尽快

改变这一现状,学校以高中新课改为契机,以教研组为单元,以备课组为细胞,将国家级、重庆市级、永川区级、校级培训有机结合,先培训后上岗,确保高一年级实施新课改不走样。关于高中新课改理念方面,我们特别加强了以下培训:

一是全人发展的课程价值取向:要求注重课程目标的完整性,强调学生的全面发展;重视基础知识的学习,提高学生的基本素质;关注学生个性的发展;着眼未来,注重能力培养;强调培养学生良好的道德品质,强调国际意识的培养。

二是科学与人文整合的课程文化观:要求注重两极之间的对立——科学主义课程文化观与人本主义课程文化观的矛盾冲突;寻求两极之间的平衡——科学主义课程文化观与人本主义课程文化观的融合趋势;科学人文性课程文化观的确立。

三是回归生活的课程生态观:要求注重学校课程重返生活世界,寻求人、自然、社会和谐统一的课程生态,这意味着自然即课程、生活即课程、自我即课程,意味着科学、道德和艺术现实地、具体地统一。

四是整合取向的课程结构观:要求建构以大领域统整的分科与综合相结合的课程体系。

五是创生取向的课程实施观:注重忠实、相互调适和创生三种基本的实施取向,关注师生的课程构建。

六是发展取向的课程评价观:评价体系要以学生综合素质提高为导向。

七是民主取向的课程管理观:处理好权力分享与利益的合理分配。

2. 积极实施,分段总结

我们把积极实践高中新课改分为三大阶段:

第一阶段(2010 年 8 月前):集中培训阶段——从校长、分管校长、教务主任、年级组长、教研组长、备课组长到全体任课教师,全程参加国家、重庆市、永川区、学校四级培训,学校制订实施规划,落实措施和责任,人人都要写心得体会和学科实施方案,全体教师均做好了高一新课程教学的准备。

第二阶段（2010年秋期至2011年春期）：课改实施阶段——以课标为总纲、以课本为范例、以学生为载体，全面、全程、全员实施新课改。学校高一年级以备课组为单位，制订出全年（期）教学计划（包括集体备课、教学进度、练习设计、考试检测、学生成绩及素质分析等）。同时，各班主任按照年级"讲规范、做模范"的统一部署，制作了《弟子规》、《三字经》等古训牌，火箭班配备了多媒体教学设备，集中班为学生制作了写有学生格言的座牌。于此，人人心中有蓝图，层级落实有特色，步步实施有计划，学校每月有总结。

第三阶段（2011年暑假）：课改总结阶段——以学年综合考试和学生综合素质测评为依据，以各备课组为单元，撰写出各组贯彻新课改的做法、成效、困惑、建议，由此形成学校的综合报告。这份报告既要作为高二年级教育教学的延伸拓展，又要作为新高一实施新课改的借鉴和范例。

3. 稳步有序，因材施教

由于我校转制办中学的时间不长，部分教学设备略显滞后，理化生实验室、微机室、通用技术教室、社团活动室、教师教学使用的多媒体设备，难以快速适应新课改的要求，也不能开设通用技术课程，研究型学习、学分制管理等都是既新颖又有一定难度的教学项目。如何为学生提供先进的学习设施和场地？如何更好地培养学生的合作探究能力？如何开设学生感兴趣的选修课？面对这一系列难题，学校采取的措施是：因校制宜，稳步实施，首先把好必修课课堂教学关口，要求每位教师在实施新课改理念上做到人人过关、人人重视、人人行动、人人积极，既不安于现状、等、靠、要，也不搞一哄而上、一哄而下。

（二）扬弃结合，摆正继承革新关系

1. 破立结合，大胆扬弃

新课改，无论是宏观，还是微观，在过去的实践中被证明是正确的东西都应该继承。如果抛掉过去的一切,必定会导致基础教育无所适从,甚至混乱。任何改革都只能是尊重规律、注重实际的改革,都只能是在继承基础上的改革。抛弃继承的改革,是不可想象的。

我们的做法是:破立结合,大胆扬弃。例如,讲授法是一种十分传统的教学方法,对于新授课,对于文化层次较差的班级,宜以此法为主。讨论法、谈话法以及一味的师生课堂互动要慎用。又比如,合作探究是体现民主课堂、培养学生学习兴趣爱好和文化个性的很好的教学方法,我们在火箭班广泛运用,效果就很好。事实上,敢于放弃、善于放弃、巧于放弃都是需要智慧和勇气的,切实遵循破立结合、大胆扬弃的教学原则,辩证地认识课改,就能因校制宜地培养学生的探究能力、创新能力和终生学习能力。

2. 对照课标,合作探究

我们的做法是:结合学科新课标,制订切实可行的教学实施计划,明晰教材序列和思路,做到心中有数,成竹在胸,并在实践中不断总结和反馈,以带动全组教师的整体成长和协同并进。

3. 讲练对路,质量第一

我校的做法是:对于降低难度、放低要求的班级教学,以讲为主、以练为辅。对于高三某些学科、某章节的专题复习课,讲练结合则要区分情况,因班级因复习内容而异,如果需要 3 课时完成的教学内容,教师既可以在有的班讲 1 节课,练 2 节课;也可以在有的班讲 2 节课,练 1 节课;还可以在有的班讲、练各 1.5 节课。哪种模式学生喜欢,哪种模式教学管用,哪种模式能快速提高教学质量,就用哪种模式。能治好病的药才是最好的药。那种为了展示给外界看的故弄玄虚的公开课、观摩课,对新课改的实施是有害无益的。

(三)途径多元,搭建教师成长平台

1. 加强新课程培训,构筑校园文化和课程文化

我校始终重视教师专业素质的提升,采取"走出去、请进来"

的方式,多角度、多层面地让全校教师接受新课改的理念,从而运用于教学过程中,全力促进教育教学质量的提高。

新课改的培训中,学校领导层首先到沿海的发达地区去"取经",然后组织教研组长、备课组长、班主任和学科带头人参加重庆市组织的学科培训,最后全员教师参加关于新课改的国培计划。同时,学校也聘请文理学院等高校专家到学校开设讲座,真正地让全校教师对新课程理念有了一个全方位的了解。在积极地、多层面地进行课程理念、课程内容、教学方式等基本内容的培训时,学校重视了校园文化和课程文化的建构和发展。

2.搭建校市交流平台,促进教师主动发展

实施新课改前,我校每期都要举办教学开放周、开放月活动,有序推出教研组长示范课、备课组长示范课、毕业年级研究课、教师教学论坛、专家报告会等活动。实施新课改以后,我们将这一行之有效的传统做法继续延伸拓展,为教师搭建交流学习的平台,促进教师专业发展,鞭策教师主动发展。

本期,学校举行了一次教改论坛,论坛的主题是学校在新课程改革中遇到的热点问题,如:"新课程背景下学生综合素质评价的多元思考"、"新课程背景下如何提升教育质量"、"构建生本课堂,探索学案导学模式"、"学案导学与教学质量发展性增量评价"等。通过这样的活动,不仅增强了教师的凝聚力,更加营造了一种交流学习、相互评价的氛围,为教师实施民主教学、推行合作探究教学模式,搭建了良好的平台。

3.通过赛功赛课活动,为教师搭建展示新课程理念的舞台

我校每年至少组织一次专业教师的赛功赛课活动,活动组织严密,教师参与积极性高。以本学期为例,学校开展了以"高效课堂,落实取胜"为主题的教学开放月活动,高三、初三毕业年级的学科备课组长为全校教师准备了一堂精彩的示范课,而高一年级的学科备课组长则以"新课改、展风采"为中心,为全校教师执教了一堂新课改理念下的汇报课。

(四)提升品位,创新校本教研模式

我校紧紧围绕新课程改革,立足课堂教学,结合时代对人才的需求和学校"培养学生健康个性和健全人格"的办学理念,寻求新的增长点。以校本课程建设为突破口,进一步探索健康个性和健全人格在落实国家课程改革当中的作用,努力开发出体现我校促进学生全面与可持续发展的校本课程,让校本课程建设为学校注入新的发展活力。

为此,学校以校本教研为突破口,教研组长示范引领,结合本组特点,积极开展校本课程建设。根据学生的兴趣、爱好以及学校的设施设备、师资配置等情况,按照"申报—研究—结题—评比—表彰"的程序开展,如一课一得、练习选编、作业批改、考题检测、复习策略、应试技巧、选修课教学、新课程背景下学生学习心理等方面的"小、精、好、快"的校本教研,学校对校本教研成效显著的教研组、备课组进行表彰奖励和经验推广。同时,组织力量完成了区教委开展的《永川区中小学特色学校建设研究》等课题研究任务,彰显了学校办学特色,实现了科研兴校、科研强校。

二、新课改:校本特色的增长点

(一)艺体教育——我校校本特色

艺体教育是永川师范一大办学特色,我校由中等师范学校转制而来,有艺体教育的优良传统和办学条件。学校转制后继续传承并大力发展艺体教育。目前,学校实现了环境融合艺术、课堂整合艺术、课题引领艺术、成果彰显艺术,艺术文化特色鲜明。"学艺体,到附中"在永川已成共识。2009 年,学校被永川区教委命名为"艺体文化特色学校"。全校开设了合唱、舞蹈、声乐、器乐、球类、田径、美术、书法等兴趣班,加强选修课与实践课探索紧密结合;学校拥有钢琴 17 架,铜管乐器、民族乐器各一整套,美术石膏像、画板、画架若干,400 米标准塑胶田径运动场一块(正筹建塑胶篮球运动场一块)。近年又加强了琴房、美术资料室、美术鉴

赏室、书画陈列室的物品管理,配置了绘画创作室、雕塑研究室及艺术新课程必需的教学用具,进一步创设校园文化艺术设施,使学生随时接受文化艺术的熏陶。学校每年均要举行艺术节,举办大型书画作品专场巡展。近三年高三艺体专业学生参加高考,平均上线总数近百人。师生参加全区艺术节、体育节,屡获一等奖。

(二)艺术研究——独树一帜、特色鲜明

我校于 2001 年 12 月启动《永川市中小学艺术教育课程建设,促进人文精神培养的研究》课题。该课题于 2002 年 3 月被重庆市教育科学规划办公室批准为重庆市规划课题,2003 年 4 月被确定为中国教育学会"十五"重点课题《中小学地方课程教材建设》之子课题。课题组成员按照《永川市中小学艺术教育课程建设,促进人文精神培养的实验研究方案》进行课题研究,2006 年成功结题,受到课题专家组的好评。

继承传统　扎实推进新课程实验

重庆酉阳一中　孙沿红

酉阳一中位于酉阳土家族苗族自治县龙潭古镇,是原四川省首批唯一地处边远农村的重点中学。学校依山傍水,鸟语花香,环境优美,堪称世外桃源。现有 91 个教学班,学生逾 6000 人。

一、酉阳一中办学传统的形成

酉阳一中办学历史悠久,1896 年设立经院,1906 年改办蚕桑学校,1912 年设立两等小学堂高等班,1925 年创立"四川省立第五中学校",新中国成立后先后被命名为"四川省酉阳中学"、"重庆市酉阳第一中学校"。学校 1982 年被确定为四川省首批办好的重点中学。是省市级文明单位、市级电化教育示范校、市级绿色学校、市级最佳绿化单位、市级卫生先进单位、市级文明单位五十佳、市教育科研实验基地、中小学德育工作先进集体和安全文明校园。

酉阳一中在"文革"前一直是渝东南地区唯一的高完中,面向酉秀黔彭四县和周边地区招生,为国家和地方培养了大批优秀人才,革命先烈赵世炎曾就读于此。1960 年学校因高考成绩在四川省非常突出,时任校长到北京参加了国务院召开的全国群英表彰大会。恢复高考至今,学校每年为高一级学校输送大量的合格学生,向清华大学、北京大学等著名高校输送了许多优秀学生,高考升学率总体呈阶梯式增长。在长期的办学实践中,学校坚持"内涵至上、持续发展"的办学理念,长期保持稳定的教育教学质量,形成了乡村中学教师爱岗敬业、学生勤奋好学、校风淳朴向上的优良传统。

二、酉阳一中高中课程设置的简要历程

民国时期,酉阳一中高中课程主要执行的是 1933 年 3 月教育部颁布的《中学规程》,其第二十五条"高级中学之教学科目为公民、国文、英语、作文、历史、中外地理、算学、物理、化学、生物、体育、卫生、军事训练(女生习军事看护)、论理、图画及音乐",均为必修课。

新中国成立后至"文革"结束,酉阳一中高中课程设置主要按1952 年 3 月中央教育部颁布的《中学暂行规程》的规定,设置本国语文、数学、物理、化学、生物、地理、历史、中国革命常识、社会科学基础知识、共同纲领、时事政治、外国语、体育、音乐、美术、制图等 16 门基础学科,均为必修课。"文革"期间,以课程设置要精简为由,把数理化变为工基课和农基课,否定了各学科基础理论的必要性,把几科糅在一起,导致知识的支离破碎。

"文革"结束,1981 年 4 月,中华人民共和国教育部颁布《全日制六年制重点中学教学计划(试行草案)》,规定设置的课程有政治、语文、数学、外语、物理、化学、历史、地理、生物、生理卫生、体育、音乐、美术和劳动技术等 14 门学科。酉阳一中作为省重点中学,执行国家规定的高中课程教学计划,形成一个必修课、选修课和课外活动三结合的教学体系。在这个体系中,以课堂教学为主,课外活动为辅;以必修课为主,选修课为辅。但在实际操作中,由于受高考应试教育的影响较大,文理分科倾向十分明显,选修课和课外活动有些削弱的情况。

重庆市从 2010 年秋季起,整体进入国家普通高中新课程实验,酉阳一中高中起始年级开始按照高中新课程实验的要求设置课程。

三、重庆市普通高中新课程实验的课程结构与设置

普通高中新课程实验,是培养符合时代要求的社会主义建设人才和创新人才的奠基工程,是提高人口整体素质和综合竞争能力的战略举措,它对教育理念、课程结构、教学方法和考试评价等

都进行了深刻变革。

重庆市普通高中实验课程由学习领域、科目、模块 3 个层次构成。

1. 学习领域

普通高中课程设置语言与文学、数学、人文与社会、科学、技术、艺术、体育与健康、综合实践活动 8 个学习领域。

2. 科目

普通高中每一学习领域由课程价值相近的若干科目组成。8 个学习领域包括语文、外语（英语、日语、俄语等）、数学、思想政治、历史、地理、物理、化学、生物、信息技术、通用技术、艺术（或音乐、美术）、体育与健康等 13－14 个科目和综合实践活动。其中通用技术、艺术是新增设的科目，与音乐、美术并行设置，供学校选择。鼓励有条件的学校开设两种或多种外语。

3. 模块

普通高中每一科目由若干模块组成，模块之间既相互独立，又反映学科内容的逻辑联系。每一模块都有明确的教育目标，并围绕某一特定内容，整合学生经验和相关内容，构成相对完整的学习单元。每一模块都对教师教学行为和学生学习方式提出要求与建议。

普通高中课程由必修和选修两部分构成。选修包括选修Ⅰ和选修Ⅱ，选修Ⅰ是国家课程，选修Ⅱ是地方和学校课程。新课程通过学分描述学生的课程修习状况。课程设置及实施遵循了全面性原则、选择性原则和差异性原则

四、传承学校办学传统，积极推进普通高中新课程实验

2008 年 4 月，中共中央政治局委员、重庆市委书记薄熙来视察酉阳一中，对学校在百年办学中积淀的丰厚历史底蕴和教育教

学质量作了充分的肯定,并提出要把酉阳一中建成重庆市模范中学,使学校获得新的发展机遇。学校近期的工作目标,是积极推进普通高中新课程实验,保持稳定的教育教学质量,早日建成市级"模范中学"。

在新的高中课改实施过程中,学校存在着选修课备用教室和设施设备严重不足的情况,高中班额较大的现实也很难适应新课程实验管理的要求。尽管困难较多,学校也必须按要求推进新课程的实施,努力形成自己特色的高中新课程模式。

酉阳一中高中新课程实验工作的保障措施,一是通过各种渠道和形式,向家长、全社会广泛深入宣传高中课程改革的目的、任务、意义、内容及阶段成果,努力营造有利于新课程实验的良好社会氛围,及时了解社会各界的意见和建议,争取全社会对实验工作的理解、支持。二是重视师资培训,把新课程培训作为今后一段时期学校教师继续教育工作的核心内容来抓。三是改革学校管理,为新课程实施提供组织与管理保障。四是根据国家对中学生综合素质要求的规定,结合少数民族地区的特点,在各年级开设部分地方课程和校本课程。如:体育课中的脚马、天地球、竹笼球、龙灯等少数民族项目,政治课的民风民俗调查,生物课中的食用菌栽培技术等。五是加大经费投入,改善办学条件,实验室、功能室要尽量按规定配置,满足必修课和选修课开设的要求。六是加强专业指导和校际间的研讨,解决课改过程中出现的矛盾和问题。七是创新思路,构筑课改信息平台,为教师搭建一个交流课改心得、共享课改资源、促进专业成长的网络平台。

总之,观念的转变和高效的教学是新课改的根本任务。新课改先进的教学理念与落后的教学现状之间的矛盾,大班额教学与学生个性化发展之间的矛盾,课改新的要求与部分教师实际教学能力之间的矛盾,新课改的要求与高考风向标之间的矛盾,都需要我们在实际的操作中不断摸索解决。酉阳一中将继承学校的光荣传统,加强学习和研究,摸索高中新课程的规律,把握课程改革的契机,开发新课程实施的资源,尽早适应课程改革的要求,积极稳步推进普通高中课程实验工作。

学习型特色学校建设初探

正当我市全面推行新一轮高中新课程改革之际,如何进一步把握课程和教学改革,探索学校特色发展的途径成为各校校长及管理层深入思考的问题。结合我校的发展历程和改革成效,浅谈新课程背景下如何探索学校内涵发展支点,创建学习型特色学校。

所谓的"内涵发展",就是相对于规模发展的质量发展、粗放发展的精细发展、同质发展的特色发展、模仿发展的创新发展,影响其核心因素主要是"人"。基于这种认识,我校着眼于创建学习型特色学校的发展定位,以课程和教学改革为诱因,以干部队伍、课程体系、教师团队、校园文化为主渠道,多方寻求支点,加快发展步伐。主要成效体现在:一是完成了建校54年来从戴帽初中到单设高中再到高完中至市级重点中学"三步走"的发展战略;二是完成了90%以上的教师经过学历培训、资格认定转型为高中合格教师的任务;三是学校管理、队伍建设、课题研究、教育质量分别获了国家和市级以上的表彰奖励10余次。

一、管理推动是建设领导班子的支点,要选育能管善导的干部队伍

干部的素质、工作效率和带头作用,直接影响学校管理质量和目标任务的完成。因此,我校以加强班子建设和管理为支点,改革干部选拔机制,着力打造一支能管、善导、会教的干部队伍,发挥其在学习型特色学校发展中的示范引领作用。

211

一是明确理念和目标。学习型特色学校是学校内涵发展的显著特征，最终要形成校与校之间互学、师与师之间互学、师与生之间互学、生与生之间互学的良好氛围。针对此，学校秉承了"学校以教师为本，教师以学生为本，学生以成才为本"的教育理念，提出"一切为了师生、为了师生一切、为了一切师生"的办学思想，"恭德笃学、谷纯无稀"的校训，确定"为学生的终身幸福发展奠定厚实基础"的办学目标，努力做到"管理育人、教书育人、服务育人"。

二是选齐配强班子队伍。校级干部至少从中层干部正职优秀的人员中选拔，由组织考察任命，中层干部、年级主任、教研组长、备课组长实行竞争上岗，在40岁以下后备干部、学科带头人、优秀班主任中推荐实干型、学术型、管理经验型的人员通过公开竞争任职。目前，校级干部4人中3人身居教学第一线，中层干部12人中8人身居教学第一线，都是善于管理、善于教导、善于教书的示范学科带头人。

三是提升造血功能。在课程改革、教学管理、课题研究、学术研讨等方面，学校每年都要为领导干部提供1-2次外出观摩、参加培训的机会，增强自身造血功能，在先进的理念和方法上先学一步，学以致用。现任领导干部中，16人参加市内外管理培训、新课程培训，学科培训达50人次以上。

四是优化管理模式。制订了《双江中学教学常规管理制度汇编》，明确党政工团的地位和职责，建立干部、教师、职员、工人岗位职责和目标考核机制，细化行政管理、教学管理、教务管理、德育管理、后勤管理制度，形成了"一统五分、分线分层负责"的管理模式。近年来，从领导班子自身建设做起，学中干、干中学、学干中，不断改革创新，为学习型特色学校的创建提供了组织保障和示范引领作用。

二、改革撬动是发展特色学科的支点，要建立符合校情的教学体系

特色学校要有特色学科、教学特色作支撑，我校抓住新课程

的实施,立足于课程理念、课堂改革和校本开发三大主线加强改革研究、完善教学体系,为衔接新课程做好准备。

一是用新课程理念"引"。基于普通高中教育的目的是为学生的终身发展奠定基础,基本任务是培养高中生健全的人格和基本的职业意识、创业意识,和对自然、社会和人生的见解。学校采取"先迈一步、全员推广"的办法,学习掌握新课程基本理念:确定以学生发展为本的课程目标,设置均衡性、综合性和选择性的课程结构,精选学生终身学习和终身发展所必备的基本知识、基本技能,倡导自主、合作与探究的教学方式,探索有利于学生、教师和学校发展的课程评价制度,推行民主化的三级课程管理,实现教育理念和教育制度的创新。在此基础上,提出了《打造书香校园、构建学习型特色学校的研究》的课题,为推进改革、创造特色作好铺垫。

二是用教育教学改革"带"。改善师生关系,变学生为学习的主体者、教师为课堂的引导者。改革教学模式,由单一的讲解式教学变为自主学习、合作学习、探究学习相互渗透的多样化教学模式。改革评价模式,建立学生、教师成长档案,关注师生的成长和进步,以学生成绩的"入口"(录取进校成绩和名次)看"出口"(学期结束成绩和名次),成绩记入成长档案。学校根据学生和教师的档案成绩实施奖励,激发了师生的积极性。

三是用开发校本教材"补"。在科学合理使用国家教材、地方教材的基础上,结合实际,以学科组为单位,精心组织编写校本教材,补充完善教学体系,满足师生教与学的需要。通过民主优化三种教材,合理设置课时容量,达到相互利用、互为补充的良好效果。目前,学校开发的校本教材《飞鹤痕》、《双飞鹤》、《酬情》、《学海方舟》、《守本·创新——新课程理念的实践与探索》成为了师生孜孜以求的阅读书目。

三、课题驱动是提升教师素养的支点,打造学研并举的教师团队

开发实验课题,是提升教师专业素养、增长学生才智、形成比

学赶帮氛围、打造学习型特色学校的有效途径。为此，近几年，我们以申报国家、重庆市和县级实验科研课题为突破口，着力打造学研并举的教师团队，大力推进学习型特色学校建设。

一是完善教师培养制度。将新教师确定为"一年合格、两年达标、三年成熟"的培养目标，进校后就分配到高一年级任课。采取"师徒结拜"、"名师帮教"、"外出培训"、"加压驱动"、"岗位练兵"等多种方式促使教师尽快成长成熟。对老教师，则通过设立"名师讲坛"、"名师风采"、"教坛纵横"等栏目，展示成绩、能力、风采，同时为新教师搭建学习交流的平台。近三年，新分配的大学毕业生34人经过培养教育，已逐步成为教学一线的中坚力量，全校拥有市县级名师40人。

二是推行常规教研制度。以学科组为单位，每周按定人选、定内容、定时间、定目标、定考核"五定"的要求，开展合格课、研究课、示范课、观摩课等教学研究，达到互学相长的目的。每月举行一次不同年级不同科目的"教学讲坛"活动，选派教师轮流"坐庄"，开坛演讲，激励教师不仅加快学习，而且必须要好好学习，否则就要亮相"出丑"。

三是加大课题研究力度。凡是教学一线人员，必须做到"六个一"，即参加一个实验课题、上好一堂示范课、举办一次讲座、写一篇有价值的论文、结对帮教一位教师、作好一次教科研反思。针对语、数、外、政、史、地、理、化、生、音、体、美、计算机等学科，要求学科带头人和教研组长、备课组长三人牵头，全学科教师共同参与课题研究，3年内至少申报并结题校级及以上的实验课题1个以上。目前，全校教师科研意识明显增强，学术研究氛围浓厚，个人或集体承担校级及以上实验课题共15项，已结题市级课题2个，《打造书香校园、构建学习型特色学校的研究》即将结题。学生作品集2本，得到了市教育评估院院长龚春燕的亲自作序。

四、文化带动是学生全面发展的支点，孕育底蕴深厚的校园文化

深厚的校园文化底蕴往往影响着一代代人不断奋发进取，着

力于学习型特色学校的建设,我们不断地从地域文化、精神文化和活动文化的打造中塑造人的学习和敬业精神。

一是挖掘地域文化。我校地处三峡库区腹心地带的移民大县——云阳新县城,长江、澎溪河绕前而过,巍巍古军寨磨盘山和蜿蜒休闲圣地龙脊岭倚靠而立,水路辐辏,四通八达。加之学校由地主庄园和古祠堂演变而来,因此,从历史的角度,我们塑造了"巴王剑",培植了百年"老桂树",保护了"明志亭",创建了"安远轩"、"弘毅亭"、"三省池"、"怡园"等,并结合三峡大移民设计了别具风格的校门及进校梯道,彰显古代巴人和移民子女自强不息、开拓开放的人文精神,激发全校师生立志高远、终身学习、成就人生。

二是打造精神文化。结合学校的整体布局及功能,学校对教学楼、宿舍楼的命名进行了精心策划,分别以滋兰苑、树惠院(余既滋兰之九畹兮,又树蕙之百亩)、修实院(幸能修实操,何俟钓虚声,白珪玷可灭,黄金诺不轻)、德宏楼(执德不宏,信道不笃,焉能为有,焉能为 fq)、德邻楼(德不孤,必有邻)、德比楼(德比于上,欲比于下,慎行于世,身方立也),以孔孟之道育人明理,启智笃行。同时,学校还打造了橱窗文化、走廊文化、班级文化、寝室文化,将中华传统的经典文化、名人名言、古诗词文和历代伟人墨客,彰显在校园各处,与教育教学、育人育德相结合,成为师生们的精神食粮。

三是创设活动文化。用校园名树——百年桂树为象征,举办赏桂圆、品桂圆、赞桂圆、促进步为主题的"桂圆节",倡导大家树立生生不息的顽强生命力。开展一年一度的"中学生文化艺术节",展示青春年华的风采。深入开展"唱读讲传"活动,唱红歌、长精神、读经典、提素质、讲故事、树楷模,传箴言、净心灵。办好"周末影院",用文化大片丰富留守学生寂寞的文化生活,让学校成为孩子们的精神家园、成长乐园。

诚然,学习型特色学校的创建,并非一朝一夕能形成,我校只是在内涵发展的平台上探索了创建的支点和途径,作出了一些有益的探索和初步的尝试。

全面实施课程改革　推进学校特色发展

基础教育课程改革,在优化课堂结构,调整课程门类,改革课程、管理体制和考试评价制度等方面,都取得了突破性进展。这必将对我国基础教育领域素质教育的实施,为培养新一代创新人才发挥重大作用。

我国传统的基础教育存在着这样一个误区,即长期持一种"学科本位"的课程理念,忽视儿童身心特点和社会需求,忽视各个学科相互配合的整体效应。基础教育新课程改革就深刻分析了以往存在的弊端和问题,鲜明地提出了"改变课程过于注重知识传授的倾向,强调以学生发展为本,把学生身心全面发展和个性、潜能开发作为核心"。突出以学生发展为本的思想,更有利于孩子的全面发展。

一、数学、科学和技术教育

为了学生毕业后能适应急剧变化的高科技社会,课程改革要具有超前思维。数学、科学和技术教育是今日少年儿童面对明日世界的基础。课程改革要加强数学、科学和技术教育,发展学生的科学技术素质。自然科学课程教师要通过继续教育提高自身水平,才能担当起新课程中数学、科学和技术教育的重任。学校要通过开设课程,培养学生的理性思维、逻辑判断和动手操作的能力。

216

二、艺术、体育、健康、劳动等课程

我国现阶段由于师资、场地、器材、考试等的影响,音乐、美术、体育与健康、劳动等课程在基础教育阶段,一些学校从认识到实践都重视不够。课程改革应当重视艺术、体育与健康、劳动等课程。美国艺术教育研究发现:艺术教育能够更好地促进学生与他人交往,培养学生和谐的人格,充分挖掘人脑的潜力。

艺术课程同语文、数学、外语课程同样重要。在基础教育阶段要重视劳动教育。劳动教育提供了再现知识的情景,学生在劳动中体验知识的意义,在实践中学会合作与竞争。学校要配备音乐、美术、体育与健康、劳动等课程的教师,尽可能建设和完善场地,配置或增添设备设施,开齐课程、开足课时。全面推进课程改革,不能用课改之"新瓶",装应试之"旧酒"。

三、课程内容与职业发展

基础教育肩负着双重任务,即为高一级学校输送合格人才、为社会输送合格劳动者。但长期以来,人们较多关注的是怎样才能更好地为高一级学校输送人才,而忽视了后一项培养目标。因此,课程目标的确定和内容的选择,考虑更多的是选拔人才及少数人进一步深造的需要,而较少考虑大多数人在基础教育阶段后直接进入社会、从事各种工作的需要。

职业教育的重要性在日益凸显,在教育制度中要突出职业教育,九年义务教育后,大部分的毕业生应该走进职业学校。全社会要形成一种共识:孩子上职业学校,只要符合他的爱好与实际,照样有出息。国家不可能只培养科学尖子,还要培养职业尖子及各行各业的尖子,职业教育要在初中阶段、高中阶段、高中后阶段协调发展。课程内容要与职业发展相联系。

就这一点而言,我们的教育改革还有很大的发展空间。首先在于教师、学生、家长甚至是全社会的观念转变。很多企业都存在着技术工人奇缺的现状,而另一方面却又是刚毕业就"失业"的庞大的大中专毕业生群体。这其实就是一个观念的问题，这需要我们在基础教育阶段大力改善。其次是在课程设置上的问题。由于长期受应试教育的影响，不少的学校、教师嘴上喊着"大力实施素质教育"，在行动上却往往是背道而驰，即便课程表上设置了相关内容，却成了挂在"狗肉铺"外的"羊头"，而这一点同样得到了学生家长的默许甚至是支持。第三是学校缺乏必要的实习基地。众所周知，教育尤其注重实践操作，而很多学校，尤其是农村学校缺乏必要的实习场所、基地，即便开设了相关课程，一样成为了纸上谈兵，学生得不到应有的操作技能。

四、发展学生个性，培养学生特长

学制要有弹性，不仅可以延长也可以缩短。课程套餐化、学生弹性化，按学生的能力、兴趣和实际实施教学。必修课和选修课并重，当前要突出选修课的地位。实行分层教学，将每门功课分为 A、B、C 等不同等级，学生按照自己的能力选择学习。

与传统的课程和教学相比，新课程更加关注学生的个性发展。那么，新课程如何保障学生个性的发展呢？关键一点就是新课程要能够保障学生个性化的学习权力的实现，就是关注学生的个别差异性，求得每一个学生发展。在基础教育新课程体系中，为了让每一个学生获得有个性的发展，在课程结构上应开设大量的选修课，使每一个学生获得更多的自由发展的机会，从而实现个性发展。不能无视学生的差异性而提供统一的学校课程。学校教育应该促进人有个性的发展，这才是教育的真正价值。忽视个别差异性，泯灭个性发展，是教育的悲哀。

五、培养公民道德

新一轮基础教育课程改革确定的培养目标有下述内容：要使学生具有爱国主义、集体主义精神，热爱社会主义，继承和发扬中华民族的优良传统和革命传统；具有社会主义民主法制意识，遵守国家法律和社会公德；逐步形成正确的人生观、世界观、价值观;具有社会责任感,努力为人民服务;具有强壮的体魄和良好的心理素质,养成健康的审美情趣和生活方式。

课程改革要增加道德教育课程的数量,既要培养中国公民,还要培养"世界公民"。要培养学生同情和体谅他人,认识到自己存在的重要性,参与社会等,培养具有健全人格和丰富心灵的人。这一点在生存、就业压力超前巨大的现实中,显得非常突出。因为心理因素,或自杀或采取其他极端方式的个案,不时见诸媒体,让人扼腕叹息。学生是国家和民族的未来,他们肩上的担子很重,这更需要其具有良好的道德素质。

六、课程要具有综合性、实践性、生活性和研究性

要克服分科主义的不足,整合知识,实际运用。要增加与学生和社会现实生活相关的部分,使课程内容更加具体,更富有生活气息。综合实践课程教师起指导作用,活动内容要丰富多彩。从某一现象出发,结合课本知识,提出课题。学生根据自己的兴趣,选择不同的课题方案,组成课题组。从某一方面入手,深入细致的学习,学到实实在在的东西。

要拓展学生的学习空间,学生通过实践,增强探究和创新意识,学习科学研究方法,发展综合运用知识的能力。学校要与社会密切联系,培养学生的社会责任感。更加重视生活中、工作中和实践中的学习。课程是生活世界的有机构成,而不是孤立于生活世界的抽象存在;学生是学习的主体,而不是被动的接受者。课堂不是唯一受教育的场所,书本不是唯一的知识来源,教师不是唯一的知识拥有者和权威。

面对基础教育改革的滚滚浪潮,学校管理者应该具备适应时代的、科学的教育理念,要树立正确的人才观、新型的师生观。教师扮演的角色、教学行为和教学策略都要发生变化和调整。教师不再是传统意义上知识的占有者、传递者,应该成为学生发展的促进者和指导者。教师要善于激发学生的学习动机,善于组织教学过程,营造课堂氛围,评价学习效果等。

七、课程改革需要家庭和社会的共同推进

号召除教师以外的学有专长的人走进课堂。如企业家帮助学生树立观念和掌握技能，实施教育，政府向接受学生实习的单位提供补助，企业对培训的内容、方法及时间有很大的决定权，培训结业后的资格在全国范围内得到承认。

当前尤其是教育行政部门和研究部门，要树立新的评价观，制定新的评价政策，建立起与新课程相适应的评价制度，表扬奖励课改中的先进集体和个人，大力宣传课改中的典型事迹。

多年来，我国中小学教育评价存在诸多问题，过分强调评价的甄别与选拔功能，忽视评价促进学生发展的功能；评价指标基本以书本知识为核心，忽视对实际能力、学习态度的综合考察；评价方法都采用纸笔考试，过于注重量化；评价技术落后，过于注重结果，忽视过程。

八、师生共进，特色发展

我们在谈论学校管理的时候，常常提到"以人为本"。所谓"以人为本"，就是以学生和教师的成长、发展为本，这是教育的根本。学校发展的主体是教师和学生，"以人为本"就是要尊重师生的意愿，尊重他们成长和发展的规律。对教师的尊重与信任是调动教师积极性的重要因素，要在管理中落实教师的主体地位，珍惜每一位教师的所长、所爱，精心把他们安排到最适合他们的工作岗位上去，实现人才所长与岗位所需的最佳结合。

以学生为本，就是要真正全面实施新课改，把学生放在首位，牢固树立"为了学生一切，一切为了学生，为了一切学生"的观念，关注学生的个性差异，促进学生的健康成长，为学生的终身发展奠定良好的基础，为社会的发展培养优秀的建设者和接班人。

践行高中课程改革　助推学校特色发展

重庆涪陵十八中学　黄良信

　　面对课程改革这场"革命",年轻的涪陵十八中学迎头而上,积极学习、研究、探索、实践,以学生发展为本,革新周课程设置,构建富有特色的课程体系,深化学校特色建设。

一、构建富有特色的课程体系,把课程设计作为特色建设的有力抓手

　　提及特色,我们经常从活动的层面来讨论特色。谈论的往往是特色活动,顶多将特色活动转化成正常的工作,更名为常规活动。就活动谈活动,那是一种浅层次的、表象性的工作。如果将学校的特色活动或常规活动从课程设计的角度来规划,编制并逐步完善适应于新课程要求的学校课程方案,把活动纳入到校本课程,融入课表,进行跨学科的整合,按照课程设计的要求适度地开发和加工,形成体系,一定能推动学校教育教学工作的不断深入,实现学生的发展,形成个性鲜明的学校特色。

　　综合实践活动课程实施情况:

1. 活动课程

　　主要有新生军训活动;校内公益劳动;校外公益劳动,主要是由团委组织开展的青年志愿者活动;社会调查活动,调查风土人情、人文景观、经济建设,结合研究性学习进行;同时,利用课余时间,以"人人能成才、个个有特长"为目标,开展各种有益于学生身心健康的活动,包括运动会、艺术节及其他常规活动,强化学生形

成健康心理的外部环境建设;逐渐开设民间艺术、摄影、服装设计等选修课,充分壮大校合唱队、舞蹈队,支持学生社团的组建,充分发展学生的个性特长;大力开展学生科技活动,组建各学科科技兴趣小组,广泛开展科技小发明、小制作活动,培养学生的创新精神和实践能力。

2. 社区服务课程

社区服务课程由德育处和学校团委统一规划,班主任具体布置,学生利用寒暑假实施。学校制订了《社会实践活动课程和社区服务课程学分认定表》,严格按照有关规定进行学分认定。如团委开展了"爱心在行动中成长"之"百善孝为先"、"感恩父母"、"感恩教师"、"感恩孝亲"等系列主题活动。尤其是在 2010 年秋期寒假深入开展的感恩教育实践,即每个学生与父母进行一次亲情谈话,为家里的年夜饭做一道菜等"八个一"活动,强化了学生感恩的心,培养了学生知恩图报、施恩不图报、乐于助人、乐善好施的良好品性和与人为善、宽容豁达的胸襟与气度。

3. 体育课程

我校体育组在全区率先实行了课堂教学改革,即实行走班式教学。体育组根据学校实际情况,在一年级开设篮球、足球、体操、羽毛球、武术、形体及健身等选修课程,学生根据自己的兴趣和爱好选修一门。教师教得认真,学生学得开心。

学校重视各种体育活动的开展,学校体育馆对学生开放,积极开展体育大课间、"阳光长跑活动"、课外辅导等活动,取得了良好效果。学校还积极抓好体育特长生的培养工作,仅 2011 年高考,我校就有 6 名学生体考成绩上重本。

4. 艺术课程

在艺术教育的目标定位上,我们确立为培养学生的艺术审美能力和艺术素养的积淀。在课程设置上,我们也效仿体育课模式,兼顾学生的兴趣爱好和特长,效果很好。2010 年组织参加重庆市第五届中小学生才艺大赛,我校学生庹樱脐、李家骏分别参加舞蹈、主持项目角逐,均获市一等奖;2011 年,美术考生专业考试成绩斐然:川美上线 12 人,本科上线 71 人,专科上线 29 人。

5.研究性学习课程

先让学生了解一些基本常识和进行开题、结题。学生利用周末或寒暑假进行调查研究。我们要求学生在老师选出的课题内选定一个课题。学校成立了研究性学习备课组,任课教师具体指导课题的管理。对研究性学习课程的评价,我们采用开题评价、过程评价和结题评价的三阶段评价方式,严格加强研究性学习课程学分管理。

二、把推进教师专业化发展作为特色建设的有效平台

学校发展的核心在学生,关键在教师。教师专业化水平的高低直接影响着学生素质的提高。因此教师专业化发展,是学校发展的永恒话题。当前我校教师年龄结构并不合理,年轻教师人数偏多,教师的平均年龄偏低,进行校本培训、专业引领将是一个长期的工程。尽管如此,我们也应该看到虽然这支队伍还很年轻,但如果将这支队伍进行有力的培养和打造,其后续发展的潜力亦是不可估量的,他们必将成为学校的一支生力军。

我校本着"用好现有的,引进外来的,培养自己的"的原则,以提高素质为根本,不断起用新人。紧紧围绕"重师德、强师能、树师表、铸师魂",坚持"依靠、培养、激励"的原则,努力优化教师队伍。有计划、有步骤地采取"结对帮扶"、"专家引领"、"引进推出"等方式,大力实施"青蓝工程"和"名师工程",积极为每一位教师创造成功的机会和发展的空间,鼓励教师脱颖而出。重点加强学校骨干教师队伍建设。通过开展本校教学改革试验、参加研讨培训和接受外校教师观摩进修等活动,塑造在全区、全市有一定知名度的教师,同时启动"名师工程"。

三、主要体会

1. 课改引发了学校管理的深刻变革

第一，管理方式发生了变化。学校由传统的教学管理走向课程建设、课程领导和课程经营，学校各职能部门围绕课程方案的精神制订工作计划。教育教学设施按照新课程方案的要求配置。通过校本课程的开发和优化、校本教研制度的建立和落实来改变教师的教学观、课程观、学生观，进而体现学校的办学特色。

第二，教学管理适应了课程结构的变化。学校能够根据国家课程方案的要求，按照课程内容和课时的比例关系，使它们享受和必修课一样的学分待遇，并进一步完善研究性学习、社区服务和社会实践等项目管理，使之系统化并增强可操作性。

第三，教学行为发生了变化。教师从多渠道了解学生；综合利用多种方式、多种资源教育引导学生；研究大纲与课标的区别和联系，力争在弹性的课标中找出刚性要求，探索教学规律。

第四，评价方式发生了变化。学校建立了《学生学习过程评价体系》，由过去单一的考试成绩评价改为多元评价、重视学习过程、关注学生个性发展等多种方式的评价。

2. 教师对新课程理念高度认同

高中课程结构的均衡性，使那些教授传统意义上的"小学科"，特别是非高考学科的教师有一种特别的自尊，教学辅助人员也都自觉学习课程标准，选择适合自己的选修模块教材认真学习，并踊跃申请上课，极大地调动了全体教职工的工作热情和创造性。他们认为，新课程对通用技术、艺术、体育与健康、综合实践活动的充分重视，有利于学校教师和学生的和谐发展和科学发展。

高中新课程在选择性上的增强，也给教师以很大的欣喜。他们认为，这将令学生获得更符合他们自身条件和兴趣的发展，这是一个很大的突破。此外，学校拥有课程编制权，有利于教师特长的发挥,有利于学校品位的提升和特色的形成。

3.教学环节得到了优化

教师初步做到"三个转变",即备课向设计转变,上课向情境转变,作业向对话转变。教师不是简单地使用教材,而是博采众家之长,创造性地使用教材;课堂创设情境,注重生成,联系生活,尊重生命,实现人文关怀,克服知识本位和单向灌输,民主、平等、合作、交流的和谐师生关系得到充分体现,课堂教学发生显著变化。

4.学生整体素质有所提升

学生的学习能力在原有基础上有了提高。选修课给学生选择教师和学科的权利和机会,有利于调动学生的学习积极性,有利于学生的身心健康。良好的学习习惯正在逐步养成。通过一项对教师的调查表明:与上一届高一学生相比,教师认为,现在的学生不仅学习成绩提高了,而且动手能力、口头表达能力、思维能力较强,学习视野较宽,学习的潜质较好,业余爱好较多,在课堂中容易沟通和对话。

但是,新课程为了顺应国际和社会发展的需要,课程结构和设置具有很大机动性,这种情况使学校对教师的需求具有不确定性。教师需求变化的频率很快,以至于现在的人事管理制度无法满足这种变化。二是新课程的学习领域和学科课程标准下的教学内容在高考过程中是否能得到体现,这是关系到课改能否顺利进行下去的关键问题。高考要考,具体怎么操作,方案制订要慎重,否则,既加重了学生的负担,又失去了考试的信度和效度。

当然,作为年轻的涪陵十八中,尚处于课程改革的起步阶段,如何优化周课程设置,进一步探索教学改革,从而走出一条有鲜明特色的路子,还有很多困难,但我坚信,只要我们敢于坚持不懈地走下去,就一定能成功。

立足地域文化　打造学校特色

重庆黔江中学　张万和

《国家中长期教育改革和发展规划纲要（2010—2020年）》指出："推动普通高中多样化发展。促进办学体制多样化，扩大优质资源。推进培养模式多样化，满足不同潜质学生的发展需要。探索发现和培养创新人才的途径。鼓励普通高中办出特色。"高中是学生个性张扬和才情显露的关键阶段，特色办学才能适应学生的个性发展，才能为各种人才的成长开辟不同的路径。黔江中学，地处渝东南，这里天时、地利、人和不济，学校要想在充满竞争的大环境中立足，另辟蹊径，走内涵发展，办出特色，是办学者智慧的选择。

一、学校特色是什么

何为学校特色？其本质内涵是什么？古人认为："事物之独胜处曰特色。"正如一个人或一个事物与众不同又特别优异之处，这就是特色。我们认为，特色学校的"特色"是一种先进的、独特的、富有时代特征和相对稳定的学校文化。它不只表现为学校具有个性化的外显环境、校本化的课程体系、独特的教育教学管理制度、明显优于同类学校的特色项目，更表现为凝聚在学校每一个成员身上的一种精神品质。它无处不在，不因校长更换而改变，不因教师调动而弱化，也不因学校变迁而消亡，它深入学校每一个成员的骨髓，影响人的一生。

二、把握学校特色的要素

以千篇一律的学校作为参照,学校特色所体现的是学校独特的整体风貌,它有许多构成要素,其中独特的办学思想、特色的教师群体、校本化的课程体系、高水平的特色项目、个性化的学校文化是主要要素。正确把握这些要素,对于科学规划、全方位强势推进特色学校创建工作有着重要的意义。

1.校长,要有独特的办学思想

校长是教师的教师,我们认为在特色学校的要素中,校长是最关键的要素。一所学校的办学特色,应当是校长办学思想个性化的表现。没有独特办学思想的校长,就办不出有特色的学校。黔江中学,1925 年草创,1988 年建成四川省重点中学,1997 年成为重庆市首批重点中学,在渝东南乃至重庆市享有较高的声誉,尤其是 2000 年以来,学校快速发展。反思发展原因,我们发现,在校长的引领下,提炼了学校 80 多年办学历史的精华,有了学校理念,有了校训和发展目标,并把它渗透到学校管理过程的各个环节。

2.教师群体,要有独特的个性

蔡元培先生说过:"有特色的教师是学校的宝贵财富"。

教师,是学校的生命和活力所在,精神和力量所依。校长独特的办学思想,要在实践中形成特色,要靠特色教师来实现。校长的办学理念和学校的特色主题,都必须依靠一支与之相适应的教师队伍去实施。校长只有把先进的富有个性化的办学理念内化为每个教师的自觉行动,并持之以恒地在每一天、每一个平凡的岗位上努力实施,学校才能逐步形成鲜明的办学特色。

正因为这样,我校在创建特色学校的艰辛历程中,始终坚持把加强特长师资的培养和使用放在重中之重的位置上。我们的做法:一是围绕学校的"德育特色"、"科技特色"两大主题,坚持不懈地组织教师进行团队学习,让教师团队形成共同的教育价值观,达成共同的行动目标,让他们成为学校特色资源的开发者;二是发挥教育科研的作用,建立、充实与特色主题相关的书刊资料库,引导教师围绕学校特色主题开展课题研究,加深对与特色主题相关理论、规律的理解和认识,提高特色操作的能力;三是围绕学校特色主题定期开展校本研修活动,活动中注重发挥原有特长教师的专业引领作用,提高全体教师实施特色教育的能力;四是通过内引外联,大胆起用特长教师挑大梁,聘请校外有专长的人员参与学校特色创建工作,担任学校特色师资培训的辅导员,提高教师的专长;五是构建促进教师特长发展的评价机制,创设让教师进修学习、提高特长的机会,搭建让教师展示特长的舞台。总之,学校要把培养有个性的教师团队作为一项战略工程,常抓不懈。

3. 校市课程,体现地域文化特色

学校要真正办出自己的特色,就必须在校本课程开发上下工夫。十里不同风,百里不同俗,黔江中学所处的渝东南有独特的地域文化,它是我们开发校本课程的有效资源、打造学校特色重要因素之一。

学校以渝东南地域文化为素材,围绕特色主题开发校本课程,注意到了以下几点:一是从本校实际出发,充分挖掘、利用校内外有用的资源;二是强化课程意识。既然是课程,就必须做到精心策划、要素齐全。要有课程标准、课程教材(或活动设计方案),要有课时安排和评价办法;三是清醒认识课程资源的多元形态,克服把教材作为课程唯一资源和呈现形式的狭隘观念,努力把蕴涵在师生中的生活经验、特长爱好转化为与学校特色方向相一致的课程资源;四是把培养学生个性特长的发展、学习方式的转变和学习能力的提高作为校本课程开发的主要价值取向;五是遵循一定的校本课程开发程序(需要评估、确定目标、组织与实施、评价与改善)。

4.学校文化,彰显学校特色

中国教育学会会长顾明远曾经说过:"学校是文化的园地,办学最根本的一条,就是要铸造校园文化,校园文化是学校的灵魂。"独特的学校文化是特色学校最本质的标志。因此,要创建特色学校,必须注重学校文化建设。

首先,要根据学校特色创建目标和主题,努力建设校园物质文化环境。

校园物质文化环境是学校特色的外在体现,是一门隐性课程,对学生起着潜移默化的教育作用,要从细微处着眼精心设计和布置校园,使整个校园成为一部立体的、多彩的、富有学校个性和吸引力的教科书,使人一走进校园就能感受其独具特色的魅力。

第二,要根据学校特色创建目标和主题,努力建设校园管理文化。

学校的管理文化,由学校的各种规章制度及其运作机制组成,对学校特色的形成和发展起着导向的作用,也对学校特色的形成和发展具有强大的支持力和推动力。要依据学校办学理念和特色主题制订相应的校规校纪、学校管理、教育教学管理、教研科研、师资培训、班级管理、学生管理及教师考核评价等方面的特色建设的管理制度,使管理机制与学校的特色目标和办学思路相匹配,并通过其强制作用,慢慢使之转化为具有持续的、恒久的、无所不在的精神文化。

三、我校高中创特色的现实性和紧迫性

1.打造学校特色,是做大做精高中,促进学校良性循环发展的必由之路

(1)我区高中生源流失严重,优质生源不足,高中在夹缝中生

存,发展面临前所未有的困难。

文化基础差。高一新生入学时的中考分数不高,近三年来我校新生中考分数上重庆联招学校分数线的不足 10 人。行为习惯差,纪律观念弱。高中扩招,大班额现象未能扼制,每班平均 70 人以上;优质生源进主城,生源质量下降。正因如此,与主城重点高中相比,我们区县中学拼北大清华人数是以短攻长,失败是唯一命运。我们只有走发展特色之路,才有出路。唯有如此,黔江中学才能出成绩,才能赢得社会声誉和知名度,才能促进学校的可持续发展。

（2）我校创高中特色的有利因素:一是我校拥有一批专业素质较高的教师队伍。二是我校自 2000 年以来,学校质量已领先渝东南,在渝东南有较高的社会声誉和知名度。三是渝东南是少数民族地区,独特的民俗风情,地域文化为校本开发提供了独特的素材。

2.打造学校特色,是推进素质教育,促进学生全面发展和个性健康成长的必然要求

学校对学生的成长和发展起着至关重要的作用,优质的学校教育将为学生终身发展奠定坚实的基础。有特色的学校,才可能培养出有个性、有特色的学生;没有特色的学校,只能使学生成为"千人一面"的"标准件"。创建特色学校,归根到底,是为了促进学生全面发展和个性健康成长。

3.打造学校特色,是适应时代发展和普及高中教育的需要

在渝东南,老百姓的子女已经实现有学可上。上好学校,享受优质教育资源,成了他们的现实选择和现实渴求。

温家宝总理说:"教育要符合时代发展的要求……归根到底就是要与时俱进,赶上时代发展的步伐,办出具有中国特色、中国风格、中国气派的现代化教育。"经过"普九"、"两基",学校都取得

了长足的发展。当一所学校的办学水平具有一定的质量,够上一定的档次时,与时俱进,寻找新的"生长点"就成了学校可持续发展的方向。创办特色学校,在当前格局下就能激活整个学校向前持续、快速发展的活力,且能适应时代发展的脚步。

四、我校创学校特色的策略和思路

1. 明确学校特色的创办目标和思想

正确的办学思想是创建特色的灵魂。我校的办学目标是:把学校建设成教学有特点、学生有特长、学校有特色的现代化的示范品牌学校。培养志向高远,人格健全,基础扎实,特长明显,全面发展的学生。办学理念是:以人为本,为学生的终身发展奠基。

2. 着力校本教材,开好有特色的选修课程

着眼新课程改革,着力校本教材,开好选修课程需要考虑各方面的因素,主要的因素包括:(1)学校的发展历史与传统因素。学校的发展历史和优良传统,往往是学校特色建设可以挖掘的重要资源。(2)师资因素。学校特色需要特色的教师,特色教师是实施特色教育的重要条件。(3)办学条件因素。特色建设需要办学条件作保障,因此,办学条件就成为创建特色学校需要考虑的重要因素。(4)高考升学因素。提高升学率,尤其是重点人数的提升幅度,是现实条件下提高我校影响力、打造特色高中品牌的最有力的手段。因此以渝东南独特的地域文化和民俗风情,着力做好校本研修、开好选修课程,是创特色的有效路径。

3. 着力打造教师团队,彰显学生个性

80多年的办学历史,是学校的宝贵财富,我们将之提炼成"以学生为主体、以能力为核心、以发展为目的"的教学工作思想,"求真创新、研用结合"的科研工作思想,"爱生敬业、求实求新"的教风。

学校从 2007 年就开始通过外派骨干教师、开展校本课题研究及校本讲座对教师进行了新课改理论的培训，为新课改实施奠定了良好基础。2010 年秋季学期，开始有计划、有步骤地向学生、家长、社会宣传高中课程改革的理念、要求和主要举措，营造有利于高中课程改革实施和深化的社会环境及舆论氛围，同时分步骤实施，大胆探索，总结经验，稳步推进高中新课程改革，全面践行新课改理念，坚持深入实施素质教育，积极促进学生个性发展。一是加强新课程研究。要研究高中新课程标准，研究教材，研究教法和学法，研究新课程实验地区的高考，特别强调要结合重庆市教科院出台的"学科教学指导意见"加强对新课程标准的学习，以此统领课堂教学。二是推行集体备课制度。集体备课程序：先指定教师备课形成初案，然后组织集体研究，最后形成完备的教案，教师个人在此基础上根据班级情况作适度调整和发挥。三是着手优化课堂结构，打造有效课堂。课堂要从三维目标出发进行设计，优化课堂程序，重视教师行为示范带动作用，调动学生积极参与学习，培养学生良好的学习习惯。四是推行学案制度。依据高中新课程标准的要求，整合教材内容和教辅资料内容编写引导学生学习的"学案"，在各学科逐步推开。五是落实分层教学措施。根据班级学生情况开展分层备课、分层授课、分层训练、分类指导和分类评价。

　　北宋苏轼诗云：横看成岭侧成峰，远近高低各不同。创办特色学校与此理相同，亦步亦趋，即可达成千人一面的普通；另寻蹊径，方可铸造一校一面的满园春色。

实施课程改革　凸显地方特色

重庆潼南中学　米强荣

　　我们生活在一个经济社会飞速发展，人类知识不断更新，科学技术日新月异的时代。这是一个机遇与挑战并存，困难与希望同在，充满激烈竞争的时代。时代的竞争，实质上就是人才的竞争。古人说："国以才立，政以才治，业以才兴。"为了培养高素质人才，实施"人才强国"战略，国家制订了《国家中长期教育改革和发展规划纲要》，教育部提出了"实施高中课程改革，着力培养创新型人才"的总体要求。作为教育工作者，根据自己的学习体会，结合学校的实际情况，就实施高中课程改革，凸显地方特色的问题，谈谈自己的一些认识。

一、学好必修课程，夯实知识基础

　　我们知道，大树参天，在于根植于肥沃的土壤；大厦岿然耸立，在于修建在坚实的基础之上。学生要学好服务同胞、报效祖国的本领，必须学好国家规定的必修课程。因为这些必修课程，是先贤经验的总结，是人类智慧的结晶，是社会进步的基石。

　　语文、数学和英语是最基础的学科，是学好各门基础知识的基础。只有很好地学习和掌握了这些基础学科的知识，才具备学好其他各门课程的先决条件。

　　物理、化学、生物、信息技术等学科，是自然学科中的基础学科，是人们从事自然科学研究，步入自然王国探索奥秘所必须掌握的基础知识。如果没有这些知识基础，人们从事自然科学研究，推动科技进步，企盼国强民富的愿望将永远都是一个神话。

政治、历史、地理这些课程,是人们从事社会科学研究必须掌握的基本知识。只有学好这些课程,才能用科学的发展观认识世界,分析和解决问题,才能在创造物质文明的同时,创造精神文明,从而推动人类社会不断向前发展。

我们不仅要求学生学好基础课程,还要注重培养学生正确的人生观、世界观和价值观,训练学生科学的思维方式。要求他们在学习时,做到各科知识综合平衡,相互渗透,全面发展,学以致用。为把自己铸造成为一个复合型的人才打下坚实的基础。

二、致力探究学习,发挥个性特长

中学时期是人生的黄金时期。这个阶段的学生思想单纯,思维敏锐,最不保守,敢于创新,而且兴趣爱好广泛,富于探索精神。有"欲上九天揽月,欲下五洋捉鳖"的探究欲望。作为教育工作者,应抓住中学生的这些特点,引导他们根据自己的兴趣爱好,发挥自己的个性特长,潜心致力于探究性学习,以期在中学时代就能取得令人振奋的成绩。

我们知道,灵感是智慧的别名。教育心理学家通过研究认为:如果一个人对某种事物感兴趣,他就会产生一种执著的精神,就会迸发出一种令人惊奇的灵感,就会产生一种巨大的动力,就会以一种奇异的眼光洞察事物,以一种超人的理智去分析事物,由此,往往会有惊人的发现,往往会获得意想不到的结果。

人是有个体差异的,每个人都有自己的天赋、兴趣、爱好。日本是一个科技强国。日本的教师最大的特点就是善于引导学生观察事物、分析问题,充分发挥学生的兴趣爱好和个性特长。因此,日本人在中学时代往往就有科研成果面世。当年,清华大学数学系主任熊庆来教授发现华罗庚对三角函数的研究很感兴趣,且在这方面富于特长。于是,他因势利导,指导华罗庚致力于三角函数方面的研究。华罗庚把自己的爱好和特长发挥到了极致,最终获得了"完整三角和"的研究成果。这一成果被数学界称为"华氏定理"。

教师是学生的引路人。引导学生根据自己的爱好和个性特长进行探究性学习,这是教师的天职。我们要根据国家教育部的有关要求,结合学生的实际,指导学生发挥个性特长、兴趣和爱好,致力探究性学习,促使他们在探究性学习中有所发现,有所发明,有所创造,有所成就。在指导学生进行探究性学习的过程中,要切实做到"三个注意"和"三个提供"。

这"三个注意"就是:

一是注意指导学生选修和探究国家教育部的选修课程和选修课题。因为这些课程和课题代表了科技创新的方向,具有权威性和导向性。

二是注意指导学生选修和探究由本校教师编拟的校本课题。比如:《垃圾变废为宝的研究》、《隐形机器人探索》、《人工降雨新探》、《牵着洪水鼻子走》、《太阳能的再生》、《癌症的天敌》、《风力发电新路子》、《航母的杀手锏》、《核弹跟踪追击》等。

三是注意指导学生及其家长自拟探究性课题。许多学生的家长学识渊博,富于探索精神。教师要根据学生的家庭情况和学生的个性特点指导学生自编探究性学习课题。比如:《厨房里的化学》、《园艺栽培技术》、《天象观测小知识》、《久病良医》、《空气净化小常识》等。

这"三个提供"就是:

一是提供必要的条件。教师要给学生学习及活动提供必要的经费、必要的学习资料、必要的设施设备。

二是提供指导教师。在探究性学习的过程中,必然会遇到这样或那样的问题和困难。学校可以邀请科研部门和大专院校的有关专家、学者到校开设专题讲座,定期到校指导学生的学习,解答疑难问题。本校教师也要对学生进行辅导。

三是提供学生探究性学习的时间和地点,引导他们到农村、到工厂、到社会去实地参观、考察和实习操作,尽量给他们提供方便,让学生通过实践,增长见识、增长才干。

探究性学习是一个长期的、艰苦的过程。教师要鼓励学生敢于探索、敢于质疑、敢于尝试、敢于创新,持之以恒,切忌走马观花,蜻蜓点水。同时还要培养学生的团队意识和协作精神,组建探究互助学习组,以便相互启发,共同探究,学习相长,比翼齐飞。

三、立足故土校园,凸显地方特色

仔细解读国家实施课程改革的方略,冷静剖析其课改的实质,我们不难发现,国家实施课程改革的目的,是在要求学生学好国家规定的必修课程的同时,根据自己的实际,认真学好选修课程,培养学生自主学习、探究学习和互助学习的能力,着力培养学生的创新精神。与此同时,还要求各级教育行政部门和各个学校立足故土校园,结合本地区、本学校的实际,编拟地方教材和校本教材,给学生提供更加丰富的学习资料,以此激发学生爱家乡、爱祖国的情怀,开阔学生视野,丰富学生知识。

我们深知,家乡是学生苗壮成长的沃土。爱家乡就是爱祖国的最好体现。学生对自己的家乡、对母校有着很深的感情。他们对故土有几多渴慕,几多情思,几多企盼,几多憧憬!作为教育工作者,我们要抓住青年学生的这些情愫和愿望,认真编写地方教材和校本教材。在编写地方教材和校本教材的时候,一定要着力凸显地方特色,一定要做到"三个结合"和"三个凸显"。

这"三个结合"和"三个凸显"就是:

一是结合重庆的实际,凸显重庆的特色。重庆是一座英雄的城市,充满传奇色彩。这里曾经是陪都,是抗战的大后方;这里是许多老一辈革命家战斗过的地方,这里有长眠九泉的先烈,有熠熠闪光的红岩精神,有万里画廊——长江三峡……我们可以结合这些特点,编写重庆地方教材。如编写《抗战时的陪都》、《钓鱼城的传说》、《华蓥山的故事》、《长江三峡》、《重庆沧桑》等,把重庆的历史、人物、山川地理等贯穿在这些教材中,让学生了解重庆,热爱重庆,为重庆的发展勤奋学习,立志成才。

二是结合潼南的实际,凸显潼南的特色。潼南山清水秀,人杰地灵。在这里,走出了中共四川省委第一任书记杨闇公,走出了第四任国家主席杨尚昆……这里有亚洲最大最高的饰金坐佛——潼南大佛；有保存最为完好的明清民居——双江杨氏民居……我们要认真组织人力把最能代表潼南特色的历史人物、文化古迹、自然景观等写进教材，以飨学生。

三是结合潼南中学的实际，凸显校园特色。潼南中学是原四川省首批重点中学，也是重庆直辖市首批重点中学。学校创建于清道光十三年（公元 1833 年），原名鉴亭书院。学校办学历史悠久，文化底蕴深厚。学校人才辈出，校园环境优美，古树参天。学校有新中国成立后的第一任校长、潼南早期地下党负责人袁明道；校友中有"两弹一星"功勋科学家、中科院院士王方定，有国际著名法学家李昌麒（该两位校友均受到胡锦涛、江泽民等同志亲切接见），有国家 300 万元科技成果奖获得者、云南省首席农业科学家蒋志农，有第二十六届国际中学生物理奥赛金牌获得者蒋志。潼南中学校园俯瞰涪江，西临潼南大佛寺和古代先贤魏了翁出资修建的读书台——鉴亭（学校据此取乳名鉴亭书院）……学校可以据此编拟校本教材。如：编写《传说杨闇公》、《云水襟怀杨尚昆》、《寻古鉴亭书院》、《早期地下党员袁明道》、《母校骄子王方定》、《蒋志农的故事》、《奥赛金牌的由来》等校本教材。让学生通过以上这些教材的学习，了解学校的历史，学习先辈的品质，继承光荣的传统，从而陶冶情操，净化心灵，丰富学识，开拓进取，奋发有为。

教学的内容丰富多彩，教学的方法多种多样。作为新时代的教育工作者，既是学生学习的指导者，也是学生学习活动的组织者，更是学生学习过程的参与者、合作者。在实施新课程改革的进程中，我们应以"培养有创新精神、有实践能力的人才"为目标，严格要求学生学好必修课和选修课，组织和指导学生进行探究性、创新性学习，着力培养学生勇于探索、积极创新的精神。同时，还要结合本地区、本学校的实际和学生个体的实际，着力编拟地方教材和校本教材，着力实施课程改革，大力凸显地方特色，努力开启学生的智能和潜力，发挥学生的个性特长，充分调动学生学习的积极性和主动性，千方百计把学生培养成为有理想、有知识、有创新、有能力、有作为的民族复兴大业的建设者和接班人，为国家的教育事业作出自己应有的贡献！

传承石刻文化　创建特色学校

重庆大足中学　龚爱华

重庆市大足中学创建于 1927 年,其前身为光绪年间的海棠书院,已有 80 余年办学历史。学校紧邻驰名中外的世界文化遗产地之一的龙岗山,被人们誉为"石刻之乡"的人才摇篮。在教育教学实践中,学校贯穿"为学生和谐、持续发展而奠基"的办学理念,正积极探索特色发展之路,努力建设有石刻文化特色、全面渗透美育的高完中。

一、吸取石刻精髓

大足石刻是大足县境内摩崖造像的石窟艺术的总称,石刻造像多达 75 处,有造像 5 万余身,铭文 10 万余字。其中以宝顶山和北山摩崖石刻为代表,内容以佛教为主,道教次之,余为佛道合一、佛道儒三教合一,是中国晚期石窟造像艺术的典范,与我国古代早期的敦煌莫高窟、云冈石窟、龙门石窟齐名,构成了一部完整的中国古代石窟艺术史。

大足石刻的精髓主要体现在三个方面:一是艺术价值。大足石刻将宗教雕塑的形象和内容世俗化、生活化和地方化,完成了宗教雕塑中国化的进程,并代表了 9～13 世纪世界雕塑的最高水平,被誉为世界雕塑史上的最后一座丰碑。同时,因为有机融合了宗教、文学、艺术、科学、哲学、民俗、建筑等诸多领域,也被称为"一部刻在石崖上的百科书";二是石刻精神。大足石刻应政治、战争、民生等原因而生,以民间筹资、设计、雕造而成。古代艺术家们创造性的深入浅出,以通俗易懂的造像个体或造像群,反映了老百姓渴望社会稳定安宁的强烈愿望。民间匠人创造出的石刻规模宏大、造像精美、细中求精,开创了中国宗教石刻艺术的一个时代——"大足石刻时代"(雕塑大师刘开渠语)。三是社会作用。石刻造像"神像人化",增强了与观众的亲和力,直接传达了中国古代的优秀传统文化,尤其以儒家"孝"文化为核心,融合刚、仁、忠等精神,对观众进行了"真、美、善"的教育,对传统道德观进行了巧妙而直观的阐释。特别是在同一窟龛出现"释迦牟尼、孔子、老子三圣并坐"的少见布局,追求"以佛修心、以道养生、以儒治世"的目标,更是反映了人们渴望社会包容、和谐的良好愿望。

二、渗透石刻文化

如何在重庆市"五个校园"建设的背景下进一步推动我校的特色建设?我校的思路和举措是:扎根本土,挖掘石刻文化底蕴,坚持"去伪存真、去粗取精"的批判原则,传承和发扬大足石刻精神,全面渗透美育,打造优质教育资源,走发展之路。

1.建设有大足石刻文化特点的校园环境

校园环境对学生能起到"无声润物"的作用。我校汲取大足石刻因地施艺、巧妙布局、融合广泛等特点,在进行校园文化建设规划中,渗透石刻元素,把石刻文化的精神渗透融合到校园环境建设中,积极优化育人环境。在校园的园、林、路、池、楼等景点建设上,力图做到使用功能、审美功能、教育功能的和谐统一。2003年以来,我校仅校园人文景观工程就已投入资金近 300 万元:一是在校园显要位置安放了首任校长王风先生和优秀学子"龙学泰斗"杨明照先生的石刻塑像。二是在校园文化广场上竖立了两组极具特色的石刻文化柱。每组 4 根,柱面浮雕内容融合了历史、科学、艺术、名人哲理等,做到了"一柱一个主题,立足一点看整体"。三是在培育有"太空荷花"的荷花池边安放了足中学子赠送的以蜡炬和商鼎组合象征教师"奉献·育人"为主题的雕塑"铸鼎"(此鼎意为国之栋梁)。四是在校园干道旁的草坪、荷花池等地,安放了一批天然文化景观石,上刻经典名言警句,激励师生健康生活、勤奋学习、努力工作。近期,我校正在策划和准备在校园合适位置安放一批新的名人雕像和艺术雕像,雕造一壁具有校园特色的石刻艺术墙,进一步凸显石刻文化。

2.建设有大足石刻文化特点的课程

校本课程的开发不仅仅是课程改革的需要,也是提升办学思想的需要,更是促进学校特色发展的需要。我校倡导师生积极探究挖掘大足石刻这部"百科书"里的知识。教师方面,教师的任务是紧密结合学科特点,从不同角度挖掘开发校本课程。比如文科学科中的语文、思想政治、历史等可以从《父母恩重经变像》、《大方便佛报恩经变像》、《地狱图》等作品入手,对学生进行思想道德、伦理道德等教育;化学、物理等理科学科可以从科学的角度去探究整个石刻中排水、支撑、采光、保护等知识;对于艺术学科尤其是美术学科,无论从美学、书法、建筑、技法等任何一个角度都可以开发出课堂教学内容来,更是一座"取之不尽,用之不竭"的资源宝库。学生方面,主要利用开设的综合实践课和学科教学安排,结合大足石刻独有的"八大特点",组织学生对大足石刻进行自主学习探究,探究的领域非常多,比如对大足石刻的欣赏与讲解、大足石刻文化内涵研究、大足石刻物理运用研究、大足石刻的宗教研究、大足石刻的佛教文化研究、大足石刻的"忠""孝"研究等。实施研究的途径和方式主要有两个:一是通过网络、书籍、走访等途径搜集大量的资料,在资料中提取相关知识;二是有组织地到石刻景区现场参观赏析,进行实地研究。二者之后再通过论坛、论文、图片、展板等形式展示个人或小组的研究成果。

3.建设有大足石刻文化内蕴的德育

大足石刻精神在于劳动创造,文化核心在于儒家传统的"孝"、"仁"、"忠"、"刚"等传统道德思想。学校德育提取了大足石刻内蕴之精髓,即"善事父母"、"德刑相济",并通过多种途径对学生进行引导教育。具体做法主要有三个:一是利用课堂教学进行德育渗透。佛教推崇"忠孝",如在《大方便佛报恩经变像》中,既刻有释迦牟尼"挖眼治父王"、"割肉供父母"的"孝"行,也刻有几处"国泰民安"四个字的"忠"告,但自古以来"忠孝不能两全"。例如岳飞,在忠孝不能两全的情况下,则以大局为重,遵循其母为其肉背题刻的"精忠报国"四个字,以"还我河山"为口号,誓死保卫疆土,虽最后被朝廷奸臣所害,但留下了千古美名。这不仅让学生通过岳飞的故事理解了在忠孝不能两全的情况下应选择顾全大局的原则,同时也接受了爱国主义教育。再如,以《千手观音》所传妙善公主为救其父病主动奉献自己一手一眼做药引,善举感动佛祖而得千手千眼的故事,告诫学生要知行如一、行善感恩等等。二是利用集会进行德育渗透。大足石刻中同一窟龛能做到"三圣并坐",且能融合诸多领域,这充分体现了社会的包容性与和谐性。而和谐、包容也是有前提的,那就是需以"德刑相济"为前提,如《牧牛图》、《地狱图》所示,欲达规范则需要教化与法治并用,以此平衡人与社会之间必然的因果关系。

三、彰显办学特色

为了形成一个具有完整性、系统化的办学体系和模式,学校从 2005 年申报了市级独立课题《普通高中学科教学中去全面渗透美育的研究》,并于 2011 年圆满结题。通过课题研究的过程,着力引领学科教学,初步形成办学特色。研究期间,各学科教师积极开发编写本土教材,设计课堂教学,撰写发表学术论文;部分老师以石刻为资源开发特色课程,荣获了市级、县级优质课大赛一等奖,课题经过专家的悉心指导和全体参与课题研究的老师们的辛勤努力,办学特色及成效也逐渐地被社会所认可。下一步,我校将以已有的课题成果为起点,在学校各工作领域进行全面实践,对课题成果进行升华,进一步强化和完善学校特色。

虽然有特色的学校不一定是成功的学校,但是一个成功的学校,一定是有鲜明特色的学校。实践证明,因地制宜,依据实际创立自己的办学特色,对于学校的发展至关重要。

"善雅志"特色德育的探索与实践

重庆巴蜀中学　　王国华

《国家中长期教育改革和发展规划纲要》指出:"树立以提高质量为核心的教育发展观,注重教育内涵发展,鼓励学校办出特色、办出水平,出名师、育英才。"学校的改革与发展,关键要有办学特色。

靠什么来形成办学特色? 创建办学特色的策略与途径何在? 那就是抓住机遇,与时俱进,发挥优势,突出个性。巴蜀中学近年来在学校特色德育建设上突出"善雅志",取得一些实效。主要探索和实践如下:

一、广开言路,充分论证,确立巴蜀特色德育以"善雅志"为突破点

事物的发展都是以一定的基础为生长点的。同样,创建学校特色,办学基础是前提,特色是基础之上的个性发展。因而,开拓创新、卓有成效提高教育教学质量,是学校特色发展的基础。很难想象,一所常规管理混乱、办学质量低下的学校,能有什么办学特色。我校近 80 年的发展,尤其是近 10 年来的高速的突破性的跨越式发展,使我校已成为一所享誉全国的中华名校。在此基础上,我们以先进的育人理念引领学校,为民族为国家培养出更多精英,是我们新一代巴蜀人思考的课题。

在选择特色项目突破口时,我们遵循了如下原则:一是正确的价值取向,突出学生的主体地位,体现时代性和先进性;二是项目要能对学校整体工作有强大的推动作用;三是强调独特创新。

将德育作为突破口。我们研究了几个案例:黑龙江佳木斯一中的"五心"教育;华中师大一附中"以人的发展为中心"的办学特色;成都石室中学"三才"的办学特色。在此基础上,我校根据办学传统和办学基础,根据未来社会对人才的要求,结合我校的地理位置——重庆特大型城市的中心城区,学生家庭背景和自身学习基础等具体情况,与时俱进地在我校"三本理念"——"教育以人为本,校长以教师为本,教师以学生为本"基础上,提出了特色德育理念"善雅志",即"善为根,雅为骨,志为魂"的育人理念。

二、课题引领,深入研究,巴蜀特色德育在"善雅志"理念指导下科学发展

改革需要理论的指导,实践需要科研的支撑。所以,现代中小学在创建办学特色的过程中,要强化"科研兴校"、"以科研促特色"的意识,将创建办学特色的过程始终当做是一个教育科研的过程,以确保学校特色建设沿着正确方向前进。

对此,我校学生处遴选学校德育科研骨干 10 人,组建了以分管德育的副校长吴国慧为主持人的"善雅志"工作室。目前,工作室成立了"现代中学生素质培养研究"课题组,申报了专项德育课题,深入研究,有效促进了我校特色德育的发展。

三、打造富有特色的师资队伍,强劲推动"善雅志"特色德育

皮亚杰指出:"有关教育与教学的问题中,没有一个问题不总是与师资培养问题有联系的。如果得不到足够数量合格的教师,任何最使人钦佩的改革也势必要在实践中失败。"同样,创建办学特色,其成败最重要的因素就是师资队伍。特色来源于个性。同理,特色教育也来自于教师中不同寻常的兴趣、气质、特长等。办学特色实际上就是由特色教师队伍的兴趣、气质、性格、特长等凝聚而成的美妙坚固、光彩照人的宝石。蔡元培先生曾说:"有特色的教师是学校的宝贵财富。"在师资队伍的建设中,学校根据特色

德育项目,经常性地开展师资培训工作,致力于挖掘教师的教育教学特色,调动每一位教师的积极性,发挥好每一位教师的作用,为特色德育注入了强大的推动力。

比如雅育,我们需要儒雅的教师,即"身正学高、举止优雅、善良包容、专业敬业"的教师。学校的做法是:每个年级办公室都有一面镜子,名为"雅鉴"。镜子上端有 15 字箴言——"发必理、面必洁、衣必整、容必善、态必雅"。对教师的管理我们是"责任立己,制度立校",是清雅的管理,是清廉、清新、清楚的管理,是制度管理、文化管理、情感管理三者的有机结合。为了让教师清新而优雅地生活,智慧而快乐地工作,在校长指导下对学校的办公室统一进行了美化绿化:有绿色植物,有小盆景……目前,我校教师都能准确解读"善雅志"的育人内涵,成为行动的指南,使我校"善雅志"教育生机勃勃,欣欣向荣。

四、"实践五部曲"逐一奏响,"善雅志"新苗茁壮成长

"善雅志"特色德育项目,我们讲究策略,以点带面,分步推进,使这项工作在巴蜀中学深入人心。

第一部曲,以文化建设为基础,让"善雅志"教育生根。

特色办学只有上升到学校文化的高度,才能显出它独树一帜、卓尔不凡的魅力,即只有以文化为内核,让其产生一种巨大的张力,使其内化为学生和教师的素质、内化为学校的品质。随着这种文化积淀与文化张力在内隐与外显中不断优化,特色成果必将逐步渗透到学校的各个细胞,形成一种"人无我有,人有我优,人优我精,人精我特"的风貌,这就是我们所追求的办学特色,这种特色是学校的精魂,对师生起着导向、凝聚、激励和约束的作用。

我校学生处要求新建年级及各班级成立之初,以"善雅志"为主题,确定班训、班歌、班旗、班徽、班风,让"善雅志"主题教育深入人心,且常态化。教学楼内,创办了"善雅书屋"、"读书角",让学生在优雅的校园文化环境中幸福地成长。

第二部曲，以德育目标为抓手，让善雅志教育发芽。

起始年级，善的教育，以善心、善言、善行为重点。"善"是一种历史与现代社会所认可的价值取向，"善"是道德修养的目标，是人格、人品完美所追求的价值目标。善的价值取向是世界共通的，向善、择善、至善始终是一个人道德修养的目标指向与目标达成的途径和理想境界。

中间年级，雅的教育，以雅量、雅趣、雅行为重点。雅是至上的品位、至尊的气度、至高的境界，"以雅育雅"是我校的具体措施。雅是无法灌输的，它需要在优良环境中自主生长。雅教育以"涵养儒雅教师、培养文雅学生、润养高雅学校"为指导思想。所谓文雅的学生，是指品正业勤、文质彬彬、阳光向上、胸怀天下的学生，以达其情有所爱、慧有所托、志有所远、体有所健、行有所美，达于可能的最高层次。

毕业年级，志的教育，以志向、志趣、志气为重点。理想信念教育是我校"志存高远"培育目标的重要内涵。我校将每年9月定为学校"理想信念教育月"，各年级以不同形式开展理想信念教育：初中，特别是初三，我们开展了学习理想教育，少年团校及团员发展教育；高中，特别是高三，我们开展青年党校，学生党员发展，成人宣誓仪式，人生理想教育等教育，而且在国际班学生中加强学成归来报效祖国的教育。同时，学校充分利用每周星期一的"国旗下的讲话"，由校长或学生处主任或特邀的教师和学生，以每年的"感动中国"的人物、随时涌现的英模人物、重大的时事政治等，进行专题的理想信念教育讲话。开展巴蜀大讲坛，举办成功人生系列讲座和学生主题演讲，激励学生志存高远。学校的巴蜀大讲坛，先后延请了巴蜀校友张焕乔院士，原教育部副部长韦钰教授，世界著名新儒学代表哈佛大学杜维明教授，著名百家讲坛主持人于丹教授、纪连海老师等参与讲坛，以他们的成功人生经历、学术创造等，引领了我校师生的精神思想，为学生的人生观、世界观的形成注入了新的元素。

第三部曲，以课程资源为重点，让"善雅志"教育拔节。

有两个层面的课程来实现以课堂为主阵地的"善雅志"教育。

第一个层面是校本教材，我校结合 2010 年 9 月重庆市高中全面进入课程改革的契机，狠抓校本课程的建设。其中由校课改处和"善雅志"工作室联合开发的《优雅少女课程》，引起重庆出版集团的强烈关注，将之列入今年出版计划，负责课程的杨百灵等 3 位教师正在进行书稿修订，即将正式出版。近年来，在开展"善雅志"德育科研的基础上，学校先后编印了德育校本教材《养成教育》、《中学生的人际关系》、《青春期 ABC》、《金针度人》等 10 余种，有针对性地解决了专题德育问题。下一步，还将开发《谦谦君子课程》（雅为主题）、《善根培养读本》（善为主题）、《偶像（名人）剧》（志为主题）剧本创作和拍摄、《"善雅志"主题班会集锦》等校本教材，使学校的班会、选修课、综合实践课成为"善雅志"主题教育的教学阵地。

第二个层面是挖掘常规学科课程中"善雅志"的教育元素，予以教育强化，实现学校课堂教学"善雅志"教育的全覆盖、全渗透。

第四部曲，以品牌活动为依托，让"善雅志"教育开花。

学校整体品牌活动：艺术节和科技节，适时强化其"善雅志"教育维度。如艺术节中开展"让巴蜀学子都成为优雅学生"主题演讲活动，在科技节中开展"科技，绚烂我们青春梦想"读书报告会等，从整体上营造出了特色德育的氛围。

学校通过多年实践，探索打造了各年级以"善雅志"为主题的品牌主题教育活动。起始年级开展班级形象大赛，中段年级开展学生礼仪大赛，毕业年级举办中高考誓师大会。这些活动，主题鲜明，场面恢弘，活动精彩，气氛热烈，感染力强，对学生极具教育震撼力。

第五部曲，以特色表彰为激励，让"善雅志"教育结果。

根据"善雅志"总要求，我们改革了我校传统评比表彰制度，如我们建立的友善星、礼仪星、勤学星、环保星、自强星、诚信星等奖励制度，有效引导学生高尚卓越的人生观、世界观的形成，为他们成为未来社会精英奠定坚实的思想基础。

五、"善雅志"特色德育蓓蕾满枝,巴蜀人担负起社会责任

作为重庆市教委直属重点中学,学校有一份重要的社会责任,那就是示范与引领。我们选定的"善雅志"特色德育,不仅应该在巴蜀学子的人格中萌芽,还应该在新一代的中学生中开花结果。

2011 年 3 月,在重庆市中学校园文化高级论坛上,学校介绍了创办特色德育"善雅志"经验,反响良好。

2011 年 5 月 20 日,《重庆商报》以《巴蜀担当:为国家、民族培养"善雅志"英才》为题,进行了专版报道。

2011 年 5 月 17 日,由重庆晚报和巴蜀中学联合主办,主题为"传善雅志,创文明城"暑期小记者体验活动,在巴蜀中学正式启动。重庆晚报总编辑任美荣称,本次活动向社会传递"真、善、美"理念的主题,让广大中学生去发现生活中的"善雅志",是有针对性地为未成年人开展社会主义核心价值体系的学习教育。

2011 年 6 月,《观天下》杂志第六期,以《高擎善雅志大旗,为国家培养未来英才》为题,进行了长达 5000 字的深度报道。

正是在"三本理念"的引领下,在"善雅志"的特色教育的推动下,我校的办学取得了辉煌的业绩,受到了到校参观的世界各地领导、专家、来宾的好评。学校涌现了荣获重庆十佳中学生张航、廖佐夫、刘景南、陈韵竹,荣获了第 25 届世界中学物理奥林匹克竞赛金牌的田涛和第 9 届亚洲物理奥林匹克竞赛金牌的唐鹏等 10 位夺取国际奖牌的学生,勇夺近 4 年中考状元的李暴、韦宇丹、柳宇星、刘峻琳、杨晋川等 5 位同学,勇摘近 10 年当年高考文理科状元的李玲、张倩、王晓书、屈仁丽、蔡妮芩、何宇佳、罗诗语 7 位同学。近 10 年来,有 400 多名学生考入北大清华,300 多名学生光荣加入中国共产党。

课改为纲　育人为本　铸就学校特色

重庆巴县中学　曾永江

《国家中长期教育改革和发展规划纲要（2010－2020 年）》指出："推动普通高中多样化发展……满足不同潜质学生的发展需要。探索发现和培养创新人才的途径。鼓励普通高中办出特色。"纲要指明方向，改变千校一面的局面，突出选择性，多样化、个性化地办好每一所学校，使学校走特色发展之路是教育发展的时代要求。

那么，一所学校如何才能办出特色，走出一条特色发展的路径呢？我校坚持课改为纲、育人为本，突出科技特色，开发校本课程，构建了"四四"互动课堂模式，在特色发展方面作了大胆的探索。

一、坚持课程改革方向不动摇

我们历来认为传统课程需要改革，近年来，有计划地把学校的高中教师派往课改实验较早的省市的有关学校，或短期，或中期，形式多样地安排外出学习。同时，学校几年前就开始构想我们自己的课程改革应该走怎样的路了。我们认为，完善三级课程管理体系、促进校本课程特色发展是新一轮课程改革的重要内容，是学校内涵发展的新增点。我们坚守一个观念：教育的一切工作都指向一个目标——育人，"让每一个学生适应时代发展"是我校的教育哲学，也是我们学校一切工作的归宿。我们特别重视课堂教学，因为课堂教学是课程改革的核心，构建具有学校特色的有效课堂教学模式是我们必须花大力气抓好的中心工作。思想观念指导教育实践,坚持课改方向不动摇,学校特色发展才有持续性和动力源泉。

二、坚持育人为本宗旨不折腾

假如要对学校教育的任务作最精简的概括,那就两个字:育人。新课程改革提出三维目标:知识与能力、过程与方法、情感态度价值观,这是对传统课程育人目标的极大超越,也是对教育本质更深层次把握的结果。因为教育工作有一个永远无法克服的矛盾:始终只能以过去和现在的知识去培养未来的人才。学生接受学校教育,绝不是眼前的状态可以作全面衡量和评价的,他们受教育的成效要在未来的时间里去检验。因此,我们将学校教育哲学确定为"让每一个学生适应时代发展",学校的课程设置和教育教学工作都以教育哲学为指南,提出了具有学校特色的科技教育"三特"目标:生有特长、师有特点、校有特色。学生有特长,是指在学生全面发展的基础上,有个性化的发展。"全面+特长"就是人才,学校追求这个目标就是追求育人;生有特长依靠教师的培养,因此提出师有特点。生有特长、师有特点,学校的特色自然彰显。始终坚持育人为本的宗旨,始终牢记育人是学校教育最基本的也是最终极的使命,对正确的信念要坚守,不折腾。

三、坚持科技课程育人不懈怠

完善三级课程管理体系、促进校本课程特色发展是新一轮课程改革的重要内容,是学校内涵发展的新增点。1996年,我校提出走科技教育特色发展之路,致力校本科技课程的开发和建设,如开好选修课,构建有效课堂教学模式,创新科技教育的实施途径和方法,并积累了一些经验。

(一)挖掘课程资源,开发校本教材

我校2000—2002年承担市级独立课题"学校课程建设的研究与实验",取得了突出成果,我校提供"重庆市重点中学、示范小

学校本课程开发交流会"现场,并作了大会中心发言。2005 年起我校又着手研究选修课程学校管理,开发出版了涵盖长江文化、社区文化、校园文化、自然科技、对外交流五部分的校本教材,先后开设了政史天地、外语长廊、心理世界、艺术与审美、数理化应用、与科学同行、梆鼓表演、机器人研究等 50 多门课程,初步完善了学校的三级课程体系。

(二)结合校园文化,打造精品课程

开发课程、编写教材,解决了选修课程由无到有的问题,但提升办学效益、提升育人质量,需要学校打造出精品化的校本课程。校本化的课程是学校送给学生的生命礼物。我校开设选修课程注重与校园文化精神相结合。经过实践检验,科技校本课程、人文校本课程脱颖而出,既体现我校"人文立魂、科技树人"的办学思想,又深得学生喜爱,取得了可喜的成绩。

1. 多管齐下,将科技校市课程做实做靓

2010 年,结合新课程实验要求,学校在高一年级开设了每周 1 节的科技校本课——创新与技术,对学生进行创新教育、科普教育,努力培养学生的创新精神和实践能力。学校配备了专职校本课教师,边行课边编撰校本教材,先后开展了"变废为宝"、"关注安全"、"低碳生活我做主"、"主题式创造"等主题实践活动,在学生中收集了创新方案设计 500 余项。

此外,学校还为科技类课程的开发与实施开辟阵地,建了设施完善的科技馆;成立了创造发明协会、摄影社、济航环保社团、天文社、机器人工作室等 80 多个常年开展活动的学生社团;将每年的 10 月定为科技活动月,让学生根据兴趣选择参与相关科技活动项目,深化在科技校本课中所学的内容;从 2010—2011 学年起,以年度为单位实施"百项专利工程"……所有这些工作,都为校本科技课程的开设创造了条件。

2.用情用心,让人文校本课程吐艳飘香

我校校本课程突出科技特色,又坚持以人文立魂的原则。华中科技大学原校长杨叔子院士指出:"一个国家、一个民族,如果没有先进的科学技术,一打就垮;如果没有优秀的人文文化,不打自垮!"我校在重视科技课程的同时,注重以人文课程熏陶学生心灵,用优秀传统文化做学生生命底色。

经典晨读、文学社活动、唱红歌比赛、古琴进校园、知名艺术家定期走进校园,为学生提供流动化的人文课程,结合"2+2"项目,常年开设专门的舞蹈、声乐、美术、男女篮球、具有地方特色的梆鼓舞等课目,在师生中成立书法、摄影、烹饪、写作等协会……总体说来,我校的人文校本课程开设门类多、形式活、有实效。

3.尊重个性,使自主选修课程百花齐放

高中新课程实验的课程,具备多样化和选择性,学生在完成必修课程和选修课程基础上,在课程计划指导下进行自主选修是教学活动的重要环节。对一所学校而言,开设什么样的选修课程来满足学生自主选择的需求,体现的是一所学校的文化定位和教育境界。我校高2013级按"教师申报—学校审核—学生选课—确定课程"的流程,从审核合格的67门课程中,安排35门供学生选择,最后开设了28门自主选修课。由于课程设置内容丰富,而且绝大多数学生选课出于自主,参与的选修课是他们喜欢的、感兴趣的,学习就有主动性和自觉性,和老师配合就好,师生关系也很和谐。

四、坚持课堂教学改革不放松

学校特色发展以课程实施为关键,而课程实施的重点又在课堂教学。我校的科技教育特色,实际上就是要培养学生的自主学习和探究的习惯、动手实践能力和创新精神。那么落实在课堂教学中,应该怎么办呢?

首先，我们非常重视教学文化的打造。学校组织老师们学习教学理论和课改著述，结合实践提炼我校的教学文化，大家把意识统一起来归纳成了"三明"：①让学科课程明确起来——教什么、学什么；②让教学过程明白起来——怎么教、怎么学；③让学习效果明显起来——教会什么、学会什么。目标明确、过程明白、效果明显，简洁的表述却有指导意义。

其次，我们要求每个年级的各学科备课组，提出本备课组的有效教学课堂模式。在此基础上，学校组织各学科的骨干教师认真讨论，建构起可操作、遵循教学规律，又发挥教师所长，给学生个性以成长的空间的"四四"互动课堂模式，其内容如下：

1."四四"内容

第一个"四"，是对学生课堂学习行为的四项要求。指的是：(1)读书(阅读)的课堂；(2)发言(对话)的课堂；(3)动笔(练习)的课堂；(4)思维(质疑)的课堂。

第二个"四"，是对教师课堂教学设计的四项标准。指的是：(1)清晰(环节)的课堂；(2)充实(内容)的课堂；(3)规律(学法)的课堂；(4)巧构(艺术)的课堂。

2."互动"释义

(1)学生"主"动(显动)

学生是学习的主体，学生学习效果的好坏，取决于他学习过程中的参与度、投入度。学生学会学习是教学的核心，学生主动学习、创造性地学习，享受学习，应当是教学的最高境界和永远的追求，也是教学的本质回归。

把对学生课堂行为的四项要求(读、说、写、问)放在对教师课堂教学设计的四项标准(清晰、充实、规律、艺术)之前，是力求强调学为"主"体，学生的动是最"主"要的。丧失了学生"主"动的课堂，就应一票否决！

这里还需特别说明，关于学生的"动"，前三项都是外显的，最后一项"质疑"(问)是内在思维的，思维的活动才是根本。

（2）教师"带"动（引动）

以学生学习为核心，任何时候都不能轻慢，但必须强调更不能放松的是老师积极的主导作用。"双主"易于"无主"，对教师施教行为的作用更准确的说法也许可以叫做"带"动（引动）。

"带"动（引动）是教师一切教学行为的功能性质界定，无论是讲授、提问、倾听、演示还是其他形式，目的都是为了"带"动（引动）学生的"读"、"说"、"写"、"疑"，至于如何带动，采用什么方式方法，不同的教师、不同的内容、不同的年段要因人、因时、因地而异，只要能够激发学生的学习热情和教给学生"主"动的方法和技巧，教师可以"不择手段"。

（3）师生"互"动

学生"主"动（显动）是首要要求，教师"带"动（引动）是前提保障。师生之间，"主"动（显动）与"带"动（引动）之间，是相依相靠、相辅相成的交互关系。

以课改为纲、以育人为本，实施特色化课程、抓课堂教学改革，我校特色学校发展的工作就是这样做的。今后的工作，原则不变，但要争取在具体的工作中做得更深、更实，取得更好的效果。

新世纪中学教育的思考与实践

为未来育人　育未来有用之人

重庆七中　邓　宏

在我校光荣的办学历史和厚重的文化积淀基础上，我们提炼形成了"未来教育"办学理念，具体阐述为"为未来育人，育未来有用之人"。

"为未来育人"，就是以传承传统的德育，弘扬光荣的革命传统，培养具有健全人格、崇高理想的"德行人"；以开放的课程观和多元的人才观弘扬勤奋的学习传统，培养具有人文素养、科学精神的"现代人"；以足球特色、体育文化为依托，弘扬蓬勃的体育传统，培养具有强健体魄、拼搏意志的"健康人"。

"育未来有用之人"，就是要培养尚志、求实、勤学、尊师的东川人，爱国、重伦、崇德、诚信的中国人，参与、竞争、合作、发展的国际人。

基于这样的理解，我们以三大传统为基石、以现代教育理论为指引、以学校教育教学实践为基础，构建了以"德育课程"、"信息课程"、"体育课程"为支柱的"未来课程"体系。

一、以环境、活动和学科教育为重点，构建实施特色"德育课程"

在"环境德育"方面，以"隐性课程"理论为基础，在关注校园环境美化的基础上，着力强调校园环境的育人功能。百年老校积淀了深厚的文化底蕴，漫步校园，历史足迹清晰可见。重庆七中建校百余年，几经沧桑巨变。百余年来，人才辈出，曾在长期的革命斗争中涌现了无数仁人志士，曾为国家输送了数万余名优秀的毕业生。他们为祖国的繁荣、民族的振兴作出了杰出贡献,涌现了诸多革命烈士、院士、教授和优秀运动员。重庆七中教育教学素有特色,早在东川书院时期,就已被誉为"系中原元气所存"。如此深厚的文化底蕴是建设"环境德育"课程的历史根基。苏霍姆林斯基说:"要使学校的墙壁也说话",我校的环境文化,正是要体现这种观念。我校校园环境文化建设的总体构想是构建独具百年底蕴和时代特色的校园环境,让师生领悟到百年传统与现代气息共存、文化积淀与时代召唤交融所带来的深厚底气和勃勃生机。为此,我们在校园内规划了四个文化展示区,即百年底蕴展示区、科教艺术展示区、宣传绿化展示区和校园媒体展示区,用文化墙、雕塑、绿化小品和校园宣传媒体等形式打造环境文化。我们先后投入 500 多万元,建成文化墙、艺术墙、东川书、东川名人雕塑、东川水景、东川花园等景点,使学生如坐春风、如沾花雨,不知不觉之间受到熏陶和潜移默化的教育。

在"活动德育"方面,主要是"特色班级建设"。

我校坚持实施的"特色班级建设",是在班级共性的基础上,赋予其他班所没有的个性,充分发挥班主任在班级管理中的主导作用,充分尊重学生的主体地位,营造民主、和谐、自由的班级文化氛围,构建班级共同的价值体系,形成班级独特的风貌和精神,以发挥、鼓舞、同化、凝聚、约束全班同学为实现班级目标而共同奋斗。如"书香特色班"、"爱心特色班"、"和谐特色班"、"名著名篇阅读特色班"、"自我管理特色班"、"诚实守信特色班"、"普通话特色班"、"语言文明特色班"等等。以高 2007 级一班"书香特色班级"为例,该班在"中国写作学会阅读专业委员会"主持的"全国教育专家重庆市中小学语文课改研讨会"上,与建平中学程红兵校长"共谈生命",获得与会专家学者的一致好评;该班还曾获得了市、区级"先进班级"称号,《重庆商报》、《重庆晨报》、《重庆晚报》等对该班进行了专题报道,产生了较大影响。

在"学科德育"方面,我们认为学科知识对学生具有道德教育意义,学科课程的实施过程对学生同样具有道德教育意义。学校是一个专门的教育机构,其活动主要是通过课程设置和实施来进行的,学生的生活也主要是在课程的实施中进行的。自然,大量的道德影响也就存在于这一过程中。我们以"解读新课标"、"热爱"(本身)为基点,以"人文精神"、"科学素养"、"道德水准"为基本维度,以"文化本身"、"学科的美"、"学科的历史"、"哲学的思想"、"学科与现实"、"课堂文化"为构建方向,对各学科中的德育资源进行挖掘;以基本的学科育人课堂为预设情境,以典型案例为示范方式,对教师的教学行为进行规范;以"学科本身具有的教育意义"(静态)和"实施过程中具有的教育效能"(动态)为基本内容,形成独特的"课程德育"体系。

二、以提高学生信息素养为重点,构建实施特色"信息课程"

我们理解的"信息课程"包含"信息技术课"本身,也包括"信息化的课程",更强调"信息素养"的养成。"信息技术课"各学校均有开设,这里就不作赘述。"信息化的课程"是指教师充分利用现代信息技术,通过更新知识的呈现方式,丰富学生的学习方式,提高学习效率。

"信息素养"是其中的亮点和关键。我们探索如何把信息技术作为一种文化,像德育、美育一样整合于各学科教学过程当中。我们的素质教育、具有创新能力的人才的培养,实质就是在逐渐信息化的社会环境中,培养学生具有良好的信息技术素养,掌握信息社会的学习方式,使之具有符合信息社会要求的学习能力、解决问题的能力。

我们开展信息技术课外活动,营造学生信息技术文化氛围,培养学生信息技术文化意识。在网站开辟"学生视点"专栏,让学生利用信息技术进行写作、投稿,促使学生学会思考,将信息技术文化融入到学校的文化建设之中。建立学生信息技术学会,让学生自己策划组织相关的信息技术活动。

我们努力克服当前学科整合层次不高的困难。将多媒体教学转换到网络环境下的自主学习、协作学习和探究学习,从教师把信息技术作为教学演示工具变为学生把信息技术作为学习工具直至提升为学习方法,从学生单纯地接受"电灌"的被动学习变为学生利用信息技术的自主学习,使课程整合从信息技术环境下走向信息技术文化中,从信息技术工具论走向信息技术方法论。

我们注重开发信息技术校本课程。既注重对技术本身的学习,更注重对方法的培养,同时也注重对信息技术道德伦理的学习。改变目前各种教材任务层次设置单一而且较少的缺点,针对学生基础起点不一致的现状,在任务设置上面下工夫,实行"多层任务驱动"的教材编写模式,使不同层次的学生均能找到适合自己的任务,既使学有余力的学生有扩展学习的任务,也使基础较差的学生能够有不断提高的学习任务。让学生对信息技术的学习与生活、与其他学科知识紧密相连,对生活的研究和其他知识的学习通过信息技术进行整理、提炼、发布,从中学会学习和研究。

三、以加强足球教育和体育文化建设为重点,构建实施特色"体育课程"

我校足球教育的目标是"思想素质高、文化学习好、专业特长精",培养有文化、有教养的智力型足球特长学生。学校的足球训练特点体现在四个方面:一是足球特长生虽单独编班,但仍与其他班级同一标准,共同管理。二是足球教练担任班主任,一方面强化对足球生的日常管理,另一方面也要求足球教练在关注训练之外更关注育人,对足球教练自身素质的提升也有极大作用。三是"先文化、后专业",足球学生的课堂时间与学校一致,训练课基本都安排在课余时间,以"智育"促"体育"。四是学校制定了《重庆七中足球学生家长评价奖励办法》,激发家庭教育的力量。学校从"学—训—吃—住—赛—评"六个方面设置了管理条例,实施系统化管理。学校还举行"足球联赛",从"五人制"到"七人制",从"男子足球"到"班级足球"(需一到两名女队员上场),形式多样,氛围浓厚。

目前,我校已先后 4 次获得全国中学生运动会男子足球赛、全国中学生足球锦标赛、中国高中足球联赛总决赛的亚军,女子足球队也连续 6 年获得重庆市青少年足球比赛亚军。2009 年暑假，我校承办了 2008—2009 年中国高中足球联赛总决赛，并夺得亚军。2009 年 5 月 14 日，全国亿万学生阳光体育运动推进会展示活动在我校举行，教育部陈小娅副部长亲临我校，与学生一起走在阳光下，投入锻炼中，一时传为佳话。我校是重庆市学生体育协会中学生足球协会的主席单位，中国中学生体育协会足球分会副主席单位，2003 年被评为国家级"体育传统项目学校"。不少足球班学生还进入清华、北大等高等学府继续深造。

足球运动的蓬勃开展，使七中形成了丰厚的体育文化：运动员身上所体现的吃苦耐劳、顽强拼搏、永争第一、为校争光等精神带动广大师生坚持体育锻炼，形成健康的生活方式与进取的生活态度，践行"全民健身"的理念。体育精神的昂扬还带来了学校精神风貌的提升，勇于拼搏、敢于挑战、从不言败成为七中学子的精神特质。

四、完善"未来课程"体系建设，科学推进学校特色发展

全国教育工作会议的召开和《国家中长期教育改革和发展规划纲要（2010—2020 年）》的颁布实施，吹响了向教育改革发展新目标迈进的号角。"五个重庆"建设，特别是"平安、健康、数字、绿色、人文"校园建设，为深入践行"未来教育"理念，进一步丰富"未来课程"内容，完善"未来课程"体系，创新"未来课堂"教学，培养具有创新精神和实践能力的学生，带来了新的机遇和挑战。

课堂是实施"未来教育"理念的主要途径。我们将按照"未来教育"理念构建的"未来课程"，对"未来课堂"的学生目标、教师目标、课堂目标等进行科学设计，切实落实到课堂教学的各个环节，突出五个特征、实施五大策略、把握五种心理、实现两大转变。

突出五个特征：一是明确多维的课堂教学目标；二是科学充分的学生活动时间；三是简洁生动的教师活动过程；四是积极充分的思维激发手段；五是人性规范的课堂组织程序。

实施五大策略：一是以学生自发的策略确定目标；二是以学

生自主的策略探求新知；三是以教师自省的策略约束教师活动；四是以学生自悟的策略激发思维；五是以学生自律的策略组织课堂。

把握五种心理：一是学生对自我的正确认知；二是学生对目标的自我设定；三是学生对卓越的执著信念；四是教师对学生的充分信任；五是师生对双方的充分尊重。

实现两大转变：一是课堂由"讲堂"向"学堂"转变，主要为学生提供学习的空间和时间，而不是教师教学的时空；二是教师由重"教"向重引导学生自主"学"转变，成为为学生提供探索新知、求取新知的"过程经验"的指引者，而不是知识本身的授予者。

为未来育人，是社会、家庭、学校的共同使命；育未来有用之人，则是家长、学生、教师的共同愿景。我校在实践"未来教育"方面作了一些探索，取得了阶段成效，但与教育改革发展，特别是特色学校建设的新要求还存在一定差距，我们会着眼未来，继续努力！

激人上进　助人成功

重庆南华中学　陶克华

办学理念决定办学思路,办学思路决定办学出路。"激人上进,助人成功"这一办学理念确立后,如何在教育教学过程中有效实施,得到落实,是需要认真研究、探索和思考的重要课题。在当前和今后一个时期,南华中学将站在时代发展的高度,以对师生高度负责的精神,着力通过以下几个方面的努力,来实现办学理念,确定奋斗目标。

一、明确方向加强德育工作,增强道德素养

目前,我国经济社会正处于转型时期,各种矛盾错综复杂。学校德育工作以德育为先为指导思想,认真落实中共中央、国务院《关于进一步加强和改进未成年人思想道德建设的若干意见》的精神,全面提高德育工作的针对性和实效性。一是构建科学的德育目标体系。学校以爱国主义、社会主义、集体主义教育为主要内容。引导学生在探索过程中感受生活的乐趣,体验思想创新,树立远大理想,追求崇高精神,增强事业心、责任感,形成正确的世界观、人生观与价值观。二是完善突出学生特点的德育内容。大力弘扬和培育以爱国主义为核心的伟大民族精神,深入进行中华民族优良传统教育和中国革命传统教育、中国历史特别是近现代史教育,树立民族自尊心、自信心和自豪感,着力增强爱国情感。广泛开展中国革命、建设和改革开放的历史教育与国情教育,正确认识社会发展规律,正确认识国家的前途和命运,把个人的成长进步同中国特色社会主义伟大事业、同祖国的繁荣富强紧

密联系在一起,逐步确立远大志向。深入普及基本道德规范,积极倡导信念和社会主义人道主义精神,牢固树立心中有祖国、心中有集体、心中有他人的意识,努力提高文明生活素养,切实规范行为习惯。认真培育劳动意识、创造意识、效率意识、环境意识和进取精神、科学精神,增强动手能力、自主能力和自我保护能力,引导未成年人保持蓬勃朝气、旺盛活力和昂扬向上的精神状态,激励学生勤奋学习、大胆实践、勇于创造,促进学生思想道德素质、科学文化素质和健康素质全面发展。三是创新符合学生实际的德育教育形式。其一,深入开展自我教育。紧紧抓住课堂教育这个主渠道作为学生自主教育的基本途径,改革思想品德、思想政治课教学,挖掘学科教材的教育性,充分利用和整合各种德育资源,把德育渗透到教育教学的全过程。鼓励学生走出课堂,在社会实践活动中实现自我教育,把道德认识"内化"为道德品质和行为。其二,不断完善自我管理。积极培育和发掘先进典型,树立示范群体,发挥榜样功能和作用。积极拓展自主管理空间,提高参与管理的热情和积极性,加大自主管理的力度和参与面。健全完善联合会、协会、俱乐部等社团组织,广泛开展自主学习和自主活动。其三,努力促进多元互动。确立德育必须与社会相结合的原则,成立家长学校和家长委员会,健全家校联系沟通制度,巩固"学校—家庭—社会"三位一体的德育网络,畅通家校沟通渠道。加强学校与街道、社区以及各单位的联系,共建合作伙伴关系,充分整合有效资源,开展文明共建活动。积极开展心理健康教育和心理辅导活动,开辟新的德育工作思路。

二、突出重点推进课程改革,夯实知识基础

素质教育是旗帜,课程改革是实施素质教育的核心和关键,是全面深化素质教育的龙头和抓手。南华中学要以新课改为动力,以课堂教学为主战场,不断优化过程管理、优化课堂教学、优化课程结构。一是优化过程管理。质量是学校的生命线。科学的管理和完善的制度是提高教学质量的重要保证。要进一步完

善《教学常规管理制度》、《行政领导听课评课制度》、《教学奖励制度》、《集体备课制度》、《教学质量反馈制度》等规章制度,切实加强常规管理,严格规范教学过程管理中的每一个环节,促进教学过程管理规范化、制度化。认真组织和开展常规教研活动,深入开展出师课、公开课、优质课以及其他各种形式的课堂教学评比活动,保证教学工作的正常进行和教学质量的稳步上升。二是优化课堂教学。课堂是学校教育教学活动的主阵地,提高教学质量,提高办学水平,关键在课堂。在推进课程改革的过程中,要着力强化三个意识,提高课堂教学效益。首先,要强化保底意识,坚决消灭劣质课。管理学中的"木桶原理"告诉我们,工作中的最低水准直接影响教学的整体水平。第二,要强化优化意识,稳步提高常规课。常规课主要有两类:一类是教师教得一般,学生学得一般;一类是教师教得苦,学生学得苦。提高常规课的关键在于扎扎实实提高教师的教学基本功。基本功,除了板书、教态、实验、电教手段等一般基本功外,更重要的是转变观念,努力提高学生的学习能力,有意识地培养学生读书的习惯,引发学生积极思维,独立思考,主动提出问题,把学生"被动应答"变成"主动质疑",达到教是为了不教的目的。第三,要强化改革意识,积极探索优质课。坚持把让学生充满自信地学习作为一节优质课的标准,树立"失败才是成功之母"的意识,保护和培养学生学习的自信心,积极创设在原有基础上不断进步与发展的机会,提供扬长避短、扬长补短的条件,让每个学生在实践中不断巩固和增强自信的原动力,激发学生的学习积极性,培养学生掌握和运用知识的态度和能力,使每个学生都能得到充分的发展。

三、强化措施狠抓队伍建设,提高专业素养

教育家乌申斯基曾说过:"教师,就是教育的一切。"在一定的社会环境中,教育的成败往往决定于教师整体素质的高低。如何有效促进教师的专业发展,让教师感受到成功的愉悦,是必须面对和解决的一个重要问题。在基础教育课程改革的背景下,南华

中学要把教师的发展作为学校全面可持续发展的重要前提和动力,不断提高广大教师的专业知识、专业能力和专业精神。一是坚持不懈地抓师德建设。认真制订周密详细的计划和切实可行的举措,把师德教育作为经常性学习教育活动的重要内容,经常举行师德师风建设交流会、报告会,注意挖掘先进教师的好思想、好作风、好做法,善于发现和培育师德师风先进典型。健全和完善师德师风考核评价制度,认真开展一年一度的教师职业道德考核工作,把考核结果作为评优评先、职务评聘、年度考核、晋级提薪、培训学习的重要依据。二是着力提高教师专业技能。积极创造条件,提供机会,鼓励和支持教师参加各种继续教育和业务进修,提高业务素质和教学技能。高度重视教师专业知识的发展,把以学科知识为主的本体性知识、以教育科学和心理科学为主的条件性知识和在教育教学活动及其过程中生成的实践性知识作为重点。大力提高教师专业能力的发展,在发展教师语言表达、思维能力等基本专业能力的同时,努力提高教师的教学、班级组织、教学监控、教育科研、教育创新等特殊专业能力。三是切实加快青年教师成长。把培养青年教师作为教师队伍建设的重中之重,认真抓好新教师岗前培训。继续完善新教师导师指导制,通过开展拜师活动,加强新教师教育教学方面的辅导,让师徒在学习与交流的过程中相互促进,实现以老带新、以新促老的"教学相长"。强化工作交流,定期组织经验交流与研讨,广开青年教师成长门路,让青年教师尽快熟悉和胜任岗位工作。坚持重培养与重使用有机结合,在充分信任和关心爱护的前提下给他们压担子,让他们挑大梁,促成岗位成才。四是全力推进"名师工程"。坚持择优引进、优化组合、综合培养的原则,不断壮大特级教师、名师、骨干教师队伍。加强对各级名师、骨干教师的考核评价,强化日常管理,加大奖励力度,营造争当名师的浓厚氛围。实施骨干教师"帮带计划",健全骨干教师定期献课制度,充分发挥名师的专业引领作用。积极选送优秀教师参加市、区级骨干教师培训。鼓励和支持参训教师提高综合素质,创造条件促进他们的快速成长。健全完善校级骨干教师、教坛新秀评选制度,严格评选标准和评选程序,坚持成熟一个发展一个的原则,精心组织开展评选工作。

四、优化运行机制,提高管理效益

有人说:21世纪的挑战关键是"效益"。学校也不例外,如何更新观念,切实优化运行机制,最大限度地提高管理效益,是学校工作的永恒主题。在学校管理工作中,人是最为重要的因素,最大限度地发挥人的主观能动性,是获得最佳管理效益的有效途径。一是强化干部队伍的管理。把合理组合、协调合作、各用其长作为出发点,加强班子成员自身建设,不断增强创新意识和服务意识,努力把校级班子建设成为现代化学校的领导者、经营者,成为学习型学校的管理者、优质教育资源的创造者,成为引领教师、学生和学校发展的研究者。健全和完善学校二级班子培养、管理、使用办法,进一步优化二级班子的年龄结构、学历结构、知识结构,增强领导集体的整体活力。大力推行二级班子公开选拔、竞争上岗,改革选人、用人机制,积极营造优秀人才脱颖而出的良好氛围。切实加强干部的监督、管理和考核评价,认真落实述职述廉、民主评议制度,逐步完善监督体系,有效提高干部的工作积极性和创造性。二是健全完善管理网络体系。积极探索创新学校管理策略,形成层级管理体系,降低管理重心,提高管理效率。完善三条主线,落实学校管理"横向到边"。即完善校长—分管教学副校长—教导处、教科处主任—备课组长—任课教师的教学线,校长—分管德育副校长—德育处主任—年级组长—班主任—学科教师及相关管理人员的德育线,校长—办公室、总务处—部门负责人—职工的教辅线。

五、加强文化建设,营造浓厚育人氛围

组织文化是组织成员所共有的信念、期望和价值体系,当遇到问题时,"组织文化通过提供正确的途径来约束雇员的行为,并对问题进行概念化、定义、分析和解决"。将组织文化的有关理论

运用于学校，就有了校园文化。校园文化是学校特色的重要表征，是催生教师专业化成长和学生和谐发展的深厚土壤。南华中学要以建设优良的校风、教风学风为核心，以优化美化校园文化环境为重点，以丰富多彩积极向上的校园文化活动为载体，逐步形成厚重的校园文化积淀和浓厚的育人氛围。一是全面开展校风、教风、学风建设。在规范办学行为、继承优良传统的基础上，弘扬主旋律，大力营造优于社会环境的独特氛围。大力倡导热爱学生、为人师表、教书育人、开拓创新的优良教风，及时鼓励学生的进步，及时发现和解决学生的困难和问题，促进学生健康快乐成长。加强对学生的教育和引导，积极建设勤奋努力、积极向上、认真诚信、充满兴趣、乐于探究的良好学风。认真抓好班级和团队工作，努力营造团结友爱、互相帮助、快乐和谐、健康向上、争做主人的良好班风。二是高度重视校园绿化、美化和人文环境建设。充分利用校园的每一个角落，营造良好环境和氛围，使校园内的一草一木、一砖一石都体现教育的引导和熏陶。合理布置校园花草，绿化美化校园，打造干净整洁、美观有序的校园环境。精心设计校园人文环境，充分利用板报、橱窗、走廊、墙壁等一切可以利用的媒介体现办学理念，张贴、悬挂革命家、科学家、艺术家等杰出人物的画像和箴言，引导师生树立远大志向，培养良好品德。三是广泛开展形式多样的校园文化活动。充分利用"五四"青年节、建党纪念日、国庆节及教师节等重大节日，"九一八"、"南京大屠杀"等国耻纪念日，清明节、中秋节、重阳节等传统节日，设计和开展丰富多彩的活动。保证共青团、少先队组织活动时间，改善活动条件，实现教育教学活动与团队活动的有机结合。强化科技、艺术、体育、娱乐活动，广泛组织多种类型的兴趣小组和社团活动。

继往开来　责在吾人

重庆市青木关中学在 60 多年的办学实践中，深入挖掘"办平民的大众的教育"的思想底蕴，继承"复兴民族，继往开来，责在吾人"的学校文化，践行"以生为本，人人成功"的办学理念，形成了"责任成就人生"的特色教育，有效促进了学校持续健康发展，成为了重庆市重点中学、联招学校。

一、特色教育实践活动的根、本和魂

（一）厚重的历史积淀是"责任成就人生"特色教育实践活动的根

1939 年，原民国政府教育部迁入青木关，一大批机关、学校也跟随进入。抗战胜利后，来自全国各地的学子纷纷随学府"复员"东迁，但仍有一批战时孤儿、育幼生、慈幼生、保育生及四川籍学生无法随往。1946 年 10 月 1 日，教育部批准在原中央大学附中、社会教育学院附中的基础上，兼容其他 13 所国立中学余下的师生，设立了"国立青木关中学"。可以说，抗战文化发展孕育了这所学校，解放战争催生了这所学校。学校从呱呱坠地的那一刻起，就高举"复兴民族，继往开来，责在吾人"的大旗，主动融入"沙磁文化"主流，成为"红岩精神"的重要组成部分。60 多年来，我校的改革发展始终和国家民族的命运紧紧地联系在一起，一代又代青中人不断强化"继往开来，责在吾人"意识，在追寻先辈教育救国、教育兴国的足迹中薪火相传。

266

(二)急迫的现实需要是"责任成就人生"特色教育实践活动的本

我校学生主要来自重庆城乡结合部地区,农村家庭学生居多,独生子女居多。他们的思想主流是积极健康的,但是,在经济社会快速发展,人们思想观念多元化背景下,再加上学生家长忙于工作,平时关心孩子少,家庭教育和社会教育"缺席",在学生中存在一些不良倾向:考虑自己的多,关爱别人的少;要求索取的多,奉献帮助的少;强调突出自我,集体协作观念弱;强调突出个性,公德纪律意识弱等。这些问题涉及"培养什么人"的重大问题,引起我校的高度重视,同时,我们也充分认识到加强学生对自己、对他人、对集体、对社会负责的责任教育的必要性和紧迫性,并作为学校实现育人目标的首要问题摆到各项工作的重要日程上,积极引导学生形成正确的世界观、人生观和价值观。

(三)先进的办学理念是"责任成就人生"特色教育实践活动的魂

办学理念是学校的灵魂。我校深入挖掘"办平民的大众的教育"的思想底蕴,继承"复兴民族,继往开来,责在吾人"的文化精髓,不断提炼完善,形成了学校"以生为本,人人成功"的办学理念。围绕这一办学理念,我校确立了"全面发展与张扬个性兼修,学生成才与教师成长并重"的办学宗旨:"尚志、博学、慎思、笃行"的校训,"求真、求善、求美"的校风,"学高身正、敬业树人"的教风,"乐学善思、探索进取"的学风,努力演绎成一种精神特质,形成以责任教育培养成功人生的价值观,烙印在师生的心中并发扬光大。

二、特色教育实践活动的载体

(一)以学校文化积淀为基础,扎实推进校园文化建设

1. 挖掘学校厚重的文化历史

我校注重充分挖掘办学厚重的文化历史,使之成为学校教育

的特色并融入学生实际生活。我校诞生之日就孕育了"复兴民族为己任"的责任意识，正如当时的校歌所唱："复兴民族，继往开来，责在吾人"。在办学实践中，我们充分利用这些优势资源，开展"寻根固本"系列活动：挖掘近代教育史与学校沿革，帮助学生进一步理解"天下兴亡，匹夫有责"的抗战精神；挖掘青中之"最"，使学生充分认识革故鼎新、与时俱进的重要性；挖掘青中名人生平事迹和学生运动事例，使新青中人感受到前辈校友们的呐喊、奋争，自觉肩负起新时代赋予的民族复兴的历史重任。

2. 打造优美的校园育人环境

校园文化建设，不仅要挖掘隐性的文化底蕴，也要打造优美的校园文化环境，让学生在优美的校园文化环境中感受、体验学校无处不在的"责任"氛围。我们主要通过建设"一像一亭一室一墙二廊"（行知像、荟芳亭、校史室、音乐墙、读书长廊与文化长廊）的宜人的人文文化环境和物质文化环境，让学生感受浓厚的文化氛围。经过长期的美化，校园里形成春有花、夏有荫、秋有果、冬有绿的钟灵毓秀的佳景，创设了潜移默化的高品位的责任育人环境。

3. 加强学校管理文化建设

我校坚持依法治校，落实校长负责制，全心全意依靠全体教职员工办好学校。坚持以人为本，推行人性化管理。我校以教育方针为先导、目标管理为核心、常规管理为基础、科学评价为激励，实行"关爱、严格、民主"管理，让教师和学生更多地参与学校管理，使师生更加热爱学校和关心学校发展，极大地调动了广大师生的积极性和创造性，真切地感受到学校的温暖和幸福。积极探索实践"整体负责制"管理模式，每位教师对年级、学科组（备课组）、班级整体负责，对所教学科教学质量全程整体负责，对全体学生的全面发展整体负责，做到了真正面向每一个年级、每一个班级、每一位学生。"整体负责制"管理模式的实施提高了管理效能，增强了内涵发展活力，全面提高了教育教学质量。

4. 始终坚持"平民教育"

我校开办之初,就得到"中华平民教育促进总会"的大力援助,并以"青木关民众教育馆"的身份面世。历史赋予了我们平民教育的使命和扶贫济困的责任。我们向社会和家长庄严承诺:绝不让一位学生因家庭贫困而失学。目前,我校已形成"筹、奖、助、补、减"五位一体的资助体系,通过圆梦基金、"宏志"奖学金、勤工俭学基金等形式,每年资助贫困生 20 万元以上,对部分特困生的帮助甚至延伸到上大学,做到了没有让一位学生因家庭贫困而失学。

(二)打造富有责任感的干部教师队伍,培养学生履责能力

1. 打造富有责任感的干部队伍

火车跑得快,全靠车头带,干部队伍建设至关重要。干部队伍的责任意识直接影响全校教职工的责任意识。在实际工作中,学校领导始终坚持做好表率,牢记全心全意为教职工和学生服务的意识,用思想引领教师成长和学校发展,用责任心带动教师的责任心,把每一个细节的管理都落到实处,增强教育群体的向心力和凝聚力。目前,学校班子的全局意识、奉献意识、主动意识、模范意识增强,呈现出心齐、气顺、风正、劲足的精神风貌,政策执行能力、统筹协调能力、化解矛盾能力等明显提高,深受全体教职员工信赖。

2. 打造富有责任感的教职工队伍

我校高度重视教师队伍建设工作,采取一系列措施有效促进了教师专业化发展。实施"以校本全员培训为基础,师德师风建设为核心,教改科研为先导,青年骨干培训为重点,登记制度为保障"策略,培养德才兼备、一专多能、重视实践、勇于创新、敢于负责的教师队伍。开展以"正师风、扬师德、树师表、铸师魂"为主题

的师德师风教育活动,建立双向选岗和奖优罚劣的用人机制,强化教师的责任意识,提高教师适应素质教育和课程改革新要求,实践"以生为本,人人成功"办学理念的能力水平。不断向职工强化"一切为教学服务,一切为师生服务"的责任意识,提高服务质量。

(三)丰富主题活动,培养学生履责能力

1.以主题活动为载体,培养责任意识

一是读校史,激扬学生爱校爱国情。我校于 2002 年 9 月成立校史办公室,挖掘学校历史。目前,已编印《风雨兼程六十年》(校史)、《铸秀育英话当年》、《铸秀育英话当年(续集)》,修建了校史陈列室,把每年 9 月作为"宣讲校史、抗战精神月"。通过这些活动,增强学生对学校的自豪感,帮助学生进一步理解"天下兴亡,匹夫有责"精神和气概。

二是寻遗迹,感受书剑合璧和平歌。在抗战时期,"国立音乐学院"迁到重庆青木关关口。抗战胜利后,学院迁回原籍,留下了一座"音乐墙"作为纪念。由于渝遂高速公路经过此地,音乐墙已完全损毁,我校努力搜集保存图片资料和文字资料,使之成为研究音乐墙的最珍贵资料。在我校后山的半山腰一块高达 60 米的石壁上,镌刻着三个遒劲有力的大字——"读书处"。据老人讲,这是抗战时期郭沫若与一些文人墨客在此读书留下的。我校学生搜寻并保存大量抗战时遗留下来的与我校历史相关的照片、文书、实物和碑林。

三是观旧居,倾听杜鹃啼血民族魂。在抗战期间,曾有 200 多位名人旅居沙坪坝,目前还保留有这些名人的故居约 30 处。学校定期组织学生参观地处学校附近的冯玉祥、郭沫若、张治中旧居等抗战文化遗迹,切身感受名人在特殊困难时期的民族魂、中国心。

四是访校友,学习毕生报国鸿鹄志。学生自发组成"访问小组",访问我校老校长,搜集在我校学习和工作过的老同志的故

事。邀请世界著名地理学家、瑞士苏黎世学院博士生导师许靖华教授,原四川省军区司令员张长顺少将,原重庆市外经委主任、著名作家、《一双绣花鞋》的作者况浩文先生,中央电视台原台长黄惠群女士,重庆市55年来唯一一位国家最高新闻奖获得者罗成友等回校座谈交流,以成功校友的典型事迹,激励学生增强责任意识。

2.以社团活动为基础,增强履责能力

我们始终坚持把培养学生"自我管理、自我教育、自我服务"的"三自"教育模式作为提高学生责任意识的有效途径。学生干部参与学校常规管理;学生自主组建文艺社、英语沙龙、动漫社和户外运动社(足球、篮球、羽毛球、乒乓球)等社团开展活动;"铸秀"文学社在老师指导下,学生自主供稿、编辑校报……在2006年的旱灾与2007年的洪灾面前,学生会自发组织学生加入到抗旱、抗洪救灾和灾后重建工作中。2008年4月,学生会号召全校学生为高2009级重病学生李玉宏捐款2万余元。四川汶川"5·12"地震后,学生会组织全校学生积极为地震灾区捐款10余万元,学生的社会责任感得到了充分体现。

3.以课外活动为辅助,拓展责任教育范围

近年来,我校学生开展了社区环境治理、社区文明宣传、社区项目调研、助老助残、植绿护绿、清洁城镇等活动,同时,为社区提供教育辅导,参加社区"文艺调演"、"慰问演出"和社区联谊联欢等活动,成为社区文化建设的主力军。特别是青木关镇经济社会发展现状及前瞻性构想、青木关镇石灰窑的调查、青木河的污染调查、青木关镇旅游资源开发调查等研究性学习活动取得的成果,得到镇党委和政府的高度重视,有的建议已被采纳,推动了当地经济社会的发展。

(四)建设学校"责任人生"大论坛

论坛是一个辩论、讨论话题的地方。为扩大师生参与面并在

活动中提供自我教育能力,我们建立了学校"责任人生"大论坛。

组织专人对论坛进行管理,及时、定期地将学校"责任人生"特色教育阶段目标、学校动态、教育成果等相关信息上传至论坛。学校领导班子定期在论坛上与所有关心支持学校特色教育的老师、同学、家长和热心人士进行交流,探讨"责任人生"特色教育的层次、内容、方式等问题。同时,分层次开展各年级论坛活动:

1. 初一年级,设立"我与自然"分论坛,以学生沙龙为主体,开展"节约从我做起"、"考察污染源,亲近大自然"等活动。

2. 初二年级,设立"我与集体"分论坛,以演讲比赛、讨论活动为载体,开展各种丰富多彩的集体活动。

3. 初三年级,设立"我与自我"分论坛,以"自我发展最重要"为主题的辩论赛等方式开展活动,让学生更好地体味自我责任。

4. 高一年级,设立"我与我家"分论坛,组织学生与家长一起开展各种活动。

5. 高二年级,设立"我与他人"分论坛,开展"我为他人作贡献"活动。

6. 高三年级,设立"我与国家"分论坛,让学生明白自己对社会、对国家的责任。

三、特色教育实践活动成效明显

在"以生为本,人人成功"办学理念指导下,我校"责任成就人生"特色教育结出了丰硕成果。

(一)学生责任意识明显增强

通过"责任成就人生"特色教育活动实践,我校学生责任意识明显增强,学生主动关爱别人的多了,积极奉献帮助的多了,集体协作观念和公德纪律意识增强了。他们无论何时何地都不会忘记"继往开来,责在吾人"的校训。宏志班同学家庭经济困难,但他们人穷志不短,始终不忘自己对社会、家庭、学校、自己的责任,坚持努力学习,为成就辉煌人生奠定坚实的基础。

(二)教师责任意识明显增强

自开办之日起,我校教师就一直缺编,大部分教师超工作量工作,有的班主任兼两个班语文(数学)课或其他教学工作,但教师们秉承"继往开来,责在吾人"的校训,始终保持强烈的责任意识,艰苦创业,敬业爱岗,促进了学校持续健康发展。长期以来,在我校教师中无有偿家教、有偿家养行为发生,把时间和精力都放到解决学生学习、思想、生活困难上,在课余时主动为学生答疑解惑,"有疑答疑、无疑启智",疏导学生心理,使学生能够以积极乐观的心态面对社会和今后的生活。教师良好的责任意识对学生产生了积极影响。

(三)凸显了学校责任教育特色

作为一所普通的农村中学,我校培养了一大批优秀人才。他们始终怀着强烈的社会责任感,在各行各业中为社会主义现代化建设作出了重要贡献。特别是近年来,在办学条件明显改善的情况下,我校着力完善制度,加强管理,建好队伍,深化课改,提高质量,突出特色,走内涵发展之路,有效促进了学校科学发展。我校高考上线率始终保持在85%以上,连续10年获区"综合办学质量一等奖"。《铸秀》校报三度荣获全国校报校刊评比一等奖。2008年,我校成为重庆市重点中学。

面对教育改革发展新形势新任务,在统筹城乡教育优质均衡发展的背景中,我校将继续践行"以生为本,人人成功"办学理念,突出"继往开来,责在吾人"特色教育,为促进学校科学发展不懈努力。

学校教育应重视
学生素养和品质的培养

重庆大学附中　傅　甫

当今学校为什么培养不出杰出人才的"钱学森之问",是我们每一位教育工作者不得不面对的一道世纪难题。不少专家学者已经从不同角度不同层面对当今学校教育的缺失、缺位及存在的误区进行了较全面的反思和解读,并提出相应的求解"钱学森之问"的对策与途经,使笔者受益匪浅。本文仅就如何重视学生品质和素养的培养问题谈几点看法。

我们毫不怀疑当今学校对学生知识技能的传授,但在分数激烈竞争的背景下,对学生综合素养和高尚品质的培育确实有所欠缺。面对未来科技、经济、社会的迅猛发展,我们要认识到,世界的竞争,首先是人才的竞争;人才的竞争,首先是教育的竞争。在培养高智能人才的同时,切不可忽视对学生综合素养和高尚品质的培养,这在基础教育阶段尤其重要。

一、学生终身发展必备的三项素养

1. 品格素养

一名记者采访一位诺贝尔奖获得者,问:"您在哪所大学学到了您认为最重要的东西?"那位诺贝尔奖获得者平静地回答:"在幼儿园。"记者接着问:"您在幼儿园学到了什么呢?"诺贝尔奖获得者说:"学到把自己的东西分一半给小伙伴;不是自己的东西不要拿;东西要放整齐;饭前便后要洗手;要诚实,不撒谎;打扰了别人要道歉;做错了事情要改正;大自然很美,要仔细观察大自然。

我一直是按幼儿园老师教的去做的。"

这位诺贝尔奖获得者的答记者问告诉我们:一是好的行为习惯是人事业成功的基本条件;二是小时候受到的教育对人的终身发展作用非常大。我认为,这两点是学校和家庭教育特别要重视的问题。孩子品格形成的关键期在少儿时期,少儿时期对孩子品格教育的忽视甚至放弃,必然给孩子留下隐患甚至危险。

当前,学校和家庭重智轻德及德育知识灌输化现象较为普遍,我们要站在学生终身发展的高度来改进品格教育。潜移默化的言传身教比那些生硬灌输道理的教育作用更大、更长远。我们教育学生,千万别错失了少儿品格教育的关键期。

2.能力素养

一位美国博士在接受中国记者采访时说过这样一段话:"中国孩子的考试压力太大了,这导致在最关键的时期压抑了孩子的想象力和创造力。"深入探究原因,她认为:"一般说来,为了考试,开夜车记下来的东西都是快餐式的,过后忘记得很快。中小学时期是孩子兴趣、思考能力和动手能力发展最快的时期,孩子除了会做考试题目外,更应该养成独立思考、独立查阅相关资料、独立做研究以及写研究报告这样的能力和习惯。"而据她介绍,在美国,孩子从小学就开始写研究报告,并且在老师的指导下懂得了如何立论,介绍实验方法,查阅相关资料,并从中进行归纳、推论和回顾,这种思维方式一直到大学甚至研究生阶段都在沿用。

这位博士的话告诉了我们什么呢? 一是中小学时期,是学生能力发展最快的时期,我们不能只为了学生的考试,一味给学生"吃快餐",失去了学生能力培养的最佳时期。二是要不失时机地培养学生的能力,包括学生独立思考习惯的养成、实验方法的掌握、再学习能力的形成,这会使他们终身受用。

3.适应社会的素养

学生们在个人品格、学习能力水平相同的情况下,能否适应社会、融入社会是能否取得成功的重要条件。现在不少学生只知埋头学习,很少参加社会活动,甚至连公园、图书馆、博物馆都没去过。教育者要明白,中小学时期是学生们认识社会、适应社会、形成自己个性特长的奠基时期。我们不能让学生在"死读书"的高压下,成为"不食人间烟火"的书呆子。

学校要鼓励、指导、带领学生去大自然、社区、农村、博物馆……让学生们能够通过多种方式获取有关大自然、人类社会历史、文化的知识。要让学生明白,社会活动的经历和实践磨砺的收获是书本上学不到的。某地一位来自名校的成绩优秀的学生申请就读美国耶鲁大学,却出人意料地没有被录取,相反,学习成绩没有他好的学生反而被录取了。问其原因,耶鲁大学相关人员解释说,他们录取的标准是:有独立思考能力、有参加社会活动经历、有个性特长的学生。

二、学生成才必需的三项品质

1.为科学献身的品质

崇高的理想是一个人心中的太阳,它能照亮人学习、生活中前进的每一步。茅以升 11 岁时,看到秦淮河上文德桥被蜂拥的人群挤塌,便立下将来为人民建造结实大桥的理想。从此他刻苦学习,终于成为我国桥梁建筑的一流专家。理想抱负教育并不是空洞的,很多人都说我国本土出不了诺贝尔奖获得者,原因就在于我国环境条件、实验室设备不如发达国家,这也许是一个原因。但是我认为,缺乏"为科学献身的精神"不能不说是一个重要原因。我们要把理想抱负教育作为教育的重要内容,从小培养学生为科学献身的品质。

培养学生为科学献身的品质不是喊空洞的口号,要注重学生责任感的培养,使他们从小养成对个人行为的自律感和对集体的责任心。在一些学校,教师尽可能地让更多的学生当班队干部,同时让家长安排孩子负责管理一项家务,使学生(孩子)从小体验责任感,体验责任的付出和收获感。这样,孩子长大后,能够形成对家庭、对事业、对社会、对祖国勇于承担责任的好品质。

执著追求,奋起拼搏,勇于献身,是实现自己理想和责任的根本条件。在我国正处于追赶世界先进水平,迎接新世纪挑战的过程中,尤其需要大批具有不贪图个人享受、勇于拼搏献身的高尚品质人才,这是我们教育不可忽视的问题。

2. 求真务实的学习品质

人类的进步、国家的发展来不得半点虚假。值得注意的是,现在我们的教育或多或少存在着浮躁的倾向。社会上搞"形象工程",只顾"短期效益"的做法,千万不能在教育界流行。一些"名人"弄虚作假的行为千万不能影响我们的教师和学生。我们教育工作者首先要锤炼自己求真务实的作风,进而培养学生求真务实的学习品质。

中国走向世界、创造未来,需要大批具有严谨学风的人才。只有实事求是,追求真理,才能更好地发挥人的智慧。显然,从小培养学生求真务实的品质,有着十分重要的意义。我们要极力避免教育本身有意无意弄虚作假对学生的影响。如学生写了一篇作文,家长改了老师改,送到编辑部,编辑再改,文章发表出来,已根本不是学生的原作了,接着是学校、社会赞扬学生作文写得好,给予奖励。这会给学生留下什么影响呢? 目前,市场上的假货已给人民生活乃至生命带来了危害。如果教育上出现虚假,将会贻误人的一生,甚至给国家乃至人类带来严重后果。

3. 创新与合作的品质

创新是一种能力,更是一种高尚的品质。遇事是人云亦云,还是能提出自己的见解;见到别人有了新的成果,是嫉妒别人,还是自己努力去创造新的成果;对"权威"的意见是一味迎合,还是敢于提出异议;对待工作是因循守旧,还是与时俱进等等,都与学生的创新品质息息相关。我们要十分重视从小培养学生的创新品质,要让学生明白,没有创新,就没有社会的发展和人类的进步。

同时,我们还要懂得,"注重科学知识的集成,促使智慧技能的综合，人与人之间的合作"，这是未来社会发展的三大趋势。我国要跻身世界强国之林，必须适应未来社会的发展，培养既有创新精神又具备合作品质的高素质人才。"世界是平的"，互联网时代使全球已没有了距离的障碍；人与人之间、集团与集团之间的交往、依赖更加密切，合作品质必将成为人才高素质的重要标志。

我们必须加强对学生合作品质的培养，使他们从小增强合作意识，长大适应社会发展的需要。学校要积极鼓励学生关心爱护集体，使学生经常想到自己是班级、学校、祖国、世界的一部分，经常检查自己为集体、为他人做了些什么。让学生们体验关心、帮助他人的感受，体验合作的愉悦。

当今一些学校把分数看得太重，往往忽视看似与分数无关的因素。殊不知，这些被忽视的因素，其实是杰出人才最重要的素养和品质。分数不能完全代表学生的智能和发展，所以分数显然不能完全代表教师的工作绩效。教育是一个与人的成长过程高度相关的工作，教育过程的投入与分数不一定成正比，但与学生的成长进步一定相关。

教育是科学，我们要明白，不看分数的教育是无知的，而只看分数的教育是无"人"的。教育的真谛在于促进全体学生的全面、高质量的发展。当前教育改革的重要任务之一，就在于学校要把"分数"的教育变为"人"的教育。人的高尚素养和品质能促进智能的更好发挥。我们深知，要破解"钱学森之问"还有待时日，绝非朝夕之功。只有当教育步入促进人自由全面发展的轨道，人才辈出的局面才有可能出现。每一位有社会责任感和使命感的教育工作者都应为之而不懈努力。

打造温情教育特色　助推学生馨香成长

重庆潼南塘坝中学　龙永江

一、学校概况

重庆市潼南塘坝中学创建于 1942 年，是原重庆市 29 所重点高完中之一。学校占地面积为 53 256 平方米，是一所办学规模大、有较强辐射作用的学校。建校近 70 年，学校为祖国各条战线培养了众多优秀人才。因成绩显著，学校荣获重庆市德育示范学校、重庆市教学管理先进学校、重庆市教科研先进学校、重庆市绿色学校、重庆市办学先进单位、重庆市基层先进党组织等 300 多项表彰和奖励（含县级），2004 年 4 月被重庆市教委批准成为联招学校，现为重庆市重点高中创建学校。学校现有 76 个教学班（其中高中 51 个、初中 25 个），学生 5 200 多人，其中留守学生有 2 354 人，所占比例为 45.2%。

二、案例描述

伴随着动听的音乐铃声，学生开始上晚自习了，热闹喧嚣的校园突然变得安宁静谧。每天的这个时候我都习惯在校园里转一转，看到每个班级的学生都全神贯注地遨游在知识的海洋里，我心里感到无比的欣慰。

一天晚上，当我转完整个校园准备回办公室时，突然看到在这寂静空旷的广场上有一个学生还在悠闲自得地瞎转悠，我的心一下子沉重起来，我愤愤地想："现在的学生可真自由散漫，连逃课都这样明目张胆,我一定要好好批评一下他。""龙校长好!"热情响亮的招呼声打断了我的沉思。这个满脸都是笑容的阳光男孩走到了我身旁。这不是初三(7)班的邱某吗?我更是感到诧异了,因为邱某在他所在的年级里学习成绩突出,活泼开朗,所以我对他印象深。我万分迷惑地问他:"大家都在上晚自习,你怎么还在这里溜达呢?""你不知道,龙校长,我近期很烦,在教室里憋得慌,所以出来逛逛。"他笑着说。"少年不识愁滋味,你一小孩有什么烦的,说来听听。"我很有兴趣地问。他深深地叹了口气说:"谁来关心我们这些留守孩子呀,我们烦的多着了,烦学习成绩,烦家里琐事,烦和同学的关系,有时感觉都要窒息了,最近常失眠……"听着他滔滔不绝地诉苦,我惘然了,这样阳光自信的少年心里竟如此苦闷。

第二天我就组织政教处领导对初三留守学生进行了心理健康现状抽样访问调查。情绪调查显示有 31.55% 的学生感到愉快,有 32.74% 感到一般,有 35.71% 感到烦、不开心。交往能力调查显示有 26.19% 的学生感到良好,有 32.74% 感到一般,有 41.07% 感到较差。除了上述数据之外,还有 13.1% 属于过度焦虑,32.74% 的学生与同龄人在一起时未感到快乐,其中 26.19% 的学生感到不合群、孤独,甚至有 7.14% 的学生感到自卑,还有 20.23% 的学生受了委屈时独自生闷气,31.6% 的学生心中的秘密对谁也不说。

三、问题分析

由于地理位置的影响,我校学生大多来自农村。随着我国工业化、城市化进程的加快,迫于经济压力,大规模的农民工流入城市,随之出现了大批量的"留守孩子"。"留守孩子"特殊的生活和教育环境,由此引发了生活、学习、情感、心理等一系列问题。"留守孩子"主要由祖辈抚养、监护,对于这种监护方式,在孩子成长过程中,有着难以克服的问题。监护者由于血缘、隔代、年龄、距离、观念差异,多用溺爱的管教方式,较多地给予物质、生活上的满足和过多的宽容放任,而较少在思想、道德上给予沟通与引导。由于长期不和父母生活在一起,得不到父母的关爱,"留守孩子"在成长过程中便产生了严重的"情感饥饿"和一系列心理问题。

四、相关措施

苏霍姆林斯基认为,"没有情感,道德就会变成枯燥无味的空话,只能培养出伪君子。"针对学校生源实际问题,学校把"留守孩子"的教育作为专项工作,常抓不懈。

1. 建立由学校统一部署管理、班主任具体负责的关爱机制

建立"留守孩子"个人档案,档案资料包括"留守孩子"姓名、年龄、道德品质、行为习惯、兴趣爱好、智力水平、学习能力与方法等详尽内容以及家庭的基本情况。班主任根据孩子的校内外表现,每月定期通电话,尽可能地让孩子与父母取得联系;利用"十一"、春节等学生家长返乡的机会约父母面谈,这样能使学生家长较为详细地了解孩子,以便更好地进行短期的家庭教育,有条件的尽量让家长多来学校与孩子见面;班主任在每周班会课上,开展各种爱心教育活动,当学生有疑难问题时,多给予鼓励、帮助,及时解决学生的疑难问题等。

2. 用丰富多彩的学生活动传达"温情"特色

爱是教育的基石,更何况是对于长期生活在"孤独城堡"中,长期处于父母"关爱缺失"的"留守孩子",爱显得尤其重要。为此,学校筹办了各种丰富多彩的具有"温情教育"特色的活动。这些日常活动大致包括以下几方面:"五·四"、"一二·九"文艺晚会,国庆歌咏比赛,演出节目由各班负责,在学生的积极付出与指导教师的真诚关切、耐心指点下,晚会诞生了《考试》、《孔雀东南飞》、《颂科学发展观》等一系列精彩的节目。由于我校学生大多为住校生,获取知识的途径相对狭窄,鉴于此,学校成立了以班级为组织单位的一月一观看活动,由任教语文老师负责组织学生观

看有启发教育意义的优秀电影、演讲等，使学生从中获益，如前段时间让学生观看《让世界充满爱》、《我是花下肥泥巴》等优秀影片，使学生受益匪浅。学校定期举行演讲比赛，建立了良好的选人机制，从班上的初赛，到年级上的复赛，再到学校的决赛，既保证了参赛学生的范围与积极性，又建立了良好的演讲人才选拔机制。学校将不定期举行征文大赛，对获奖者本人与其指导老师给予奖励，并且成立了专门为学生办的"塘中荷"文学社，调动了学生的写作兴趣，提高了写作水平，极大地丰富了学生的课余文化生活，增强了学生感知事物、感知生命的能力。在"塘中荷"发表的文章，近三年中有八十多篇被中国教育杂志、重庆教育杂志登载。读书活动也是塘坝中学影响较大的活动之一。读书活动中，学校事先推荐经典的阅读书目，然后组织阅读，读后要有感想、有笔记。通过读书活动的开展，不仅培养了学生的阅读习惯，增强阅读能力，而且丰富了学生的文化内涵。

3. 教职工的成长过程中渗透着学校的"温情"

学生的成长离不开教师的辛勤哺育，教师水平的高低也影响着学生的成才水平，为此学校针对刚进校的青年教师知识经验不足、教学技能欠缺的特点，确立了"新老教师结对子—帮一"、"新教师讲公开课比赛——以赛促练"等有助于新教师快速成长的培养模式，在这种模式的培育与激励下，新教师业务水平提升较快，得到了快速的成长，同时，也有助于学生的健康成长。

4. 环境建设体现"温情"熏陶学生

"孟母三迁，择邻而居"、"近朱者赤，近墨者黑"告诉我们：环境对人的熏陶作用是很大的。好的校园文化环境能陶冶人的情操，能使学生在耳濡目染、潜移默化中受到感染。因此校园自然环境、人文设施成为学校教育学生的重要"隐性课程"。

我校的一草一木，一瓦一石，一雕一刻都赋予文化气息和育人功能，彰显着学校的教育文化特色。综合办公楼上铭刻着学校的办学宗旨："一切为了学生、为了一切学生、为了学生一切"。学校各个教室的墙壁上，悬挂着著名科学家、教育家的人生格言，让学生无形中受到感染；运动场墙壁上的浮雕，彰显着青春、拼搏与团结、友爱；宣传栏上的学生优秀事迹、光荣榜、师生书画展、摄影展震撼着每一个学生的心灵；学生食堂张贴的饭菜价格、饭菜品种、蔬菜来历表等细节表明我们对学生生活上细致入微的关怀；课间、午休校园广播站的青春之声陶冶着学生的情操。为了浓郁校园文化气息，学校又在原有文化墙的基础上做了扩充，刻画了《弟子规》，对影响、感化学生起到了积极作用。

　　总之，在创建特色学校这条路上，塘中人一定竭尽所能，扬起特色学校创建的大旗，坚定执著地将"温情教育"贯穿于整个教学始终，让每一位进入塘中的学生都感受到这里的温馨。

抓住机遇促发展　全面育人创佳绩

重庆江北中学　陈居奎

经过近百年的发展,尤其在创建市示范高中,筹办学校百年校庆的过程中,我校深刻认识到:加快学校内涵发展,提升学校办学品位对打造学校教育品牌,彰显学校办学特色有重要意义。近年来,全校师生努力践行"人文至善、科学求真,让师生创造生命的精彩"这一办学理念,学校工作较有成效。

一、抢抓筹办百年校庆机遇,强力推进校园文化建设

学校抓住筹办百年校庆这一大好机遇,大力加强校园文化建设。

1.人文校园建设。校园文化建设是发挥环境育人功能的重要载体,也是我校办学理念的具体实践。借百年校庆之机,学校新建外校门和内校门,以其简洁别致而文化厚重赢得广泛好评;"文化广场"的建成更是凸显了江北中学浓郁的现代气息……

学校新建文化设施10余处:大型浮雕"烛颂"展示了江北中学师生昂首奋进的英姿;极富创意的"百年阶"浓缩了江北中学一百年的峥嵘岁月;"百年赋"石碑概括了江北中学百年辉煌的办学业绩和办学精神;全新改建的展览厅浓缩了江北中学一百年的风雨历程;首任校长李蓴、杰出校友徐彦刚塑像,为江北中学师生树立了楷模;"百年碑"则充分表达了抗战时期校园对母校的一往情深……学校校园文化建设也发生了质的飞跃。

在校园文化重点工程建设的同时,我们也注重挖掘学校历史文化积淀,把显性文化的打造与隐性文化的挖掘结合起来,形成

具有我校个性特点的校园文化。基于此,学校组织编写了百年校史,历经三年的辛苦,校庆前夕,《江北中学校志》终于付印成书。校志的成功编写不仅填补了学校百年无史的空白,更是深入发掘学校传统文化,总结办学经验、办学精神最有价值的重大工程。

2. 绿色校园建设。学校通过向高速公路投资公司征地,校园面积增加了 6000 多平方米,学校占地面积达到 10 万平方米;学校投资近 100 万,为新修近 500 米进校公路两旁进行了高档次的绿化,对原有绿化带进行了整治,校园绿化面积达到近 70%。这就使江北中学这所"绿色学校"更加"绿色"、"园林单位"更加"园林"化了。

3. 健康校园建设。学校投资近 1000 万,改造、扩大原有运动场,建成标准塑胶运动场,建成幸福家园健身房 1 个,为全校师生健身锻炼提供了优越场所,实现了学子们多年来的梦想。

二、全面落实学校办学理念,不断彰显学校办学特色

"人文至善、科学求真"的办学理念以"人的发展为本"作为主导理念,落实到我校的具体实践上,则是以"生命教育"为基本内容和以"寄宿制管理"为主要模式,将学校教育、教学、管理、文化等资源整合成有效合力,实现学校特色发展的有效探索。

1. 坚持以"生命教育"为核心,明确三层次教育目标

根据我校学生思想道德教育的"生命教育"理念,我们把育人目标定位于:人文素养、科学精神、健全人格、健壮体魄。具体地说,就是:人文至善——抓为人之本;科学求真——强立世之基;人格健全——显公民之范;体魄健壮——创生命之美。主要表现在以下三个层面上:(1)基础性目标:把全体学生培养成文明、正派、守信、务实的人;(2)针对性目标:根据城乡结合部分学生特点,克服自我封闭意识,加强团队协作精神和独立意识的培养;(3)提高性目标:引导学生逐步树立科学的世界观、人生观、价值观,修炼高尚的道德品质。

2.以人为本,探索寄宿制学校生命教育模式

让家庭的爱在学校延续,这是我校寄宿制管理和推动生命教育的核心。首先,我们加强师德建设,让爱成为和谐家园的灵魂。在教师队伍建设中,我们让所有教育者贯彻"把每一个学生当人才来培养,把校园当一个大家庭来生活"的校园精神。让每个学生感受到"当父母不在身边的时候,老师胜似父母"。其次,完善开放办学、封闭管理制度建设,彰显制度人文关怀。我们重点突现"制度、独立、安全"这三个关键词。"制度"就是学校建立健全全封闭式管理的各项规章制度并严格执行。"独立"主要是我们在寄宿制管理中重点培养学生独立生活能力,使学生能够自己安排自己的生活,协调人际关系等。"安全"就是我们在封闭式管理中给学生营造一个生命安全、财产安全、心理安全的空间。最后,开展"知荣明耻,阳光成长"、"感恩与责任"、"行文明之举,展江中风采"、"提升素质,重塑形象"、"构建和谐优良校风,展示百年名校的魅力"等生命教育系列活动,探索了生命教育的途径与方法。在活动中充分彰显"人本、交流、互助"等价值元素,充分张扬学生个性,激发学生生命活力。

3.着力创新,建设生命教育六大工程

从学校确定以生命教育为办学特色以来,针对学校办学现状,不断深化生命教育的内容,丰富生命教育的形式。至今,学校生命教育在不断创新中建成六大工程,即每期举办一次生命教育论坛;每年举行一次生命教育展示周活动;每年编写一本生命教育个案;建设一个生命教育网站;开展一个生命教育课题研究;建设一个生命教育研究工作室。六大工程进一步深化学校生命教育,进一步彰显学校生命教育特色。

三、深入贯彻高中新课改理念,促进学校教学质量提高

2010秋季起,重庆市在普通高中实施新课程。根据教育部

《基础教育课程改革纲要（试行）》、《普通高中课程方案（实验）》和重庆市教育委员会《关于开展普通高中新课程实验工作的意见》中的精神：高中新课程改革要全面贯彻党的教育方针，全面推进素质教育，立足我市实际，积极稳妥地推进普通高中新课程实验，全面提高我市基础教育质量和水平。坚持以学生的发展为本，培养学生创新精神和创造能力，促进学生主动积极、富有个性的发展，为重庆教育实现跨越式发展和构建西部教育高地提供有力人才支持。我们全面科学地规划和实施我校高中新课程改革，做好我校新课程实验工作。

1. 制订高中新课程实验实施方案

为保证我校新课程实验工作的顺利进行，新课程实验领导组制订了实施普通高中新课程实验的具体工作方案——《重庆市江北中学校高中新课程实施方案》。

2. 进行新课程全员培训

在新课程实验准备工作中，我校把新课程实验准备工作的重点放在深入学习教育教学理念、扎实做好教师教材培训上。组织了高一全体教师、教科研人员进行普通高中新课程实验相应的培训。坚持"先培训、后上岗，不培训、不上岗"的原则，实现"全员、全面、全程"培训。此次新课程实验培训主要由市、区以及学校三级培训组成。

3. 落实各项保障措施

学校加大了经费投入，改善办学条件。按照新课程实施要求，学校正在不断优化物质教育资源，完备硬件设施，特别是图书馆、实验室的建设，正在改造学校局域网和校园网，并与有关教育信息中心挂接（如金太阳新课标资源网），实现网上教育资源共享，为新课程实施创造足够的物质条件。

4. 组织新课程课堂研究及综合实践

集体备课：我们组织了新课程集体备课活动。要求高一年级的各学科的教师在第一学月进行集体备课活动。各学科教师围绕课程设置，课程标准，课程内容，教材的难点、重点及不同的学情等展开了交流与研讨，相互切磋新教材备课的心得体会，取长补短，共同解决新教材中出现的重点、难点问题。有的学科还分工协作，统一制作课件。

新课程研究课活动：在集体备课的基础上，我校组织了新课程研究课活动，各科公开课、示范课、实验课等。提出课堂教学要实现"三个转变"、"五个要让"。"三个转变"是指变注入式教学为启发式教学；变学生被动听课为主动参与；变单纯知识传投为知能并生。"五个要让"是指在课堂教学中能让学生观察的要让学生观察；能让学生思考的要让学生思考；能让学生表述的要让学生表述；能让学生自己动手的要让学生自己动手；能让学生自己总结的要让学生自己推导出结论，教师不能包办代替。

结合实践活动，9月中旬，学校组织了高一年级新生进行为期一周的军训，各班学生表现出顽强的意志和良好的精神风貌。下半期，学校还将开展劳技等校园活动。

"人文至善、科学求真，让师生创造生命的精彩"是我们的办学理念，也蕴涵着我们的教育信念和教育理想。在今后的工作中，我们将进一步抢抓机遇，优化教师队伍，彰显办学特色，以深化课程改革为突破口。我们深信，自强不息、争先创优的江北中学人，一定会不断追求卓越，不断实现学校跨越式发展。

加强课堂教学改革　推动学校特色发展

重庆涪陵九中　杨仲清　秦玉梅　任新建

涪陵九中以构建和谐校园为宗旨,开展"和谐教育"课题研究,以"合作、发展"的办学理念,"澡身浴德,格物致知"的校训为校园文化的核心,加强校园文化建设,深化课堂教学改革,推动学校特色发展,成为具有显著的育人效益的和谐教育特色学校。

学校以课堂作为教育的主阵地。构建和谐校园要从构建和谐课堂开始。课堂之于教师,犹如田野之于农人,舞台之于演员。和谐校园文化需要有与之相适应的和谐课堂文化。

那么,涪陵九中"和谐的课堂文化"是什么呢?

"和谐课堂"就是遵循教育教学规律,创设民主和谐的教学环境,以实现课堂教学效果的最大化、最优化,促进师生可持续发展的一种课堂形式。和谐课堂文化的核心是和谐,就是要通过课堂发展学生个性,并全面地、和谐地获得知识的拓展。

一、和谐课堂教学改革初探

1. 是新时期现代化人才需求的要求。新时期不仅需要有知识、有能力的人,也需要更具有合作能力、能够较好地处理好各方面关系的人。和谐的课堂教学能够为此打下一定的基础。

2. 是我校办学理念"澡身浴德,格物致知"的要求和体现。学校的办学理念从个人修养和对知识的探求两个方面对学生进行教育,和谐的课堂教学能够更好地使这一理念得到贯彻和落实。

3. 能够更加高效获得和掌握知识,减轻学习的压力,使课堂教学效果实现最大化。和谐的课堂教学,能够让学生体会到学习的乐趣,提高学习的效率,还能够增强学习的兴趣。

4.能够为学生人生幸福奠定基础。社会在召唤和谐,教育在呼唤和谐,实施课堂教学改革,进行和谐教育,不仅仅是为了实现和谐社会这一发展目标所作出的对策,同时也是人的发展和教育自身发展的一种必然选择。而这种和谐的基础,最终都要落实到人自身内部的心理和谐。它是人的一种积极向上、健康的人生态度和生存状态,对内协调和对外适应的集中体现;它还是一个持续变化的动态过程,是一种相对的理想状态,心理和谐是心理健康的本质特征,也是人生幸福很重要的一个方面。和谐的课堂教学能够更好地保持学生的心理和谐。

二、和谐课堂教学改革的任务要求

任何改革的目的都是为了进步。所以和谐课堂改革的任务肯定就是提高:提高教师的教学水平、能力、教育教学艺术;提高学生的学习能力,更好更快更多地掌握知识,使学生的成绩普遍最大程度地提高。

(一)和谐课堂教学的主要体现

课堂教学环境气氛的和谐。过分宽松活跃或者过分严肃紧张都不利于师生智慧的充分发挥。

课堂师生关系的和谐。课堂教学中,学生对老师的敌对不满,以及老师对学生的严厉苛责,都会无形中影响课堂气氛,形成能量互耗,影响课堂教学效果。

教师和学生自我内心的和谐。自我内心和谐,心理就会处于一种积极的情绪状态,信心足、精力旺,敢于去克服和战胜困难,精力也就会更加的集中。当然课堂教学效果也会更好。

教学内容的数量、难易和学生实际水平、能力的和谐。过多、过难,不能完成,容易厌学弃学;过少、过易,学生一是吃不饱,二是不容易培养学生克服战胜困难的意志,今后遇上难事就退避。

(二)和谐课堂应以"育德"为先导,促学生和谐发展

教育的目的是促进人的发展。衡量一个学校发展得好不好,主要看它的学生发展得好不好。如果学校只片面追求升学率,不为学生的终身发展着想,那不只是学生的悲哀,更是社会的悲哀、民族的悲哀。一个有担当、负责任的教育者,应该有长远的目光,加强教学的目标性和有效性。在教育教学中我们都有这样的发现:不少学业不理想的孩子在道德行为上就会有偏差。

"和谐教育"着眼于学生的终身发展,课堂教学以"育德"为先,丰富学生的人文底蕴,培养积极乐观的健康个性,健全人格品质。主要从以下几个方面入手:

1.责任感教育

人为了责任而活着。如果说负责任是人作为"类"所共有的使命,那么人作为个体的使命在于,他一边在承担着责任,一边在验证着自己的价值。也许人活着的目的和意义就在于寻找到自己的目的,并证明自己有活着的价值。学生是未来社会的主人,从小要教育他们树立负责任的意识,只有对自己负责的孩子,以后才能对他人负责。

2.幸福观教育

什么是人的发展? 人的发展就是向往而追求幸福的过程。教育有永恒的使命,这个永恒不变的使命就是为了人的幸福。教育就是对人的幸福观的启蒙。我们要让学生知道活着就是追求幸福的。但仅仅告诉他们要追求幸福是不够的,还得教给学生如何追求幸福,教给学生在追求幸福时不伤害到别人的幸福。

3.养成教育

培养良好的行为习惯:做人讲文明,有爱心,负责任;做事讲效率,有毅力,守规则。

4.“三心”教育

一个和谐发展的健全人，必须具备“三心”，即对自然、历史、文化的敬畏心；对养育自己的父母和有恩于自己的人的感恩心；对社会弱小的恻隐心。懂得“敬畏”的人，他才会懂得谦恭，懂得宽容，在一切真、善、美的事物面前心怀虔诚的谦恭，并立志以真、善、美的事物为友，以愚钝之身心去勉力追随，自此而远离“凡俗”，远离机巧、虚伪、丑陋、庸俗、险恶。他在一切思想、观点、个性面前胸怀宽大、开放，具有仁爱之心。懂得感恩的人，他会善待自己，善待所有人，善待一切生命，并尊重自己，尊重所有人，尊重一切生命。有恻隐之心的人，就具备了人善良的本性，他会坚定地在他能力范围内，为大多数人谋幸福。

（三）和谐课堂要求“以人为本”、“有教无类”

叶圣陶先生指出：教育是农业，不是工业。这就告诉我们，教育就像栽培植物那样，是让植物自发生长，而不是像工业那样，用模具去铸造成批的产品。我们要用农业的眼光，也就是生态的眼光去研究教育，关注课堂。从生态学观点来说，课堂就是一个由课程、教师、学生、教学环境诸因素构成的小生态系统。构建和谐课堂就是指在自然、和谐、民主的环境中让学生富有个性地、自主地实现知识意义上的建构，从而富有生命力地完善自我，取得生命质量和学习效益的整体提升。这是我们追寻的理想的现代课堂。

（四）生活化、人文化是“和谐课堂”的支撑

和谐的课堂应充满“生活味”和“人文味”，这样更能符合学生的认知发展规律，促进学生整体性的发展，让课堂充满灵性，充满智慧，充满和谐。

陶行知说过“生活即教育”，生活就处处有科学。在课堂教学中，教师应依据学生特点和教材的实际，把生活带进课堂，整合教

学资源和生活资源,不断充盈学生的生活世界,开拓生活世界,让学生切身感受到科学世界对生活世界的提升意义,让小课堂变成大社会,让学生在小课堂中领悟生活、感受生活、体验生活,促进师生教与学的联动与和谐。

(五)和谐课堂需要个性发展的空间

王金柱老师有言:你不能让西红柿苗结出苹果来,也不能让苹果苗结出西红柿。同样的道理,人的培养,应该尽量沿着他的强项培养,这样每个人都会充分发挥出其优势,从而成才。假如你有一个三流的嗓音加上一流的方法也许会成为一个歌唱家,但如果你没有嗓音的基础,你无论用什么方法都是成不了歌唱家的,但也许会成为一个钢琴家或者一个小提琴家,也许还会成为一个作曲家。"一千个读者就有一千个哈姆莱特"。和谐课堂的教与学应是多元解读,唤醒自我,凸显创造。

卢梭曾说:教育必须顺着自然,也就是顺其天性而为,否则必然产生断伤的结果。和谐教学的所有行为有助于成全生命,满足生命的各种需要,满足生命的某些特殊的需要。所以,"以人为本"、"有教无类"是和谐课堂的核心文化。和谐课堂珍视"独立精神、自由思想"的教育氛围,充分发挥人类进化所特有的灵性,尊重学生的个性感悟,尊重学生的独特体验,允许学生有自己独立存在的信念和意识,老师对学生充满的是尊重、期待、赏识和包容。真正把学生当主人,把自尊、自信、自爱、自强交给学生,让每个学生都能个性化地探求、质疑、讨论、交流、释疑,在课堂中感受到"爱意"、"诗意"、"情意"和"创意",感受到生命的涌动和澎湃。如此,师生才会在和谐中享受生态的温馨并自然生长,学生的个性才能得以充分地舒展。

(六)和谐课堂需要师生互动的时空

和谐课堂教学过程中教师要还学生的探究权,尽量减少话语的霸权,把学习的时空交给学生,要给学生留出足够的时空,引导学生自我发现、自我感知、自我欣赏、自我评价、自我总结,鼓励学生积极思维,大胆质疑,注意发现和挖掘学生思维中的闪光点,鼓励学生有不同的见解。让学生自己再发现、再创造知识,学生只有自己经历了过程进而"生产"出来的知识才是深刻的。在课堂教学中,教师既是导演,又是学习的参与者,切不可只顾自己的讲解而剥夺了学生思考的权利,以自己的单一结论代替学生丰富多彩的见解。

作为课堂教学的组织者,如果学生在阅读理解中出现思维的偏差或者是认识上的错误,教师也要相机引导或订正。如果以尊重学生的理解为借口,对学生的认识不讲原则、放任自流,那是一种不负责任的表现,不能培养学生正确的人生观和价值观,学生阅读能力和认识水平的提高也就无从谈起。

(七)和谐课堂是生成的课堂

和谐课堂教学不应该是不变的程式,更不应该是僵化的模式,而是随机应变的模块。

一个成功的教师,会让课堂教学中的意外成为课堂教学的良好契机。根据课程需要和眼前的实际情况,适时调整教学内容,使之成为新的教学亮点。

捕捉亮点,让智慧闪耀光芒;点拨偏差,让失误得以矫正;引发争论,让思维擦出火花;削枝除叶,让质疑抓住主干;拨动琴弦,让情感得到熏陶;尊重选择,让个性自主张扬;满足表现欲望,让生命释放活力。

三、和谐课堂改革方法探究

1. 正确认识和谐课堂教学改革

课堂教学改革可以说是教育改革一个非常重要的方面,教材内容的改革,新课标的要求能不能达到改革者设想的目标任务,最根本的就取决于课堂教学的实施。课堂教学既要让学生获得知识,还要让学生形成能力,掌握方法,学会学习。说实话,并不是每节课都能轻松地实现的。而现实的情况迫于中考、高考的压力,更多的老师还是保持着老式的灌输式教学,真正放手让学生自我探究的时间和精力都受到较大的限制。学生在校忙着上课、完成作业,对于少数学生来说,根本无法按照老师的要求完成,大部分学生也很大程度上成了完成作业的机器,留给自己去思考、钻研的时间和精力都没有,只有少数能力较强的学生在完成了老师的任务后可以比较全面地学习。学习始终处于一种被动,不能够使自己的智力水平得到充分的发挥,甚至对学习失去兴趣。如果学生遇到这种情况,做老师的一味的急躁、指责、批评,不仅是徒劳的,还可能更加糟糕。

2.树立正确、科学的学生观

学生是独立个体的人,学生是在成长阶段,总会出现各种错误过失。有时候,我们有的老师会因为学生不遵守纪律、不学习等现象而大动肝火,把自己和学生都置于一种不良的情绪状态中。有句话这样说:年轻人犯错误,上帝都可以原谅。我们教育学生的目的是为了他们今后少走弯路少犯错,但任何人都是在不断的犯错中成长起来的,而且,现在很多实践证明:年少时有点过错对今后的人生并不一定是坏事。有了这样的认识,我们就不会因为少数个别学生在课堂上的"不轨"行为而恼怒,就会以比较平和的心态去对待,用冷静的思维理智地加以控制,不会因为个别人的错误而惩罚学生。有了正确科学的学生观,才能更好地保持自己心理的和谐,也容易和学生保持和谐的师生关系,在设计和实施教学内容的过程中也会做得更好一些。

3.构建平等、互动、共享的师生关系

课堂生活是师生相伴的教育人生,是生命的对话,拥有互属的生命意义和共有的发展空间。师生关系的重新确认是课堂趋向和谐的首要因素,是课堂教学改革的必由之路。

"亲其师,信其道",教师要善于创设民主、平等的师生交往的和谐的教学环境。只有在一种民主、平等、和谐、融洽的师生关系中,学生才会放下思想包袱,消除心理压力,才会积极主动地、生

动活泼地观察和思考,才会精神振奋、情绪激昂,从而使其创造力得到淋漓尽致的发挥。

而要想形成这种民主和谐的课堂教学氛围,关键在于教师。教师不应该是课堂的管理者,而只是一个组织者;也不应该是知识的传授者,而和学生一样只是整个教学过程的一个参与者。教师与学生同时探讨、反思、进步,和谐共进、教学相长。课堂再也不是令人窒息的机械加工厂,而是求真的殿堂,生命成长的摇篮。

平等对话的师生关系彻底打破了教师的课堂权威地位,师生之间不但有言语的沟通,还渗透着心灵的交融。在平等对话中,教师以自己的学识、水平、人格魅力去感染学生,以一种敞开的方式去面对学生,和学生相互交流、相互沟通、相互补充、相互影响,以达成共识、共享、共进的目的。教师要把他们看做是有自我生活体验、有创造力、发展力的行为主体,而不能简单地用"难对付","一代不如一代"的眼光来看。民主、平等、乐观、信任的对话氛围是实现师生双方共同提高的前提条件,这是一场真正的对话,这是真正意义上的教学相长。

4. 积极引导学生树立对本学科的信念

学生是否具备积极的认同信念与他们的学业成绩的好坏有着密切的联系。很多事实表明,学生对老师的认同度越高,对他教的学科的兴趣也就越高,学习的成绩也就越好。你教得好,但如果师生关系紧张,那么学生也会拒绝你的教育,潜意识里也对你有严重的抵触情绪。因此,要和学生保持良好的师生关系,要经常给学生浸润学好你这门学科的意义和乐趣,要让学生逐渐地相信:我能学好这门学科,我学这个学科很有用,我有兴趣去学这一学科,我已经有了一些进步,我还会有更多、更大的进步……如果让学生树立这样的学科信念,肯定对课堂教学效果有着积极的意义。

5. 帮助学生在课堂上形成积极的心理

积极心理能够激发人潜能的发挥,还能促进人的健康成长,激发与培养人的积极情绪,帮助学生快乐与成功,让学生能够在课堂上保持一种快乐的心态、积极的行为参与学习活动。在具体的做法上，要真正地相信学生的能力，允许他暂时的落后，鼓励他争取进步，课堂教学多一些尊重，少一些权威；多一些赏识，少一些指责讽刺；多一点耐心，少一点焦心。有时，等待也是一种教育。

6. 充分应用好语言的激励艺术

让学生成为课堂的互动者而不是被动者。在所有的激励机制中，我们老师最常用的就是语言的激励。这种激励，在课堂的短时间之内可以使学生保持一种良好的情绪，从深层次上讲，是人获得认同和尊重的一种精神需求。我们应该多学习如何激励学生的方法和艺术。

7. 要冷静、理智地处理课堂偶发事件

学生千差万别，总是会有少数影响课堂和学习的状况发生，对这种偶发事件的处理，处理得不好，就会极大地影响课堂，对学生和自己都是一种很大的伤害。

总之，要使课堂教学更加和谐高效，最重要的就是千方百计调动师生教育教学和学生学习的主动性和积极性，让大家保持一种积极、向上、乐观、开放的情绪状态，使学生的内因充分地发挥作用，使课堂教学效果实现最优化。和谐的课堂就是这样一个人本主义的课堂，是一种以学生为主体、人的个性发展为第一任务的教学情境。在教学中要追求和谐之美，追求生命之美，张扬生命之力，努力使课堂教学回归自然的本色。和谐课堂是一种课堂文化，课堂文化是学校文化的一部分。践行和谐课堂文化，让学生尽情地享受生活、享受学习，树立正确的人生观、幸福观，培养学生的使命感、责任感，使学生的生命得以和谐健康地成长，满足学生发展的需求。

走生活教育之路　打造特色品牌学校

重庆育才中学　李　亮

素质教育的全面推进和新课程改革的不断深入,要求中小学校的教育必须改变过去"千校一面、千校一纲、千课一本"的标准化模式,办出自己学校的特色,培养具有鲜明个性特色的、素质结构立体多面的人才。同时《中国教育改革和发展纲要》指出:"中小学要由'应试教育'转向全面提高民族素质的轨道,面向全体学生,全面提高学生的思想道德、文化科学、劳动技能和身体心理素质,促进学生生动活泼地发展,办出各自的特色"。因此,办出学校特色,推进学校特色发展已经成为当前中小学改革与发展的必然趋势。"学校要有特色,教学要有特点,学生要有特长"已成为中小学追求的理想的办学境界。

一、对重庆育才中学特色发展的思考

重庆育才中学作为陶行知先生亲自创办的学校,其优良的办学传统、深厚的历史文化底蕴以及陶先生博大精深的生活教育理论、创造教育思想,都是现代育才中学可持续发展的不竭动力。陶行知先生的生活教育思想是一种与时俱进的现代教育思想,具有强大的生命力和重要的现实意义。我们必须深入挖掘陶行知教育思想在现代教育中的重要价值,不断探索生活教育在现代教育中的实施途径和方法,努力实现陶行知教育思想与现代教育理念的整合,办出学校的特色,办出学校的品牌。近年来,我真正从思想深处对学校未来发展进行了认真思考,即育才只能走内涵发展、特色强校之路。育才的内涵是什么? 那就是陶行知先生的教育思想。育才中学的特色是什么？那就是生活教育。为此，我们紧密结合新课程改革，借鉴和运用生活教育理论来指导教育教学工作，以课堂为基本立足点，积极探索教学改革新路子，打造生活教育特色，使学校真正实现内涵发展、特色强校。

二、出台《关于全面实施当代生活教育的意见》，作为学校各项工作的行动指南

2009 年，学校全面出台了《重庆市育才中学校关于全面实施当代生活教育的意见》，作为学校各项工作的行动指南。该《意见》系统总结和提出了育才中学的生活教育办学特色的特质：生活性、求真性、行动性、前进性、民主性、为公性和创造性，并提出了当代生活教育的指导思想、育人目标和指导原则。《意见》还提出，通过生活教育培养出来的学生，应具有以下特点：第一，具有真善美的人格；第二，具有较强的生活、学习能力；第三，具有乐于实践的行为、勇于创新精神；第四，具有良好的"三自"（自我教育、自我管理、自我成长）能力。

三、打造生活课堂，构建课堂教学特色，深入推进教学改革

课堂是学校实现培养目标、完成新课改任务的主阵地，课堂教学是学校特色教育的重要组成部分，是实现特色教育培养目标的主要途径。

当年陶行知主持的重庆育才学校，不少课程都应用了形象的教学方法讲授。如社会组的时事课用活报剧的形式表演给大家看；自然组的化学课也用表演的形式，如他们创造的化学之舞，将枯燥的化学变化公式用舞蹈表现出来，使人产生兴趣，易学易懂。这种上课形式与今天新课改所倡导的"改变课程实施过于强调接受学习、死记硬背、机械训练的现状，倡导学生主动参与、乐于探究、勤于动手，培养学生获取新知识的能力、分析和解决问题的能力以及交流与合作的能力"十分契合。因此，在现代教育背景下，

全面实施"生活教育"重点就是要从课堂教学入手,打造"生活课堂",即加强课程内容与学生生活以及现代社会和科技发展之间联系,关注学生的学习兴趣和经验,在课堂教学中与学生积极互动、共同发展,处理好传授知识与培养能力的关系,注重培养学生的创造性、独立性和自主性。我们对教师提出了明确要求:在课堂教学中要确立"基于生活而教、为了生活而教、用生活来教"的生活教育的教学思想。要求确保课堂具有丰富的育人价值观,使课堂具有生命的色彩,让学生在课堂生活中成长。如把课堂搬到教室外去,讲摩擦力、讲圆周运动等章节内容时,教师把学生拉到操场、车库和公路上,让学生在生活中去体验、感知物理知识的存在。

总之,用陶行知生活教育思想来指导我们的教学实践,不仅可以克服传统教学中只注重知识传授的弊端,而且能激发学生参与学习的主动性,促进学生学习方式的转变,教会学生热爱生活、创造生活,从而真正把以创新精神与实践能力为核心的素质教育落到实处。

四、调整课程结构,构建具有生活教育特色的校本课程体系

校本课程是根据学校办学思想、理想追求和历史传统等因素确定的个性化、特色化课程,在满足学生个体差异需求和促进学生个性特长发展方面起着重要作用。学校近年来对构建具有生活教育特色的校本课程体系作了初步的研究和探索。

我们构建校本课程的原则是:(1)以学生的自主发展为本;(2)强调对学生的创新精神和实践能力的培养;(3)满足教学形式的个别化要求,给学生更多选择的自由;(4)培养目标个性化;(5)教学内容要体现课程现代化和综合性的发展趋势;(6)重视学生身心的协调发展。

我们在开设基础性课程的基础上,创造性地开设了选修课程、研究性学习课程、劳动技术课、现代教育技术课、社区服务等综合实践课,逐步形成具有生活教育特色的校本课程体系。校本

课程,是学校特色的具体体现,是教育改革的重要内容。近年来,学校以"全面育人,强化主体意识;面向生活,激发创新精神;行动教育,增强实践能力;民主教育,发展个性特长"为办学宗旨,借鉴陶行知先生创立"普修+特修"相结合的校本课程建设模式,学校依靠中陶会中学专业委员会、重庆市陶研会专家、西南大学专家学者和学校所在的社区代表以及学校市级以上骨干教师成立了校本课程开发委员会,并根据国家课程、地方课程和学校以服务为中心,制订并完成了《重庆市育才中学'十五'期间课程建设规划》,编撰9本校本教材,并排入课表。校本课程的主要内容:一是以行知文化为中心的中学生生活教育教材和"真人"教育的教材,如《中学生生活教育》、《重庆陶研文史》、《生活教育·学生手册》等;二是根据学校以及社区的教育信息资源开发研究性学习的校本教材;三是以学科为中心,开发学科知识原理在生活中的应用的教材,如奥赛自编教材、书法教材、韵律操等。

选修课和活动课是学生个性发展的沃土。近年来,学校全面推进课程设置改革,结合学校生活教育改革实际,我们在高一、初一、高二、初二四个年级开设必修课的同时,设置丰富多彩的选修课、社团活动、研究性学习课等活动课程,初步建立具有生活教育特色的、以必修课、选修课、社团活动课、研究性学习课等多种教学形式相结合的立体课程结构体系。

选修课由各备课组统筹,通过教师集体备课,结合每一位教师自身的实际情况确定可开设的课题,向年级提出申报,由年级组汇总后,再协调学科门类,最后组织确定开设课程目录。上学期,有55位老师共开设了36个课题,这学期增加到51个课题。目前,学校已开设了不同特色的选修课,如:文学鉴赏,交际英语,PASCAL语言编程,名画、名曲欣赏,理、化、生、信息技术奥林匹克竞赛课和实验课等。

学生社团分为指导性学生社团和自主性学生社团。指导性学生社团由学校教务处、团委等统筹组织,现有"存在"文学社、英语社、"IT"俱乐部、科技创新社、求真话剧社、板球队6个指导性学生社团;自主性学生社团由学生自发组织,学校、年级审批同意后形成,现有"幻影"魔方社、"航模"俱乐部、街舞社、轮滑社、"六弦青春"吉他社、"心时"心理社、动漫社、程序设计、DV社、RAP社、缤纷化学社、地理社、时政论坛13个自建社团,本学期增加到了47个。

研究性学习课分为课内研究性学习和课外研究性学习。首先,我们积极试验并推行"学科小组互助学习"的活动形式,在大部分班级和学科内作出探讨。其次,以研究性学习课为载体,以"学科小组互助学习"为组织形式,积极推进"课题学习"模式实践。要求教师指定课题,或学生自选课题,分小组在课内课外展开研究,然后在课堂内由学生以小组为单位进行展示、交流等,由教师进行点评与指导。最后,积极探索、实践其他形式的课内生活教育模式。比如语文组的"课前三分钟"活动、数学组的"生活中的数学问题探究"活动、英语组的"时文选读"活动、政治组的"一句话新闻与评论"活动、音乐组的"音乐欣赏"等等。虽然这还只是部分学科、部分老师在很小部分时间所做的探索,但毫无疑问,都是具有重大的实践意义。2009年我校在重庆市教委直属中学高中研究性学习学生研究成果展示活动中荣获一等奖。

五、努力建设一支与生活教育模式相适应的教师队伍

自学校成立名师工作室以来,每月召开1—2次讨论会,每一次会议都围绕一个中心议题展开讨论。为提高教学质量,进一步探索生活教育模式的实施途径和方法,学校定期组织开展名师观摩课,学校名师工作室的研究员和特级教师为全校师生展示了精彩纷呈的观摩课,他们注重从学生的生活经验出发,从学生已有的知识出发,强调知识的生成过程,注重对学生能力的培养,对学生情感态度价值观的引领。他们均以日常生活为例激发学生的兴趣,授课结构清晰、层次分明、重点突出,采用生活教育模式,注重理论与实践的紧密结合,着力培养学生的学习、理解和感悟能力,让名师在展示自己的同时也鞭策和激励自己,起到了很好的引领作用。

学校相继推出的"市级骨干教师公开课"也取得圆满成功,产生了非常良好的教学影响。这些不同形式活动的开展,为骨干教师、名师提供了其发挥影响力的合适平台,也促进了全体教师的研究之风、上进之心。学校教职工队伍建设稳步推进,成为学校教育教学质量不断提高的保证。近年来,学校近50名教师荣获全国或市级赛课一等奖。在今年3月举行的直属校教学技能大赛,我校获得了11个一等奖,17个二等奖,22个三等奖。

　　回顾过去,育才中学在继承和发展陶行知生活教育之路上努力探索。目前,学校正在制订"十二五"发展规划,我们将继续大力弘扬陶行知的教育思想,全面实施生活教育,本着"以服务为中心,注重人的个性化和社会化和谐发展"的办学理念,锐意改革,开拓创新,充分发挥生活教育的优势,走出一条适合自身的特色强校之路!

责任教育实践方略初探

重庆万州第三中学　魏大银

在新课程改革不断推进的背景下,学校在认真总结 80 多年办学经验的基础上,结合现代社会对基础教育发展的态势要求,契合学校"法自然,公天下,做真人"的校训,充分利用课程自主权,改变单一课程结构,实现课程多样化,大力建设有个性化、特色化的课程体系,引导师生树立对自己负责、对学校负责、对自然负责的责任心,积极探索责任教育特色实践方略。

一、更新教育理念,为责任教育营造氛围

在新课程背景下实践责任教育,涉及很多新的教育理念,这些新的教育理念需要落实在课堂教学中,落实在教育管理中。行动在后,理念先行。因此,学校一方面要端正办学思想,严格按新课程改革要求开足开齐课程,合理而有序地安排课程,在保证开设好所有必修模块的同时,要积极创造条件,逐步开设丰富多彩的、高质量的选修课程。另一方面要引导教师实现以下八种观念的转变:一是要实现从关注少数精英学生到注重全体学生的转变;二是要实现从偏重学业成绩的片面发展到注重学生全面、和谐、均衡发展的转变;三是要实现从学生被动接受学习到使学生积极主动地进行探究式学习的转变;四是要实现从缺乏创造性的教育到富有创造性的转变;五是要实现从千篇一律的单一性的教育到多样性教育的转变;六是要实现可选择性教育的转变;七是要实现从重视选拔功能到重视教育的发展功能的转变;八是要实现从注重分数、"双基"和升学率的质量管理到新的全面质量观的

转变,建立新的科学的教育教学评价标准和评价方式,更多地使用发展性评价等手段促进学生的发展。只有实现这八种观念的彻底转变,新课程改革才会有主动性和自觉性。

二、加强师资队伍建设,促进责任教育实践

百年大计,教育为本;教育大计,教师为本;教师立身,责任为重。学校形成责任教育特色必须要通过教师来实现,因此,学校必须要培养责任意识浓郁、综合素质优良的教师队伍。

首先,明确教师责任意识内容。这种责任意识主要体现在三个"负责"上:一是对学生的在校成长负责,要求教师教书和育人并重。二是对学生未来发展负责,就是要加强学生综合素质的培养,实现身心和谐发展。以前,很多教师在面对中高考压力时,急功近利,片面注重学生成绩提高,不同程度地忽略了对学生综合素质方面的培养。三是对国家建设的前途和命运负责,就是要求培养出一代有强烈爱国心和远大理想的"四有"人才。

其次,教师责任教育重点要突出三个"新"字,一是定位新,今天评价一名教师是否合格的标准不仅仅是业务精、敬业精神强,还要看他是否具有育人的角色意识和责任感。其二是着力点新,主要围绕三个阶段进行:第一阶段是良好职业道德的养成阶段,通过教师责任教育主题签名承诺、演讲等活动,强化学习和自我道德完善;第二阶段是净化阶段,要把主要精力用在净化教师队伍的不良思想风气上,要建立师德责任"一票否决制",建立考核评价奖惩机制;第三阶段是辐射阶段,要通过一个"正人先正己"的过程,建立起一支素质过硬、作风优良的教师队伍。其三是面貌新,要把重心放在改变教师现有的精神面貌上,让精湛的业务和文化素质体现在教师气质上,让强烈的事业心和责任感体现在教师的教学工作上,让高尚的情操和崇高的道德品质体现在教师的人格魅力和精神状态上。

三、着眼国家课程课堂教学,寓责任教育于教学之中

课堂教学是责任教育的主渠道,各科教学要根据教材内容和

学生思想实际,确定责任教育的目标、内容和重点。教师应充分发挥课堂教学主渠道作用,恰当选择教法,将教材中所隐含或显露的备讲的教学内容讲清讲透,达到思想性与科学性的有机统一。教师可利用课本的内容去感染学生,也可以挖掘教材中的积极因素,激起学生的共鸣,使它成为推动学生奋发向上的精神力量。学校在每学期的教学过程中,以表格的形式请全体教师将课堂责任教育的内容、方法、手段进行即时归纳整理,并在学期末请教师以物化成果的形式交流责任教育的感受。

中学语文课文那些具有强烈责任意识的内容无疑是这方面教育的材料。叶圣陶先生说:"课本中有各类文章,包括政治性之文章与文学作品,皆须善读,由语言文字而深明其内容,且有裨于思想内容的提高,品德的修养。""文以载道,道在文中。"为了治水,三过家门而不入的夏禹;"余将董道而不豫,固将重昏而终身"的屈原;"我自横刀向天笑,去留肝胆两昆仑",为国变法而献身的谭嗣同;有"吾充吾爱汝之心,助天下人爱其所爱"的林觉民。课本中的伟大的人品、人格能充分激发学生的"天下兴亡,匹夫有责"的意识。挖掘教材中的隐含的教育信息,以言感人,以情动人。

地理老师可以结合地理学科教育的内容,加强学生的忧患意识和强化学生的发展意识,注重转变学生的思想观念,在教学中挖掘教材,适当补充教材,如"环境污染及防治";"合理利用土地资源";上海是浮在水面的城市,为什么"缺水";"世界环境日";"西部大开发"等内容,让学生探讨,从而培养了学生的社会责任感,增强了学生的环境保护意识。

生物老师讲到生物的进化与物种的灭绝时,特别是城市化发展对物种生长的毁灭,让学生意识到地球是一个生物链,一链断则全链断,从而培养了同学们的环境意识,还可以组织学生参加无土栽培实验,组织生物课外活动小组,积极开办标本制作竞赛,培养学生的动手能力和保护物种、保护自然的责任意识。

历史老师可以结合历史教学,讲述中外伟人成功、成才的故事,讲述革命先烈们不屈不挠的精神,从而激发学生们的爱国主义热情及报效国家的奉献精神。

总之,通过各学科责任意识的灌输和潜移默化而让学生树立起责任心。

四、加强校本课程的研究与开发,大力推进责任教育

虽然很多责任教育的内容蕴涵在学科和教材,但也有很多内容是目前课程没有的,需要加强校本课程的研究与开发。校本课程是指在具体实施国家课程和地方课程的前提下,通过对本校学生的需求进行科学的评估,充分利用当地和学校的课程资源而开发的多样性的、可供学生选择的课程,是国家课程计划中一项不可或缺的组成部分。

校本课程开发的价值之一,就是有助于学校责任教育特色的形成,因此,学校要克服资金短缺、人员素质参差不齐等多方面困难,加强校本课程研究与开发。其具体程序如下:一是建立学校课程审议委员会,形成《责任教育校本课程开发方案》,并制订有关的开发与管理条例,检查与监督《责任教育校本课程开发方案》的执行情况。二是加强师资培训,提高教师素质。校本课程开发的主体是教师,教师素质的高低直接影响校本课程的研究与开发。同时还撰写《责任教育校本课程开发指南》,这是学校在校本课程方面的一般性的规定,是用来培训教师的基本依据。三是设备与经费。学校应加强图书室、实验室、专用教室等设施的建设,合理配置各种教学设备,设立专项基金为学校校本课程的研究与开发提供坚实的后勤保障。

目前,学校已编写有《三峡工程概览》,向学生系统全面介绍三峡工程以及百万三峡移民为国家重点工程建设所作出的巨大牺牲和贡献,引导学生学习"顾全大局的爱国精神,舍己为公的奉献精神,万众一心的协作精神,艰苦创业的拼搏精神"的三峡移民精神,增强三峡库区和重庆万州第二大城市建设的责任感和使命感。另外,学校拟编写校本教材《社区服务》、《人与自然》,班主任老师结合社区许多实际情况和学生在社区服务中的一些事例,向

学生介绍社区工作,并请社区居委干部为学生介绍社区情况,使学生了解社区,热爱社区,为社区的发展尽力,为社区的文明作贡献。

五、开辟第二课堂,寓责任教育于各项活动之中

学生社会责任感和行为习惯的培养,除在课堂教学中进行之外,还应通过开展以增强社会责任心和使命感为目的的各种教育活动。

学校举行入学的开学典礼仪式、升降国旗仪式、入团仪式等,创造庄严、神圣的教育氛围,培养学生对祖国、对社会的强烈的责任意识。学校还运用各种知识讲座,加强对学生进行社会责任感和行为习惯养成的教育。通过讲座,让学生们开展心灵对话,让心中的"我"去说服现实的我,把现实中碰到的问题、产生的感想用简洁的语言,写成责任心语时时警戒自己,最终成为一名有责任感的人。

学校每学期组织学生观看爱国主义影片,或举办以弘扬我国优秀传统文化及爱校、爱家乡、爱国教育为主题的读书活动、演讲活动,开展丰富多彩的班会活动,增强学生责任意识。

引导学生志愿参加废旧物品的回收,"献爱心,送温暖"活动,为家境贫困或突遇困难的学生奉献爱心,培养他们的同情心、互助友爱精神和责任感。

大力开展"孝道教育"。学校先后开展了"孝道短信传情"、"开展孝心献父母,一周一件孝心事"、"我帮家人做件事"等活动,鼓励学生积极参与活动,在活动中培养学生从小养成尊老爱幼、孝敬父母等良好行为习惯,培养他们对父母和家庭的责任感。

培养学生的环境意识。组织学生深入社会,让中学生去了解人们随意丢弃垃圾、毁坏公物、污染河道等不良社会现象,在调查研究中激发他们对社会负责的意识,最终使他们明白"抛弃社会公德的人,社会也将会抛弃他"。

六、打造校园责任特色文化,构建隐性责任教育课程

校园环境文化,它本身并无感情色彩,但是一旦按照责任感培育的要求加以设计和珍惜,那么物质形态的环境就会成为责任感培养的外部力量,成为责任教育实施的隐性课程,使学生萌发对校园的美好感受以及对别人劳动成果的珍惜,它与精神环境整合,就会成为心灵中责任感的塑造因素。

加强校园责任文化,必须注意从以下几个方面进行引导:一是加强校园责任文化的时代精神和文化内涵。中学生是一个思想敏锐的群体,他们对于传统的文化具有较强的批判精神。因此,学校应开展一些具有时代精神、中学生又较为关注的时代热点话题的讨论,有计划地进行校园责任文化的宣传,潜移默化地影响学生,引导学生树立正确的公民责任意识。二是应与包括网络在内的大众传媒的教育相融合,一方面要对大众传媒的宣传加以引导,对媒体宣传中过于物质化、过于商业化的负面内容,应该树立正确的媒体意识,要具有批判精神。另一方面,也应当充分发挥网络等传媒的巨大功能,开辟学生交流思想的新平台。在这个新平台中,对于学生群体当中的见义勇为、拾金不昧、诚信正义等行为要及时给予肯定,提倡发扬良好的责任行为;对于不负责任的行为也要及时予以揭露。经过长期坚持不懈的努力,良好的校园责任文化就能得以形成。三是校园责任文化建设应关注青少年的情感体验与现实生活。情感体验对于人的思维具有一定的影响作用,对于人的行为方式也有很大的影响。青少年学生情感丰富、充满幻想、富于创造,有着独特的情感表达方式与情感体验。因此,在校园责任文化的建设中应充分考虑到学生的这一特点,以弥补当前教育的不足。在校园责任文化的建设过程中,还应当关注现实生活,建立具体的、现实的、积极的校园责任文化,并发掘其中的积极因素来激励青少年学生。学校可每月确立一个责任主题,例如维持公共场合的良好秩序、责任格言征集活动等。在校园醒目处布置校训墙,时刻提醒师生的责任:法自然,公

天下，做真人。学校在教室走廊里悬挂关于责任的名言以及字画，绿地上安放学生自己撰写的责任语丝匾牌，每间教室外布置有学生自己设计的班徽、班训，引导学生对班集体负责。在每一次创建活动中，充分发挥学生的主人翁精神，使学生养成"校荣我荣，校衰我衰"的荣誉感和使命感。

七、推动课程评价制度落实，促进责任教育收到实效

评价是课程改革中一个基本的反馈环节，是课程实施过程中不可缺少的部分。由于受传统教育观念的影响，社会仍用旧的观念来评价学生、教师、学校。如仅仅用学生的学业成绩来评价学生、来论教师的工作业绩，用升学率的高低来判断学校的办学质量等，这将严重阻碍新课程评价制度的落实，影响课程改革的实施，更使得学校特色的形成步履艰难。

实践责任教育特色，不仅需要有显性或者隐性的责任教育课程或资源，更需要有可操作性的措施来保证教育的实效性。因此，在责任教育过程可以实施如下几个可操作性较强的评价方案：一是《班级学生履行责任考评方案》，二是《学生操行等级量化考评方案》。把学生个人在日常学习、生活中和履行的基本责任纳入班级管理和操行考评，把教育的"虚"转变为"实"，通过逐人、逐项量化评价，引导、激励和制约学生履行责任，提高责任意识。

中学生是祖国的未来，他们责任感的形成，对未来社会生活理性、和谐和人格健全至关重要。近年来，学校以课程改革为契机，积极实践责任教育特色，并进行了初步的探索和尝试。但是，学生责任教育以及学校责任教育特色打造非一朝一夕之功，它需要社会、家庭和学校的共同努力，需要持之以恒的实践、探索、研究和创新。我们唯有从实际出发，在摸索中前进，在奋斗中成长，为实现目标不懈前行。

学校人文特色建设的探索

重庆万州第二高级中学　汪建德

近年来,我校坚持以科学发展观为指导,以培育人文精神、提升人文素养为目标,以开发实施"人文二中"校本课程为载体,以人文精神润泽莘莘学子,用生态文化涵养人文校园,努力创建师生健康发展的精神家园、成长乐园、生活花园、生态学园,在人文特色建设方面作了一些有益探索。

一、努力提升人文理念,用心营造精神家园

人文校园的核心是先进的教育思想和前瞻的办学理念。校长的责任就是与教师一道着力构建一个与学校长期文化积淀、恒久精神传承、现代教育思想完全契合的完整的思想系统,来指导办学活动和规范办学行为,以思想的清泉滋养师生、润泽校园,引领师生走向幸福、追求卓越、创造和谐。

在充分挖掘学校文化内涵的基础上,承70载历史之积淀、合现代教育之理念,我们提炼出以"为人生打基础,与学生共发展"为核心的办学理念,确立了"库区龙头、重庆著名、全国知名、国际影响"的办学目标,提出了"读书与做人协调发展、智能与体能协调发展、知识与能力协调发展、个性与共性协调发展"的育人目标,树立起"让每个学生扬起希望的风帆,让每个教师品味教育的芬芳,让每个家长分享成功的喜悦"的教育理想,坚持"负重拼搏、自强不息、敢为人先、追求卓越"的二中精神,倾力打造"海阔凭鱼跃,天高任鸟飞"的文化主题和"宽严有度、自强自律;轻松有序、自主自立"的办学风格,形成"敬业、爱生、求是、创新"的教风、"修

德、尚美、砺志、勤学"的学风和"求真、求实、求新、求精"的校风。

在学校先进办学理念的引领下,学生自信乐观、勤思善学;教师积极向上、甘于奉献,遵循"责任体现人品,绩效证明能力"的价值观念,奉行"不埋怨,不折腾,说了算,定了干,一不做,二不休"的工作理念,把心思聚到干事业上,把精力集到办实事上,把工夫下到抓工作上,把本领用到促发展上。学校呈现出"班子一心、上下一心、全校一心,同心创名校;师生协力、内外协力、各方协力,合力促发展"的良好局面。

二、大力开展人文教育,全心打造成长乐园

人文校园建设,重点不是外显的宽敞气派的高楼大厦、优美宜人的校园环境和琳琅满目的文化布置,而是师生内在的、在日常行为中所显示出来的道德素养、人格操守和精神追求,即人文素养。师生的人文素养是人文校园的本质特征。建设人文校园必须注重师生人文素养的培育。

近年来,我校积极开展寓教于乐的、丰富多彩的人文教育活动,把科学的世界观、人生观、价值观、爱国主义精神和道德素养、人格操守渗透到各类活动中去,既丰富了学生的课余生活,又净化了校园的精神环境,既增长了学生的才干,发展了学生的个性,又提高了学生的人文素质。

1."主题活动"丰厚人文内涵

近几年来,我校广泛开展以人文精神为主题的文化活动,精心打造特色活动,在学生心里播下了人文关怀的种子,人文思想、人文精神得到了传承和发扬。

2."特色班级"打造人文品牌

健康向上的班级文化可以陶冶、塑造学生高尚的情操和优良的品德,成为校风建设的促进力量。因此,打造班级文化,对涵养学生的人文精神至关重要。在精心打造班级文化建设方面,我们

主要从氛围营造、环境布置、活动开展几个方面来进行。一是积极营造一种"同行、同心、同乐"的民主氛围,二是精心打造教室环境。三是开展了"班班创特色、班班有特色"的文化创建活动。让班级活动赋予人文思想、体现人文关怀、唤醒主体精神、激发生命活力。

3."唱读讲传"提振师生精气神

"唱读讲传"是几十年、几百年,甚至几千年中华文化精华的积淀。我校在"唱读讲传"活动中,注重"内容具体化、对象全员化、形式生动化、推进常态化、呈现特色化"。"唱读讲传"活动的开展,较好地传承了革命理想,提振了师生的精气神。

4.文明礼仪涵养人文素养

我们以《中小学生日常行为规范》、《中小学生守则》为标准,以培养学生的生活习惯、学习习惯、文明行为习惯为出发点,广泛开展"学生养成教育月"活动,在师生中广泛倡导"学校无小事,事事皆育人;教师无小节,处处是楷模",从礼仪、学习、生活和节俭等各个方面,归纳学生在生活和学习中存在的不良行为。及时运用表扬的手段,正面规范学生行为,并与家庭教育达成共识,让学生真正"从我做起,从身边做起,从小事做起",逐渐养成良好的行为习惯。以"八荣八耻"为标尺培养师生道德风尚,深入开展"讲文明、讲道德、讲礼貌、讲卫生、讲秩序、讲诚信、讲爱心、讲奉献"的教育实践活动,进一步提高广大师生的文明素质。通过诵读"惜时铭",激情宣誓,做"记忆操",跳"生态舞",查"抬头率"、"张望率"等,让学生文明规范成为一种常态、自主学习成为一种习惯。

三、倾力构建人文环境,精心建造生活花园

环境作为一种隐性的育人功能对学生能起着无声的熏陶与感染作用。优美的校园环境,是一部多彩而富有吸引力的教科

书，它能美化心灵、陶冶情操，促进学生蓬勃向上、健康和谐地发展。物质文化既是人文校园的外显标志，更是人文校园生成的条件。让每一座建筑都怡情，让每一堵墙壁都说话，让每一幅字画都益智，让每一个阵地都育人，这是学校物质文化建设的至高境界。

近年来，我校以"文化品位，现代气息，人文精神"为理念，以"美观、简洁、素雅、实用"为思路，遵循"整体规划、顶层设计、分步实施、逐步完善"的原则，因地制宜，不遗余力地打造学校人文环境。一个布局精巧、生机盎然、书香浓郁、优美宁静的生态人文校园轮廓初现。

1. 用人文景观陶冶学生

为了美化校园景观环境、提高校园文化品位，我们着力打造校园独特景观：美轮美奂的生态花园，花木争妍、良材荟萃、蝶舞蜂喧、美不胜收；石碑《二中赋》，以其简洁凝练的语言、遒劲独特的书法阐释着学校悠久的办学历史、丰厚的文化积淀、奋发有为的今朝和灿烂无比的明天；"孕育"主题雕塑引发师生无穷的探究欲望。

2. 用长廊文化浸润学生

为了营造浓郁的人文氛围，我们还着力建设了"四大长廊"：丹青艺术长廊、励志学习长廊、青蓝科技知识长廊和儒家文化长廊。师生自创、自绘的"丹青艺术长廊"，展现了悠久的中华历史文化、可歌可泣的三峡移民文化和自强不息的二中文化，重在培养学生爱美、审美、习美的情趣。学生自编自书的"励志学习长廊"，融学科知识、学习方法、人生感悟为一体，给人以视野的拓展、智慧的启迪、心灵的净化。蔚为壮观的"青蓝科技长廊"，堪称一部浓缩的科学发展史，巧妙地将科学知识融入环境，让师生在紧张的学习之余漫步其间，在轻松愉悦中强化对科技知识的认知。典雅大气的"儒家文化长廊"，用仿古吊牌将儒家核心文化"孝、悌、忠、信、礼、义、廉、耻"等刻写其上，让师生时时受到儒家文化的熏陶与感染。同时,张贴悬挂了师生自创的箴言警句和书画作品,让师生们在激励自己的同时又鼓舞他人。

3.用标语文化激励学生

标语文化是校园文化的组成部分。为了充分利用和发挥标语的激励警示作用,我们在校园当道醒目的地方适时张贴一些励志笃学、积极向上的标语。草坪中"花木有情报春晖,学子爱护喜心扉"等标语,提示师生爱护校园的一草一木、以行动装点美丽校园。走道上"不敢高声语,恐惊苦读人"等标语,提示学生不追逐打闹,举止文明。宿舍里"今夜无眠,明日无神"、"静息以养神,苦读学圆梦"等标语,告诉学生休息好是学习好的前提。食堂里"一粥一饭,当思来之不易;半丝半缕,恒念物力维艰",则提示学生饮水思源、珍爱粮食。宿舍楼上"谦恭礼让展君子风度,和声细语显淑女风范"标语,提醒着二中校园里的每一个学子积极争做彬彬有礼的"君子"、温文尔雅的"淑女"。这些富有人文色彩和充满人情味的提示语,给学生心灵以温馨的呼唤、深刻的感受和引领,从而营造出温馨、舒适、和谐的校园氛围。

4.用楼宇文化涵养学生

以"博爱楼"、"博学楼"命名教学楼,希望二中的学子以博大的胸怀去兼容并包、博取广获;以"博思楼"命名办公楼,寄寓学校干部要勤于思考,多出智慧,用思想引领学校发展;用"卧薪苑"和"德馨阁"命名男女生公寓,寄寓学生要卧薪尝胆、涵养德性、立志成才;以"悯农堂"、"春晖轩"命名食堂和超市,寄寓学生珍爱粮食、知恩图报。学生自己设计、自己布置的独具特色的公寓文化,为学生营造了一个温馨、舒适、浪漫的生活环境。以"静坐觅诗句,放松听清泉"、"向前一小步,文明一大步"等标语点缀的厕所文化,让师生在幽默、风趣、高雅的环境中放松自己。

通过对学校环境的用心打造,一个承载厚重历史、展现时代发展的精品校园正日益矗立在世人面前,优雅的校园环境正成为培养学生人文素养的有效载体、活泼生动的经典教材。

四、着力推行人文管理,悉心塑造生态学园

人文校园的最高价值在于促进人的发展。全面实施素质教育,其实质是要求建设一种以人为本的学校文化,充分体现出对人的生命成长、生活质量、生存状态、生涯发展的关注和关怀。为此,我校在完善一切物化设施和规章制度时,始终围绕着为人的发展服务来设置和考量,使人的基本需要得到较好满足,人的良好需求得到足够尊重,人的美好愿望得到理解和赞赏,努力构建生态和谐的人文校园。

一是以尊重赢得人。我们认为,所谓人文管理就是把教职工真正当做"人"。为此,我们在管理中力求做到"四个增强"和"四个淡化",即增强服务意识,淡化领导意识;增强协作意识,淡化指挥意识;增强学术意识,淡化行政意识;增强"对话"意识,淡化"灌输"意识。注重建立公平与效能兼顾的激励和分配机制,施行宽严适度、情理相融的管理制度,以公平、公开、公正作为行政的准则。如在评优晋职等方面,一律实行"阳光操作",该奖该罚,当场亮分,谁的贡献大就给谁,彻底改变了那种"暗箱操作,论资排辈,荣誉利益只围着几个人转"的局面。老师们服气了,工作干劲也高了,聊天混日的现象不见了。教职工之间呈现出一派比学习、比贡献的新气象。

二是以情感凝聚人。"动人心者莫先乎于情。"只有在师生心中种下温情的种子,方能春意盎然。我们坚持利用工作空档深入处室、年级组,与教职工谈心交心,倾听他们的意见,了解他们的疾苦,解决他们的困难,当好教职工的后勤部长。我们积极开展了"八个一"活动:节日一张帕(慰问品)、生日一张卡(贺卡)、白事一炷香、婚嫁一席话(祝福语)、生病一束花、乔迁一幅画、难事一道解、进步一句夸。说心里话,人心都是肉长的,老师们不在乎校长手中的那几斤水果,那几十元钱,而在乎当领导的心里有他,瞧得起他,心里感到心里热乎乎的,工作就会表现出高涨的热情。我们始终坚守"平等对待每一个孩子、不放弃任何一个学生"的管

新世纪中学教育的思考与实践

理理念,特别关爱学困生、贫困生、残疾生、智障生和农民工子女,尽力让这些孩子在充满温馨、关爱的环境中快乐健康成长。

三是以发展塑造人。管理的本质不是束缚人、压制人,而是发展人、成就人。为此,我们不倡导自我毁灭式的苦行僧式的教师形象,不鼓励教师做"到死丝方尽"的春蚕,"成灰泪始干"的蜡烛,而应该激励教师在培养学生成材的同时,发展自己、成就自己!我们响亮地提出:让学习成为教师的习惯,让研究成为校园的常态。积极引导教师站在"巨人"的肩膀上,和经典拥抱,与大师对话,不断学习,不断反思,不断研究,不断提升。鼓励教师不当"教书匠",要当"教育家",通过"名师讲坛"、"教师论坛"、"学术沙龙"、网络赛课、空中课堂、技能大赛、读书报告会等形式,实现教师脱胎换骨、化蛹为蝶式的转变。与此同时,以生态课堂为载体促进学生全面而有特长的发展。发展个性特长,不拘一格育人才,是人文精神的重要内涵,也是推进素质教育的重要渠道。我们通过自主选择的"学习超市"、各扬所长的"兴趣小组"、大显身手的"节庆文化",把学生从书山题海的应试教育中引入到充满情趣的七彩生活中,把学生从千篇一律的"机器人"变成具有鲜明特长的个性人,让学生在最宝贵的中学时代留下一些终生难忘的印象,为他们一生的发展奠定一个坚实的基础,让每一个学生都成人,让每一个学生都闪光,让学校成为学生茁壮成长的生命绿洲,让学生良好习惯逐步养成、综合素质全面发展、自我个性充分张扬、生命价值真正凸显。

问渠哪得清如许,为有源头活水来。近年来,由于我校大力加强人文校园建设,较好地营造了浓郁的文化氛围,培育了丰厚的人文精神,提升了高雅的人文素养,极大地促进了办学品位的提升、办学特色的彰显。

人文校园建设是一个漫长而艰难的求索过程。我们现在所跨出的只是万里长征的第一步,所取得的成绩与兄弟学校相比还有很大差距。我们将以更趋开放的心态,更具发展的眼光,不断学习、不断探索,在更高境界、更深层次上推进人文校园建设,谱写让人民满意的教育新篇章!

新课程改革呼唤教师专业发展

重庆江津中学　龚　彤

2010年，普通高中新课程改革在重庆全面铺开。新课程的新理念、新教材、新的评价体系，乃至于围绕新课程制订的高考及高校招生方案等等，都要求学校尽快作出相应调整，尽量减少学校现有教育教学体系与新课程的摩擦。

一、新课程的新特点

新课程主要有以下六方面的新特点：

1.课程目标方面，反对过于注重知识传授，强调知识与技能、过程与方法、情感态度与价值观"三维"目标的达成。

2.课程结构方面，强调不同功能和价值的课程要有一个比较均衡、合理的结构，符合未来社会对人才素质的要求和学生的身心发展规律。突出的是技术、艺术、体育与健康、综合实践活动类的课程得到强化，同时强调课程的综合性和选择性。

3.课程内容方面，强调改变"繁、难、偏、旧"的教学内容，让学生更多地学习与生活、科技相联系的"活"的知识。

4.课程实施方面，强调变"要学生学"为"学生要学"，激发学生的兴趣，让学生主动参与、乐于探究、勤于动手、学会合作。

5.课程评价方面，以前的评价过于强调甄别与选拔，现在强调评价是为了改进教学、促进发展，重在学生的发展。

6.课程管理方面，以前基本上是国家课程、教材一统天下，现在强调国家、地方、学校三级管理，充分调动地方和学校的积极性，增强教育的针对性。

二、新课程改革呼唤教师专业发展

（一）新课程改革呼唤教师提升专业精神

新课程改革的意义在于"为了中华民族的复兴，为了每一位学生的发展"。作为教师要提升专业精神，要有强烈的使命感和责任感，从中华民族复兴和每一位学生发展的高度来面对教育事业；还要有敢于负责和乐于奉献等的专业精神，对学生的发展和社会的发展负责。只有将专业精神提升到这一个层面，我们才能抵制庸俗、短视的教育观念，才能认真、努力地去研究与反思，才能切实改变我们的教育教学行为，新课程改革才能得以顺利推行。所以，新课程呼唤教师提升专业精神。

（二）新课程改革呼唤教师更新教育观念

有些旧的、庸俗的教育观念与新课程很难兼容，如果教师不改变这些旧的、庸俗的教育观念，新课程改革就很难顺利推进，学校教育教学与新课程的摩擦也会越来越剧烈。例如，我们应以"能力本位"来替换掉"应试本位"的教学观、"知识本位"的课堂观、"分数本位"的评价观。应以"主体主动"的学生观来替换掉"被动接受"的学生观。当教师的这些观念更新与新课程理念可以契合的时候，教师的教学行为以及教学方式自然就会产生相应的转变。因此新课程改革呼唤教师更新教育观念。

（三）新课程改革呼唤教师研究和调整课堂教学模式

实施新课程后，学校办学仍然必须要满足家长和社会对学生升学的需要。在这样的需要下，学校必须追求尽量高的升学率，才能解决学校的生存问题。在旧课程下如何追求尽量高的升学率，对于大多数教师而言已形成了相对稳定的课堂教学模式，已是驾轻就熟的了。但是新课程与旧课程比较而言，已在课程目标、课程结构、课程内容、课程实施、课程评价、课程管理 6 方面有了巨大的变化,呈现出了六大新特点。在这样有巨大变化的背景下,那些老的课堂教学模式肯定是不能适应的了。

最近出台的《国家中长期教育改革与发展纲要(2010—2020年)》用了单独的一章讲考试招生制度改革,其中有非常明确的描述:"高等学校人才选拔要求以国家课程标准为依据,完善国家考试科目试题库,保证国家考试的科学性、导向性和规范性。"所以,学校教师必须对这些已有和将有的变化进行大量研究,这些研究包括新课程的课堂教学进度,课堂教学新的重难点及突破方法,课堂教学如何适应新的高考和招生制度等等。在充分研究的基础上加大调整力度,加快调整进程,尽快适应新的变化,才能使学校能够在新的形势和背景下更好地生存和可持续发展。

(四)新课程改革呼唤教师改变教育教学方式

在新课程理念下,我们一是要满足家长、社会对学生升学的需要,二是要满足学生成长、终身发展的需求。这就向我们的教育提出了比传统课程更高的要求,要在有限的时间内实现更高层次的教育目标,要切实减轻学生的负担,激发学生的学习兴趣、动机,留更多的时间和空间让学生自主学习。如何才能满足这两方面的需求? 需要我们教师改变教育教学方式,学生改变学习方式,在有限的时间内向国家课程要水平,要效率,要质量。同时通过各种课程和多元的活动,由老师引领,让学生智慧的提升和人格的完善成为一个统一的过程。这就要求我们教师的教学方式要具有智慧的、高效率的、平等的、民主的、人性化的等等特点。

三、新课程背景下教师专业发展的内容

在新课程背景下,教师的专业发展要求教师在充分认识教育工作意义的基础上,不断提升专业精神,增强专业修养,强化专业技能,拓展专业知识。这是一个教师充分实现自身人生价值,服务社会造福人类的过程。教师的专业发展主要包含以下内容:

(一)专业精神的提升

人是要有精神的。对于实践新课程理念的教师而言,最重要的就是拒绝平庸,超越自我,追求卓越。一个人的追求和人生目标会变成他工作和生活的驱动力,这种动力在很大程度上决定了他个人发展的程度和他的事业能够达到的高度。

践行新课程理念的教师的人生期望,应当而且只能与自己所从事的教育事业结合起来,他的追求应当是建立在强烈的使命感和责任感基础之上的。基本要求有:具备科学的人才观、教育观、质量观,具有执行党的教育方针,贯彻实施素质教育的自觉性。

新课程理念下教师的专业精神也体现在对自己的专业的忠诚上,对专业的忠诚表现为富有敬业精神,工作中的负责精神和牺牲精神。教育对当今社会的重要性决定了教师对社会负有重要责任,教师对自己专业的忠诚就是对社会的负责。当今教育的复杂性,要求教师具有高度的责任心和敬业精神。

(二)专业修养的增强

新课程理念要求教师是知识的传播者、智慧的启迪者、情操的陶冶者、心灵的铸造者、教育的研究者和创造者。作为为人师表的教师,被社会赋予了全能的任务和责任,被当成道德的化身。社会在给予教师应有的尊重的同时,对教师职业的纯洁性、高尚性有高于社会其他职业的期望。教师的专业化发展就需要不断强化教师职业的自我约束机制,建立规范的教师职业道德和行为准则。教师专业修养应该表现为对这些职业道德和行为规范的自觉接受和遵守。

(三)专业知识的拓展

新课程改革需要教师不断更新与拓展自己的专业知识。现在的教育越来越成为综合性的复杂的智力活动,它要求高度关注学生的个性发展,关注学生创新精神和实践能力的提高,使教师的工作越来越具有多元化和创造性。当前的课程改革体现在课程设置的现代化、学习历程的个性化和学科的综合化，所有这些都要求教师必须调整自己的智能结构，以适应新课程发展的需求。社会实践课、研究性学习活动还要求教师不仅要加强自己所教学科的知识学习，关注这门学科的方法论、发展史，还要拓展所教学科相关联的知识以及其他知识，才能适应新课程改革的需要。教学中关注知识、技能、方法、思维、情感和意志的统一，实现知识与技能、过程与方法、情感态度与价值观三维的融合。

(四)专业技能的强化

新课程理念下教师的专业技能是教师在教育教学过程中面向学生传播、启迪、陶冶、铸造中体现的能力。专业技能涉及太多的方面，现在就教育教学中的几个方面进行讨论。

1.有效认识学生的能力

在新课程的教学中，我们要关注学生的发展水平。学生的发展水平，是我们选择教学目的、内容和方法的基本依据。学生的发展水平包含知识技能、兴趣、思想、态度、情感和心理素质等方面。教师对学生的认识程度，对能否组织好教学活动至关重要。在这个认识过程中，应该充分重视学生的差异性和个体性，面向全体共同发展，注重学生的可变性，保持持续发展。

2.课内外教学活动的组织能力

新课程理念下的教学活动，提倡师生互动、学生主动参与，此时教师已经不再是单一的知识传播者，而是教学活动的筹划者、教学活动过程的引领者、学生参与热情的调动者、学生学习困难的帮助者。这需要教师有更高的组织能力，要求教师强化对教学的理解能力、对问题的预测能力和应变能力，善于引导学生提出问题和自己解决问题；要求教师主动改变原有的教学模式，激发学生主动参与的积极思维。

随着信息等先进的技术进入教育领域，教师的教学活动的组织能力还包括运用计算机辅助教学的能力、运用多媒体技术的能力、使用现代远程教育手段与开展网络课程教学的能力等。

3. 教育技能

在新课程理念下，学生的主体地位得到重视。在教育过程中，我们需要尊重学生，更加平等地对待学生，调动学生更主动地学习，更加关注学生的情感世界等等。这就对教师的教育技能要求得更高。因此教师要发展这些教育技能：与学生沟通交流能力、心理辅导能力、批评与鼓励技巧、协调处理学生之间矛盾与冲突的能力与技巧、处理突发事件的能力与技巧、班级管理能力。

4. 表达能力

表达是教师传授知识、传递智慧与激发情感的最基本手段，准确地表达自己的思维和情感应当是教师最基本的能力。教学中表达时需要充分使用口头语言、形体语言、学科语言等等，语言的清晰程度是思维清晰程度的反映，需要不断提高自己的思维能力，使自己的表达和思维相统一。

5. 评价与诊断学生问题的能力

教师要善于应用各种反馈，发现学生在学习过程中出现的各种问题，这种能力就是教师对学生学习的评价和诊断能力。重在对反馈信息的观察和分析。只有把握了学生的问题，才有解决问题的思路和方法，

6. 教师自己的学习、反思和研究能力

有的教师的教学水平，一直停留在一个相对较低的水平，也有的教师原来教学不错，随着年龄的增大，慢慢地跟不上时代的发展，处于一种低下的水平，其根本原因是他们在教学过程中缺乏学习和反思。要适应新课程的教育教学工作，要求教师在自己

的职业生涯中坚持自我反思、自我选择、自我调整、自我提高。它要求教师更具价值追求,在自我激励的基础上自我评价与自我诊断,在发现问题的基础上自我调节、自我提高。教师反思学习能力的高低决定了自我提高的水平。

四、新课程改革背景下教师专业发展的途径与方法

明确了新课程改革的意义,也明确了新课程改革对我们专业素质的要求和内容,那么教师应如何进行专业发展呢? 我们认为有以下一些途径与方法:

1. 学习

当今社会是知识经济时代,无论是学科知识还是教育教学理念,每天都会有很大的发展。当前正在进行的新课程改革也会使我们的教育教学内容和模式发生很大的变化。如果我们不坚持学习,我们的知识结构、教育教学方法和技巧很快就会落伍。所以在新课程背景下教师专业发展应加强学科前沿知识的学习、教育方针与教育政策的学习,还要学习新的教育教学理论并合理运用于自己的教育教学中。

2. 反思

中国教育学会副会长叶澜老师有一句名言:"一个教师写一辈子教案不一定成为名师,而如果一个教师写三年的反思却往往能成为名师。"叶澜这句话告诉我们,反思对教师发展的重要性。教师要想进行专业发展,就得走反思之路。在新课程背景下,不断实践新的教学模式和方法并及时地进行反思,是教师专业发展的必由之路。

3. 研究

研究是一种能力,更是一种生活态度和生活方式。在现实生活中问题就是课题,个人的成长就是成果。新课程改革与传统课

程相比具有巨大的变化,如何让我们的课堂教学模式更能适应新课程,如何让我们的教育教学做到高效又智慧,这些问题都是新课程给我们带来的研究课题,是我们在新课程背景下专业发展必须要研究的课题。

4.合作

任何一个人的力量都是有限的,要搞好教育教学工作,必须合作。特别在新课程改革中,我们面临的新问题多,更是需要强调合作。从横向来看,一个班级的教育教学需要各科老师和学校、家庭、社会的各方力量配合,要整合这些力量就需要合作。从纵向来看,教育教学活动的开展往往需要同学科的老师相互合作、集体备课、统一进度、统一资料。在新课程改革中,很多教学模式和方法都是需要摸索的,而且是有风险的。比如教学进度的确定,教学内容的删减,教辅资料的确定,这些事情都宜通过合作确定。

5.创造

创造是能力的体现,是教师专业发展到高级阶段的特征,也是新课程背景下教师专业发展必须追求的目标。在传统教学中仅凭一些简单粗暴的做法(比如堆时间,堆作业,课后督促)就可以取得良好的效果。但在新课程背景下,我们要取得好的教育教学效果、要实现教育的发展性目标,就必须抛弃那些简单粗暴的做法,勇于创新,让我们的教育教学既高效又充满智慧。

新课程改革势在必行,我们必须积极地推动这次课程改革。推动新课程改革需要教师进行专业发展,我们必须按照新课程的要求提升我们的专业素质。而教师专业发展对于我们教师个人来说,是一个漫长的、持续的修炼过程。这个过程是螺旋递进上升的,是没有终点的。

325

打造优秀教师队伍　有效开展新课程实验

重庆垫江中学　卢传华

随着新一轮新课程改革的逐步深入,我越来越感觉到:一个学校的发展,改革创新是关键;而改革创新的有效实施,教师是关键。只有教师的发展,才能带来学生的发展,才能带来学校的发展,也才能带来教育的发展。因此,打造一支适合社会发展需要的优质教师队伍,是教育可持续发展的根本任务,是新课程改革的必然要求。作为重点中学,我校一直把培养与造就优秀的教师群体视为学校工作的重中之重。如果将我校的具体做法归结为一句话,就是"坚持'三促一确保',打造优质教师队伍"。

一、以师德教育促职业精神大进步

(一)培养爱岗敬业精神

中国有句古话叫做"在其位,谋其职",就是对爱岗敬业精神最朴素的表达。然而因为职业倦怠,有的教师不思进取、安于现状,部分教师甚至倾斜了价值观而"身在曹营心在汉"。所以为了培养教职工对工作的责任意识,对学生的关爱意识,我校借单周政治学习时间、每周一次的周前会、年级教师会、处室处务会等机会狠抓教师师德教育。

一是组织教师认真学习《教育法》、《教师法》等法律法规,贯彻落实《公民道德建设实施纲要》、《中小学教师道德规范》和《重庆市教师誓词》,增强教师的角色意识与责任意识。二是组织系列师德建设活动,通过学典型、争模范,如学习道德标兵徐茂、感动重庆十佳教师左天玖等，净化教师的灵魂；通过大造声势，评选师德标兵、先进德育工作者等方式培养教师的职业自豪感；通过实行岗位承诺，创先争优，使学校形成"讲师德育新人、讲奉献争先进"的良好风气。

(二)培养勇于创新的精神

江泽民指出："创新是一个民族的灵魂，是一个国家发展的不竭动力"。作为教育工作者，是否拥有勇于创新的精神，决定着祖国未来的繁荣昌盛。同时，教学本身就是艺术的殿堂，对每一位勇于打破陈规、探索教学新方法的探索者打开大门，让他们领略发现之美。我校非常注重开发教师的潜能，激发他们的创新意识。我校成立了科技创新指导小组，广泛吸纳有创新意识的师生参加。学校通过激励、引导、培训，指导学生在科技创作上完成了不少优秀作品，我校也被评为重庆市第 25 届科技创新优秀组织奖。成绩不足炫耀，可贵之处在于创新的火花在闪光，相信未来的垫江中学，会因为富有创新精神的教师群体而青春焕发。

(三)培养廉洁自律精神

"常思贪欲之害，常怀律己之心"，这是古人对于廉洁自律的经典箴言，对于今天的教师也同样适用。教师作为雕刻灵魂的工程师，在物欲横流的世界里，有责任为孩子们保留一片心灵的绿色生态园。淡薄钱财身外物，才能把教书育人的职业升华成人生的事业。我校每学期四管齐下，培养教师廉洁自律精神：一是讲廉政故事，二是写廉政征文，三是看廉政纪录片，四是开辟廉洁文化橱窗专栏。这四项举措的常抓不懈，使我校廉洁从教蔚然成风，违规补课、乱订资料、乱收费等违规现象早已成为无本之木，枯萎在时间的荒野里。

(四)培养务实高效、雷厉风行的干部作风

有人说"学校建设看作风，学校作风看行政"，强调的就是学

校行政团队对教师不可低估的引领作用。而在我县肩负着打造渝川东北教育高地的重任，全面实施"后发先至"发展战略的大背景下，我们垫江中学响亮地提出了"务实高效、雷厉风行"的行政作风建设目标。我校大胆实行"行政带头制度"，提出"要求教师遵守的，行政必须先遵守；要求教师做到的，行政必须先做到"。校长带头任课听课，带头签到，以改进班子整体作风；推行"公开承诺制度"，每位行政结合自己的岗位职责，进行公开承诺，并上墙公示接受全校师生的监督；学校还推行"首办责任制"、"限时办结制"、"追究问责制"、"导向激励制"等，这些举措在很大程度上改进了行政工作作风，让行政跑起来，让工作快起来，让管理高效起来，也让社会的好评多了起来。

二、以立足校本促业务素质大跨越

古人云"吾身有涯，而知无涯"，此言道出了终生学习的重要性。新时代的学生对教师的要求已不再满足于"一桶水"，而是"一眼泉"。因此，学校有必要立足校本，为促进教师业务素质的大跨越而努力。

（一）建立校本培训机制

1.积极构建培训模式

培训要体现长效性，就得构建科学的培训模式。我校多年来坚持采用个人自修与培训讲座相结合、分层与分学科培训相结合、校内外培训学习相结合等多种形式，积极探索校本培训的模式。

一是互助交流模式。利用"师徒结对"的方式，我校近三年来组建师徒对子30余对，帮助近40名新教师快速成长。

二是案例、反思培训模式。学校每学期组织教师写作教学案例，反思并评比展评。优秀案例让教师获得启迪，寻求解决问题的思路方式；利用教师的自我反思，找出自己在某一方面的不足，然后制订自培计划,以弥补不足,提高自身能力。

三是以会代培模式。学校有计划有层次地组织教师参加校内外各级各类学术研讨会、专题报告会、经验交流会、教学观摩展示会等,促进教师继续学习。

四是我校大力倡导和鼓励全校教师自主学习,增强自身造血功能。通过《读点经典》、《国学经典》的自主学习,提升教师的人文素养;通过新课程理念的自学,不断更新教师的观念,更新自己的教育教学方法。

五是以考察代培模式。学校有计划有目的地分期分批组织行政教师外出上海、江苏、成都、江津等地方考察学习 100 余人次,使教师们眼界开阔、思想解放、观念转变;通过学习、比较,在各个方面为教师提供可借鉴的东西,激发教师自觉学习、研究及实践的积极性;并通过学习归来的座谈会形成的有关学校管理、教育教学的建设性意见 10 余条先后被学校采纳,因地制宜地让先进经验得到了发扬。

2. 努力突出培训重点

一是加强信息技术培训,抓好远程教育培训和远程资源应用。新课程要求教师能利用多种途径整合开发课程资源。信息时代,信息技术等远程多媒体技术的培训必不可少。我校的校本培训在认真抓好电子白板等现代媒体的运用技术的基础之上,积极组织教师进行远程通识培训,并着力开发"北大网校资源"与"高考资源网"等远程资源,让教师能够掌握信息、筛选信息、运用信息,提高了教师运用技术的能力。

二是积极开展新课程培训。围绕新课程理念、课程标准、课程内容进行系统的专题培训。我校组织教师参加"国培"、"面培"150 余人次,写作学习心得 220 篇,为教师植入了新理念;我校同时成立了新课程改革领导小组与新课程研究小组,以加强教师对新课程的再认识、再深入、再深化,让他们进一步适应新理念,适应新教法;我校还率先在全校各年级开设综合实践课程,教师学生全员参与,迅速有力地将培训成果加以巩固和扩大,得到了重庆市课改调研小组的肯定。

（二）建立校本教研机制

1. 教研活动求实效

我校教研活动围绕"三定三课"进行。"三定"即教研活动的开展"定时间"、"定中心话题"、"定中心发言人"，用实践推进"同课异构"、"同课再构"，提升教师专业理论水平。"三课"即"新教师的合格课"、"普通教师的公开课"、"骨干教师的示范课"，每学年的"三课"开展有序进行，已成为校本特色之一。整个过程有考查有记录，有效提升了教师的课堂教学水平。

2. 课题研究求突破

课题教研是教师成长、形成学校特色、推进素质教育的重要举措。要避免课题研究形式主义、有始无终，我校对课题研究进行阶段性检查、评价。以我校的市级重点课题《打造和谐的教师队伍》为例，研究过程历时近两年，参与师生 1000 多人，过程资料 20 余卷宗，研究成果 5 万余字，最终获得了市"课题研究一等奖"和"课题著述一等奖"。现在课题研究蓬勃开展，仅 2010 年我校立项课题就有 20 多个，大幅度提升了教师的科研能力，促进了教师的专业化发展，有力推动了学校教师队伍的建设。

三、以创新用人机制促教师潜力大发展

良好的用人机制是一所学校生命之树常青之根本。我校为了激发教师群体的活力，促进教师潜力的大发展，创新了管理机制。

一是严格执行岗位责任制。为改进工作作风，提高工作效率，学校严格实行岗位责任制，以职定岗，以岗定责，并责、权、利相统一。学校明确各岗位的工作任务和职责范围，拟订《学校工作岗位责任制管理规范》，各处室、各年级根据本规范拟订具体岗

位之岗位职责,做到"事事有人管,人人有责任,办事有标准,工作有检查",使教职工不仅人人身上有担子,而且个个心上有责任,通过强化责任,并与奖惩挂钩,以达到调动广大教职工的主动性和创新精神的目的,形成比、学、赶、帮、超这一新局面。

二是建立了"能上能下,能进能出"的用人机制。"流水不腐,户枢不蠹"。为了促进人才流动,以发展教师潜力,建立并完善一套"能上能下,能进能出"的管理机制。一是学生评教取上下。学校设置科学的学生评教体系,以半期评教与期末评教相结合,范围覆盖所有年级所有学科,能比较准确客观地反映教师教学实际情况。若评教结果不满意比例超过40%者,该学科教师将不得继续担任该班教学工作,由学校直接对其进行调整。二是教学成绩取上下。教学成绩最直接地体现教师教学能力,最直接地反映学校教学质量。对教学成绩严重落后的学科教师,尤其是毕业年级教师,学校将根据具体情况对其进行岗位调整。三是综合考核定进出。教师是学校的名片。对出现重大教学事故、严重违纪影响学校声誉、年度考核不称职的教职工,学校可根据相关规定对其进行解聘。

四、以人为本,确保教师诉求的大解决

孔子说"己欲达则达人,己欲立则立人",其实质就是以人为本的理念。作为学校管理也是如此。一所学校要兴旺发达,不可忽略教师的需求;教师队伍的打造,一定要以人为本,切实保障教师的合法权益。我校的具体做法有三:

一是积极稳妥地推进绩效工资制度。制订并逐步完善《垫江中学教职工绩效考核方案》,在兼顾公平的同时体现差距。

二是努力提升教师的社会形象。大力宣传优秀教师教书育人、无私奉献、服务社会的先进事迹,评选"感动垫中十佳教师",宣传教师的感人事迹,鼓励和引导社会各界为广大教师办实事、做好事,切实减轻教师的社会压力。

三是推进人性化的制度建设。我校在加强作风建设严格管

理的同时，积极推进人性化的制度建设。比如学校在严格执行坐班制度的同时，实行"上班期间外出校门登记制度"，对确有急事的老师们灵活处理；学校还制订教职工子女升学奖励制度，对考取大学的教职工子女给予一定数额的奖金；同时还规定教职工大病校领导、工会前去探望，教职工父母、公婆、岳父母病故学校前去吊唁等。这些制度的实施让老师们在学校严格的制度管理之外，感受到人性化的温暖。

新课程改革是一项长期而艰巨的工程，任重道远。我们唯有抓住其关键，在上级的指导下，更加积极地坚持"三促一确保"，打造优质教师队伍，促进新课程的有效实施，为实现我县"后发先至"目标、办人民满意学校而不懈努力。

新课改背景下的特色教师队伍建设

重庆清华中学　邓朝阳

新课改以人为本,不单关注学生知识的储备,更加关注的是学生作为一个公民应具备的品格、情感态度和价值观,以及学生可持续发展所必备的素质。因此,在新课改理念下,学校的所有教育教学工作都应围绕"学生可持续发展"这一主题来展开,而这一工作的开展就必须要有一支高素质的教师队伍作坚强有力的保障。

如何建设一支具有这种特色的师资队伍呢?我认为可从以下几个方面入手。

一、加强理论学习,更新教育观念

众所周知,现行教育体制的最大弊端是束缚。它束缚着校长,束缚着教师,束缚着学生,并在一定程度上错误地引导着社会对教育价值的判断。只要认真领会今年召开的全国教育工作会议精神,仔细分析《国家中长期教育改革和发展纲要(2010—2020年)》,就会明白:当下,中国教育进入了战略转移时期。从国家角度来看,它处在从人力资源大国转变成人力资源强国的历史时期;从教育角度来看,它处在以数量发展为主转变为以质量提高为主的历史时期。我们不能再充耳不闻了,不能再拿着一张旧船票想登上教育改革的大船了,必须加强理论学习,更新教育观念。只有加强学习,才能解放思想;只有我们解放了思想,转变了观念,才有可能发生行为方式的变化。

"天行健,君子以自强不息。"天道动行,刚强劲健。天地间万事万物按自身的规律,不断变化和发展,是任何人的力量也无法阻挡的。教育也是如此。昨天的"精英教育"也许符合中国的国情,符合世界的潮流,但到今天它也许就演变成了"应试教育",而与"素质教育"相抵触。怎样才能把握好教育起伏的脉搏,踏准教育变化的节奏,掌握教育发展的规律呢?加强理论学习可以说是一条捷径,因为先进的教育理论都是众多的教育专家学者长期研究、总结的结果。我们只有通过听专家报告、讲座,参加专题研讨会、辩论会,读教育专著等方式,才能不断学习先进教育理念,了解教育前沿信息,掌握先进教育技术,解放思想,与时俱进,从而更新教育观念,跟上教育发展步伐,整体提高自身素质,为积极参与新课改奠定坚实的理论基础、提供强大的理论保证。

二、强化校本教研,促进专业发展

"教师是课程的开发者,是教育教学的研究者",这是新课改的基本概念之一。教师置身于教育教学的第一线,在教育教学实践活动中通过不断地发现问题、提出问题,并把问题加以归纳、总结,提出自己(年级组、教研组、备课组)的研究课题,以研究者的眼光去审视问题,以研究者的态度有意识地去分析问题产生的原因,探究问题的发生、发展规律,总结解决问题的途径和方法,通过长期"发现问题、提出问题、分析问题、解决问题"这一模式的校本教研,激发教师的校本教研热情,这样可以使教师的专业水平得到持续快速发展。

1. 实施岗位培训,提高教师的课改意识

新的课程改革对广大教师提出了更高的要求,如何在较短的时间内以较快的速度较好地顺应这一发展,同时还要确保完成好每日常规工作,是摆在我们面前的问题。为了解决这一问题,我校加大校本培训的力度,通过多种途径增强教师课改意识。

课程改革中一个关键问题是教师的教学观念和教学方式的改革,因为不同的教育观念将会影响教师的课堂教学行为。在这

一思想指导下,我校坚持不培训不上岗的原则,扎实有效地组织了教师岗位培训。学校组织假期培训、学期中的培训,请专家进行专题讲座,请有经验的老师讲座,剖析课改的新理念,解读新课标,为教师答疑解难,利用一切机会选派部分教师到外地观摩学习,回来后进行示范带动。通过培训,使实验教师达成了共识:要把培养学生的思想道德素质作为教育的灵魂,要为学生的终身学习、终身发展奠定坚实的基础。

教材是教师赖以施教的依据。对教材研究的程度,直接影响着对教材的传授。通过培训,使教师能够明确教材编排意图,教材所处的地位与作用,教学这一部分内容的重难点,了解教学时应注意的地方,从而吃透教材,并能创造性地使用教材。

2.实施"以课研课",促进教师的行为转变

我们的教师不但要具有新课程理念,而且必须具有与教学理念相一致的教学行为。课堂教学是促进教师成长的主要途径,我校重视课堂教学研究,开展参与式教学研讨活动,分析研究教育教学中存在的新问题、新动向。我们以"教学论坛"为载体,利用每周教研组或备课组活动时间开展教学沙龙、教学论坛活动,积极挖掘和利用学校各项资源。以课堂教学为主阵地,开展新教师、骨干教师"新课程—新理念—新特色"以课研课活动,开展教育理论大讨论活动、教育教学调研活动等,努力实现教师自身课堂教学行为的转变。活动中,全体教师人人参与,通过评析与交流,促进教师课堂教学能力的提高,进一步强化我校教师的课程观、教育观与学生观。在具体的教学实践中,我们主要从以下三方面着手:

(1)引导教师学会看课。我们在平时的教育教学管理中,注重教师看课活动的过程管理,要求教师学会做听课笔记,指导教师在看课活动中不但记现象,而且要学会记偶感、记疑问、记感受,用赏识、学习、研究的眼光对待每一堂研究课。运用示范引路、检查指导、模式规定的形式,促进研究性看课意识、方法的形成。在具体看课活动中,指导教师不但要观察教师的教学基本素

养,还要细心观察教师的教学状态、教学设计、指导方式、学生学习状态、学生学习习惯培养、学生的思维发展、问题的设计与提出、教学效果等教学细节。

（2）引导教师学会议课。议课的目的在于促进授课者和看课者共同提高,它带有教学研究的性质。我们在议课活动中积极引导教师开展研究性、欣赏性、学习性议课活动,开展参与合作式、问题探讨式、专题讨论式议课活动。主要从以下方面进行考虑:这堂课值得我们学习的地方有哪些？从这堂课,你受到了什么启示？这堂课需要我们研究和探讨的地方有哪些？假如你上这堂课或处理某个问题,你是怎样思考的,你会怎样做？

（3）引导教师学会反思。曾记得有一位教育专家说过,"也许认真写一辈子的教案不能使你成为一名成熟的老师,但你只要坚持认真写三年的教学反思,你将成为一名合格的教师。"为什么？因为教学是一门艺术,艺术的特点就是创新。没有反思的教案是一种停止不前的教案、低下的教案,用这样的教案去上课,教师不可能有激情、有创新,这样的课堂是无法吸引学生、调动学生学习积极性的。因此,通过教学反思,将教学过程中的成功与失败,师生的闪光点（教学机智）和瑕疵、学生见解等记录下来,进行重新审视、分析总结,并以此指导、改进教学,使后面的课比前面的课更有创意、更完美,使自己的教学智慧得到不断地丰富和发展,从而形成自己的教育特色,培养自己的思考意识和学者意识。

3. 开展小课题研究,促进教师专业成长

教学研究向学校回归,向教师回归,向教学实践回归,是当今世界教学研究发展的共同趋势。因此,我们以强化校本教研为抓手,促进教师的专业化成长。通过问卷调查,了解教师课堂教学现状,分析存在的问题,并梳理教学中的共性问题,以小课题研究作为落脚点,利用教学论坛开展研究活动,及时处理教学中出现的新问题,实现资源共享、经验交流。本年度,我校成功申报了"提高高中学生作文审题立意能力的研究"、"初高中数学教学衔接"、"利用语感阅读法提高学生英语阅读能力"、"巴南区人文旅

游资源与历史教学"、"新课改背景下高中生地理学习策略研究"、"利用体育课外活动促进学生快速增高的实验研究"6个区级课题。通过小课题研究,解决教学中的实际问题,培养教师发现问题、分析问题、解决问题的能力,同时提高教师的科研意识。

三、搭建成长平台,加速队伍建设

抓好教师队伍的建设,离不开学校这一平台。为此,学校要为教师专业成长搭建多种平台。

1.校市培训是加速队伍建设的基础平台

(1)三级培训。三级培训是校级培训、教研组培训和教师自我培训。校级培训可以在培训时间、内容、形式、主讲教师等方面创新;教研组培训安排在每周一次的教研活动时间,培训形式有专题讲座、听课评课、主题研讨等;教师个人自我培训时间自己灵活掌握,学校每月要查看自我培训笔记。

(2)学分管理。既要求对培训过程进行管理,又要求对培训结果进行管理。培训过程学分占60%,包括出勤、考核等;培训结果学分占40%,主要采用学期末的培训考试进行考核。

(3)评优挂钩。学校可以把对校本培训的考核结果与年度的绩效考核和评优挂钩。

2.优秀教研组和优秀备课组的评选是加速队伍建设的互助平台

(1)优秀教研组评选。评选办法可以采用量化打分;评选内容可以设置教研组计划、教研组总结、教研组活动、汇报交流、现场观摩主题研究课、教研活动资料、成果加分等;奖励办法可以采用物质和精神奖励相结合的办法。

(2)优秀备课组评选。评选办法还是采用量化打分;评选内容包括计划、总结、集体备课、同课异构活动、特色主题活动等;奖励办法可以采用物质和精神奖励相结合的办法。

3. 优秀教师和各级骨干教师的评选是加速教师队伍建设的关键平台

（1）优秀教师的评选。评选时间是每学年一次；评选办法是按照安全、师德、过程、成绩、加分等方面设置小项并赋予不同的分值进行量化打分；奖励办法是召开隆重的表彰大会，给评上的优秀教师宣读颁奖词、颁发证书并给予物质奖励。

（2）各级骨干教师的评选。校区级骨干教师的选拔按照职业道德、学历、职称、教育技术能力水平、普通话水平、完成继续教育学时数、教学效果、参加教育教学竞赛、参加课题研究和论文发表或获奖 10 个项目进行推荐选拔。市级、国家级骨干教师的评选按照相关文件执行。骨干教师的考核每年进行一次，按照选拔的 10 项进行量化打分，90 分以上为优秀级，80—89 分为良好级，70—79 分为合格级，60—69 分为基本合格级，60 分以下为不合格级。不同等级享受不同待遇，不合格者取消资格。

4. 特色课堂的评选是加速教师队伍建设的关键平台

为了调动广大教师创新课堂教学的积极性，积极投身于课堂教学实践，学校应该搞特色课堂的评选。特色课堂评选标准包括教师的教学方式、学生的学习方式是否符合新课改理念，课堂教学有什么特色，课堂教学是否有利于促进学生发展等。评选出的特色课堂可以进行不同的命名，如"思想型课堂"、"自主探究型课堂"、"幽默风趣型课堂"、"研究性教与学课堂"等等。

教师是学校教育教学的实施者，是学校发展的核心资源。国家的教育方针、学校的教育理念、校长的教育思想只有通过教师的充分理解、消化才能在教育教学活动中得到贯彻和实施。同时，教师也是学生成长与成才的引路人，是学生终身发展的指导者。教师队伍素质如何将直接影响学校的发展，影响人才的培养。

总之，高中课改要站在高处，想在深处，管在细处，做在实处。教育部部长袁贵仁讲过，如果学校只做一件事的话，就是抓好教师管理。管理走到深处是制度，走到高处是文化。

浅论课堂教学系统的有效性
促进教师专业发展

重庆永川北山中学　王兴强

今天的教育具有三个明显的特性。一是浮躁复杂,这决定了急功大于远利的发生。二是充满诱惑,这决定了外力大于内力的存在。三是优胜劣汰,这决定了压力大于动力的形成。由此,专家把现在的教师分成了四类,即混世型、任务型、功利型和事业型。不难看出把教育教学管理当做生活中不可或缺的教师,是境界最高的教师。那么,在教育中如何体味高品位呢? 有效的课堂教学就是享受快意人生的前提和必需。因此,清华大学校长曾经告诫学生,"方向比努力更重要,能力比知识更重要,生活比文凭更重要,健康比成绩更重要,情商比智商更重要。"其实,这也是实施高效课堂的要素。在享受教育的智慧人生中最重要的,就是与学生一起,在高效课堂教学的基础上体会成功的快乐。针对人的心理发展的知情意行的四个层面,有智者提出实施高效课堂教学的教师必须具备"四有",即有智慧、有情怀、有耐心、有艺术。由此也生发出教师专业发展的五个层面:催生教育激情,纯化教育心态,提升教育水平,规范教育行为,养成教育风格。基于这样的认识,我们提出教师实施高效课堂教学必须尊重的"三个不能少"和"三个很重要":情绪安定不能少,不要急功浮躁,要有平静淡定之心;信念追求不能少,不要空虚混世,要有定力充实之心;真情投入不能少,不要只求任务,要有爱生乐业之心;一心一意为学生很重要,因为学生为本;全心全意夯实基础很重要,因为基础在根;扎扎实实求实效很重要,因为求实是魂。

一、课堂教学有效性的前提假设

(一)课堂教学是一个系统

课堂教学是一个开放的、复杂的、动态的组织系统;是一个有输入更要有输出的流通系统(效率至上);是一个既要有教师行为发生,又要有学生行为发生,更要有两种行为协同发生的互动系统(发展共同体);是一个焕发生命活力的生态系统(教学生态)。因此应以动态系统观去审视课堂教学的方方面面。

美国一个教授向成绩不等的甲乙两位学生说:"甲,我要给你讲几堂课,你一定要认真听,讲完后,我会考你的!"教授向乙说:"我要给你讲几堂课,你一定要认真听,讲完后,我会叫你向别的班讲述这些内容!"结果成绩一向不如甲的乙同学受益最多。这个案例印证了前面的"系统说"。

(二)课堂教学的有效性是课堂整体系统的有效性

课堂教学的有效性一定是基于课堂教学系统中每一个子系统的全面发挥,是在每一个子系统的诸多观测点的教学科学性与艺术性的全面体现的前提下表现出来的有效性。因此,课堂教学局部有效绝不代表课堂教学系统的有效。

我校有一位年长的数学老师,经他点拨的数学高材生成绩往往出众,但他任教的班级数学平均成绩总是名列倒数几位,经过集体审视,发现他的课堂非常严谨,但他疏于管理和激励,成绩差的学生由此厌学,造成了他的学生两极分化十分突出。这印证了他的教学没有重视系统的全面有效,忽视了课堂教学是一个焕发生命活力的生态系统的理论。

(三)教学既是科学,更是艺术

就教材内容、教学内容而言,教学一定是科学;就过程而言,教学一定是艺术。内容是着眼点,过程是着手点,教学总是通过艺术性的过程去传授与掌握科学性的内容。因此,教学的艺术性永远是为了教学的科学性。教学的科学性强调共性,教学的艺术性强调个性。教学的有效性则是教学共性与教学个性的有机统一。

教师中一个普遍的现象就是:文科的老师强于语言的表达、情感的抒发;理科的老师强于理性的思维、方法的指导。但是,用散文一样的语言,诗词一样的表达来教授理科的老师或者用理性思维注重方法的策略来教授文科的老师往往是最受学生欢迎,也是教学成绩最为突出的老师。这不仅印证了"教学既是科学,更是艺术"的论断,更印证了前文提出的教师必须具备的"四有"。

二、课堂教学系统的有效性论纲

(一)课堂教学的有效性系统构成与表征

课堂教学是一个系统,它应包括六个子系统。

1. 方向动力系统

这是教学动力。课前主要看教学动机是否在状态,是否提前欣赏,是否找到感觉;课中看教学激情,教学激情来自于自己的底气;课后看教学延伸,余音余味,要让学生觉得时间太短。

2. 条件输入系统

这是教学投入。近期投入看状态,远期投入看功底。

3. 质量输出系统

这是教学质量。教学质量的检测看三维:一维横向平面看广度(联想),二维纵向平面看深度(拓展),三维立体空间看厚度(思想)。

4. 组织运行系统

这是教学组织。内容层面的组织看层次,结构层面的组织看环节,管理层面的组织看艺术。这个过程中还会考量教师对教材内容的组织与重组和对教学内容的知识点的把握。

5.目标定位系统

这是教学目标。目标静态元素看七点:知识、技能、过程、方法、情感、态度、价值观;目标动态转化看"两化",即目标任务化,任务问题化。我们在这里应当明白的是,学会的一定是知识和方法,感受的一定是过程和情感,形成的一定是技能、态度和价值观。

6.理念追求系统

这是教学期望。如果说目标是状态,那么,理念一定是境界。我们通过教师的教学主张了解他的教学思想,通过他的教学期望发现他的价值取向,通过他的教学理想感受他的教学情怀。

六个子系统构成了有效课堂教学系统的全部,仔细观察和思考后我们发现,针对以上六个系统,教师最好的选择依次是提前找感觉,现行练内功,形式与实质并重,预设与生成并进,问题要贴近目标,理念跟上境界。

(二)课堂教学的有效表征

课堂教学的表征主要体现在"五效"上,即教学的"效果"(有效的成果,依据是目标的达成)、"效率"(单位时间的产出)、"效能"(产生高效的能力)、"效益"(想要达到的目的)、"效应"(因能力、风格、气质、魅力而形成的光环效应)。

通过仔细分析,我们发现,目标定位系统与质量输出系统的关系构成"效果";组织运行系统与质量输出系统的关系构成"效能";条件输入系统与质量输出系统的关系构成"效率";理念追求系统与质量输出系统的关系构成"效益";方向动力系统与质量输出系统的关系构成"效应"。如下图:

目标定位系统

效果

方向动力系统 — 效应 — 质量输出系统 — 效能 — 组织运行系统

效益　　效率

理念追求系统　　条件输入系统

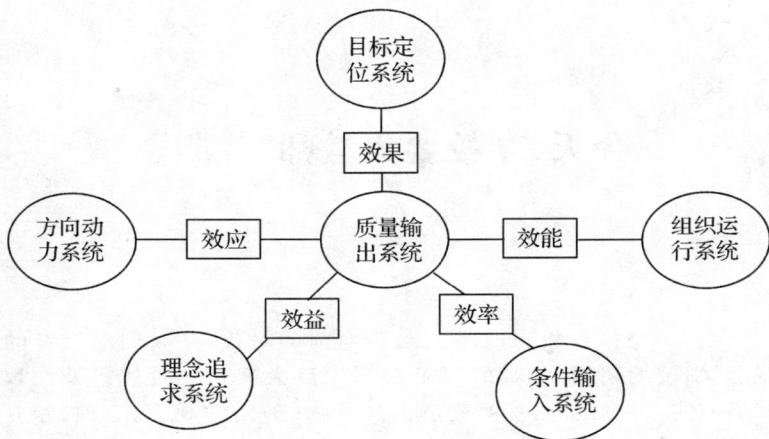

三、课堂教学有效性的评价标准

在构建课堂教学有效性的标准过程中，我们遵循了重规范，更重质量的原则，重共性，更重个性的原则，重细节，更重印象的原则，重课堂，更重教师的原则，运用"教学信度"、"教学内在效度"、"教学外在效度"、"教学难度"、"教学区分度"五个要素评价课堂教学是否有效，因为教学信度正好体现教师的教学印象而且与教学效益耦合，教学内在效度体现教师的教学规范与教学效果耦合，教学的外在效度体现教师的教学功底与教学效能耦合，教学难度体现教师的教学质量与教学效益耦合，教学区分度体现教师的教学风格与教学效应耦合。

鉴于此，我们提倡做一个高效课堂教学的研究者、实践者；做一个有爱心的教师，能生动你的课堂，打动你的学生；做一个知识渊博的智者，教学的智慧来自底气，底气来自知识的渊博；做一个激情的演讲者，能征服你的学生，培养学生对你的敬佩之情；做一个十分清楚自己的教师，因为角色决定方向，方向决定态度，态度决定行为。而这些都是实践有效课堂的基本要求，也是教师专业成长的必由之路。

今天，学校要为教师"壮胆"

重庆八中

当今，是基础教育改革大踏步向前的时代，是人们对教育的观念、学校的期望、教师的要求都产生巨大变化的时代。处在教育最前线教的教师必然受到巨大的冲击，他们的观念、心理、专业到底是怎样的状况呢？学校作为与教师联系最为紧密的集体该怎样引领今天的教师呢？

一、今天的教师充满困惑

我们只需要对我们遭遇的一些现象做一些罗列就不难有自己的感受：

请看下面的文字：

语文老师，你还要痛苦多久？

是的，我们热爱文学，但这个职业又让我们如此痛苦！生活中不是没有欢愉，而是太少，不是不应该有焦虑，但是太多！

总结我身边的规律，我们发现：一个语文老师必须面临这样的现状，越到高年级，学生越不喜欢语文，语文课成了睡觉课，做作业课，成了学生的休闲课，也成了语文老师的梦魇！没有多少人能够体会到语文老师的无奈。是的，许多语文老师努力过，奋斗过，但是最终败下阵来。当我凭着自己的阅读积累，凭着自己对于语文的热爱与敏感走出梦魇的时候，我知道，还有更多的老师依然在其中挣扎。他们像戏子一样在台上卖力地表演，希望能够吸引住学生的眼球。

与此同时，对语文老师的指责铺天盖地而来："中学文科教师大多数是白痴!"、"误尽苍生是语文!"我们委屈、茫然,像文革中的臭老九,内在的卑微感让我们低下了头颅,我们也是有原罪的,不是么?一个学生十几年的读书生涯,不正是对语文的兴趣逐渐衰退的过程吗?语文的少慢差费不正是现实吗?不怪我们怪谁?

(摘自某教师博客)

　　这些来自博客的文字,是教师较为真实的自我情感的流露。在这带有才气的文字中,也许我们在感受到教师个人的无奈与困惑的同时,还能够感受到教师的反思与担当。但仔细分析,我们应该发现这些文字的背后真正表达着教师在课程改革背景下对"难以"承担使命的困惑。

　　这或许也是许多教师今天的职业心态,是他们在新课程改革的背景下的职业心态。

　　新课程实施需要教师通过自己的教学行为来实现相关的理念和要求。在这样一场宏大的课程改革面前,教师更新自己的理念,调整自己的思维,改变自己的教育教学行为习惯,也就是教师将面临着巨大的改变,有改变就有压力,有改变就有风险,有改变就有困难,有困难必然有困惑。

　　同时,新课程改革寄托着教育行政部门、教育研究专家以及社会太多的期望。各个层面的关注必然对教师的教育教学带来关注,在关注中,教师就会有太多的迷茫。因此,新课程改革不管有多么美好的理想,在绝大多数教师那里,最终带来的是一系列挑战。这些挑战就是教师面临的问题,当然会影响到教师的心理、教师的专业、教师的思维。在这样的状况下,既会有教师迎着改革的步伐欣然前行,以自我的改变适应教育的改变;也会有教师在"固守"中"我行我素"或者说"自我放弃";但更多的教师恐怕是在这样的不甘中困惑迷茫。不信我们再看下面的文字:

　　我只知道,在我的课堂上一个学生听 MP3,睡觉,我叫他起来,他说了一句:"你管我干个×吧!——"

　　我能做的只是告诉自己:下辈子绝不做老师——

　　我不可以跟他对骂,因为我即使说了一句"你真笨"我也要负刑事责任。

我没有权利开除他,因为他是未成年人。

我没有办法说服他,因为这已经不是第一次。

我更没有办法不管他,因为几十双眼睛在看着我.

我该怎么办?

(来自 **QQ** 群的对话)

虽然有悲观情绪,但这绝不是绝望,而是带有悲观情绪的教师呐喊! 只是反映出了教师在今天的教育改革背景下的无奈:教师的尊严在丧失,教师的自我职业自豪感在急剧消退! 也许我们有足够的理由指责这样的教师,能够用"年轻教师无经验"的原因作为我们聊以自慰的理由,但我们却不能回避这样的事实:如果我们不能很好地引导这样的教师,我们就不得不面对教师的职业责任在今天的生态环境中逐渐沦落的现实。 到那时,我们将不仅看不到"这样"的教师的成长,反而是"这样"的教师在"堕落",我们将不得不担忧:"这样"的教师能够承担起今天的教育责任吗?

二、学校需要为教师壮胆

面对困惑迷茫的教师,学校不应该只有指责,更不应该放弃,而是应该看到他们困惑迷茫背后深层的原因,为他们走出困境搭建宽阔的平台。

1. 坚守教育的独立人格,恢复教师的尊严感

我们在太多的场合听惯了对教师的批评,首先是来自媒体的喧嚣。 他们放大教育改革背景中出现的不尽如人意的现象,以"正义"的名义"矫正"着教育的"专业"精神,在不考虑教育作为一种"专业"的现实中让教师乃至教育"被裹挟而前行";同时教育管理者、研究者往往就在这样的"被裹挟"中"矫枉过正",处在教育最前沿的教师便在这些"矫枉过正"中逐渐"胆小",不敢承担教育应有的责任;在"胆小"中逐渐"迷茫",不知如何实施教育的行为;在"迷茫"中逐渐"沦落",失落了教育应有的职业尊严。 所以,与教师的"生死荣辱"关系最为密切的学校,将成为教师"永远的家

园"的学校,在这样的状况下,就必须有清醒的思考,明确教育的"专业"特点,坚守教育的"独立人格",不成为被社会舆论"裹挟前行"的牺牲者。面对处在这样的时代背景下的教师,除了必要的教师管理手段之外,最为迫切的就是在这样的现实中,学校应成为教师困惑中的"避风港",给教师的职业尊严"壮胆",让教师在困惑中大胆行动,即便有不尽如人意的地方,也应该是本着"研究"、"调整"、"提升"的路子,帮助教师,引导教师。

因此在今天的时代背景中,学校和教师应一起承受压力,让教师在这样的"风雨同舟"中强化对职业的自豪感,强化对教育的认同感,从而强化对学校的忠诚,对教育的忠诚。

2.承担课堂培训的责任,为教师专业成长壮胆

新课程改革,需要教师有新的观念,更需要教师具有新的教学策略。但新课程并没有为我们教师准备新的策略,虽然教育行政管理部门提出了"不培训不上岗"的要求,开展了一系列的培训,这些培训在一定程度上使广大教师更新了理念,增长了知识,开阔了视野,拓展了思路,明确了方向。但仔细看看有些培训,或者是一些教材编写专家在台上对自己的教材"自吹自擂",脱不了"促销"的嫌疑;或者是一些高校的或教研机构的研究人员作纯理论的"传输"。在他们的培训下,教师只是获得了"新的概念",获得了"新的话语体系"。但这些新的"概念"和"话语体系"在实际教学中,在一线的教育中该怎样体现,却必须是教师们完成的任务。因此如果说新课程改革带来了新理念,那么教师的困惑更多的是对新理念不能付诸实践的困惑;如果说,新课程改革让教师从原来的"梦"中警醒,那么教师的教育自信心的丧失很大程度上是"梦醒了无路可走"的迷茫。

在这样的情况下,作为学校,就必须帮助教师实现"将理念转化为教育教学行为"的操作。这样的转变过程就是教师在实践中大胆探索的过程,是教师在学校的帮助下提升自己的专业能力的过程。从某种意义上说,这样的过程是学校对教师的"专业成长壮胆"。这样的"专业壮胆"是学校智慧的结晶,是对教师"培训"

过程的收获。而这种学校层面的培训必须弥补专家培训的不足，必须针对实践，针对问题，针对需要。也就是说学校的培训是课堂培训，是田野培训，不能坐而论道。是在对教师的教育教学现状充分调研基础上，按需设计培训内容；培训的目的是解决问题，为教师专业壮胆。

3.立足学校个性，为教师个性发展壮胆

在新课程改革的背景中，每一个学校都在积极努力追赶着潮流，每一所学校都想在这场逐浪中有所斩获，都想在改革的浪潮中提升学校的社会地位，于是从学校层面积极推进，探索具有学校层面的教学改革模式。特别是当"洋思模式"、"杜郎口模式"产生了巨大效应后，更让许多学校似乎看到了学校模式的巨大威力，因此，对新课程背景下的课堂教学纷纷推出"学案"教学、"讲学案"教学、"导学案"教学，并将这些模式以"全校整体推进"的名义搞成了一场"运动"。当这些带着行政意味的"运动模式"一经推出，所有的教师就必须在这样的规范中遵照执行，所有的教学行为就成了一种近乎"流水线"的操作。

但教学是一种极具个性化的行为，每一个教师的专业、个性特征都并不相同，他们的教育教学行为也必然是姿态万千、色彩缤纷，这是每一个教育管理者和研究者都无法忽视的事实。所以，不难想象，当教师教育教学行为必须放弃自己的个性的时候，教师心理的负担有多么的沉重，教师的教学创造积极性会受到多么巨大的影响。在这样千人一面的教育教学模式背景中，教师的教学胆量从何而来？

因此，新课程背景下的学校，不能够只是追求短期效应，更不能丧失了学校个性去模仿某种模式，而应该有尊重每一个教师教学个性的胸襟，帮助每一个教师发挥他们的教育教学特长和创造潜力，使学校的教育教学"百花齐放"，这样学校的教师才可能有足够的胆量参与到教学改革之中，才会有真正的成长。

新课程背景下提高
教学质量的对策与思考

重庆十一中学　钟进友

在新世纪第一次全教会召开、《国家中长期教育改革和发展规划纲要（2010—2020 年）》出台及高中新课程全面实施的背景下，学校的发展面临着新的机遇和挑战。如何更好地抓住机遇迎接挑战，进而促进学校又好又快地发展，是我们面临的一个重要课题。《纲要》指出："把'提高质量'作为教育改革的核心任务"。在新课程背景下，如何围绕提高质量这个核心任务开展工作，确保高质量，我校作了进一步的深入探索与实践。

一、新课程背景下学校面临的机遇与挑战

在新课程背景下，教材体系、教学内容、课程设置、对人才培养的要求等都发生了改变，这就给每一位教师和每所学校都带来了新的机遇和新的挑战。如果我们把握得好，则教师脱颖而出，学校得到又好又快的发展；反之，教师则面临不适应和被淘汰的处境，学校则面临停滞不前甚至倒退的危险。有鉴于此，我们必须以强烈的危机意识、积极的态度、有效的策略去把握机遇，迎接挑战。特别是在课程管理文化的重建。打造一支适应新课程的教师队伍、转变教师的教学方式和学生的学习方式等方面，要树立新理念、采取新办法，落实新举措。

二、新课程背景下提高质量的策略与举措

以全教会和《纲要》的精神为指导，以落实《重庆市新课程改

革方案》为要求,以"认真参与,稳步推进,反思提高,保证质量"为工作方针,以课程管理文化的重建为引领,以打造一支高素质的适应新课程的教师团队为重点,以转变教师的教学方式和学生的学习方式为抓手,以"轻负担、高质量"为目标,扎实推进课程改革,确保高质量。

(一)抓课程管理文化的重建

新课程的管理不同于传统课程的管理,从课程的设置、课程的实施、课程的评价等方面都发生了根本性的变化,这就需要我们进行课程管理文化的重建。当我们的课程管理得到师生自觉的认同,并把课程实施内化为师生的自觉行为时,新课程才能得到有效的推进,质量才有保证。因此,科学的课程设置、扎实的课程实施、有效的课程管理,是确保新课程顺利推进的基础。

1. 课程设置,突出特色

学校坚持必修课执行国家课程计划、选修课突出学校特色的原则,根据学校的实际,制定了学校课程设置方案和按行政班级授课与分段走班授课相结合的授课方案。在校本课程方面,学校组织力量在假期制定了校本选修课方案,编写了系列校本教材,开学后由学生自主选择,全年级走班上课,形成丰富多彩的课程体系,彰显学校课程特色。科学的课程设置、合理的授课模式、丰富多彩的富有特色的校本课程,有利于促进学生主动地、生动活泼地全面协调发展,有利于激发学生潜能和兴趣,进而有利于提高质量。

2. 课程实施,注重实效

课程实施的主体是教师和学生。在新课程背景下,教学内容增加了,而必修课的课时减少了,学生实践活动的时间增加了。在这样的情况下,既要保证高质量,又要保证学生的活动时间,就必须改变教师的教学模式和学生的学习方式,以确保课程的有效实施,进而确保高质量。为此,学校坚持以"有效教学、高效课堂"为目标,以"先学后教、以学定教"为策略开展教学活动。一方面对教师提出新的要求,在暑期组织教师编写导学案,现已完成9个高考学科第一学段的编写工作,开学后供教学使用。另一方面对班主任提出了班级管理文化的重建和班主任角色的重新定位的要求。班主任是学生"先学"(自主学习、合作学习、探究学习)的组织者、促进者和引路人,并要营造班级同学间互助学习的良好文化氛围,以保证"先学"的效果。通过学生的有效"先学"和师生共同的"有效教学,高效课堂",确保"轻负担、高质量"目标的实现。

(二)抓教师队伍的打造

新课程能否有效推进的关键是课程实施,课程实施的主体是教师和学生,课程实施效果的外显是质量,教师的素质决定着课程实施的质量,进而决定着教育教学的质量。因此,打造一支高素质的适应新课程的教师队伍是确保高质量的关键和根本。

1.帮助教师树立正确的质量观

《纲要》指出,教育改革的核心任务是提高质量。课程改革不是不要质量,而是要更高、更全面的教育质量。课程改革并不讳言升学率,而是要绿色升学率,更要关注学生的发展,尤其要关注学生的可持续发展,更多地考虑学生的生存能力、潜能发挥、个性张扬,让全体学生成为社会的有用之才。我们只有用正确的质量观来引领教师自身的教育教学行为,才能确保真正意义上的高质量。

2.引领教师提升专业能力

专业引领。通过请进来(专家讲学、外聘导师)、送出去(到高校、课改成功的学校参观学习)等途径和方式提高教师的专业能力。

同伴互助。学校坚持以备课组活动为载体,人人参与,在全校范围内深入开展以提高教育教学有效性,进而提高教育教学执行能力的校本研修活动。一是每周开展两次备课组研修活动,要求做到"六定",即定时间、定地点、定内容、定中心发言人、定参与度、定教学反思,确保每一课时的课案是集体智慧的结晶;二是开展教师 AB 角结对子活动;三是开展相互听课活动,要求每人每期至少上 1 次公开课,听课至少 15 节;四是组织教学开放周活动和优质课大赛活动。通过具体的行动和研究促进教师与同伴的对话,以教师或学生成长的问题为研究内容,开展行动研究,提升教师实施新课程的能力。

自我反思。自我反思是提高自身素质的重要途径。传统的课堂教学"以教定学",老师往往把教学过程看成是学生配合教师完成教案的过程,过分强调了教师的"教",以"教"为中心,"学"围绕"教"转,一定程度上忽视了学生作为学习主体的存在,丧失了学习的主动性、自主性和创造性。学生学习方式单一、被动,教师与学生之间、学生与学生之间经常处于一种紧张甚至对立的状态,学生的学习始终处于被动应付状态。在新课程背景下,教师必须通过自我反思,找准自身存在的问题,改变自己的从教行为,进而提高实施新课程的能力。

3.促进教师改变教学方式

在新课程背景下,教学内容增加了,必修课的课时减少了,要提高质量,教师必须改变教学方式,否则,就连教学内容都完不成,更谈不上提高质量。为此,从本学期开始,学校尝试推进以学习方式的转变为落脚点的教学方式改革。而"先学后教,以学定教"的学案教学模式正是实践这一观念的实用模式。这种模式要求把教学的重心从研究教材的教法转变到研究学生的学法上来,促使教师进行角色转换。

为推进学案教学模式的改革需要做好两个方面的工作:

学案的编写。编写好的学案是学案教学模式有效推进并确保高质量的前提和基础。为此,学校组织各科教研组举全组之力，在开学前集中编写学案，落实"以学生为本"、"先学后教，以学定教"的理念和策略，突出学生的主体地位、教师的主导作用。我们在编写体例上要求每份学案包括学习目标、预习导学、合作探究、课堂达标、举一反三、总结反思等内容。

学案的使用。使用好学案是学案教学模式有效推进并确保高质量的关键和根本。为此，我们采取以下一些策略来确保学案的有效使用。一是建立合作学习小组，落实"先学"的载体和机制。二是建立符合学科特点的学案教学模式，落实"先学"与"后教"融合的载体与机制。学案导学课堂教学模式的基本环节为：学案自学→以案导学→合作探究→拓展创新。其实质是以"学案"为载体、"导学"为手段的一种教学模式。它以学生为主体，倡导学生自主学习、自主探索、自我发现、自我解决问题，是学生学会学习、学会合作、学会发展的有效途径。最终目的是进一步转变教师的教学观念和教学方式，转变学生学习方式，优化课堂模式。希望通过这种教学模式的带动，使学校的教育教学水平和质量迈向更高的台阶。

总之，在新课程背景下，要确保高质量，重点要抓好五个方面的工作：一是建构一套适应新课程的课程管理及运行机制；二是抓教师执教能力的提升；三是抓教师教学方式的转变；四是抓学生学习方式的转变；五是抓校本选修课程的开发，突出特色。

创新研究性学习模式
推进学校特色发展

西南大学附中　张万琼　黄仕友

学校教育的核心是课程与教学,因而推进学校不断发展的途径应是课程与教学改革。"研究性学习作为一个独具特色的课程领域,首次成为我国基础教育课程体系的有机构成,这被公认为我国当前课程改革的一大亮点。"相对于学科课程而言,研究性学习是一种学生在教师指导下"从自然、社会和生活中选择专题进行研究,主动地获取知识、应用知识、解决问题的学习活动",具有强烈的开放性、探究性和实践性特点。探究性与实践性的特点使得研究性学习不仅能够有效激发学生的好奇心、求知欲,而且能够使学生将所学知识与自然、社会和生活有机联系起来,更重要的是能够帮助学生形成自主、合作、探究的学习方式。开放性的特点则能够使研究性学习具有丰富的课程内容、多元的实施方式,有助于结合学校与地区的实际情况,构建出符合学生发展、教师发展以及学校发展的、独特的课程与教学体系。正是从这个意义上,我校以研究性学习课程与教学的实施为突破口,旨在探索出一条促进学校特色发展的有效途径。

一、建立健全研究性学习机制,保障研究性学习顺利开展

1. 健全机构和制度,规范研究性学习的实施

学校成立了研究性学习的专门机构,具体负责研究性学习的组织实施,下设各学科研究性学习组和特色课题研究组来领导研究性学习的开展。同时,学校制定了《研究性学习方案》、《研究性

学习经费投入保障制度》、《研究性学习教师培养制度》、《师生研究性学习活动奖励制度》、《研究性学习成果展示制度》等，形成了一套完善的管理制度和评价制度，使研究性学习活动有时间、有地点、有记录、有评价，学生有收获，规范了研究性学习的实施。

2.组建高水平师资队伍，科学指导研究性学习

利用校内外条件，组建了一支研究水平高、指导经验丰富、结构合理的研究性学习指导队伍。学校共有 32 名固定兼职研究性学习教师，同时还聘请部分高校（如重庆大学、西南大学）具有丰富研究经验的专家学者具体参与、指导我校的研究性学习活动。

3.充分利用校内外资源，提供研究性学习实践场所

学校有科技制作室、家蚕基因实验室、传统数学科技教育室、科技教育活动室、机器人教室、学生化学探究室、学生生物探究室、学生物理探究室等专业教室。同时充分利用学校周边资源，在西南大学等地建设校外固定研究性学习实践场所，如西南大学家蚕基因实验室、北碚污水处理厂、缙云山自然保护区、重庆市自然博物馆等。周边社区资源的充分利用，使学校的研究性学习走向社会，拓宽了研究性学习的范围，为研究性学习的开展提供了广阔的研究实践场所。

二、创造性地开展研究性学习活动，培养学生的创新精神和实践能力

1.开设研究性学习相关课程，培养学生在学科学习中的探究能力

我校按国家课程改革的要求专门开设了研究性学习课程，主要给学生介绍科学研究的基本方法、研究性学习的过程以及研究性学习的技巧（如选题、学生合作、报告撰写）等，使学生掌握了研究性学习的方法。同时结合学科创造性地开设了研究性学习特色项目课程，如七巧板与好玩的数学、虚拟机器人、数码摄影等专题。

2. 引进国内外中学生"项目研究"，使学生亲身经历和体验科学研究的过程

学校每年定期举办国际环境科技教育项目，每年定期参加国内外相关项目，如"中瑞（瑞典）'环境小硕士'项目"、"中英酸雨研究项目"、"气候酷派活动"等。这些项目的参与以学生为主体，由学生自主组成合作研究团队，自主聘请项目研究指导教师，自主设计研究方案，并与各国中学生交流研究成果。以"项目研究"为载体的研究性学习转变了学生的学习方式，使学生在"研究"中学习，为学生走出课堂、接触大自然和丰富社会生活创造了良好的机会。"项目研究"过程也使学生亲历了研究学习的过程，体验了研究性学习的乐趣，培养了学生的创新精神和实践能力，同时也增强了与国内外中学生的交流能力，开阔了学生的学习视野。

3. 举办研究性学习展示活动，增强学生对研究性学习成果的交流和评价能力

学校组织每年一度的"研究性学习成果多媒体展示活动"，目前该活动已举办六期。该活动是在教师的指导下，由学生组织、宣传、策划和实施。活动过程中，学生从选题缘由、研究过程、研究成果等方面展示研究性学习成果。通过展示活动为学生交流和展示研究性学习成果提供了平台，提高了学生将已有知识与技能应用于现实生活的能力，增强了学生对研究性学习成果的展示、交流和评价能力，同时也增强学生对研究性学习过程的反思、感悟和改进能力。

4. 开展研究性学习指导技能研究，提升教师指导研究性学习的实效性

为了进一步提高学校研究性学习教育水平，学校把研究性学习教育纳入教学科研范畴，组织教师进行研究，提升教师指导研究性学习的实效性。在长期的总结和提炼中，我们得出研究性学习的组织策略是"以点带面，重在面，精抓点"；研究性学习的指导

方针是"指而不明，引而不发，含而不露，开而不达"；研究性学习的指导策略是"基于问题，通过问问题的过程实现教师指导，学生通过回答问题进行课题研究，实现经验的生成、完善"。这些经验的总结和提炼加强了研究性学习指导的实效性。

三、师生共同发展，推进学校特色发展

不断创新的研究性学习使学生的综合素质得以显著提升，使教师的教学素养得到明显提高，使学校的特色文化得以逐渐形成。

1. 学生的综合素质显著提升

在研究性学习过程中，学生通过自身体验和感悟、教师的指导以及反复实践，在创新精神和实践能力方面取得了骄人的成绩。据统计，迄今为止我校学生共完成了《城市小区沼气的开发和利用》、《美国发动战争的可能性的数学探究》、《关于农民的生活状况问题》等 6000 余个小课题，其中 69 个课题在国际青少年科技竞赛中获奖，申请专利 27 项，358 人获得国际、全国、市级科技竞赛一、二等奖，5 人获创新市长奖和提名奖。对于学生而言，"研究性学习是一个机会，是一个我们发展自我能力的平台，它使我们更多地认识到自身的缺点、自身的优势和潜在的能力。""研究性学习训练了我的口才，它让我变得更加自信，又让我面临更多的挑战，我相信我能实现我的梦想。""这是合作，这是体验，对于团体，这是可持续的发展，对于个体，这是我人生的超越。"考入美国耶鲁大学的 YMP 项目小组的一位同学在回顾研究性学习历程中感慨道："这两年的活动对我的帮助很大，从中学会了如何跟人打交道，如何去克服困难，如何和不同行业、不同种族和操着不同语言的人们进行交流，这些都为我在两年后申请耶鲁大学并最终被成功录取奠定了非常坚实的基础。"由此不难发现，经过研究性学习的磨炼，学生的综合素质得到明显提升。

2. 教师的教学素养明显提高

在多年的研究性学习指导中，教师的教学角色、教学观念、教学方式、科研能力等方面实现了重大的转变与提高。在教学角色方面，逐渐实现了从权威者、传递者向组织者、协作者、参与者、研究者、指导者转变；在教学观念方面，逐渐树立起为学而教、以学定教、以学评教的新理念；在教学方式上，逐渐从教师教授学生接受的教学方式向对话、体验、活动以及自主、合作、探究的教学方式转变；在科研能力方面，一大批教师在高校科技人员和企业科技人员的引领下，迅速成长起来并成为学校研究性学习指导骨干，有20位教师先后获得"全国科学教育先进个人"、"重庆市级优秀科技教师"、"重庆市优秀辅导员"、"重庆市优秀环境教师"、"全国十佳科技教师"等称号。

3. 学校的特色文化逐渐形成

学校实施"大课堂、小课题、全参与、重创新"的研究性学习模式，逐渐形成了以研究性学习为载体、以环境教育和科技教育为特色的校园文化。经过多年的研究性学习实验，学校创造了一种自觉关注环境、保护环境的良好氛围，成功使环境教育成为一种培养高素质人才的有效教育力量。因为学校在环境教育和科技教育方面的突出表现，学校成为"全国科学教育先进单位"、"全国科普示范区特别贡献奖"、"重庆市首批科技教育特色学校"、"生态道德教育先进单位"、"中瑞环境小硕士项目学校"、"全国信息技术创新与实践活动先进单位"、"环保30年——重庆市环境保护先进单位"，并获得"福特汽车环保奖"、"斯巴鲁生态学校奖"、"全国科普示范区特别贡献奖"等奖项。由此，以环境教育和科技教育相结合为主的研究性学习实验不仅营造了绿色育人的学校氛围，而且催生了学校特色文化，促进了学校特色发展。

总之，多年的研究性学习实践与探索，我们得出以下结论：

一是研究性学习课程与教学的实施能够有效提升学生的综合素质。研究性学习的过程是学生自主选择研究课题、自主开展研究过程、自主展示研究结果的学习过程。在这一过程中,学生的兴趣爱好得到了极大的尊重,学生的生活经验得到了有力的激活,学生的生命激情得到了尽情地发挥,学生的能力与情感态度价值观得到极大的提升与培养。

二是研究性学习课程与教学的实施能够有效提高教师的教学素质。研究性学习的过程是学生自主、合作、探究的学习过程,也是教师转变教师角色与教学观念、提升教学能力与科研能力的过程。因为学生高效的研究性学习离不开教师的有效指导,教师有效指导的过程正是其教学角色与教学观念逐渐转变的过程、教学能力与科研能力不断提升的过程。

三是研究性学习课程与教学的实施能够有效推进学校的特色发展。研究性学习本身所具有的开放性、探索性与实践性的特点,不但充分激发了学生的生命潜能,而且极大提升了教师的教学素养,更有效整合了学校内外的各种资源,因而充分活化了学校特色发展的各种元素,实现了学校的特色发展。

构建自主学习办学特色

重庆铜梁中学　周祖友

　　《中国教育改革和发展纲要》强调："中小学要办出各自的特色"，《国家中长期教育改革和发展规划纲要（2010－2020 年）》也指出要"鼓励普通高中办出特色"、"注重培养学生自主学习、自强自立和适应社会的能力。"普通高中的主要任务是为学生的终身发展奠定基础。在新课程改革的背景下，普通高中如何全面贯彻党的教育方针，调整和改革基础教育的课程体系、结构、内容，构建符合素质教育要求的新的基础教育课程体系，是一项摆在当前和今后一个时期的最根本任务。为完成这个任务，更新教与学的观念，转变教与学的方式，重建学校管理与教育评价制度，就显得尤为重要。因此，不断深化课程改革，强化内涵发展，构建自主学习办学特色，为学生的终身发展奠定更加坚实的基础，是普通高中必须思考且付诸实践的重要课题。

一、构建自主学习办学特色的意义

　　办学特色是学校在长期办学实践中逐步形成并通过教育教学活动在教育思想、教育管理、教学内容、教学方法、教学成果以及校风、教风、学风等多方面综合体现出来的办学特点，表现在总的教育方针指导下的教育目标和管理目标具有与众不同的个性，即"人无我有，人有我优，人优我精"。它是校长的办学意图和管理风格的体现，是学校教师队伍整体状况和教学特点的体现，也是影响学生个体特性的形成及学生群体特点的综合反映。

(一)构建自主学习办学特色是时代发展的必然要求

《中国教育改革和发展纲要》指出:"中小学要由'应试教育'转向全面提高国民素质的轨道,面向全体学生,全面提高学生的思想道德、文化科学、劳动技能和身体心理素质,促进学生生动活泼地发展,办出各自的特色。"教育部基础教育课程教材发展中心主任助理刘坚曾表示:"高中课改,它不仅关系到 16 岁到 18 岁孩子的成长,更重要的是,它可影响到二三十年后的中国。"中国要由教育大国向教育强国、从人力资源大国向人力资源强国转变,关键在教育。而课堂是教育教学的主阵地,构建有效课堂,加强学生自主学习的研究就显得尤其重要。

自主学习思想的出现已经有 2000 多年的历史了。在国外,古希腊的苏格拉底就已经提出了自主学习的心灵,而必须通过"产婆术",引导学生思考,使之自己找到问题的答案,从而获得知识。由此观之,在师生教与学的关系上,苏格拉底强调学生的主动思考在学习中的重要地位,认为教师的主要作用是引导,协助学生学习。在我国,早在先秦就出现了自主学习的思想。如《学记》中指出:"学然后知不足,教然后知所困。知不足,然后能自反也;知困,然后能自强也。"这里的"自反"、"自强"有自我省察,自我改进之意。到了 20 世纪 90 年代,随着人们对自主、自主性、自主学习本质的深入研究,有关自主学习的实验研究开始向纵深发展。这些实验不再局限于发展学生某一方面的自主性,而是以全面发展学生自主性,全面提高学生自主学习能力为目标。如,1991 年吉林省珲春市开始了"主动发展教育"研究,他们主张教学中凡达到了学习目标的学生,都可自由安排时间,自由选择学习场所和学习内容,以培养学生的自学、自练、自测、自评、自悟、自得等"六自"能力,从而促进学生自我教育能力的发展。随着自主学习的价值及其重要性逐渐彰显并被证实,在 1999 年的全国教育工作会议上,国家教育部明确提出了教育的重心必须从掌握知识转移到发展学生能力、培养学生学习的独立自主性上来。这对于学校教育来说,就是要通过自主学习培养学生的自我意识以及自省、自控能力等。我国比较系统地研究自主学习的学者庞维国曾说:"我国的自主学习研究已出现了理论和实践、教育和心理学双管齐下的局面,进入了空前的繁荣时期。"

而今,自主学习已是现代人在知识经济环境下必备的一项最基本素质。随着以课改为核心的素质教育的不断深化,进一步发挥学生在学习过程中的主体地位和作用已升级到核心位置。

(二)构建自主学习办学特色是学生长远发展的需要

现代教学论认为,学生存在着生命的主体性的巨大潜能,完全有能力在一定程度上做自己行为的主人;学生的学习可通过自我指导或自我调节来实现,学生是控制自己学习的主体。孔子曾指出:"知之者不如好之者,好之者不如乐之者",把"乐学"作为学习的最高境界。罗杰斯主张学生要在教学中"全部沉浸",即全身心地投入。布鲁纳认为学习就是依靠发现,要求学生利用教师和教材提供的材料,主动地进行学习,强调学生自我思考、探究和发现事物。

自主学习的培养和研究,最终是以人为本,从学生个体的长远发展为目的。自主学习就是要培养学生能够受益终身的一种主动获取知识和信息的学习能力。它是个体自我发展中诸多能力培养的关键。自主学习能力的培养让学习个体能够在走出学校走出课堂的情况下,运用自身已有的知识结构,调用外在各种学习条件,采用自身学习最有利的方式方法满足自身获取知识、信息和其他能力的需要,以适应社会日新月异的发展。

高中学习是一个人一生中的关键转折点,要打好坚实基础,必须继续加强高中生自主学习的研究与实践。

(三)构建自主学习办学特色是学校自身发展的需要

我校 100 余年的办学历史,见证了世纪的轮回,经历了沧桑变迁,浸润了历史的气息,散发着人文的魅力。学校建校之初,便确立了"近取东洋,远取西洋","甄陶欧美,强种光国"的办学宗旨,学校遴选良师,引导学生学习先进的科学文化知识,注重发展学生个性特长,敬业励行,哺育了一批又一批革命志士和文化学人。改革开放以来,铜中教师秉承先辈"乐育英才"的主张,坚持贯彻"全面发展"、"因材施教"原则,勤于追求进取,教育质量节节上升,铸成了享誉巴渝的"实干、奉献、追求"的铜中精神,提炼了"以人为本,着眼素质,追求发展"的办学理念。近年来,学校与时俱进,提出了"建现代化示范高中,育新世纪创新人才"的办学目标,不断深化学校教育改革,努力推进素质教育研究与实践,积累了注重学生素质培养的宝贵经验。自 1978 年以来,铜梁中学校已向高校输送人才近 2 万名,培养出唐显丽、杨婵、周锞三名省级理科状元,五个省级文理科二、三名和近百名清华、北大学子。近年来我校在音乐、美术、舞蹈等特长培养方面成绩斐然,每年都有一批热爱音乐、美术、舞蹈、表演的特长生进入中央戏剧学院、四川音乐学院、四川美术学院等著名大学深造,艺体特长生的培养已成为学校高考一道亮丽的风景线。尽管取得了显著的成绩,但我们也清醒地看到,随着素质教育的不断深入,多种因素造成了高中教学或多或少存在效果、效益、效率的低下,也一定程度上影响到具有社会责任感、创新精神和实践能力的创新人才的培养打造。

2005 年,钱学森提出一个问题:"为什么我们的学校总是培养不出杰出人才?"这提示我们应该认真地思考一些什么了。没有学生的主体发展,绝不会有什么杰出人才。这也许就是钱学森之问的答案了。要推动学校向深层次、高层次的高地继续攀登,必须在总结百年精髓和借鉴基础上更加科学地考虑人的因素,加大自主学习方法的研究和效益的提升,充分挖掘、激发潜力,整合领导、老师、学生的主观能动因素,向内涵式发展,走优质高效的教育发展之路。

新世纪之初,铜中人在规划铜中发展大计时,明确把"自主学习"融入了学校建设,为这所百年老校注入了新的发展动力。现在,摆在我们面前的是如何结合中国教育发展的新要求,结合学校传统和办学目标、办学理念,进一步打造以自主学习为主要特色的示范性学校。"愿景益彰"、"育常青嘉树于一苑"是铜中人的新时期的强烈愿望。

二、什么是自主学习办学特色

自主学习主要是指在课堂教学中,学生通过老师的科学示范指导,过渡到围绕学习目标、自主地选择学习方法,自我监控学习过程,逐步养成自主评价学习结果的习惯。通过能动的创造性的学习活动,实现学生自主性发展的教学实践活动,最终达到"教是为了不教,学是为了会学"的目的。

自主学习更能体现新课改倡导的面向全体、面向每一个学生的生本理念,它可以让学生主动地进入学习过程,取得更高的成果。这种学习方法还可以帮助学生形成自己的见解,有助于学生对内容进行更加深入地思考。

构建"自主学习"特色学校主要包含以下几个涵义:①它属于特色学校教育的范畴;②它指的是高中学生的基础教育;③本课题所指的"构建"并非一般意义上的学校硬件建设,它更偏重于一种内涵式的、内生性的结构的建立,寻求"内涵式的发展",着眼于课程理念的变革的教育教学模式的探索。构建"自主学习"特色学校的构想主要是继承中外的先进教育理念,努力挖掘传统教育与教育自身的资源,深入实施新课程理念,丰富学生教育形态的一种尝试,以"自主学习,培养特长"为发展目标,建构开放型的现代特色学校的教育模式。

三、构建自主学习办学特色的基本途径

(一)营造自主学习大环境

1. 教师导引。学生自主学习的意识和能力不是从个体内部自发、自动生成的,而是需要在教与学的过程中,有意识地引导、有计划地锻炼培养的。离开老师的"引航"、"导向",学生主体性的发挥将盲目无序,而且将加长学生在黑暗中摸索的时间,会事倍功半。可以说,作为一种学习方式,自主学习要受到教学方式

的制约和影响；作为一种学习过程，自主学习要受到教学过程的制约和影响；作为一种学习能力，自主学习要在整个教学进程中磨炼、打造。我校要求教师弘扬人本主义精神，倡导"德先生"，扮演自主学习"组织者、参与者、合作者、促进者"角色，构建师生和谐平等的关系，从而营造铜中"想学、能学、会学、坚持学"的自主学习氛围。我们在深入学习建构主义理论之后，认为学生自主学习的环境应能给学生提供足够的情绪安全感，能使学生接受真实的富有激发力的学习任务的挑战，能提供给学生丰富的学习资源以支持其完成学习任务。在实践中，我们将情绪安全感、丰富的学习资源、真实的学习任务、自信心和归属感等五个方面定为构建学生自主学习的内容。老师既积极帮助学生认识自己的需要、兴趣和内在学习动机，指导学生制订和调整个人的学习目标，指导学生对意志、学习信念和环境等调控和利用；又有计划地通过专题讲座的形式，使学生系统地了解、掌握科学的学习方法、思维方法，得到开采知识金山的利斧和本领；更重要的是尽量给学生提供锻炼、施展才能的舞台和机会，让学生在兴趣中学会自主、在争议中彰显自主、在尝试中体验自主、在实践中加强自主，以提高学生的自主学习的意识、习惯和能力。通过这样，让学生在有限的时间内尽快锁定学习目标，增强动机和自我效能感，掌握科学高效的学习策略，提升元认知能力。若能使学生对自己的学习行为等具有"反省认知"和不断改进的能力，学生则真正成为学习的主人，从而高唱着"自己的路自己走，自己的梦自己圆"，一路独立地、自主地奔向未来。

2. 管理协作。要坚持"以人为本"的办学思想，依靠"育德"、"育心"两翼，培养学生"生活上自理、学习上自主、行为上自控"的"三自"能力，使之符合"文明人、健康人、聪明人、现代人"四条标准。学校要大办倡导"教书育人，管理育人，服务育人"，构建"学校、家庭、社会三结合"的德育网络。班主任和管理职工与学生共同制定合理的管理制度，让学生主动参与班级管理、宿舍管理、食堂管理和课外活动管理等，让管理为自主学习开路，让管理推动自主学习的形成和发展。在管理中，给予学生合理学习、生活的权力和自由,建立积极的育人环境,鼓励学生进行自我激励、自我控制、相互激励、相互合作,最终建立以自我管理为主要特征的准则体系。

3. 学生参与。教育是以人为本,其目的是促进人的发展,没有学生主体性的"主动参与"和科学精神,就没有自主学习良好效果的保证。我校倡导"赛先生",教师不仅引导学生学习科学知识,更注意引导学生树立观察、质疑、探究的科学精神。"尽信书不如无书"、"吾爱吾师,吾更爱真理",不迷信书本、权威,坚持真理,从而远离"学而优则仕"的功利化教育,抛弃孔子"民可使由之,不可使知之"的愚民教育政策,自觉自为地作有良知、有创造力、真性情的铜中人。教师引导学生要在三个方面当好"运动员"、发挥好"主人"意识,努力参与"锻炼"。一是要加强对自身生命潜能和责任感、使命感的认识,并根据自身实际和未来设想,确定学习目标,制订计划,合理规划每天时间,科学分配每天学习任务。二是要选择学习策略,养成勤于思考、善于整理的习惯,积极与老师、同学开展合作,养成自我调控的习惯。三是要加强自我总结、自我评估、自我归因和自我强化。通过自我评价,形成稳定的知识结构和学习策略系统,为进一步有效学习奠定良好的基础。

(二)以课堂教学为有效载体

课堂教学是自主学习探索的主要渠道和主战场。课堂教学的探索活动,直接关系着自主学习的有效性和可操作性。

1. 贯彻四条有效教学原则。一是精讲多练原则。"精讲"是指教师讲得少而精,为学生的主动学习腾出最大的空间,原则上每堂课教师单纯讲授的时间尽量不过半;"多练"是指学生练习的时间和形式多,原则上每堂课要有随堂练习,时间不少于四分之一。唯有如此,方能保证课堂实效,保障学生自主能力的提高。二是学生中心原则。课堂教学以学生为中心,时时处处关注其活动,切实保障其主体地位,原则上学生会的尽量不讲,学生困难的重点解读,学生能讲的尽量让学生讲,学生可能会做的坚决让学生去试,学生需要思考的必给时间去想。教师要想方设法地创设学生阅读、讨论、讲述、提问、表达等环境,激发学生的探究欲望,培养其独立获得知识、创造性运用知识的能力。三是互动教学原则。以学生为主体的课堂教学是师生共同参与、相互交流的多边活动。因此,在课堂教学中要加强教学对话,要组织多个层面的互动交流,不仅强调师生间的互动、注意创造生生间互动的机会和舞台,充分发掘学生潜在的教育资源,而且还要合理把握学生和书本、学生和课件、教师和课件、教师和书本之间的静态互动关系。四是反思性原则。反思性教学是我校近年来特别强调的教学决策。只有学会不断地反思,才能更好地提高教与学的质量。为此,我校要求每一位师生,务必加强对教与学的过程及结果的反馈反思,在汲取经验教训中提升自己的水平和能力,尤其是加强学生自我监控、自励和自评的意识和能力。

2.积极探索新的有效的教学方式。教师在课堂教学中,要积极运用问题讨论、引导探究、自学指导、网络整理、分层教学等教学方式,通过创设问题情境、自主尝试体验、联系生活实际等形式,力争把课堂建成自主学习、合作学习、探究式学习的平台,以提高学习质量的有效性和高效性。同时,学校要组织所有学科参与课题研究,以学科组长或主研员牵头,带动各自领域的教师展开相关研究,要求学科之间要定期性开展活动,探究本学科特色的自主学习方法,不同学科之间也要经常交流,探究具备共性的自主学习方法,让教育科研与学校教育工作有机结合。每个学科都组织落实了课题研究的公开课和研究课的活动,师生共同设计和互动探究,心得体会互相交流。

3.加强学法指导。学法指导包括教师指导和学生自导。要广泛采用互动、启发、类比、联想、归纳、推导等多样化的教学方法,培养锻炼学生多角度、多层次探究,辨析、分析、总结、提炼问题并合情推导的能力,更好地把握知识间的相互联系和本质区别,从而促进正迁移的有效发展,阻遏负迁移的生成,最终使学生对自己的学习方法具有反省认知和不断改进的能力,找到打开自学之门的金钥匙,从而达到不完全依赖老师也能把学业搞好、把自己行为调整好的主人目标。

（三）坚持以课外活动为载体

学生课堂内自主学习意识的增强和能力的提高，为课堂外的自主学习延伸创造了条件。教师积极为学生的个性发展"引路"，鼓励学生尽力发挥自己的优势和特长。从班级文化到校园文化，从班会的开展到黑板报的评比，从艺术团等活动到学生会、团委会的建设，每一个环节都注重给学生施展才华的舞台和机会，给予学生合理的学习权力和自由，鼓励学生进行自我激励、自我控制、相互激励、相互合作，建立以自我管理、自我评价为主要特征的准则体系。此外，还可以组织广大学生广泛阅读课外读物，进行开放性实验的设计和操作，引导学生选择小课题探究，组织课外兴趣小组等，使学生能够不断拓展知识面，运用所学知识，验证所学知识，敢于质疑所学知识，从而丰富升华知识与能力。

（四）注意多元化评价，促进学生全面发展

中国家庭教育学会理事闵乐夫表示，很多在国内并不顶尖的学生，到了国外却如鱼得水。这说明国内教育评价标准较单一，对人才的多样性有所扼杀，对学生的个性也有压抑。在自主学习探索活动中，必须建立合理有效的评价体系，这样才利于教师全面考察学生的学习状况，激发学生的学习激情，促进学生的和谐发展；才利于增加师生的合作和理解，改善师生关系；才利于因材施教，促进学生个性发展和潜能的发挥；才利于教师反思教学的不足，不断改进教法，促进教师成长。

1. 坚持"四项"基本原则。即要坚持面向全体学生原则、以学生发展为本原则、客观性原则和鼓励性原则，以有助于提高全体学生的基本素质，以有助于学生及时认识自己并对自我调控，以有助于学生从评价中增强"自我提高内驱力"和"附属内驱力"。

2. 坚持"两化"方针。一是评价多元化。注重定量评价与定性评价相结合，注重诊断性评价、形成性评价和总结性评价的结合，注重静态评价与动态评价相结合。二是评价主体和评价方法

的开放化。从多主体多角度评价,从直接和间接、从正面和侧面了解学生的学习态度、学习方法、行为习惯和学习效果等。让学生在自评中反思自我、建立自信;在他评中认识自我、精益求精;在评他时赏识他人、取长补短。

3. 多角度衡量效果。一是对教师的评价,看教师是否充分发挥教师的主导作用和学生主体作用,使学生成为真正的学习主人;是否注意学法的指导,变传统课堂为现代信息课堂,发挥独特的教学风格,成为快乐的教师。二是学生自评,从知识和技能、情感态度和价值观、过程与方法、收获与体会等方面,对学习中的每一环节每一过程进行评价。看学生是否在学习中自主学习、是否快乐,自己是否由"要我学"为"我要学",由"我学会"到"我会学"。三是学生互评,通过学生以同桌或小组的活动形式,互相评价对方某一阶段的学习态度、学习方法与收获等自主学习情况,以培养学生合作学习的精神和虚心听取别人意见,尤其是承受批评意见的能力,以及诚恳友善地对待学习伙伴的道德品质。四是社会、专家的评价。通过专家点评、家长反馈、来访兄弟学校互相交流等形式,集思广益,扬长避短,提升自主学习效益,彰显学校自主学习办学特色,促进学校健康持续发展。

以"学"为主构建学校特色教学结构

重庆经开礼嘉中学　鄢运华

教学质量是一个学校生存的命脉,课堂教学则是教学质量把关的有效途径。在城市化发展的背景下,学校教育应本着"培养现代城市人"的教育理念,着力发挥学生的积极性、主动性和创造性,变革传统的教学结构,要从"以教为主"的教学结构向"以学为主"的教学结构和"主导—主体"的教学结构发展。

一、当前教学改革存在的主要问题

多年来,我国教学改革取得了不小的成绩,工作做了很多,但是普遍反映整个教改并没有大的突破,就其原因,主要在于这些教改只注重了内容、手段和方法的改革,而忽视教学结构的改革。

所谓教学结构就是指在一定的教育思想、教学理论和学习理论指导下的在一定环境中展开的教学活动进程的稳定结构形式,是教学系统四个要素(教师、学生、教材和教学媒体)相互联系、相互作用的具体体现。简单地说,教学结构就是指按照什么样的教育思想、教与学的理论来组织教学活动的进程。多年来,教育界(特别是中小学老师)往往把教学活动进程的结构习惯地称之为"教学模式"。实际上,这种传统的教学模式定义应该划入到教学方法或教学策略的范畴。由于教学结构概念的内涵具有依附性、动态性、系统性、层次性、稳定性等五种特性,这和传统意义上的教学模式的含义完全不同。

教学结构的改变必然会触动教育思想、教学观念、教与学的理论等根本性问题,可见,教学结构的改革是比较深层次的改革,而教学内容、教学手段、教学方法的改革则不一定会触动教育思想、教学观念这类根本性的问题。所以教学结构改革的意义要重要得多，当然也困难得多。

二、教学结构的变革

1.以"教"为主的教学结构的批判继承

以教为主的教学结构也称传统教学结构，主要是基于行为主义学习理论或认知学习理论，设计的焦点在"教学"上，强调教师的主导作用，突出循序渐进、按部就班、精细严密地运用系统方法进行设计。它的特点就是由教师通过讲授、板书及教学媒体的辅助，把教学内容传递给学生或者灌输给学生。教师是整个教学过程的主宰，学生则处于被动接受老师灌输知识的地位。在这样一种结构下，教师是主动的施教者，学生是被动的外部刺激接受者即灌输对象，媒体是辅助老师向学生灌输的工具，教材则是灌输的内容。

我国传统的大班班级授课制决定了"以教为主的教学结构"有它存在的市场和空间，它的"快节奏"、"高速度"、和"大面积"培养学生是其他教学结构所无法比拟的。它的优点是有利于发挥教师的主导作用，有利于教师对课堂教学的组织、管理与控制。但是它过分强调教师的主导作用，而忽略了学生作为一个主体的人的主体性、能动性和创造性。这也是以教为主的教学结构最大的缺陷。

目前，在"以人为本，构建和谐社会"的大的背景下，学校教育教学也应"以人为本"，着力发挥学生的积极性、主动性和创造性，在教学结构上，要从"以教为主的教学结构"向"以学为主的教学结构"方向发展。

2.以"学"为主的教学结构的辩证运用

以学为主的教学结构是进入90年代以后随着多媒体和网络技术的日益普及（特别是Internet的教育网络的广泛应用）以及

建构主义的学习理论被人们所理解才逐渐发展起来的。这种基于建构主义理论的以"学"为主的教学结构,重视"情景"、"协作"在教学中的重要作用,弥补了传统教学结构过分分离与简化教学内容的局限,强调发挥学习者学习过程中的主动性和建构性,有利于创造型人才的培养,满足信息社会对人才所提出的种种要求。

以学为主的教学结构由于强调学生是学习过程的主体,是意义的主动建构者,因而有利于学生的主动探索、主动发现,有利于创造型人才的培养。但是以学为主的教学结构仍有其自身的一些局限性:第一,尚没有形成用于分析和设计学生学习环境和自主学习策略的教学设计理论框架;第二,以学为主的教学结构由于只强调学生的"学",往往容易忽视教师主导作用的发挥,忽视师生之间的情感交流和情感因素在学习过程中重要作用;第三,由于忽视教师的主导作用,当学生自主学习的自由度过大时,还容易偏离教学目标的要求。

3."主导—主体"教学结构的创新运用

针对前边两种教学结构利弊分析,结合我国教育的实际情况,礼嘉中学提出"主导—主体"教学结构的创新运用,取前两种教学结构的优势互补,相得益彰。

当前国内外教学结构设计呈现这样一种态势:一方面,对"以教为主"的线性教学设计不断完善补充,表明传统的教学结构仍具有较高的应用价值和广阔的研究空间;另一方面,以"学"为主的建构主义教学设计由于对教师的要求较高,要求教师要更新教育观念、掌握新的教学设计理论方法,需要丰富的教学资源的支撑,因此对于礼嘉中学这样一个生源差、教师素质不高的学校来说实施起来还存在诸多困难。如何开展教学设计的理论研究和实践必须辩证分析,因地制宜。

三、以"学"为主的教学系统设计过程分析

以学为主的教学结构是基于建构主义理论提出来的,因此,

以学为中心的教学系统设计模式以问题或项目、案例、分歧为核心，建立学习"定向点"，然后围绕这个"定向点"，通过设计学习情景、学习资源、学习策略、认知工具、管理和帮助而展开的。

1.以"学"为主的教学结构的设计原则

第一，以问题为核心驱动学习，问题可以是项目、案例或实际生活中的矛盾。

第二，强调以学生为中心。

第三，学习问题必须在真实的情景中展开，最好是一项真实的任务。

第四，强调学习任务的复杂性，反对两者必居其一的观点和二者选一的环境。

第五，强调协作学习的重要性，要求学习环境能够支持协作学习。

第六，强调非量化的整体评价，反对过分细化的标准参照评价。

第七，应设计多种自主学习策略，使得学习能够在以学生为主体中顺利展开。

2.以"学"为主的教学结构设计模式

问题、案例、项目、分歧的提出是基于对教学目标、学习者特征和学习内容的分析，教学评价是教学设计成果趋向完善的调控环节。以下对以学为主的教学系统设计模式各环节做一详细的分析。

（1）分析教学目标

分析教学目标是为了确定学生学习的主题即与基本概念、基本原理、基本方法或基本过程有关的知识内容。分析教学目标时首先要考虑学习者这一主体，即教学目标不是设计者或者教师施加给学习过程的，而是从学习者的学习过程中提取出来的；其次还应尊重学习主题本身的内在逻辑体系。

建构主义在哲学上强调学习内容的自主建构，强调事物的多样性、复杂性。因此,教学目标的编写应有一定的弹性、可变化性。

（2）学习者特征分析

在建构主义教学系统设计中,学生是学习的主体,是意义的主动建构者。因此,对学习者特征分析的主要目的是通过设计适合学生能力与知识水平的教学内容和问题,提供丰富的学习资源和恰当的指导来促进学习者的学习。这里学习者特征分析的方法同以"教"为主的学习者特征分析的方法。

（3）学习内容分析

建构主义强调学习要解决真实环境下的任务,在解决真实任务过程中达到学习的目的。但真实的任务能否体现教学目标?如何体现?这需要我们对学习内容做深入分析,明确所需学习的知识内容的类型（陈述性、程序性、策略性知识）及知识内容的结构关系,这样在后面设计学习问题时,才能很好地涵盖教学目标所定义的知识体系,才能根据不同的知识类型,将学习内容嵌入建构主义学习环境中的不同要素中。

（4）设计学习任务

学习任务的提出是整个建构主义教学系统设计模式的核心和重点,它为学习者提供了明确的目标、任务,使得学习者解决问题成为可能。学习任务可以是一个问题、案例、项目或是观点分歧,它们都代表某种连续性的复杂问题,能够在学习的时间和空间维度上展开,均要求采用真实的情景通过自主建构的方式来学习。

构建学习任务时,应充分考虑以下原则:

第一,在教学目标分析的基础之上提出一系列的问题。

第二,学习任务要涵盖教学目标所定义的知识,只能更加复杂,不能更简单。

第三,要设计非良构的问题。非良构的问题具有多解或者无解的特征,有多种评判答案的标准,而且与问题相关的概念理论基础具有不确定性。

第四,设计学习任务要符合学习者的特征,不能过多地超越学习者的知识能力。

第五，要设计开放性的问题，解决问题的目的不是期望学生一定能给出正确的答案，而是鼓励学生积极参与，使其了解这个领域。

（5）学习情景设计

建构主义主张学生要在真实的情景下进行学习，要减少知识与解决问题之间的差距，强调知识的迁移能力的培养。因此，建构主义教学系统设计强调学习情景设计，强调为学生提供完整、真实的问题背景，还原知识的背景，恢复其原来的生动性、丰富性，以此为出发点支撑环境，启动教学，使学生产生学习的需要，驱动学习者进行自主学习和合作学习，达到主动建构知识意义的目的。

设计建构性的学习情景三要素：

第一，学习情景的上下文或背景。描述问题产生的背景（与问题有关的各种因素，如自然及社会文化背景）有利于控制、定义问题。

第二，学习情景的表述及模拟。具有吸引力的表征（虚拟现实、高质量视频），它要为学习者提供一个真实的、富有挑战性的上下文背景，使学习者在学习过程中得到各种锻炼的机会。

第三，学习情景的操作空间。为学习者提供感知真实问题所需要的工具、符号等。

（6）学习资源设计

学生自主学习、主动建构知识意义是在大量信息的基础之上进行的，所以，丰富的学习资源是建构主义学习的一个必不可少的条件。学习者为了了解问题的背景与含义、建构自己的问题模型和提出解决问题的假设，需要知道有关问题的详细背景，并需要学习必要的预备知识。因此，在教学系统设计时，必须详细考虑学生解决这个问题需要查阅哪些信息资料，需要了解哪些方面的知识，最好能建立系统的信息资源库，并提供正确使用搜索引擎的方法，即进行学习资源设计。

（7）提供认知工具

认知工具是支持和扩充使用者思维过程的心智模式和设备。在现代学习环境中,主要是指与通信网络相结合的广义上的计算机工具,用于帮助和促进认知过程。学习者可以利用它来进行信息与资源的获取、分析、处理、编辑和制作等,也可以用来表征自己的思想,替代部分思维,并与他人通信和协作。

（8）自主学习策略设计

自主学习策略是指为了激发和促进学生有效学习而安排学习环境中各个元素的模式和方法,其核心是要发挥学生学习的主动性、积极性,充分体现学生的学习主体作用。从整体上来讲,学习策略分为四类:主动性策略、社会性策略、协作式策略和情景性策略。

（9）管理与帮助设计

建构主义学习中,学习者是学习的主体,但并没有忽略老师的指导作用,任何情况下,教师都有控制、管理、帮助和指导的职责。由于不同的学生所采取的学习路径、所遇到的困难是不相同的,教师需针对不同情况做出实时反馈;学生自主学习过程中,面对丰富的信息资源容易出现学习行为与学习目标相偏离的情况,教师要在教学实践中注意启发、引导,以促进学生学习;为了使意义建构更有效,教师还应在可能的条件下组织协作讨论,要启发诱导学生自己去发现规律、自己去纠正和补充片面的认识,并对协作学习过程进行引导,使之朝着有利于意义建构的方向发展。因此,教师是教学过程组织者、指导者,意义建构的帮助者、促进者。

（10）总结与强化

适时地进行教学总结可以有效地帮助学生将零散的知识系统化。在总结之后,应为学生设计出一套可供选择、并有一定针对性的补充学习材料和强化练习,以便检测、巩固和拓展所学知识。这类材料和练习应经过精心的挑选,既要反映基本概念、基本原理,又能适应不同学生的要求,以便通过强化练习纠正原有的错误理解或片面认识,最终达到符合要求的意义建构。

(11)教学评价

建构主义主张评价不能仅依据客观的教学目标,还应包括学习任务的整体性评价、学习参与度的评价等,即通过让学生去实际完成一个真实任务来检验学生学习结果的优劣。

四、"主导－主体"教学系统设计模式

"主导－主体"教学设计模式从方法和步骤上来说,是以教为主与以学为主的教学设计方法和步骤的综合,但其指导思想却与上述两种设计有着本质的区别。双主教学设计强调既要发挥教师在教学中的主导作用,又要体现学生在学习中的主体地位。在实际教学中,根据学科特点和具体教学内容的特点选择相应的教学设计模式。

"小问题探究式"课堂教学改革模式探索

重庆开县陈家中学　　余　江

一、实施问题探究式课堂教学模式的必要性

问题是科学研究的出发点,是开启任何一门科学的钥匙。没有问题就不会有解释问题和解决问题的思想、方法和知识,所以说,问题是思想方法、知识积累和发展的逻辑力量,是生长新思想、新方法、新知识的种子。学生学习同样必须重视问题的作用。没有问题就难以诱发和激起求知欲,没有问题,感觉不到问题的存在,学生也就不会去深入思考,那么学习也就只能是表层和形式。所以,现代学习方式特别强调问题在学习活动中的重要性。一方面强调通过问题来进行学习,把问题看做是学习的动力、起点、贯穿学习过程中的主线;另一方面通过学习来生成问题,把学习过程看成是发现问题、提出问题、分析问题和解决问题的过程。

新的课标已经出台,它完全不同于"教学大纲",主要表现在注重学生学习过程,重视学生科学探究能力的形成。新课标强调教师应充分调动学生主动参与探究学习的积极性,引导学生通过实验、观察、调查、资料收集、阅读、讨论、辩论等多种方式,在提出问题、猜想与假设、制订计划、进行实验、搜集证据、解释与结论、反思与评价、表达与交流等活动中,增进对科学探究的理解,发展科学探究能力。问题探究教学模式将是新课标下对学生科学探究能力培养的最有效的课堂模式。

我校学生总体基础薄弱,学习习惯欠佳,学习意识和兴趣淡薄,因此,我校教师的教学就更加需要问题的激发,艺术的调动。

一味的讲解、传授,不重视学生的思维的调动,学生的学习兴趣和积极性就会逐渐丧失。如果课堂上能够设置一些适合学生的问题,在思考、探讨、交流、解决当中自由地发挥学生的主动学习能力,那么,我校的教学必能走出一番新天地来。因此,我校实施问题式探究课堂教学模式,就显得更为必要。

二、问题探究式课堂教学模式的特点

从模式的结构和教学过程来看,本模式有三个显著的特点:

1. 以问题为主线,以培养思维能力为核心

从模式的结构来看,问题贯穿教学的全过程,问题既是教学的起点和主线,也是教学的终点和延伸。问题的提出和解决不仅仅是为了增进知识,而且更主要的是为了引发更多的新问题,从而引发思维,激发创新。学生提出问题、分析问题、解决问题的探究过程,既是对信息进行筛选、综合、重组的过程,也是学生思维能力的发展过程。

2. 师生角色的转换

教师不再是知识的传授者、讲解者、促进者。教师的作用体现在:一是精心设计问题的情景,触发学生的思维。二是巧妙地设置符合学生最近发展区的问题,使每个学生学有所思,探有所得。三是唤醒学生的问题意识,启发学生思考,提出问题,解决问题。四是学法指导,组织讨论,控制教学活动的进程。五是总结评价,延伸问题。让学生由知识的被动建构者转变为信息加工的主体,变"要我学习"为"我要学习",在内驱力的作用下变被动发展为主动发展,在获取知识的同时发展能力。

3. 模式的开放性和交互性

模式包含问题的情境—学生自主探究—协作学习—交流反馈—应用巩固的纵向开放结构,为学生独立求解提供了有效的途

径,有利于学生的自评、纠错能力的发展。而探究过程中学生与学生的交流,教师与学生之间的交流,增强了学生的合作意识,拓展了知识获取的渠道。

三、问题探究式课堂教学模式的基本步骤

(一)彻底转变观念,强化民主意识

因为长期以来受传统观念的影响,我校多数老师在课堂上的"话语霸权"地位根深蒂固,学生们很难找到和老师平等对话的位置,学生在课堂上,就习惯于听话,习惯于接受。即便是个别学生能够"不听话",那也只是纪律意义上的不听话,要说哪个学生能够大胆质疑课文,至少现在还是凤毛麟角。如此被动学习,学生的学习效率就可想而知了。要解决这一问题,最关键的是教师先要彻底转变课堂教学观念。彻底到什么程度呢?彻底到不能有任何强制,任何挖苦,任何伤害。比如,当学生回答不出问题时,一句"这个问题很简单"就把学生仅有的一点自尊给伤害了;又如,一句"你怎么不想好了再回答呢?"就有可能把学生学习这门功课的兴趣、积极性全部毁灭。由此看来,任何问题都可以换一种方式来解决。最重要的是转变观念,只有观念转变了,我们才能审视自己的一言一行,审视自己的言行给学生带来的影响,也才能寻找更新的方式来解决问题。总之,在教学中,教师要尊重每一位学生,允许学生异想天开和喜新厌旧,允许学生自由讨论和竭力雄辩,理解学生犯错误和走极端,使学生真正体验到课堂教学的民主:教师与学生之间的民主,学生与学生之间的民主。使自己成为学生的知心人,成为学生的好助手,让学生成为快乐、自信、主动、乐观的人。

(二)创设良好情境,激发探索欲望

参与教学过程的双方(教师和学生)都是有血有肉感情丰富的人,教学过程中的情境对教师和学生的情绪产生极大的影响。许多教育家都非常重视教学过程中情境的影响。赞可夫在观察

了许多教育现象后指出："一个学生，高高兴兴地学习与愁眉苦脸地学习，结果大不一样。"苏联教育家苏霍姆林斯基说过："如果学习被思维、情感、创造、优美、游戏的光辉照耀的话，学习对于学生来说，可以成为一种富有兴趣的、引人入胜的事。"因此，创设一个良好的学习情境，对提高教学质量来说，是至关重要的。

(三)重视导入激趣,激发学习动力

好的开头是成功的一半。课堂导入的作用是十分重要的，它能迅速激发学生的学习兴趣，产生学习动机，引起学生注意，迅速集中思维；或者铺设桥梁，衔接新旧知识，并沟通师生感情，创设学习情境。

导入激趣的基本要求为：1. 要有目的性、针对性，突出一个"准"字。2. 要把新旧知识衔接起来。3. 要有直观性，突出一个"形"字。4. 要有启发性，突出一个"奇"字。5. 要有趣味性、艺术性，突出一个"巧"字。6. 要有概括性，突出一个"精"字。

导入的常见类型有：1. 简介导入。2. 复习导入。3. 设疑导入。4. 随意交谈导入。5. 直观导入：实物启示法、教具演示法、实验导入法、录音导入法、图示描述法、录像导入法。6. 趣味导入：谜语导入法、歌谣导入法、故事导入法、游戏导入法……

课堂导入激趣的方法千类万种，最好的导入法是根据当堂所上内容和学生的心理、心情，甚至学习环境来确定。

(四)精心设计问题,点燃思维火花

问题的设计是问题探究式课堂教学模式的核心要素，关系到课堂的教学效率，关系到这种教学模式是否能真正实施。因此，教师在实践这种模式的时候，要做到精心准备，精心设计，精心操控。

1.问题要精心准备

首先，精心准备问题。教师在上课之前，要熟悉所教内容，明

确教学目标,理清重难点。同时还要想到本班学生的基础、能力和所学知识的掌握程度等等,然后根据以上内容设置相应的问题。

2.要注意提问的态度

提问的目的就是帮助学生理解教材内容、获得知识和找到获得知识的方法。对某一个问题,学生往往会因人而异,从多角度、多侧面去思考,这不仅是正常的,也是教师所希望的。教师对回答问题的学生,要公平、公正,要满腔热情,一视同仁。对回答正确的学生,教师要予以表扬;对回答错误的学生,教师也不可指责和嘲笑,而要加以引导和启发。

3.要注意问题的趣味性

课堂的生动与活泼,很多时候是由于问题的趣味性而激发的。学生就像一池水,教师的提问便是投石激水,往往一些灵感火花便是在这样的提问中产生的。兴趣是学习的原动力,问题的趣味性是学生体验学习快乐与成功的一条有效通道。

4.要注意问题的操作性

对所提的问题要考虑学生是否在思考、探讨、交流,课堂是否好控制,氛围调控是否自如,学生的注意力是否受到影响,从而忽视了本节的重点内容。另外,还要考虑问题是否太多、太难,学生很难回答,找不到解决问题的方向,致使问题流于形式。这些都关系到问题的操作性,在设置问题时一定要仔细考虑。

5.要注意问题的切合度

我校学生大多基础薄弱,因此,所提的问题要切合学生的实际水平,要照顾班上大多数学生,要让他们通过一定努力都能够回答,问题切忌偏、怪、难。对于少数基础较好的学生可以适当提一些综合性的问题,以提升他们的思维能力。但这样的问题不能超过 10 ％。

6.提问次数要适度

一堂课提问的次数要达到一定的量,才能达到足够的训练力度,学生才能对所学知识有足够的理解。一般情况下,一堂课的问题,在 10 个左右为宜。

7.要选准提问的角度

一个问题可以从多种角度来提问,但最佳角度只有一个。选准一个角度提问,可以活跃学生思维,减少学生理解障碍。

8.要注意提问的深度

在教学中经常可以发现这种现象,提问时老师和学生一问一答,教学气氛看起来很活跃,但课后如问学生有哪些收获,学生有时就显得很茫然。如果答案就在教科书上,学生能回答完整;如果书中没有现存的答案,有的就答非所问了。这就是所提问题没有达到足够的深度、学生能力没有得到实质性的提高的原因所致。因此,必要时应增加提问的深度,使学生咀嚼有味,才能引发学生创造性的火花。

9.要注意提问的梯度

问题的提出要由浅入深、从易到难、由小到大、由收敛到发散、由定向到开放。既要让学生有解决问题后的成就感,同时还要让他们有进一步向更高的目标迈进的欲望。使整个课堂井然有序,张弛有度。

(五)独立思索探究,互动交流解决

问题提出后要让学生在独立思考的基础上,鼓励学生合作互动,探索体验,从而内化知识,强化理解。教学活动是否有效,一定程度上取决于小组合作学习的有效性和参与度。在互动交流

中,学生通过感知、理解、体验、参与、合作、表达来实现师生、生生之间的相互交流,感受成功的愉快,拓宽知识面。因而,教师要认真研究合作学习的要义,防止形式化的、低效的小组合作学习在教学活动中滋长和蔓延。在进行小组合作学习过程中,作为教学活动的组织者、引导者、促进者,教师不能等待和观望,要指导各小组进行任务分工,使小组每个成员都能明确各自的责任,并引导学生积极配合,有效互动与沟通;同时,要深入每一个小组之中,了解各小组的合作情况,及时给予指导和帮助。要特别注意关注小组成员中的被动参与者,鼓励他们积极参与到活动中去。此外,通过有效的评价,促使小组成员间建立团结互助、相互信任的良好关系,并让他们通过对共同劳动成果的分享,产生集体的成就感,从而进一步增强合作的意识,使合作学习永远植根于教学活动之中,且在活动中得以完善和发展。

(六)排除心理障碍,鼓励学生发问

通过互动交流之后,学生有很多想法和见解要发表,但较多的是缺乏胆量,具有畏惧心理,甚至有自卑心理。这当中既有一向少于思索,不提(或很少提)问题的通病,也有惧怕一旦说错引来众人嘲笑的心理障碍。针对这一状况,应大胆鼓励学生要有勇气提出自己学习过程中所产生的问题,发表自己的见解。告诉学生,课堂本身就是出错的地方。一个人若要有发现、有创造,就不应当畏惧错误。课堂上谁都不提问题,谁都不出错误,那还需要老师吗?有问题师生一起来探讨,有错误大家一起来指正。对能大胆质疑、积极发言的同学,要细心呵护他们敢于质疑的心理。不论问题是深是浅,是否有价值,都应给予肯定;要多发现和挖掘学生质疑中的闪光点,不时地进行表扬激励。在这个过程中,教师对学生的与众不同的疑问、见解及异想天开的设想,要表现出足够的耐心、宽容和尊重,并投以赞许的眼光和会心的微笑,而不能横加指责,更不能讽刺讥笑。从而构建心理安全氛围,消除学生的心理恐惧,让学生养成敢于质疑的习惯。

(七)学生反馈结论,师生总结提炼

自主学习和小组讨论后,教师及时汇总学生的探究情况,让学生畅所欲言,提出自己的见解,同时发表在探究中发现的问题,教师要用赞赏的态度,激励的语言,友好的微笑倾听学生的发言,使学生在毫无压抑的氛围中陈述自己的观点,充分肯定学生积极思考问题的态度。此时学生提出的问题有些是正确的,但有些仍然是错误的,对学生错误的或片面的认识,教师不要急于纠正学生的观点,而应循循善诱,铺设认知的台阶,引导学生继续探究,使学生得出正确的结论。

(八)练习巩固所学,深化理解应用

学习知识的目的在于应用知识解决实际问题,而实际问题的解决过程就是对知识的再理解、再巩固的过程,既是能力的发展过程,也是拓展问题的过程。因此,本环节教师要设计好阶梯性的练习题,起到突出重点、强化理解、加深记忆的作用。以上教学模式以问题为主线,以发展学生的思维能力为核心,以问促思,以思生疑,以疑促学,通过自主学习、协作学习、交流学习,学生的知识不断丰富,能力不断发展。

"小问题探究式"课堂教学改革模式符合科学认识的规律,充分发挥了学生的非智力因素,调动了学生学习的主动性和自觉性,也充分体现了教师的主导和学生的主体作用。但"问题—探究"教学模式也存在明显的不足:课堂容量小,知识缺乏系统性和条理性,课堂教学存在不可预测性等。但这种教学模式注重学生参与知识的形成过程,营造了师生平等、民主、合作探究的关系,学生之间互补互促共同提高,培养了学生的创新意识和独立思考能力、实践能力,让学生不仅掌握知识,更体验到如何发现问题和解决问题,达到了知、能统一的效果。

深化平民教育办学特色

重庆木洞中学　丁荣新

"实施平民教育，建设具有地方历史名人文化氛围的人文书香校园"是我们学校这些年来努力追求的办学特色。平民教育思想的办学特色的核心理念是"做人第一，健康成长，从平凡到不平凡"。该课题虽然结了题，得到了专家的高度评价，但事物的发展是无止境的。当前，我们创建"五主导"、"一自主"的教育策略，是为了深化平民教育办学特色，推进新课程改革。

一、教学上的"五主导"，让学生自主成长的策略

所谓"五主导"就是：教为主导，学为主体，疑为主轴，动为主线，练为主要。导学、导疑、导讲、导练、导改。

1.激趣导学

心理学告诉我们，每堂课起始阶段，学生对新课内容以及对新一节课的老师都有不同的好奇心。生物学研究表明，生命等级越高，好奇心越重。好奇心是人类走向今天的动因之一。因此，教师要精心设计起始教学，强化学生这一主体的新鲜感，激发求知欲，使学生处在愤悱状态，孔子在《学记》里面就讲了这一问题。这种导学因不同的学科，甚至同一学科因不同内容，都要有所变化，教师要灵活掌握激趣导学的方法。

2.过程导疑

通过激趣导学，学生的求知欲被启动，然后根据教学目标和

内容引导学生提问,让学生发现问题。导疑是根据目标或自学要求,让学生在读书学习中不断寻疑(发现问题)、质疑(提出问题)、解疑(解决问题)。在教师的启发、指导下独立探索知识,最大限度地发挥自身潜能。教师也要精心设计几个问题,引发学生思考,促进学生主动探索。同时也要引导学生自主提出问题,师生共同探讨,只要达到探讨就行,可不给所谓正确答案。

3.分析导讲

导讲就是教师在课堂上根据教学目标的重点、难点以及学生探讨问题的疑点进行针对性讲解。老师对重点、难点可设计几个探究问题,让学生分组学习、交流讨论。通过同桌讨论、小组讨论、全班讨论、师生讨论等多种形式,相互交流,各抒己见,形成生生互动、师生互动,在互动中完成教学目标。

4.反馈导练

在弄懂弄通教材的基础上,本着理论联系实际、学以致用的原则,在教师的辅导下,学生通过独立练习,把学得的理论知识转化为能力。教师根据教学目标,要求学生运用所学知识解决习题以及解释生产、生活中的实际问题。

5.强化导改

所谓"导改法",就是通过对学生的导引和提示,让学生自己去寻找、发现作业的问题,从而修改问题。其特点是:老师不直接说出作业的得失,不直接代替学生修改,而是通过点拨和提示,让学生自己去主动正确认知,完成修改任务。老师负责"导",学生负责"改"。长期坚持,学生的判断能力、演习能力会大大提高。

二、育人上的"一自主",让学生自我成长的策略

我校实施平民教育的德育目标是"八心八自",切入口落实在学生自主管理上。我们认为,既然学生是学习的主体,那么在学

校管理上,学生也是管理的主体;既然学生是管理主体,就应把管理还给学生。心理学告诉我们,学生是要通过自我否定、自我肯定的过程使其成长的。现在的学生基本上是独生子女,个性强,特点鲜明,但心理承受能力和自我约束能力很弱。他们崇尚个性发展,喜欢新鲜事物,对责任感、价值观、人生观比较淡漠。俗话说:"火落到脚背上才知道痛",只有通过学生的自主管理,他们才能在自主管理中获得新的认知。我们的组织系统是:学生发展处→校团委→校学生会→年级学生会→学生常规管理委员会→学生宿舍管理委员会→学生晚自习管理委员会→学生食堂管理委员会→学生纪律管理委员会→学生安全管理委员会→学生体育活动管理委员会→设校长、主任、年级主任、班主任助理。各委员会下设部长、副部长、秘书长、干事职务。同时落实到班级,有班级常规管理、班级宿舍管理、班级晚自习的管理、班级学习管理、班级纪律管理、班级体育活动管理、班级安全管理。通过学生的管理,学生主人翁责任感增强了,学生德育工作也上去了,班风、学风、校风也好转了。

三、观念上的"七培育",让学生"从平凡到不平凡"的策略

1.培育平民情怀

如果我们的学生没有平民的情怀,又怎么能成为社会人才。历数那些伟人、专家、学者等有成就的人,无一不是对人民群众有深厚的情感,无一不是立足平民,在为平民服务的事业中做出成就的。然而现在的教育,尤其是家庭教育,从不想到要培养孩子的平民情感,看不起平民,尤其看不起生活在底层的平民。如果我们的学生连尊重平民的感情都没有,又怎么能够为平民服务,又怎么能做好工作,成为什么家什么伟人呢?我们教师的平民情怀就是悲天悯人、仁者爱人、以菩萨之心为师。

2.培育平民思想

如果没有平民思想,满脑子都是升官呀,发财呀,当科学家

呀,做大事呀,那么长大了做了平民又怎么办。让我们的学生从小树立远大理想是教育的内容,但做平民也应该是教育的内容,更要有当平民的准备。在全社会看来,无论什么时候,做平民永远是大多数,出类拔萃的人才,永远是极少数。如果我们的学生从小就背起一心要做出类拔萃的人才的沉重包袱,反而不利于孩子的成长。近年来不少关于大学生、高中生跳楼自杀事件,充分说明了这一点。如果孩子成不了人才,又不会做平民,岂不误了孩子一生。一个人也只有具备了平民思想、平民志向,才能经受起挫折和磨难的考验,也才有成为伟人的可能。今后我们的学生要有一张隐性文凭,就是做一个诚实、平凡、勤劳、有爱心、不走捷径的,具有平民意识的、谦卑的公平文凭。

3. 培育平民素质

如果没有平民素质,就会成为社会"渣滓",就是因为我们的家庭、学校、社会忽视对平民素质的教育。认为孩子、学生读书少,或者不读书就自然沦为平民了,认为平民是随便可以做的,认为平民是社会竞争中淘汰下来的人,所以我们国民素质在整体上难以提高,甚至一些青少年一旦成"龙"无望,又不愿意成"虫","就破罐子破摔,以烂为烂了"。这也是目前青少年犯罪率不断上升的重要原因。实际上,现代社会对每一个平民的素质要求越来越高,迫切需要孩子和学生提高平民素质,尤其是加强"五讲四美三热爱"的教育,为孩子和学生的终身发展奠定基础。

4. 培育平实精神

俗话说"只有永远的百姓,没有永远的官"、"平平常常才是真"。更何况好平民是做好官的唯一根本,平民情怀、平民思想、平民素质是一生为人的基础,更是成为出类拔萃人才的必要条件。老子说:"贵以贱为本,高以低为基"。高贵是以卑贱为根本的,崇高是以低下为基础的。所以,我们的教育要从平凡平实开始。万丈高楼平地起,伟人、专家、学者都是从平民开始的,只有平民的才是人民的。教平常书,说平常话,育平常人,做平常事,从平凡到不平凡。

5. 培育教育公平

有教无类、公平公正的教育是教育的本质，也是教育的社会属性所在。法国著名思想家卢梭讲："教育是实现社会公平的伟大工具，教育公平了，社会才能公平。"所以要把过去招收学生"不设门槛，不分好孬班，不以分数考核教师，不歧视差生和让学生进得来、留得住、学得好、能成才"提升到"教育公平、教育公正、教育民主、教育民生、教育平实、教育平常"上来。

6. 培育人人平等

平民教育最根本的是教育面前人人平等。平等地对待每一个学生，平等地关心每一个学生，平等地教好每一个学生。同时还要做到师生平等、干群平等、公平正义。

7. 培育修己治平

从我国传统的思想文化史和教育史的角度看，授之以穷理、格物、正心、修己、治国、平天下之道，是学校教育的重要内容。因此，我们还要教育学生胸怀世界、热爱祖国、服务人民、健全人格、钻研知识，为天地立心，为生民立命，为往圣继绝学，为万世开太平，这也是我们平民教育理念下的不懈追求。

自主发展教育的"学讲教学"模式初探

　　培育"自主发展性"课堂教学特色是新课程实验发展的方向，也是我校在"一切为了学生自主发展"的办学理念的指导下深化办学特色的最佳载体。为了实现理念文化向课程文化的飞跃，在我校原有的尝试教学、反思性教学和有效教学等模式研究和应用的基础上，我们提炼和构建了自主发展教育的"学讲教学"模式，并以之作为突破口，推动课堂教学改革和加快学校特色发展。

　　"学讲教学"模式是确立学生在课堂教学中的主体地位，充分发挥学生的自主意识和主体精神，变"要我学"为"我要学"，同时也重视教师的主导作用和服务功能的一种先进的课堂教学模式。

一、"学讲教学"模式的理论依据

1.哲学依据

　　马克思关于"人的自由全面发展"的理论，从人的生存实践出发，哲学地设定了人的存在的理想状态，在设定了"个人的全面发展"、"全面发展的个人"、"任何人的职责、使命、任务就是全面地发展自己的一切能力"等人的全面发展目标的同时，也提出了"个人独创的和自由的发展"等人的自由发展目标。

2.教育学依据

　　现代教育理论认为"教育的根本任务是促进人的发展"，"发展是主体的主动行为"，"学生的学习过程必然是主动的认知过程"。学生通过自主地构建和完善自己的认知结构，内化成属于自己的知识体系，是个体情感、态度、行为方式与价值观念的有机组成部分。这种"知识"才真正是学生所能理解、利用和支配的财富，以促进学生潜能持续发展，以激励并保持学生的进取心、勇气和创新精神。

3. 文化学依据

从文化学观点看人的发展，人的自主、自觉程度越高，反思的能力越强，表达的冲动越大，创造力和想象力的空间越大，人的发展的可能和动力也越大。所以只有培养起学生的自主意识和主体精神，才能实现学生的最大发展。

4. 现实依据

一是开县中学践行"一切为了学生自主发展"办学理念的需要；二是实施新课改，全面推进素质教育，培养创新型人才的需要；三是《国家中长期教育改革和发展规划纲要（2010—2020年）》等教育政策法规提供了强有力的法律依据。

二、"学讲"的基本含义

"学"，指的是学生的自主学习，包括阅读理解、动脑思考、合作探究、动手练习、查阅资料等实践活动，是一种运用已掌握的知识和思想方法，去学习新知识，去发现问题、解决问题的学习方式。这里的"学"可简单概括为"读、思、练、找"。

"讲"，指的是教师的精讲释疑。一是教师针对学生实际，根据教材、课标和考纲要求备好学案；二是检查了解学生自学情况，掌握学情；三是深入分析讲解，引导学生掌握新知识、新方法，培养学生应用知识去解决实际问题的思维方式，逐步提升学生的综合能力；四是总结归纳知识的内在联系，发现规律。这里的"讲"可简单概括为"备、查、导、结"。

三、"学讲教学"模式的含义

简单地说,"学讲教学"模式就是以学定教、以教导学,先学后教、边学边教,先练后讲、学讲结合。可浓缩为"读、思、练、找、议、讲有机结合"——"读":阅读,"思":思考,"练":练习,"找":查找资料、找出问题,"议":讨论、探究,"讲":讲解、引导。

具体地说,就是让学生有明确的目标,积极主动地带着问题,运用已有知识经验和思想方法自己去"先学先试",尝试解决一些简单的问题,并从中发现自己理解不了的知识、解决不了的问题。然后教师再有针对地精讲、引导,或者与学生互动交流,合作探究解决学习中的困惑、问题,达到"不愤不启,不悱不发"的目的。在此基础上,学生"再学反思",巩固提高,达标测评,尝试总结规律,教师补充完善,培养学生自主学习的品质和能力。

这种模式也可灵活应用。学生先"学"可以在课外也可以在课内,还可以穿插在教师的讲导过程中,也就是"读、思、练、找、议、讲、结、导"有机结合。还可构建"学讲教学"模式下的分支模式,如典型的有"尝试教学法"、"问题式教学法"、"变式教学法"、"小组合作教学法"、"导学案教学法"、"学讲卷教学法"等等。

总之,该模式以突出落实学生在教学中的主体地位、体现自主参与意识和自主发展为目的,以"学案"为载体,以"问题"为核心,将学生的自主学习与教师的讲解诱导相结合,从而高效率、大面积地提高课堂教学质量。

四、"学讲教学"模式的基本结构

1. 先学先试

这一环节主要是学生预习新课,或自主学习导学案,或独立完成"学讲卷"。学生应积极主动,或阅读理解,或独立思考,或通过练习去试去闯,或查阅资料,或与同学合作交流,并在"学"的过程中努力发现问题,带着疑问听教师讲解或为共同探讨做好准备。学生"先学先试",根据实际情况可在课外,可在课前或在课中进行。

2.学情展示

学生在课堂上对"先学先试"的结果进行展示,教师通过这个环节对学生"先学先试"的情况进行深入了解,对学生原有的基础、现在不能理解的知识和问题以及本课的重难点等做到心中有数。

3.精讲释疑

教师根据学情、教材、课标和考纲分析精讲,或与学生共同探讨,以解决学生的疑惑,使学生深刻领会新知识、新方法,培养学生应用新知识解决实际问题的能力。

4.再学反思

学生巩固学习,达标测评,认真反思先学时的思维障碍点,加深理解并寻求规律,以期形成经验。教师注重引导学生深化、拓展、发散、升华,培养创新能力。

5.合作探究

师生或生生合作交流探究,总结规律,进一步深化对问题的认识,对知识的理解,对知识内在联系和规律的把握。师生"互动交流"可以穿插在以上教学结构的任一环节之中。

以上五个环节根据不同学科、内容和学情可以优化组合,也可以多次重复进行,时间分配可灵活安排。

附:操作流程图

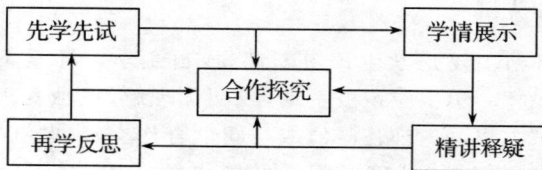

五、应用"学讲教学"模式的基本要求

1. 变"要我学"为"我要学"

自主学习中,学生要有自觉性,积极主动,独立思考。学习新知识要善于联系已有知识经验,勤动手,勤动脑,勤合作;对重点、难点要敢于探究,勇于钻研;对规律要勤于总结,善于归纳。在自学中,要学会发现问题,提出问题,记录问题,解决问题。

2. 变"满堂灌"为"精讲引导"

精讲释疑是在学生自学、讨论交流的基础上,教师根据教学重点、难点及学生在自学交流过程中遇到的问题,进行重点讲解。教师在精讲过程中,要做到以下几点:首先,语言、内容要精。其次,精讲应具有针对性,切忌面面俱到,应根据学生自学、讨论交流过程中反馈的信息展开。再次,精讲应具有启发性。学生经过老师的适当点拨能解决的问题应尽量让学生自主解决,最大限度地发挥学习的积极性,培养学生的思维能力。第四,抓住要害,讲清思路,明晰事理,并以问题为案例,由个别问题上升到一般规律,以起到触类旁通的教学效果。

3. 精心准备学案或练习题(学讲卷)

要注重把知识点转变为探索性的问题点、能力点,通过对知识的设疑、质疑、激思,培养学生的实践能力和创新能力。学案的编写应遵循以下原则:①主体性,确立学生学习的主体地位。②导学性,具有指导学生自主学习的作用。③问题化,以"问题"为学习载体,为教学线索,这是学案的核心和关键。④层次化,关照不同层次学生的不同要求。⑤实践性,简便、可操作性强,让学生在"做"中"学"。

4. 正确处理"先学"与"后教"的关系

"先学"是基础,"后教"是关键。要解决好以下几个问题:①

以学定教。绝不能再像过去那样按教材内容，按部就班地讲下去，而应根据学生完成学案的情况，了解学生学习过程中存在的问题、思维的障碍，重新确定教学内容。②以教促学。这里包含两个层面，首先，教的过程也是对学生学的情况的检查、检验，更清楚地了解学生自学情况，特别是个体的差异。其次，课堂的教是学生课外所学内容的延伸，让学生更系统地学习，达到学习的更高层次。

5.热情关心学生，走进学生心灵

以尊重、关爱、赏识之心对待每一位学生，培养学生的学习兴趣和健全人格；切实加强班级管理，形成良好的班风、学风，这是实施"学讲教学"模式的基础保障；切实加强班上任课教师的协调、合作，形成班级管理的合力；切实加强自身育人能力的提升及备课组教学的内涵研究，这是实施"学讲教学"模式的根本保障。

六、"学讲教学"模式的课堂评价标准

根据"以学定教"的原则，从"教"和"学"两个维度，确立以"学"评"教"的理念，彻底转变过去以"教"评课的片面做法。

1.看学生先学先试的自觉性和效果是否良好。

2.看学生在课堂学习交流中的参与面是否广，参与度是否高，主动性是否强，兴趣是否浓。

3.看学生的思维是否被激活，创新意识是否被点燃。

4.看学生学习的效果是否达标。

5.看教师的精讲是否起到主导作用，是否具有针对性和有效性。

6.看教师能否根据教学实际，科学、合理地安排模式流程。

7.看知识和能力、过程和方法、情感态度和价值观能否在"教"和"学"中有机结合。

问题教学法的应用研究

重庆荣昌中学　余晓堰

当前，中学传统应试教育已走向极端，学生学习时间过长、学生厌学、教师满堂灌、题海战术等成为了一种比较普遍的现象，课堂效率和学生学习能力受到了质疑。究其原因，传统应试教育已严重背离教育教学规律。学生学习过于强调接受式学习，死记硬背，机械训练，以教师讲授为中心、以课堂为中心、以课本为中心，不尊重学生，学生缺乏自主探究和合作学习的机会。这些问题客观上已制约着教育的发展。

随着新课程改革的开展，创设有利于引导学生主动学习的课程实施环境，提高学生自主学习、合作交流以及分析和解决问题的能力成为了新课程改革的重要目标。中学课堂教学改革应转变传统教育观念，教师应将课堂教学的中心角色向学生学习的引导者角色转变，努力引导学生转变学习方式。历史教育经验告诉我们，问题教学法在当前新课程改革中具有极大的研究价值。推进问题教学法的研究与应用，对于革除传统教学弊端、树立新课程教学理念都有积极意义。

一、问题教学法的概念及研究经验

概括地说，问题教学法一方面是由教师提出问题，激发学生积极思考，引导他们根据已有知识和经验，通过推理来获得知识的教学方法，即教师提出问题—学生思考问题—学生回答问题—教师再提出问题……从而构成教师引导学生独立思考、积极主动地获得探求问题的答案；另一方面是以学生为主体，在教师的引导下主动发现问题、提出问题、探究问题、反思问题。

1912 年，美国的史蒂文斯第一次对教师发问这一问题进行了系统性的研究。他发现：教师提问和学生回答是课堂教学活动的经常方式。教学论专家马赫穆托夫对问题教学法进行了进一步研究拓展，他认为实施问题教学法教师更应有意地创设问题情境，组织学生进行探索活动，让学生提出学习问题和解决这些问题（这种做法的问题性水平较高），或由教师自己提出这些问题并解决它们，与此同时向学生说明在该探索情境下的思维逻辑（这种做法的问题性水平较低）。我国陶西平所著的《课程改革与问题解决教学》一书中曾经全方面阐明了"问题解决"教学在我国发展的"探索—规范—重构"三个阶段，既有宏观理论，又有微观实践，对我们研究问题教学法并应用于教学改革有其实用价值，也为创新探究提供了可行性。

二、问题教学法应用实践研究

1. 在课前预习阶段应用问题教学法

课前预习阶段是学生阅读教材、独立思考、完成教师预设问题和提出自己问题的阶段。教师在这一阶段告知学生本节教学内容的教学目标，通过预设问题引导学生思考，促使学生生成问题，确定该节教学内容的学习重难点。这一阶段是实施问题教学的基础，更是提高课堂教学效益的前提，是问题教学法能否在课堂教学高效实施的重要保证。在课堂预习的前期阶段，教师最关键和最重要的一项工作就是创设有效预习问题，质量高的有效预习问题能帮助学生快速抓住学习内容的重点和难点，质量不高的预习问题只会增加学生的学习负担，且对学习内容重难点的掌握没有帮助，偏离学习的重心。

教师在课前预习阶段激发学生的学习兴趣，引导学生思考，留给学生足够的时间，让学生真正进入问题教学的情境。问题情境是要去解决这个课题的人的心理状态，主要是他探索未知、去发现求证的内心需要。因为，问题教学是从教师为学生创设情境开始的，可以说，在问题教学中，教师在更广范围内为学生学习提供的指导帮助比非问题教学中教师的课堂小范围发挥的作用更为重要，不可或缺。

2. 在课堂实施阶段应用问题教学法

课堂实施在学生充分课前预习的基础上进行，教师在这一实施过程中更多的作用体现在组织教学活动中。首先，组织学生整合知识，将新知识纳入学生已有知识体系中，完成新旧知识的衔接和融合。其次，组织学生质疑和交流，通过同桌讨论、小组讨论、全班讨论等多种方式解决难度较小的问题。再次，组织学生合作探究，在这个过程中教师的作用还体现在恰到好处地进行启发、引导和点拨，强调这个过程中的生生互动和师生互动。最后，教师进行释疑和讲解。在释疑和讲解过程，教师选择学生合作探究后仍未解决的问题，选择知识缺陷和易混易错的问题，选择需要学生举一反三的问题，帮助学生真正完成从知识到能力的转换。

课堂实施阶段是问题教学法的关键，在一定程度上决定了问题教学法的效果。教师在课堂实施阶段，从课堂的主体地位退到课堂的主导地位，将课堂主体地位还给课堂真正的主人——学生。教师的主导作用主要表现在对课堂的调控上：根据学生的实际情况及时调整教学计划，根据教学内容的实际情况和学生的实际情况选择释疑和讲解的精要知识。在对精要知识进行释疑和讲解的过程中，另一重要因素即是对问题的设置。对问题的设置应强调精而少，根据学生对本节知识的实际掌握程度进行设问，处理好预设与生成的关系，不能一味按照教师在课堂实施前预设的问题进行释疑，这不利于学生新知识的消化和应用，也不利于学生新旧知识的融合。

3. 在课后反馈阶段应用问题教学法

课后反馈阶段包括学生课后作业完成及课后辅导两方面内容。教师有目的有针对性地为学生设置课后作业，检测课堂教学目标完成情况。在这一过程中,教师对习题的选择应遵循少而精的原则,提高学生习题的质量,减轻学生学习负担。同时,习题的选择要有梯度,要照顾到每一位学生,要让各层面的学生都有提高。通过习题完成情况的反馈及时了解学生对教学内容的掌握情况,对教学内容进行总结拓展。在教师的组织和引导下,对本节教学内容进行回顾、反思和提炼,让学生养成反思学习的习惯。另外,教师应在总结拓展的基础上引导出新的问题,激发学生新的学习兴趣,为下一教学内容的学习作好铺垫。最后,根据学生学习反馈情况进行个别辅导,在全班完成教学任务,达到教学目标。

三、问题教学法研究与思考

采用问题教学法的核心是在教学诸环节贯穿和解决问题。教育的实质也是学生通过一个个问题学习,形成认识问题、分析问题、探究问题和解决问题,甚或提出新问题的能力和方法,构成知识和能力体系。这表明学习的过程与结果都客观存在一个个问题,从问题着手,以问题为线索的思考与解决方式,是问题教学法的基本思想。

问题教学法是一种教育教学方法,也是一种教学技术。实施问题教学法,需在教师中广泛开展问题教学法的理论学习和研究。学校层面应该以教学实情为出发点,统一教学改革的认识和方法,指导问题教学法的落实与开展。同时学校要制订问题教学法应用改革的管理和督导办法,倡导和指导课堂教学改革。

能够通过问题性对话、问题性任务和研究性作业使学生处于问题情景中,从而激起学生紧张的智力活动,去独立地、探索地获取知识,改变传统的按部就班、照本宣科式的教学模式,将学生简单的学习知识的行为发散到学习和锻炼各种思维方法上去,有利于促进学生思维能力的发展,满足时代对人才提出的智力培养目标和培养途径。

着力研究解决问题情景的创设、学生问题式学习、教师有效提问的方法等。充分调动学生的学习积极性，让教学问题来满足学生的学习需求，鼓励学生以解决问题为学习动力，引导学生合作探究。这种具有学生内在需求下的学习，必将有效提高课堂教学的效率。

问题教学法对教师素质是一种考验。采用问题教学法，首先应在具体的教学过程中注意知识问题化、问题层次化以及问题多样化，这种教学方式本身就对教师自身素质有着较高的要求。其次，教学问题一经提出，学生的思维便被调动了起来，教师应适时地抓住机会来解决问题。在问题教学法指引下的问题解答，不能简单地找出答案了事，整个分析、理解过程也不能被教师包办代替，而应该运用启发式原则，充分发挥教师的主导作用，开启学生思维的闸门，让其自己进行探索和发现，自己找出答案。再次，在学生进行探索和发现的过程中，应适时地进行总结和概括，以使学生思维条理化、规范化，不至于漫无边际和脱离主题，这需要教师有较强的引导能力和调控能力。为此，教师就必须不断地学习和研究，努力提高自身的有效提问能力和深入思考分析、解决问题的能力，不断完善自己，提高自己的素质，真正成为新时代学生学习的引导者。

校本课程管理的创新特色探究

重庆璧山中学　罗明乾

校本课程是国家基础教育课程体系的有机组成部分。《基础教育课程改革纲要（试行）》指出："改变课程管理过于集中的状况，实行国家、地方、学校三级课程管理政策，增强对地方、学校及学生的适应性。"这实际是"权力地方化、教育个性化"的具体体现。新一轮基础教育课程改革确立了国家、地方、学校三级课程管理体系，打破了国家统编教材一统天下的局面。

校本课程的开设有着十分重要的现实意义，可反映学校办学理念，展示学校办学水平。它有利于满足学生的实际需要，有利于丰富学生的学习方式，有利于发挥师生的主体作用，有利于形成学校的办学特色。

一、管理入手，突出校本课程管理特色

1. 健全科学民主的管理系统，形成高效的工作环境

校本课程是在校长领导下，把教师队伍的创造性劳动变成现实的成果。学校管理者的管理理念将直接决定校本课程在学校中的实施状况。可以说，学校管理本身就是校本课程的有机组成部分。

璧山中学因校制宜，建立了校本课程的管理网络、运作流程，成立了由校长全面负责，副校长具体主抓，其他领导班子成员及骨干教师参与的校本课程开发领导小组，构建了由"校长—副校长—教导、教科主任—年级组长—教研组长—授课教师"的校本

课程管理链式网络。校长在副校长、教科主任、年级组长、教研组长的协作下,科学规划,使校本课程的发展具有强大的生命力。

2.全员参与管理,把管理推向新的境界

璧山中学校本课程的特色化、个性化、多样化特点决定了校本课程的开发与管理不应是单个人的行为,它需要学校根据国家的规定,结合地方和学校的具体情况,由校长、教师、学生、家长以及社区、地方教育行政部门等多元角色参与,共同来完成校本课程的计划制订、开发、实施与评价等一系列活动。人人都是管理者,人人都是重大决策的参与者、执行者。将全员管理提到新的高度,从而创造出一种高度和谐、友善、融洽的管理氛围,把管理推向新的境界。

3.“知能”结合,落实三维目标

“知识与能力、过程与方法、情感态度与价值观”强调学生意志品质的养成。把这三个维度落实到实践中去需要认真地探索。为了解决存在的困难,璧山中学在校本课程的编写中要做好以下几个结合:一是开发校本课程要与国家课程、地方课程有机结合;二是要与教师专业发展水平相结合;三是要与学校发展相结合;四是现实要与长远相结合;五是校本课程的开发要与学校体育特色相结合。

二、特色生成,形成校本课程管理机制

1.“人文性”特色

坚持“以人为本”的思想,实现学生的可持续发展。“为每一个学生的终身发展奠基”是璧山中学的办学理念,是全校师生的追求目标,也是全校师生的行动指南。

具体地说,要努力使学生达到“四个学会”:一是学会学习。校本课程以培养学生科学素养、科学方法和实践能力为重点,使

学生有目的、分层次、系统地掌握学习经验、方法,从而增强学习活动的主动性、目标性,掌握终身受用的、高效的学习策略,奠定终身学习的基础,培养终身学习的能力。二是学会做人。校本课程关注人文性教育目标,强调培养学生高尚的情操和健全的人格,要求通过灵活的知行统一的考核标准和方法,引导和规范学生行为,培养学生崇高的道德品质,促进情感和态度的发展,塑造健全、完善的人格。三是学会生存。校本课程强调学生参与社会生活。针对学生缺少实际生活磨炼、生存能力弱的实际情况,让学生走出围墙,进入社会,了解世事的纷杂和社会的竞争,培养他们坚忍不拔、宠辱不惊的毅力和品质,进而培养他们生存和发展的能力。四是学会创造。校本课程强调通过对科学精神的塑造,科学知识的获得,科学方法的实践,科学技术应用能力的训练来培养学生科学的态度、科学的精神、创造思维的能力、探究与发现的能力、动手操作的能力和解决实践问题的能力,为学生自由自在地探究、创造,提供民主、宽松、活跃、广阔的空间,逐步提高创新意识和创新能力。

2."开放性"特色

校本课程开发是以学校为主体,结合学校环境、条件、具体特点来进行的课程开发,自主性大、实用性强。

挖掘校园文化,整合校本课程资源,为学生提供广阔的学习空间,达到资源共享,资源优化的目的。璧山中学是一所百年名校,底蕴殷实,历史悠久,名家云集,具有丰富的人文内涵。"锦瑟"文学社、璧山中学集邮协会(荣获"全国青少年集邮示范基地"称号)、环保社等二十余个社团让学校的校本课程开发锦上添花。

引导学生参与社会实践,促进课程开发多元化、多样性。璧山作为西部"鞋都",人文地理、风俗民情、名胜景观、历史典故、旅游资源等都异常丰富,这些都是现实校本课程资源。环保社对"8·11"森林大火的现场考察,对新堰"农业示范园区"的考察,极大地丰富了校本课程。

3."民主性"特色

在"为每一个学生的终身发展奠基"办学理念的支撑下,璧山中学把"建成高水平、高质量、特色鲜明、具有示范辐射作用的现代化名校"作为学校发展的总目标。校本课程开发是一个民主开放的决策过程,它不仅需要学校教师和课程专家的参与,也需要学生以及家长和社区人士的共同参与。学校积极整合校内外的人与物等诸方面的课程资源,走民主开发校本课程之路。

三、立足课堂,强化校本课程管理的过程

1.规范性

2003年9月,璧山中学校本课程开发领导小组成立并制订了"调查、征询意见—制订纲要—组织动员—制订计划—学生自选、编组—组织教学—反馈评价"的运作流程。制订了对授课教师及学生学习的评价方式及要求。对教师所设校本课程的管理实行计划管理,要求教师有纲要、申请报告,有备课的教案,有授后反馈表、评价表。评价管理,采用教师自评、学生评价、行政评价、家长反馈等多种途径评价;绩效管理,将课程开设及授课情况与课时津贴、课题管理挂钩;学生学习评价,主要通过看进步、看成果,结合学生自评,班主任、家长评价等方式进行。

2.科学性

校本课程的实施方式、组织形式等要尊重中学生的生理、心理发展规律以及教育的基本规律,为青少年所喜闻乐见,防止成人化倾向。校本课程实施过程中要充分体现学生学习活动的自主性、探索性和创新性,学习方式的活动性、实践性和综合性,教学过程的情境性、合作性和建构性,教授方式的灵活性、针对性和创造性。初中各年级,根据学生广泛的探究、操作与表现的兴趣,以游戏的形式设置丰富多样的活动性、实践性强的课程,在参与综合性学习中增加体验,培养兴趣,发现特长,避免过早的专门化教育。高中各年级的校本课程开发基于学生的兴趣和爱好、体现学校特色,采用兴趣小组、主题单元活动等多种形式,充分利用校内外的课程资源,为学生特长提供各种机会,避免进行单纯的技

能训练。

3.实践性

校本课程通过评审后,要结合实际,组织教师研究确定相关教育内容,系统、认真、广泛搜集素材,落实具体教育活动设计。校本课程领域可以自编、可以选用教师指导用书,也可以为学生提供必要的操作材料或活动器材(尽可能让学生自己准备),但不要求学生购买人手一册的教科书或资料,严禁编印、滥发学生用书。

4.标准性

要保证校本课程课时总量,把校本课程纳入课程表,并标明课程名称,严禁用国家、地方课程挤占校本课程的课时。

四、量化评价体系,展现校本课程管理的实践特色

1.关注管理过程

对校本课程实施过程中的管理,学校重点放在对课程质量的管理、对学生选课的管理、对上课常规的管理及对学生学业成绩的管理等方面。

对学生选课的管理,在高中阶段,创造条件让学生自己选择校本课程,如有可能,可为学生提供一周的选听课机会,让学生尽可能充分地了解课程和明确自己的需求。初中阶段,学校也要努力通过各种途径了解学生的真实需要,并尽可能作出相应的调整。同时要处理好校本课程中必修课程与选修课程的关系,保证每位学生都参与校本课程的学习。

对学生学业成绩的管理,主要通过教师根据学生的考勤情况,学生提交的作业总结、报告、小组评论等作出学生的课程成绩,学生课程成绩要进入学生学习档案。

2.注重制度推进

校本课程建设的规章制度包括课程审议制度、课程评价制

度、教学管理制度、有关岗位责任制度和相关激励制度等。尤其要注意以下几方面：一是要对校本课程开发给予经费与人力上的政策支持，安排专项经费，并在教师工作量的计算上给予倾斜，将教师的课程开发情况与考核挂钩。二是要建立校本课程开发工作例会、汇报交流制度，加强校本课程建设工作过程的督查与指导，以推动校本课程建设沿着健康的方向发展。三是要将校本课程开发、实施与教育科研结合起来，围绕校本课程开发，研究、确立若干研究项目，进行集中攻关，在研究中不断发现问题、解决问题。四是要建立学生课程学习指导制度，使学生明确自己的需要，明确具体课程的内容、培养目标，学会自我设计、自我选择。

3. 强调成果意识

校本课程开发活动、课程资源文本等过程性材料要及时积累、归档，物化课程成果，以便今后分析研究、参考利用。要引导、强化教师的资料积累意识，要求所有教师及时整理保存校本课程开发、实施的有关资料；学校要安排专门人员具体负责收集、整理、保管的工作；要利用校园网络建立校本课程资源库，形成共享机制。

4. 落实发展评价

包括检测与评价在内的校本课程管理，要体现校本课程的理念与特征，切忌套用语文、数学等课堂教学管理要求。对学生的评价主要通过活动过程观测、提交作品、小组评议、考勤等途径进行，采用学分制或等级制，并将评价情况纳入学生校本课程学习成绩档案。校本课程实施过程中，要认真做好相关的调查研究工作，不断提高校本课程建设的针对性和实效性，建立和完善课程评价制度。

五、对校本课程改革的反思

1. 参与意识

在思想意识领域，由于国家课程的影响根深蒂固，教师大都把自己视为国家课程的被动接受者和实施者,很多教师缺乏校本课程开发的积极性,甚至采取消极态度或抵制态度,这是校本课程开发的最大障碍。要实施校本课程开发策略,教师必须尽快转换角色意识和教学观念,使自己不仅成为学校自编课程的实施者,而且要成为学校自编课程的规划者、设计者和评价者。

2. 多元意识

校本课程开发是一项系统工程,是一个长期的、耗时的过程,涉及大量的教育物资和相关人员,无论是开发计划的确立,还是教材的建设都需要相应的经费做基础,还需要各种图书资料、设备的支持。学校在进行校本课程开发时,有时低成本的课程开发方案可能无法产生预期的效果。因此,校本课程的开发需要一定的经费、人力和物力的保障,甚至在教育政策上得到支持。

3. 改革意识

随着我国改革的深化和社会的发展进步,对学校课程的需求日益多样化和个性化。地方和学校的课程决策自主权和作用越来越大,这些都为校本课程开发提供了巨大的需求可能、政策支持和发展空间。近年来的课程改革更为其奠定了一定的理论和实践基础。

校本课程管理是一个学校的办学目标的整体追求,需要一支敬业爱岗、勇于开拓的高素质教师队伍,通过"科研兴师"、"科研兴校",提升学校的示范辐射作用,共同创建人文校园、生态校园和和谐校园。

学校校本管理体制研究

重庆大足二中

学校特色就是学校基于自身的历史传统和实际情况,在较长期间的办学实践中逐渐形成的一种区别于其他同类学校的独特、优质而且相对稳定的办学气质和办学风格。学校特色发展首先要求学校在同类学校中具有属于自己的独特个性。独特个性从何而来?唯一的答案便是:学校以个体方式生存,而不是以整体方式生存。为适应学校特色发展的内在要求和管理特性,学校首先需要在管理模式上实现根本的转变。笔者认为,创建并逐步完善校本管理体制,是学校特色发展的必备条件,是学校特色发展的重要保证,也是学校特色发展的重要途径。

一、校本管理的概念

校本即学校本体。学校相对教育行政部门而言是管理主体,具有自主性、独立性、创造性。校本,一是为了学校,二是在学校中,三是基于学校。为了学校,是指要以改进学校实践、解决学校所面临的问题为指向;在学校中和基于学校,是指要树立这样一种观念,即学校自身的问题要由学校中的人来解决,要经过学校校长、教师的共同探讨、分析来解决,所形成的解决问题的诸种方案要在学校中加以有效实施。

管理是所有的人类组织(不论是家庭、企业或政府)都有的一种活动,这种活动由五项要素组成:计划、组织、指挥、协调和控制。管理就是计划、组织、指挥、协调和控制的实行。

校本管理就是以学校为本位或以学校为基础的管理,强调教育管理重心的下移,学校成为自我管理、自主发展的独立法人实体,从而提高学校管理的有效性。

校本管理体制就是以校本管理理念为核心,从外部条件与内部改革入手,以实现学校特色发展为根本目的,合理地分配和管理学校资源,创造性地适应教育目标,尤其适应学生的需要的内控式管理体制。

二、校本管理体制的实质是学校自主发展

学校自主发展的核心是学校的自主定位、自我资源调配和自我约束机制的建立。学校自主发展具体包括校长的自主发展、教师的自主发展和学生的自主发展。其中,校长的自主发展就是要为校长的自主办学提供足够的工作权利空间,使校长在学校办学的过程中能够根据自己的理念与意愿自主选择和自觉行动,能够充分发挥自己的才能、个性和创造性,并通过学校的自主办学使校长获得自身素质的全面提升,实现自己的人生价值。教师的自主发展就是要保证教师的教学自主权,考虑教师的兴奋点,照顾教师的兴趣与需求;寻找学校发展与教师发展的结合点,使教师自身专业发展与学校发展具有相同的价值追求;帮助教师走向成功,使学校成为教师自我实现的场所。学生的自主发展就是要将学生确定自己发展方向的自主权,选择学习方向和学习过程的选择权和提供建议、观点的发言权还给学生,根据每个学生的需要、兴趣和专长创造适合每个学生的教育,帮助每个学生获得各得其所、各展其长的发展。

三、创建校本管理体制的主要途径

(一)教育相对独立是创建校本管理体制的必需条件

创建校本管理体制要满足三个基本条件:第一,学校的办学权力不只是来源于政府,它拥有充足的办学自主权;第二,学校办学资源的来源不是唯一依靠政府,学校可以从市场、社区、社会民

间和自身等各个方面,主动开发和优化配置一切可供学校所用的办学资源;第三,社会对学校教育的评价标准趋于多元,学校可以根据自身的需求和条件,选择自己的办学理念、价值取向、办学目标、管理体制与运行机制、课程教学与人才培养模式。以此为基础,学校才能在办学质量、社会效益和人才培养规格等方面取得在同类学校中卓尔不群的特色和优势。

(二)办学资源的充分开发与优化配置是创建校本管理体制的现实基础

首先,优化内部资源配置、构筑平台是整合学校生存与发展资源的前提与基础。从战略高度出发,锐意进行制度创新和管理机制创新,是优化内部资源配置的关键。通过制度创新和内部管理机制的创新,可以有力地整合校内教学、科研、人才培养资源,并为整合与吸收校外资源历练厚实的内功。其次,创新学校与外部环境的交流、互动机制,合理有效地整合与吸收外部办学资源,是拓展学校发展空间和发展资源的重要途径。当前各校在发展过程中,或多或少地面临办学资源匮乏的难题。对外部资源的开发、吸收与整合,在一定程度上能够缓解学校办学资源匮乏,特别是经费资源、信息决策资源和人力智力资源匮乏所带来的种种问题,缩短特色办学的摸索期与适应期,促成有限时间内办学资源的高效使用。在内外部资源相互作用的过程中,优化办学资源的整合机制,提高学校办学资源的整合能力,从而为学校的特色发展奠定良好的基础。

办学资源包括无形资源和有形资源。有形资源包括政府提供的资金和实物,来自于校办企业和社会企业的资金、实物;实习基地与合作伙伴,来自于校友的个人捐赠;社会关系和品牌价值,来自于学校自身的资金、物质环境资源和人力资源。这些是学校的直接资源。无形资源包括知识资源(如知识产权、专利和科研成果)、制度资源(如学校的管理制度)、校园文化资源(如学校的精神、信仰、价值观和理念)、品牌资源(如学校的号召力、影响力、社会地位),这些是学校的间接资源。

(三)人的自我管理是创建校本管理体制的重要手段

1.学校组织文化建设是实现自我管理的核心

长期以来,教育界对文化问题的关注,仅仅把文化作为影响学校教育发展的因素之一,没有从战略的高度去思考文化建设在学校教育发展中的重要地位。如何在准确把握时代精神、学校所在社区的地方文化以及多元化教育价值潮流的基础上,通过学校的文化建设,优化学生的文化生态环境,提升学生的生存质量,是创建校本管理体制必须解决的重要课题。

作为一个后发展地区,中国社会两极并存的二元结构、发展极不平衡的区域性特征和一体化发展任务使得原本应当以历时形态依次更替的农业文明、工业文明和后工业文明及其基本文化精神在中国的自然嬗变和演进,由于中国置身于开放的世界体系之中而转化为共时的存在形态。同时,各个学校所在地区的文化生态各不相同。所以,形成了当今中国现代市场经济文化与传统农业文化、和区域特点相匹配的主导性文化与非主导性文化、东方文化与西方文化、汉民族文化与少数民族文化等多种文化价值并存、融合的多元文化格局。身处其中的学校教育不可避免地面临着复杂的文化价值冲突和艰难的文化价值选择。

针对我国学校特色发展面临的不良文化生存环境,学校文化模式的重建应立足于实现人自身的发展这一核心价值,求助于理性与人本的主导文化精神,从学校文化的整体性入手,建立现存学校文化模式的重建机制,从而为现代学校文化建设和全体师生创造适合的生存与发展方式。

对于现存学校文化模式的改造和超越,首先要用理性精神和人本精神塑造现代学校主体(校长、教师和学生),着眼点应当落在学校主体内在的现代性、创造性的文化素质的培养上。传统中国文化根深蒂固的诸多消极因素塑造出学校校长、教师和学生基于经验、常识、习惯的行为方式。无论是校长的管理、教师的教学,还是学生的学习,都缺乏创新精神,其基本行为模式是经验模仿。要使校长、教师和学生从传统主体转向现代主体必须求助于理性和人本两大基本精神。强调理性精神，就是要剔除现存教育活动领域中的经验、情感、习惯等自在因素，确立起理性的学校管理体制与运行机制；强调人本精神，就是充分重视人的主体意识、参与意识和创造性，以人的需求和发展作为教育活动和学校发展的尺度，尽可能地排除教育活动中的非人性化因素，从而赋予人的活动以自觉的价值内涵。通过建立理性的、人本的现代精神对校长、教师和学生的普遍的启蒙机制和学校管理运行机制的理性化、民主化来改造现存学校文化模式，不仅有利于克服经验、常识、情感等自在因素对学校教育活动的侵蚀，而且有利于鼓励和培养学校师生的参与意识和首创精神，从而为现代学校主体的生成提供适宜的条件。

其次，我们需要尊重学校所在地区（社区）的多元文化事实，对多种文化价值进行整合。同时，我们又不能对各种文化价值等量齐观，需要构建起充分体现中国社会现代转型要求、城乡一体化发展任务和现代学校教育精神的主导价值——理性与人本。以此为基础，学校还应当做好三个方面的工作：一是提升和弘扬中华民族在历史上长期积淀和流传下来的伟大精神；二是挖掘和总结学校在长期的办学过程中所凝聚和传承下来的精神风貌；三是保护和传承学校所在社区的独特的地方文化。

2. 培育创新主体是实现校本管理目的的根本途径

学校自主发展，实现校本管理的关键是人，重点是有特色意识与创造个性的学校，创新主体的校长和教师。特色意识、权利空间、个性状态和行为状态是四个关键指标。在校长身上主要体现为：追求特色发展的意识是否强烈；自主办学的权力是否足够，行政身份与学术身份是否统一；个性是否活跃；行为的创造力程度是否高。在教师身上主要体现为：课程教学创新的意识是否强烈；自主教学的权力空间是否足够；个性活跃程度和教学特色是否显著；教学行为的创造力程度是否高。

3. 学校校本课程的开发与教学创新是校本管理的主体

国家新一轮课程改革改变了以往课程管理高度集中的做法，实施国家、地方、学校三级课程管理体制，以便提高课程的适应性，满足不同地区、学校以及学生的需要。这在客观上为校本管理体制的创建提供了政策上的支持。

教学创新是学校校本管理的主体部分，它从根本上决定着学校校本管理的质量和水平。合理有效的教学创新能够促进学生作为人的主体性发展，为学生走向社会打下坚实的基础，并且在活动、交往和实践中实现教学的发展性、建构性和社会性，体现教育回归生活的旨趣。学校需要对两个层次的教学问题进行认真地思考与探索：

一类是一般问题，包括课堂教学的基础性与发展性的关系问题、班级授课与小组合作学习及个性化教学的关系问题、教学与生活的关系问题、教师引导与学生自主的关系问题、接受学习与探究学习的关系问题、群体发展与个体差异发展的关系问题等。对这类问题的分析与把握，有助于我们为课堂教学具体问题的解决提供最直接的指导。

另一类是具体问题，包括学生已有经验的分析与运用问题、教学目标的分析与确定问题、教材的理解与处理问题、课程资源的拓展问题、教学情境的创设问题、教学活动的设计问题、教学策略及教学方法的选择与运用问题以及学生的主动参与、有效合作和课堂教学质量的评估等问题。对这类问题进行分析与研究，直接关系到学生在课堂教学中的学习与发展状况。

四、校本管理体制的实际应用

笔者所在的大足县第二中学自新课程改革以来，引进先进的教育理念，积极创建校本管理体制。

学校确立"优化资源、深化课改、内强素质、外塑形象、创建特色、和谐发展"的办学思路，充分利用各种办学资源，以校训"求真求实、立德立行、至善至美"为核心思想，树立德育先导的学校文化精神，教育学生立德立行，追求至善至美。

学校积极进行校本课程的开发和教学科研的创新，先后对市级课题《高中教学与实践教学衔接问题的研究》，国家级课题《如何有效引导学生提问的策略研究》、《语文教师读写及教学能力发展与评价研究》进行深入研究，转变教师教学理念，培育学校创新精神。

坚持以人为本 创新学校管理

我校是一所农村高完中,学校条件落后,师资力量薄弱,生源质量很差,尽管 2006 年我校创建为重庆市市级重点中学,但离新课程教学条件的要求相差太多。面对新课程,何去何从。这是摆在学校管理者面前的一个重大抉择。基础教育课程改革是完善基础教育阶段素质教育的核心环节,关乎国民素质和民族复兴大业,学校必须强力推进。在新课程推进过程中,学校管理者的教育理念对新课程实施效果起着至关重要的作用。

普通高中教育是在九年义务教育基础上进一步提高国民素质、面向大众的基础教育。本次高中课程改革在培养目标方面提出的七项要求是一个有机的整体,核心是坚持"以人为本",旨在促进学生个性的全面、和谐发展。学校管理的动力和核心是人,学校管理的成败与否也取决于人。

一、坚持以师为本,培养符合新课程要求的新型教师队伍

"教育大计,教师为本"。新课程实施关键在教师,教师不仅是课程的组织者和实施者,也是课程的开发者和研究者。

1. 正视教师参与新课改的困难和局限

应该说,学校大部分教师是敬业爱岗的。但受长期应试教育的影响,很多老师的教育观念还存在一些问题,加之我们农村高完中教师编制严重不足,班额大,学生基础薄弱,教师教学任务繁

重,教学压力大,教育科研难以开展。还有,学校教学设备严重不足,教师培训机会较少。这些诸多因素造成教师在新课程面前茫然无措,迟迟不敢尝试。作为学校管理者,应正视教师的困难,少一些埋怨、责备,多一些宽容、信任,加强培训和支持。

2.狠抓师德建设,培养良好的师德师风

"学高为师,德高为范",教师作为教育教学活动的主导力量,是学生在成长过程中对其影响非常重要的人。孔子说:"其身正,不令而行;其身不正,虽令不从。"教师的职业道德水平直接关系到中小学德育工作的成效和广大青少年的健康成长。学校要充分认识到新时期加强和改进师德建设的重要意义,要组织教师学习《中小学教师职业道德规范》、《教师法》、《教育法》等法律法规,学习优秀教师先进事迹,让教师热爱教育事业,专心本职工作,关爱学生。学校每期要将师德师风纳入教师考核中,评选师德标兵,严肃处理违反师德师风的行为。

3.切实转变教师教育观念

一个人的思想总是与观念紧密相连的,观念是先导,观念的转变,就是认识上的一次洗礼与重生。教师面对新课程,必须改变传统观念,树立现代教育观。如:正确的学生观,即学生是自主学习者、合作学习者、问题探究者;正确的教师观,即教师是学生学习的指导者、帮助者、合作者;正确的培养目标观,即培养全面和谐发展的人才等等。教师教育观念的转变应成为学校教师队伍建设的首要问题,学校要通过宣传、培训、学习等多种途径和方式促进广大教师转变观念,要让教师认识到观念转变的重要性和紧迫性,要让观念转变落实到教育、教学、教研、管理的每一个环节中去。

4.扎实提升教师新课程执行力

新课程要求传统的讲授式课堂变为自主、探究、合作的课堂,

要求教师从主讲者变为学生学习的引导者、合作者，要求课堂教学联系社会、生活、生产实际，要求课堂教学了解学情，要求课堂教学运用现代教育技术，这需要教师掌握除课本知识外的更广博的知识，还需要教师具备新课堂教学的设计、组织和监控能力以及处理突发事件的能力。学校应改善条件、创造机会、搭建舞台，采取多种方式和途径让教师不断学习培训，给教师充电。在新课程实施中，教师不可避免地要遇到新问题，这需要教师具备教科研意识和能力，学校应构建教科研文化氛围，完善教科研机制，让广大教师积极主动参与教科研，及时解决教育、教学中存在的问题。学校还应做好教师培训的长远规划，建立教师培训的长效机制，促进教师专业化发展。

5.构建适应新课程教师评价体系

过去，教师的评价比较单一，评价主体主要是学校领导，评价依据基本上看学生分数，学校的教育教学管理被简化为学生的考试成绩和升学率，它只重视教师教学的最终效果，而忽视了教师劳动的过程性、群体性，对教师进行的是一种终结性的评价。新课程强调评价方式的多元化，强调发展性评价。学校在制订教师评价方案时，要从领导、同行、学生、家长等多种途径对其进行评价，要从德、能、勤、绩多个方面进行评价，要考查教师教育思想和观念的转变情况、课堂教学方式的改进情况以及学生进步情况等等，对表现突出的教师给予一定的精神和物质奖励。

二、坚持以生为本，选择适合学生的教学模式

新课程改革的主要目标之一就是要改善教学方式，即"改变过于强调接受学习、死记硬背、机械训练的现状，倡导学生主动参与、乐于探究、勤于动手"，实施探究式教学是实现上述目标的有效教学方式。学校要采取多种形式组织教师学习先进的教学模式，打开教师的眼界，教师可充分借鉴和尝试。但每种教学模式，只适合特定的学生。学校还要组织骨干教师研究，在先进教育理

念的指导下,创造出适合自己学生的教学模式,并通过校本教研在教学中检测、完善和推广。

三、坚持以人为本,构建符合本校特色的学校课程体系

应试教育下,课程比较单一,凡高考考的课程才学。新课程倡导课程多样化,除国家课程、地方课程、校本课程外,还有综合实践活动、通用技术等等。学校在进行课程管理时,不能随意提高国家课程的课时比例,减少甚至抛弃校本课程或高考不考的课程,应根据课程文件,保证各类课程的合适比例,发挥各类课程对学生发展的各种价值。还应根据教师、学生的特点,充分利用和开发本地的一些课程资源,构建符合学校特色的校本课程体系,使校本课程充满浓郁的生活气息,让学生热爱家乡、热爱生活。

四、坚持以人为本,建设具有本校特色的校园文化

校园文化是学校永不衰竭的力量源泉,是打造学校品牌的关键因素。优美的校园环境、良好的校园文化是一种无形的巨大的力量,是学校教育成功的基础。校园文化包括物质文化和精神文化。学校在进行校园文化建设时要以人为本,即要适合本校学生身心特点,要具有本地区、本校特色,要有益于学生身心发展,如:在校园物质文化建设中,不能追求奢华,盲目攀比,教室文化要有班级特色,寝室文化要有寝室特色,让学校的一草一木都在育人。管理文化不能简单粗暴,要以师生为中心,了解师生的正当需求,平等对待师生,提倡团队精神,努力提高管理者的人格魅力、服务意识和管理水平。

普通高中课程改革,对学校发展来说既是挑战,又是机遇。学校管理者必须走在改革的前列,坚持以人为本,要让全体师生积极参与学校管理,广开言路,广开门路,保证决策的可行性,措施的可行性。时代在发展,人也在发展,学校管理也必须与时俱进,不断创新,学校才有持续发展的动力。

特色学校建设的基础

重庆云阳凤鸣中学　谭　刚

新世纪中学教育的思考与实践

420

重庆市接受"两基"迎国检之后,教育主管部门适时提出了"走内涵发展,精细化管理"的可持续发展思路,这是顺应教育发展的明智之举。在此大背景下,许多学校积极申报特色学校,但在创办特色学校的过程中,许多领导、教师步入误区:有的学校让学生放下手中的课本,忽视基础训练,找来经典古籍从早到晚死记硬背,因而有了"经典诵读"的特色;有的学校挑选少部分学生组建乐团、鼓号队、腰鼓队,吹吹打打十分热闹,因而有了"艺术乐园"的美誉;有的学校挑选一些身强体壮的"苗子"组成篮球队、足球队,经过训练在各级比赛中获奖,因而有了"体育特色学校"的赞誉……

当前,我们的教育主管部门和教研机构应该清醒地认识到抓常规管理的紧迫性和重要性,力戒形式主义,防止基础教育质量滑坡。

把常规管理抓成常规,是重庆基础教育领域现状所决定的。我们应该正视如下不良现象:(1)教育主管部门对常规管理的督导力度不够,刮的是"季候风",下的是"毛毛雨",基层学校呼吁的常规督查"千里行"、"百里行"、"校校行"只能是"水中望月,雾里看花"。(2)校长学术身份"失重现象"严重,导致学校行政管理失去重心。许多学校的管理尚停留在"粗放型"的管理层次,学校的行政权力意识强于学校教育管理的人本意识。学校在世俗的社会物质文化的熏陶下,许多领导在一定程度上表现为一种教育物质资源的"占有"和行政权力的自我满足之中。(3)违背教育规律,违反有关国家规定的现象相当普遍。许多基层学校未严格执行课时计划,不能保证学生每天有一个小时的体育活动时间,学生每天在校活动总量超过规定时间。一些学校任意增减课时,一些教师随意提高或降低教学要求。如:劳技课、法制教育课等课程并未排上课表(很多学校有两套课表:一套应付上级检查,临时张贴。一套为平时所用)。(4)教师丧失职业责任,产生职业惰性,"零学习"现象严重。炒股、跑保险、打麻将成风,学校校本教研活动、坐班制度得不到保障。学生行为养成教育训练力度不够,导致部分学生我行我素,缺乏基本的行为规范:乱吐、乱丢、乱扔现象客观存在;吸烟、打架、酗酒、谈恋爱、不爱惜公物、顶撞教师,甚至打骂教师等现象时有发生;留长发、穿拖鞋、考试舞弊或上课睡觉的大有人在,令人忧虑。(5)学校管理形式主义严重。许多基层学校未把学校管理中最基本的东西抓好,未把已经贴在墙上的规章制度、讲在口头上的具体要求抓实。常规管理未达到科学化、制度化、规范化、经常化的要求。(6)学者型、科研型教师偏少。许多教师远离专业发展的轨道,教学万课同相,千篇一律,没有创新,失去个性,变成了有技术的"匠人",成了标准化操作的技术人员、考试技术的拆解者。(7)教学管理常规和教研常规没落到实处,导致教育质量严重下滑,城乡教育的差距愈来愈大。

如何才能把常规管理抓成常规?笔者斗胆提出四条策略。

一、行政督导要刮"四季风"

省、市、县督导室要将常规管理"千里行、百里行、校校行"作为一项铁的制度进行贯彻落实,必须狠抓到位。对环境优美、高雅规范、秩序井然、质量过硬、特色明显的学校,要树典型,大张旗鼓地予以表彰;对内部管理混乱,政令不畅通,有章不循,教学秩序不正常,校园环境脏、乱、差,办学效益不高的学校,要大胆曝光;校长就地免职,绝不能姑息迁就,贻误学校发展的良机。

行政督导应该悄悄地来,悄悄地去,保持督导工作的"原汁原味",切忌事先打招呼,走过场,冷一线教师的心。建议督导检查时多听一线教师的"推门"课,多与学生谈心了解真实情况,多到楼梯、厕所、宿舍、食堂走一走,看看教室内扫帚放在什么地方,张贴的课表是如何执行的。

一所好的学校,连墙壁也能说话,在教育教学的每个环节中均能体现管理育人的思想。督导无小事,各级教育主管部门务必要刮好"四季风",为学校的常规管理导向、加压、护航。

二、打造专家型校长,将先进理念转化为行动

好校长是学校之魂。一个管理出色,有规有矩的学校总有一个兢兢业业、踏踏实实、对事业高度负责的校长。

校长的教育思想、管理水平、工作态度、责任感、事业心直接关系到学校管理成效的高低,关系到师生的精神面貌,因此抓好校长培训工作是当务之急。

校长岗培重在"洗脑"。专家型校长必须要有较强的教育、管理知识,科研等学术素养与观念,即校长职务的身份结构应是学术身份的强势定位。

学术身份是指由学术修养、学术地位和学术声誉等能力为指标组合所构建的身份,既包括校长本专业的学术成就,也包括教育理念积累和思想修养。首先,专家型校长要在教育观念上创新,树立以学生为本、以学生发展为本的观念,使学校的一切工作围绕着学生的发展来开展。校长应该成为办学思想和办学模式的创新设计者,通过自己的指导和协调让教师的智慧、探索和创造迸发出思想上的火花,让学生的天赋、个性、体魄和进取心得到充分的发展。其次,专家型校长要在管理方法上创新。既要发挥学校传统的、固有的潜能,又要与时俱进、常中创新,发现新问题,选择新方法,让学校在新机制、新模式中运转,让师生在新观念、新思路中进步。

要把学校常规管理抓成常规,成为真正意义上的特色学校,专家型校长有必要做好三件事:

一是研究学校管理的常规。近年来,中小学教师队伍中增加

了一批青年教师,他们刚走上教坛,缺乏教学实践经验。原有的民转公教师中,有很多同志在教育改革的新形势下,对如何组织教学工作,科学育人感到茫然。有的教师纪律观念淡薄,我行我素;有的教师疏于学习,不按教育规律办事,缺乏起码的岗位规范;有的教师连起码的教学流程都不熟悉,教学中随意性很大,教学效果低效、无效甚至负效。针对以上情况,专家型校长应该重视调查研究,积极建立科学的常规管理制度,比如,《教师一日常规》、《学生一日常规》、《学校教学常规》等。

二是明确学校管理的常规。"常规"是沿袭下来经常实行的标准、规则或习惯。学校常规管理涉及学校工作的方方面面,包括教学教研工作、德育工作、体育工作、总务后勤工作等等。当前最重要的是从学校实际出发,制订常规管理的具体目标,着重抓好学生养成教育的规范训练与管理、教师岗位规范的实施和为人师表的教育、校园管理规范化及育人环境常规、课前准备常规、课堂教学常规、课外发展常规等内容的修订工作。

三是落实学校管理的常规。校长要时时绷紧常规管理工作这根弦,各项规章制度一旦明确制订,必须严格实施。要持之以恒,一以贯之地大力抓、反复抓、抓落实、抓到位。有了校长强有力的组织领导,有了全体教师的积极参与,就能够形成齐抓共管的局面,形成自己独具特色的"小气候",并且能够用学校的"小气候"影响社会的"大气候"。

三、培养学习型教师团队,全员管理必须务实

要把常规管理抓成常规,必须发挥教师在学校管理中的主体作用。校长要树立依靠教师进行管理的思想,要让教师了解,他们在学校常规管理中不是简单地处于被管理者的地位,他们是学校的主体,肩负着管理职责。校长在制订学校的管理目标时,要充分尊重一线教师的建议,要把学校整体目标分解,落实到每个教师的具体工作中,使目标化为教师自己的管理要求,树立参与管理的责任感和使命感。这样,每个教师的工作目标就能够统一

到学校的整体目标中，从而自觉自愿地为完成全体的目标而尽心尽力。

如何才能让全体教职工在各自的岗位上自觉地、积极地参与学校的管理？培养学习型教师团队是关键。一个勤于学习、知识渊博、正直热情、品德高尚的教师，往往成为学生崇拜的对象和模仿的榜样。同样，一个不注重自我修养的教师，也很容易给学生以不好的影响，产生消极的教育效果。实践证明：一所学校能否形成良好的校风，关键在于教师的作风。要让广大教师能够真正从育人的高度认识自己承担的职责，必须要在提高教师素质，打造学习型教师团队上狠下工夫。

打造学习型教师团队，须注重"六个结合"：

1. 提高思想素质与提高业务素质相结合。着力提高教师的教育教学、教学研究业务素质，培养能教、能写、能讲的"三能教师"。

2. 集中培训与自我提高相结合。采取"走出去、请进来、主动学"的办法，发挥校本培训的功效，形成一种自觉主动提高自身素质的浓烈氛围。

3. 以点带面做到点面结合。先抓部分教师素质的提高，然后再逐步过渡到提高教师群体素质。

4. 自觉行动与强行入轨相结合。将《中小学教师职业道德规范》、《师德八条》、《文明教师标准》、《教师备课要求》等编成小册子，印发给每位教职工，要求他们在日常教育教学中对照执行。学校在每月的月考核、每期的师德考核、每年的年度考核中参照相关评估细则严格把关，检查督导情况在全校公示，推动认识不足、行动不力的部分教师逐步入轨。

5. 求实与创新相结合。首先抓求实，让教师对照师德规范要求查漏补缺。利用教研月、各种竞赛活动让教师"抛头露面"，在行动中提升素质。在求实的基础上，应该引导教师积极创新，鼓励他们在教育教学方面形成自己的个性风格和特色，在教育科研方面有新的突破，早日成为学者型教师、科研型教师。

6. 一专与多能相结合。提倡教师既要当"专家"，又要当"杂家"。可尝试让理科组、文科组、信息技术组、体艺组的教师互相听课，适当兼课，促使教师逐步向多能型的方向发展。

打造学习型教师团队，需大兴广开言路的学风。在当下和未来光荣而艰辛的教书生涯中，我们的广大教师既要照亮学生又要照亮自己，让学生成长，也让自己成长，让教师无悔于太阳底下最光辉的职业。

四、让学生参与管理，培养自治、自理能力

我们强调广大教师在常规管理中的主体地位，绝非排斥学生自我管理、自我教育的重要性。

任何教育的过程都是师生双向活动的过程。要把常规管理抓成常规，应该充分发挥学生组织的作用，培养小干部，进而激发全体学生参与管理的积极性。

要把常规管理的要求化为学生的自觉要求，使之形成一种习惯，凝练成一种素质，最终让学生自己管理自己，成为学校的主人，达到常规管理为了育人这一根本目的。我们应该从以下两个方面去努力：

一是充分尊重学生，把学生当做合作者，学生的管理潜能是可以开发和提高的。唯有把学生当做小主人，才能把他们培养成小主人。教师应虚心听取学生对学校、班级工作的建议、批评、设想，鼓励他们在管理中的每一点进步，从学生心理的角度多做些换位思考。应该少一些管束，多一些放手；少一些干涉，多一些指导。尊重每一位学生参与管理的热情，想方设法开发他们的管理潜能。

二是尽可能为学生创造参与管理的条件与机会。学生自我管理、自我教育的能力，必须在大量的实践活动中通过锻炼才能形成。学校的大量管理均与学生直接有关。让学生参与管理，就是要做到学生能做的就大胆让学生自己去做，学生不会做的事在教师的指导下让学生学着去做。陶行知先生说得好，"自己所立之法的力量，大于一人独断的法。"比如：学生食堂的就餐纪律，教

师、宿舍的公约，班规的制订，文化墙的布置，黑板报的评点，不光要让学生参与讨论，还要让学生直接参与管理。学生参与管理的过程，就是自我总结、自我诊断、互相激励、自觉调整行为的进步过程，既提高了他们的组织能力和管理能力，也培养了他们的集体主义思想和主人翁态度，以及协调人际关系上的能力，这种效果单靠教师的力量和课堂教学是很难取得的。

　　把常规管理抓成常规，实现管理的规范化，是一个极其漫长而艰辛的过程。我们的教育主管部门，各级各类学校要高度重视这项工作，要想真正把常规要求转化为全体师生员工的共同意志，内化为人的思想品德素质，外化为人的良好行为习惯，渗透到学校工作的每一个环节当中，达到教书育人和管理育人高度统一的目的，我们面前还有很长的一段路要走。

年级管理的评价理念——扬长评价

重庆石柱中学　谭　平

一、问题的提出

党的十七大指出："优先发展教育，建设人才资源强国。教育是民族振兴的基石，教育公平是社会公平的重要基础。要全面贯彻党的教育方针，坚持育人为本，德育为先，实施素质教育，提高教育现代化水平，培养德、智、体、美全面发展的社会主义建设者和接班人，办好人民满意的教育。"要"更新教育观念，深化质量评价制度改革""坚持教育公益性质""加强教师队伍建设，重点提高农村教师素质"。党的教育方针为我们展开了新的教育之旅，同时也为我们教育工作者敲响了警钟，我们只有建立科学的教育评价机制，才能引领教师做到教育公平，才能坚持教育的公益性质。

我校目前已有 120 个班，8000 余学生，超大规模学校的局面业已形成，由校长"一竿子插到底"的管理方式由于其运转慢、效果差、成本高已不能适应形势的发展，探索年级有效管理模式势在必行，而年级管理模式的有效性则必须以科学的年级管理评价机制为依托。

美国和日本在教育评价制度方面的研究很具有代表性，他们注重对教师的教学方法、教学业绩的评价，给我们提供了很多可资借鉴的经验，但他们的研究也存在着严重的弊端：一是不够系统；二是只注重结果，而缺乏对过程的评价；三是忽略了个性品质的张扬；四是没有针对年级管理模式进行系统地研究。

我们身处民族贫困地区，我们的办学条件，我们的教师结构都有其特性，因此，我们不能搞拿来主义，只能借鉴他们的经验，建构适合民族地区超大规模学校年级管理模式的评价机制——扬长评价，才能推动民族地区教育的发展，从而打造民族地区和谐教育特色，培育可持续发展的人才。

二、年级管理的评价机制——扬长评价的内涵

所谓年级管理，指学校在校长宏观管理的前提下，由分管领导负责，设年级主任分年级自立管理的模式。

年级管理的评价机制，就是对年级管理绩效进行综合考评的评价体系。

扬长评价，就是在尊重年级管理者特长的施展，注重教师风格培养，关注学生特长发展的前提下，使管理者创新工作技术，打造年级管理特色，引领教师由入格—合格—风格教师专业化成长，培育学生成为可持续发展人才的评价体系。

年级管理的特长评价模式，有充分的理论依据：

一是美国心理学家嘉德纳的多之智力理论。该理论认为智力并不是以语言和逻辑为核心构建起来的系统，而是彼此相对独立，以多元形式共存的一组智力，它们是言语—语言智力、逻辑—数语智力、视觉—空间关系智力、音乐—节奏智力、身体—运动智力、人际交往智力、自我反省智力、自然智力和存在智力。嘉德纳依据现代科学成果明确指出：世界上没有两个人具有完全相同的智能组合，它提示了差异存在的普遍性和客观性。

二是马斯洛的"需要层次理论"。马斯洛将人的需求由低层次向高层次阶段依次分成生理需求、安全需求、社会需求、尊重需求和自我实现需求。安全需求指对人身安全，生活稳定以及免遭痛苦、威胁和疾病等的需求；社会需求包括对友谊、爱情以及隶属关系的需求。生理需求和安全需求得到满足后，社会需求就会突显出来，进而产生激励作用。尊重需求既包括对成就和自我价值的个人感觉，也包括他人对自己的认可与尊重。自我实现需求的目标是自我实现，发挥潜能。达到自我实现境界的人，接受自己也接受他人，解决问题的能力增强，自觉性提高，善独立处事，较

少受他人的干扰改变主张。

三是谭小林的"扬长教育理论"。他指出扬长教育评价在评价方向上,立足现在,面向未来,注重评价的真实性,帮助被评对象认识自己,自己确立发展目标,促进被评对象的未来发展。在评价目的上,尊重个性,着眼发展。评价不是为了甄别与奖惩,而是为促进和激励被评对象的发展。从评价内容来看,注重全面,彰显特长。在评价的主体上,注重自评,强调合作,倡导评价者与被评对象之间合作与交流,注重发挥被评对象在评价活动中的主体作用。在评价标准上,绝对评价,揭示内差。绝对评价是指以评价对象实际达到的目标与既定目标比较而作出评价结论的评价。个体内差异评价是把评价对象中的各个要素各个侧面相互比较,然后发现评价对象在某一方面的长短。采用绝对评价,揭示内差,能激励评价对象向预定的目标努力进取。在评价过程中,强调诊断,注重形成,及时反馈信息、准确发现、培养、展示被评对象的特长,促进评价对象的发展。

这些科学理论为构建年级管理的扬长评价体系提供了有力的支撑。

三、年级管理的扬长评价模式的内容

1. 学校行政对年级综合管理的扬长评价

学校对年级管理的评价,包括学校政策的落实情况、培育教师专业化成长情况、学生学习成绩的终端考试情况。除此之外,更重要的是年级管理的创新性、实效性以及年级管理特色的形成。注重特色评价,就可以引领年级管理水平上台阶,做到一个年级一个特色,一个年级一个品牌,最终达到年级之间相互借鉴、和谐扬长、联动发展的目标。从而深化学校的内涵发展,促进学校的特色建构,实现学校的均衡教育。

2. 年级对教师的扬长评价

对教师的扬长评价在注重教师特长的施展、注重教师风格培养的前提下,预设教师在成长过程中不同阶段应达到的教育教学水准,使教师有目标地参与培养、自我促进,使学校有章可循地引领教师的成长,并可科学地测评一个教师的水平层次,从而使教师在入格教师—合格教师—风格教师的不断进取过程中体验成功,显示自己的价值,进而爱护学生、热爱学校、忠于教育事业。

这一评价方式并不忽视学生对教师的评价,学校对教师教学成绩的考评量化,更加突出教师个性品质的张扬,特长的展示,教师教学风格的形成。

教师的教学风格形成要体现十二个字:放飞激情、张扬个性、展示魅力。激情是创新的直觉思维,激情是情感的直接表象。有激情就显示活力,有激情就能滋润每一颗心灵,有激情就能迸发出智慧的火花。个性是一个教师教学经验、教学特色和灵性的折射。有个性就显灵性,就有特色,就有创新。魅力是一个教师人格、道德、知识、智能等品位的综合体现。有魅力就显形象,就有气质和风度,就能点燃学生心中的火种,就能唤起学生心灵的共鸣。

3. 对学生的扬长评价

扬长教育学生评价主要是针对校本层面的学生发展性评价而言的。实际上,它包含着学生自我的内部评价及其以外的所有的评价主体对学生的所有外部评价。我们既倡导学生自主的内部评价,也积极主张所有外部评价尽可能地参与和支持,以便共同促进学生的扬长发展。

扬长教育学生评价主要构想是:扬长教育学生评价是主客体间的自觉的、自愿的、民主的、和谐的促进主客体共同发展的行为过程;是发挥多主体力量、民主参与、多元互动、全面促进发展的系统过程;是因人而异、因材施评、方法多样的多元评价过程;是在评价主客体的合作下,促进学生自我设计、自我评价、自我实现的不断丰富和完善的过程。该模式突出强调两点:多元评价和扬长发展。

扬长评价理念是一种激励创新、培养特长的评价理念,它能使年级的管理充满生气,能使教师的教学百花开放,能使学生的学习充满活力。老师和学生在愉悦的学校氛围中共同成长。

体育特长班的特色发展

重庆荣昌安富中学　梁光建　陈　敏

重庆市荣昌安富中学校是一所普通农村高完中学校,学校位于重庆的最西边,与四川接壤的渝西第一镇安富镇。学校虽然处于成渝公路旁,但因离荣昌县城有十几公里,学校的发展始终受到多方面的制约,教育教学质量难以有大的提高。面对如此困境,学校领导经过论证思考,决定走体育兴校的路子,以此为突破口,推动学校的发展。

十几年来,我校遵照《中国教育改革和发展纲要》中关于实施素质教育、培养跨世纪人才的要求,从 1998 年开始,进行了办学模式的改革,在初高中教育中推行体育(柔道、摔跤)特色教育,培养"合格＋特长"人才,既为高校输送合格新生,又为社会提供急需的有个性特长的人才。经过 10 余年的探索发展,我校体育特色教育取得较好的人才效益、办学效益和社会效益,也使我校"素质立校、特色强校"的特色办学之路越走越宽。

一、体育特长班的由来

我校是一所地处农村的高完中学校,因种种历史原因,生源质量一直欠佳。近年来随着市区重点高中学校不断扩招,我们作为普通农村中学,生源质量进一步下滑。面对校情,学校上下围绕"树立正确的教育观、人才观"、"学校的生存与发展"等问题进行了大讨论,一致认为:

1. 我们的教育目标,既要为高校输送优秀学生,也要为家乡的现代化建设培养素质较高的建设者和接班人。

2.我校生源差,尖子少,相当部分家长的文化程度不高,这些都是无法改变的客观事实。而教育的效果,不仅关系到学生成才,更关系到学校的生存与发展。以目前的现实情况来看,我们显然不能不顾自己的实力去同市区重点高中竞争,因此,我们必须面对现实,树立正确的教育观。

3.初高中阶段学生尚处在发展时期,他们的生理、心理发展还未完全成熟,世界观、价值观尚未定型,具有极大的可塑性,创办特色教育是可行的。

4.《中国教育改革和发展纲要》指出:"中小学要由应试教育向全面提高学生的思想道德、文化科学、劳动技能和身体心理素质转变,促进学生生动活泼地发展,办出各自的特色。"遵循这一基础教育的指导方针,学校领导把握住时代精神,提出了教育改革新思路。

为避免"千校一面",大家同去挤"普通高考"这座独木桥,不如挖掘潜能、扬长避短、另辟蹊径,走特色办学之路。于是从1998年开始,我校面向全县招收了首个柔道、摔跤特长班,在开足国家规定课程的前提下,集中时间让学生进行柔道、摔跤训练,开始踏上一条有一定影响的"强素质、创特色、育新人"的特色办学之路,培养"合格+特长"人才。

二、体育特长班的探索与实践

从1998年起,我校柔道、摔跤队伍历年都代表荣昌县参加市级柔道、摔跤比赛,共获得市级冠军390人次,柔道项目连续10年、摔跤队伍连续8年获得市级比赛团体冠军。共培养出了2名世界冠军,6名国家级冠军,国际健将2人,国家级健将3人,一级运动员56人,二级运动员560余人。总结经验,我们主要从以下几方面开展探索:

1.上级关怀,合理规划

特色教育目标既定,但条件并不具备,体育特长班成立之初,只有十几名运动员、一名兼职教练,没有一件专业训练器材。所幸市县领导长期对我校体育特长班的重视和关怀,相继为我校配备了相关专业教练、器材,落实了部分训练资金。

通过十几年的艰苦开拓,发展到现在,我校拥有初中柔道摔跤特长班级 2 个,高中柔道摔跤特长班级 1 个,共有队员 115 人。

近年,我校柔道摔跤队伍屡创佳绩,一年一个新台阶,充分证明了我校开设体育特色教育是适合我校校情、行之有效的。

2. 师资场馆、科学配备

在师资配备上,我校通过培养、调配,已拥有专业和兼职教练 6 人,其中国家一级教练 1 人,初级教练 2 人,素质训练教师 3 人。

在专业设施上,学校在资金困难情况下,仍筹集大量资金,投入到柔道摔跤训练设备、设施建设上去,现有综合体育训练馆 1 幢,专业训练器材价值 20 多万元,教学场所及教学设备设施都得到科学的配置,为体育特色教育的发展提供良好条件。

3. 课程设置,精心安排

学校针对体育特色班的特点,对其课程进行精心安排,亦对其教学提出特殊要求。我校对体育特色班学生采取初高中六年一贯制教育模式,既要学好文化基础课,又要认真进行柔道、摔跤专业训练。

在专业训练方面,对体育特长班实行"三集中"管理模式,在日常训练中强调三个必须:一是学生训练时间必须得到保证;二是当天训练任务必须完成;三是教练员必须天天到场。力求使运动员受到最佳训练,达到最佳水平,取得最佳成绩。同时对特长班学生六年的时间如何规划使用,每周专业训练时间安排,每课时训练的目的和内容等,都做了详细计划。

4. 科学训练,步步巩固

我校参加柔道、摔跤体育特长班的绝大部分同学,文化课基础偏低,为促进柔道、摔跤特长班学生的发展,我校探索出一抓"基础",二抓"提高",三抓"实践"的教学路子。

抓"基础"就是抓特长班学生文化课的学习和柔道、摔跤的日常训练,文化课同普通班同步但适当降低要求,专业训练一早一晚,常抓不懈;抓"提高"就是平时系统地按照训练计划进行训练,特别是狠抓参加市级青少年柔道、摔跤比赛前两个月的集中训练;抓"实践"就是尽可能为学生提供参加比赛的机会,学校多次主动争取承办重庆市青少年柔道、摔跤锦标赛,让学生在家门口就有参加市级比赛的机会,同时经常组织学生到县外、市外同其他学校柔道、摔跤训练队伍进行训练交流。

尤其是今年8月,我县争取到了重庆市第三届运动会柔道摔、跤比赛在荣昌举行,我校柔道、摔跤队伍代表荣昌县参加了比赛,共获得23块金牌、15块银牌、10块铜牌,为荣昌县取得了郊县奖牌数第一的成绩,为荣昌县的体育事业增添了光彩。

三、开设体育特长班的收获与感想

我校柔道、摔跤体育特长班经过十几年的探索与实践,现已形成规模,取得显著的办学效益和社会效益。

1.我校柔道、摔跤队伍多次代表荣昌县参加市级比赛,均获得优异成绩。2003年参加重庆市第一届市运会柔道比赛获15块金牌、19块银牌、11块铜牌;2004年参加重庆市柔道锦标赛获得两项团体冠军;2005年获重庆市柔道锦标赛3项团体冠军;2006年代表重庆市出席全国第三届体育大会,获得中国式摔跤项目第三名1人、第四名两人、第六名两人,取得重庆市参加全国体育大会历史以来的最好成绩。2007年参加重庆市第二届运动会柔道项目比赛,获个人冠军16个、亚军11个、季军9个;2008年参加重庆市柔道锦标赛获得1项团体冠军。

体育特长班从2003年至2008年共培养了36名学生,分别考入上海体育学院、武汉体育学院等重点本科院校。

2.大大促进德育工作的开展。体育特长班学生,相当部分文化课基础较差，个别还有不良的行为。通过引导他们参加柔道、摔跤体育特长训练，不仅使他们的学习生活有序，也使他们能专注于自己感兴趣的事情上，而且提高了他们的洞察力、理解力、表现力、交流能力和解决实际问题的能力。系统有序的体育特长训练，一方面让他们将自己的学习和生活安排得井井有条，紧张而生动；另一方面体育特长训练科学、合理、艰苦，提升了他们顽强拼搏、不怕困难、热情乐观的精神，在文化课的学习上，培养他们不向困难低头、勤奋进取的坚强意志。柔道、摔跤体育特长班，出色地发挥了其德育功能。

3. 学校校誉提高，知名度加大，得到社会认可。且不说十几年的变化有多大，单是创办体育特色教育以来，我校校誉逐年提高，得到社会各界和广大家长的认可。2003 年，我校被市教委命名为重庆市重点中学；近几年我校不仅招生人数在增加，生源质量也有所提高，高考成绩也逐年上台阶。

4. 我校创办柔道、摔跤体育特长班取得突出成绩，也带动了其他体艺项目的开展。校内文化体育活动活跃，相继组建了田径、足球、篮球、乒乓球、散打、跆拳道、音乐、舞蹈、美术等业余体艺训练队伍，各类体育、艺术竞赛成绩显著，多次参加市县级比赛活动并取得优异成绩。

5. 我校创办柔道、摔跤体育特长班，丰富了我校的办学经验，为高校和社会培养了大批"合格＋特长"人才，大大增强了学校的生存能力和发展能力，走出了一条普通高中"教师教学有特点，学生发展有特长，学校办学有特色"的办学路子。

探索是艰辛的，也是快乐的。经过十几年的努力，我们看到了光明的前景。然而，成绩只能代表过去，我们将把已取得的成绩，作为前进路上的新起点，认真总结多年来的经验和不足，进一步明确今后工作的目标，把学校特色教育继续推向深入。

新世纪中学教育的思考与实践

推进课程改革　促进特色发展

重庆万盛田家炳中学　邱　刚　蒋朝忠

2010年5月10日，国务院审议通过了《国家中长期教育改革和发展规划纲要（2010—2020年）》。《纲要》明确了"注重教育内涵发展，鼓励学校办出特色"的指导方针，再次从国家教育战略的高度，对当前教育改革中的学校建设问题，提出了鲜明的时代要求，为新时期学校教育特色化发展指明了方向。

关于"学校特色"概念的学术研究发端于《中国教育改革和发展纲要》（1993）的颁布。长期以来，学者们普遍认为，学校特色建设基本遵循从发展特色项目到形成学校特色的发展路径。创建学校特色，特色项目的选定十分重要，它既决定学校教育的发展方向与学生的发展方向，也决定学校最后能否形成特色。

特色发展是提升学校核心竞争力的关键途径。特色是出色的最大本钱，特色是核心竞争力的本质。特色意味着人无我有、人有我优、人优我精、胜人一筹，只有学校特色才能在激烈的教育竞争中立于不败之地。

面对压力，重庆市万盛田家炳中学在校长邱刚的带领下，在改革中奋进，不断推陈出新，不断突破，走出了一条具有"特色"的创新之路——学校以"以学生未来发展为本"为办学理念，坚持"以人为本，依法治校"的管理理念，形成了"体艺教育"的办学特色，努力实现"品德高尚，学业优秀，潜能卓越，身心健康"的学生培养目标，取得了显著的办学效益。

那么，我校特色发展的实践模式是什么？我校特色发展的实施途径有哪些？我校特色发展的成果如何？本文拟就这些问题作以下浅述。

一、特色发展的实践模式

从现有的学校特色发展的实践方式来看,学校特色发展实践主要分为六种模式:传统优势提升式、弊端问题解决式、机遇顺势利用式、空白不足弥补式、困境低谷脱身式和理想信念实施式。

我校属于传统优势提升式。传统优势提升式即学校已经形成了传统和优势,只要学校以这种传统和优势为基础,继续作出努力,将其加以巩固、扩展和提升,就能促成学校的特色发展。在20世纪90年代,我校的体艺教育这一特色就已经很有成效。根据学生生源的状况及升学的需要,在原有的基础上,进行体艺特色教育的探索和实践。采取这种实践模式,需要处理好传统继承与创新的关系。

二、特色发展的实施途径

在这里,我们从学校教育的现实条件和发展空间出发,对促进学校特色发展最为直接的几种途径进行探讨。我们主要采取了以课堂教学改革为突破口,其他方面配合跟进的策略。

1. 强化领导管理,保障贯彻实施

在多年的办学实践中,建立了校长全面负责,分管副校长领导体艺工作的管理制度。成立了以校长为组长,其他校级领导和中层正职干部为成员的特色教育工作领导小组。领导小组经常召开专题工作会,讨论研究有关工作,分管领导定期对各训练队的训练进行检查记载。领导小组加强指导督导评估,按照部颁标准开齐开足体音美课程,做到全面参与,全力实施体育、艺术、科技2+2项目和阳光体育运动,让每位学生均有一项以上的特长。同时,我们在重视面的基础上,注重面与点的结合。在高初中设立体艺特长班,主要目标是为高校或专业艺术团体、运动队输送优秀人才。多年来武隆县长坝中学、重庆市双桥中学、重庆市第一〇四中学以及重庆市渝中区部分学校等多所学校，就特色教育来校进行交流和学习，我校特色教育已形成一种优质教育资源，在全市产生了一定的影响，起到了辐射和引领万盛基础教育发展的带头作用。

2. 加强师资建设，提升业务水准

谁拥有一支一流的教师队伍，谁就拥有高水平的教育。学校一直以来都十分重视师资队伍建设，以确保体艺教育的质量。在培训提高、评职晋级等方面给予大力支持，一路绿灯。选送教师分别参加市级骨干教师、舞蹈、编导等培训，有多名教师被评为骨干教师。体艺教研组 30 名教师中，具有高级、中级职称 18 人，市级教育学会会员 12 人，20 余人获得市、区级骨干教师、先进个人等称号，参加各级各类大赛屡获大奖。音乐、体育、美术、舞蹈、播音、主持、编导等专业教师队伍发展态势良好，人才荟萃，各具特点。第二支队伍就是班主任队伍，认真做好体艺班班主任的选拔。一方面加大班主任的培训力度，明确职责；另一方面提高班主任的待遇，完善对班主任的考核制度，确保学校各方面工作顺利开展。建立起班主任和专业（术科）教师经常联系交流制度，共同解决专业训练和学生管理方面存在的问题。进一步加强与家长的联系，形成教育合力，促进专业成绩的提升。考前两个月进行集中强化训练，邀请重庆部分艺术名师进行专业点拨和指导，确保大部分考生顺利通过市专业统考。近几年，每年 95％的高考上线率充分说明了这一举措的有效性。

3. 依托课堂教学，进行学科渗透

课堂教学是学校实现特色发展的中心环节。学校特色发展就是要在挖掘学校教学传统优势的基础上，融合新的教学理念，创新课堂教学的目标、内容、过程与方法，从根本上转变教师教的行为与学生学的行为。

课堂教学是体艺教育的主渠道。学校对体艺教师提出严格要求：精心备课，认真上课，充分运用现代化教育技术。体艺教研

组积极开展教学改革和研究,有计划地举行校、区、市级公开课、观摩课、研讨课,以激发学生学习体艺兴趣为前提,加强对学生健康情趣的引导,吸引学生在轻松愉悦的氛围中参与活动并获得感染。教师们相互交流切磋,取长补短,不断探索课堂教学的新模式,并在实践中总结反思,积累资料,进行个案研究,撰写论文。增加艺术欣赏课,强化审美感受和体验,提高学生的艺术鉴赏能力和艺术评价能力。

4.深入校本教研,理论指导实践

学校特色发展既需要大量的实践探索,又需要科学理论的指引,更需要实践与理论的有效结合。校本教研正好为这种探索、指引和结合提供条件。事实上,学校的特色发展成果都来自学校卓有成效的校本研究上。可见,校本教研也是学校特色发展的重要途径。

我校体艺教师积极探索新的教学方法,推行教学改革,参与教研科研,主研了近 10 个市、区、校级课题,其中有 1 个区级课题获区首届教育科研成果三等奖,结题报告获科研论文二等奖;《构建新课程理念下"金字塔"形结构的高中体艺教育新模式》等 2 个市级课题正深入研究,已经取得阶段性成果,广泛应用于教学实践中,具有良好的实用价值。

5.搭建丰富载体,促进共同参与

体艺教育是美育的主要组成部分,也是全面提高学生文化素质,促进校园精神文明和校园文化建设的重要组成部分。学校抓住体艺教育的独特功能,积极开展多样的小型体艺活动:有展示个人艺术才能的书画单项比赛,有每年一次的校"体育节"、"艺术周",有学校各社团的定期活动,特别是每年的国庆和元旦系列活动等。这些活动,积极营造了健康、高雅的文化艺术氛围,给学生们提供了一个展示自己的舞台,使学生在参与和享受中既张扬个性,又提高审美情趣,从而提升了学校文化的内涵,丰富了校园文化的形式。

6. 推进专业训导，提升育人质量

在大力开展群体性体艺工作基础上，加强对体艺特长生的教育管理，形成了《重庆市万盛田家炳中学体艺工作管理办法》等 4 个管理制度，这也是我校体艺教育和体艺高考取得好成绩的重要法宝。我们的主要做法是：

一是精心选派辅导教师。教师由领导小组考核后确定，每学期宣布名单。对指导教师的工作情况由领导小组进行考评，对个别不能胜任指导工作或有违规行为者，学校取消该教师指导资格。二是明确体艺生招录办法。招生领导小组负责体艺生的招录工作，每年印发体艺特长生招生简章，体艺特长学生的录取分数线比普高学生低 60 分。三是从高一起，就确定体艺学生和班级。四是合理安排课程和配备教师。文化课程设置与普高其他班级一样，下午课后安排学生专业训练。五是加强年级工作领导小组对年级体艺工作的管理，抓好体艺特长生培养，积极开展年级各项体艺活动。六是注重考核与奖励。根据体艺教师的教学或高考指导情况，按照学校相关文件进行奖励。

三、特色发展的综合效应

通过学校的科学管理，以及广大师生的共同努力，着力打造"全息式"艺术氛围，在体艺特色教育上收获了累累硕果。学校已被评为重庆市体育传统项目学校、重庆市体育工作优秀学校、重庆市体育教学常规优秀学校、万盛区体艺特色学校等。

一是体艺类竞赛方面。几年来，我校学生体艺类竞赛获区级以上奖 500 余人次，获全国级奖 87 人次，在重庆市中学生田径运动会、青少年运动会上取得了好成绩；参加区内各类体育运动会多次夺得冠军，并多次打破纪录。二是人才支持方面。1000 余名学生参加重庆电视台《多谢四方众乡亲》、建区五十周年庆典、中国羽毛球文化节、中央电视台《激情广场》等 17 个大型演出活动。凡区内的大型活动基本有我校学生参与。深受领导和企业以及万盛父老乡亲的高度赞誉。三是文艺展演方面。2005年以来的每年五一节前夕，我校均在文化广场、子如广场等地方，为万盛的父老乡亲奉献精彩的文艺节目，令众多到场观看的专家大为赞叹，评价其有专业的水准；同时举行的书画展览，也获得群众的好评。

这几年，全市"体育艺术类"考生专业高考上线的比例不到50％，而我们却连年超过了96％。2005年以来，体育、音乐、美术、舞蹈、播音主持、影视编导等专业的685人相继进入清华大学、中国美术学院、中国音乐学院、中国传媒大学、北京体育大学、北京师范大学、华东师范大学、西南大学、重庆大学、浙江传媒大学等各类院校体艺专业学习。今年体艺高考质量更是喜人，中国传媒大学在重庆只招收2人，我校就有1人踏入该校的大门；3人考入了北京体育大学（在重庆只招录11人），并且有1人文化成绩和术科成绩均居重庆市第一名。以体育、美术、音乐专业为主的艺术教育成果已成为了高考成果的重要组成部分，成为支撑发展的坚实支柱。

"十年磨一剑"，我们用六年的时间引领学校变革，走特色发展之路，取得了初步的成效。改革的道路还很长，我们愿以与时俱进的精神、激流勇进的毅力、敢为人先的魄力，大步推进新课程改革，继续引领学校的变革，努力将重庆市万盛田家炳中学建设成有一定影响的特色品牌学校。

打造艺体教育特色

重庆铜梁二中　李　勇

《中国基础教育改革和发展纲要》指出："中小学要由应试教育转向全面提高民族素质的轨道，面向全体学生，全面提高学生的思想道德、文化科学、劳动技能和身体心理素质，促进学生生动活泼地发展，办出各自的特色。"去年 3 月，温家宝总理在十届全国人大五次会议上承诺："让所有孩子能上得起学，都能上好学，我们一定能够实现这个目标。"从"有学上"到"上好学"，一字之差，体现出我国教育发展轨迹的深刻变化。同时，教育公平已成为和谐社会建设的重要内容之一，学校的发展必须满足广大群众对优质教育资源的需求。在政府公共财力投入明显不足的背景下，挖掘自身潜力，整合、优化教育资源，走内涵式发展途径，为此，学校特色建设就成了中小学改革与发展的必然趋势。"学校要有特色，教学要有特点，学生要有特长"已然成为理想的办学境界。

一、学校特色教育的内涵

我们阐述的教育特色是：在遵循教育规律的前提下，在先进教育思想的指引下，在长期教育教学实践中挖掘自身优势，整合优化教育资源而形成的稳定的独特的办学特色。它包括了学校的办学思想、办学目标、价值取向、办学风格、学校管理、校园文化等方方面面的内容，是一个学校区别于其他学校的显著标志。它是推进素质教育，落实新课改的必由之路，也是为了更好地提高教育教学质量，促进人的全面发展的教育突破口。由此，我校直面新的教育形势,认真分析现状,确立了"文化育人、艺体立校"的教育特色理念。

二、艺体教育特色的重要意义

1. 它是实施素质教育,推进新课程改革与发展的必然选择。传统的精英式育人模式是以牺牲大多数学生的发展为代价的,是培养不出具有创新精神和实践能力的高素质人才的。

2. 它是"没有差生,只有差异"的办学思想的集中体现。受办学生源条件限制,县内三所高中,我校生源基础明显薄弱,许多学生文化知识底子不足。但是美国心理学家加德纳认为,每个人拥有探索心灵的能力,空间感知能力,人际交往能力,身体流动能力,音乐能力,逻辑教学能力,语言表达能力七种能力。艺体教育就是给学生关上一扇门后打开的另一扇窗。

3. 它是教育公平的体现。艺体教育特色着眼于多一把尺子来衡量学生。基于对学生潜能的发现、挖掘,真正体现全面育人,面对全体学生的教育思想。

4. 它满足了广大群众对优质教育资源的需求。由于种种原因,我县其他两所高中生源质量远远领先于我校,但是,我校本着办人民满意教育的宗旨,根据"错位发展、办出特色"的方针,艺体教育特色成为我们的目标和定位。学生的潜能开发有目共睹,成为了我县教育园地的一朵奇葩,赢得了社会的广泛赞誉。

三、完善基础设施,营造艺体教育环境

要搞好艺体教育,离不开物质条件这个基础。为此,我校在经费极为困难的情况下,修建了体艺馆、舞蹈室、美术室、柔道训练室、播音室、表演厅等教学功能室,购置了音响设备、钢琴、电子琴、篮球、足球等艺体器材,建起了 400 米塑胶跑道运动场和标准的游泳池。特别是投资上千万的体艺馆,高大宽敞,能容纳 3000多人,功能齐全,在全市中学里堪称一流。

抓好艺体教育,必须构建一个和谐温馨的艺体教育环境。艺

体教育的范畴不仅仅局限于教材以及各类活动,校园本身就是学生接受艺体教育的乐园,我们注重发挥它"美"的特殊作用。让校园每一寸土地,每一面墙壁,每一项细小的设计都能给人以美的感染,美的熏陶,使学生一进学校就能感受到健康向上、奋发进取的力量,使其精神得到净化和升华,这是我校刻意追求的环境育人目标。学校近几年来先后累计投入资金近100万元进行了校园绿化、美化建设,塑造了孔子像,建造了大量花坛,种植了银杏、雪松、槟榔、腊梅等观赏植物,为学校艺体教育营造了优美、和谐、温馨的校园环境。学校鸟语花香,干净整洁。同时,学校还设立艺术展览室、艺术作品长廊和宣传橱窗,体艺馆及有关功能室四周悬挂张贴师生的获奖图片和作品。校园处处流淌着艺术之美,潜移默化中熏陶着学生们的心灵,陶冶着学生们的情操。

四、培养高素质教师队伍,招收特长生

要打造艺体教育特色,建立一支德艺双馨的教师队伍是关键。我校积极争取教委的支持,逐年招考优秀的艺体教师,在编制紧张的情况下,优先保证艺体教师的指标,使我校的音乐、舞蹈、美术、体育专职教师达到了20人。尤其是我们尽力在乡镇中学的在职教师中发现优秀人才,通过招考的方式将他们选聘到我校,一名舞蹈老师和一名柔道老师就是这样进入我校的,并迅速使我校在这两个项目中创出特色。同时,我们对在职教师加强培训:一是加强思想教育,建设一支爱岗敬业、热爱学生、师德高尚的艺体教师队伍;二是抓业务素质的提高,主要是校本培训,通过同事之间的学习研讨,总结反思,不断提高。还采取"走出去,请进来"等方式开阔教师视野,提高整体素质。有的教师曾自费到北京舞蹈学院、清华大学美术学院等知名高校学习深造。随着规模的扩大,我校在职的艺体师资还不能完全满足艺体生发展的需要,学校通过充分酝酿、考证、探索、实践,逐步摸索出一套通过外聘师资来丰富艺体教育培养途径的发展模式。学校与西南大学育才学院、重庆工商大学体育学院、四川美术学院等高校合作,聘

请高校艺体专业教师来校授课,在学校老师的带领下,将艺体生送入高校的艺体班短训,感受高校里独特的艺体氛围,激发艺体特长生的学习训练热情,确定自己未来奋斗目标。学校还因此拓展了专业领域,开设了影视艺术培训班,充分发挥学生个性特长,最大限度地满足不同潜质学生的发展需要。

"巧妇难为无米之炊",再强的师资队伍,没有初具特长的生源基础也难以出成绩。为此,我校紧紧依托传统体育、艺术强项,大力宣传我校艺体特色,在县教委的支持下,每年都拿出一定的计划性招生名额,招收初中毕业的艺体特长生。我们严格制订方案,组建专门的考核小组进行公开、公平、公正的考核,力争将真正有特长的学生招考进来。由于我校的艺体特色已基本得到社会的认可,所以我校近几年招考,每年的报名人数均达 400 人以上,在铜梁以至周边区县产生了较大的影响。同时,我们还与虎峰中学、东城中学、大庙中学、蒲吕中学、维新中学等初中学校联合,打造我校的优质生源基地。

五、以课堂教学为中心,推动艺体教育改革

抓好艺体教育,中心环节是课堂教学。我校在遵循课程标准的前提下,贯彻实事求是的原则,将艺体教育普及与提高相结合,让每一位学生都参与到艺体活动中来。在高一、高二开设音乐、美术、体育作为公共课,高三开设相关选修课,同时,根据学生特长与爱好,分别设立了田径、篮球、乒乓球、柔道、舞蹈、美术、书法、声乐、器乐、编导、播音、表演等培训班,其中,我校的柔道和影视类专业在我县三所高中中是特有的。通过科学配备相关活动器材,严格教师辅导管理,周密灵活地安排循环、滚动式培训计划,每天保证学生有两个小时的艺体训练时间,为学生艺体素质养成提供了常规训练保证。

在艺体教育中,我们着力挖掘艺体教材中的自然美、社会美、艺术美等美育因素,相互渗透,使课堂教学充满艺术色彩,从而增强学生学习的情趣。抓住艺体教育悦耳悦目、悦心悦怡、悦神悦

智的宗旨,在课堂教学中,教师充分利用和发掘教材因素,运用现代教学辅助手段,抓住学生好玩、好动、好奇的特点,千方百计调动学生的艺术想象力和表现力。在课堂上引导、启发学生演一演、画一画、做一做、玩一玩、唱一唱,把枯燥的文字、数字变成可闻其声、可观其形、可感其情的艺术场景,激发学生的学习兴趣,让学生在愉快的气氛中学有所长、学有所思、学有所用。功夫不负有心人,我校高考艺体成绩逐年攀升,近几年每年考上艺体高校的学生均在 200 人左右。

六、以艺体活动为载体,搭建艺体教育平台

艺体教育具有很强的实践性,参加艺体比赛或展示,是锻炼提高学生艺体素质的最好办法,也是全面提高学生艺体能力的有效途径。我校以艺体活动为载体,努力搭建艺体教育展示平台,激发学生参与艺体活动热情,促进学校艺体教育健康持续发展。一是积极开展常规性艺体活动。学校定期组织开展学生绘画、书法比赛,体育运动会,文艺汇报演出等大型艺体活动,激发学生兴趣爱好,让学生在常规性活动中,受到激励和熏陶。二是积极参加社会实践活动,坚持"大艺体"教育观。我们把艺体活动与社会实践活动、民间活动相结合,拓展艺体活动空间,成立了艺术团、美术协会、体育俱乐部、广播站及其他社团组织近 60 个。近几年来,我们积极参加县委、政府及相关部门、街道社区组织的各种活动,如春节联欢晚会、大型运动会、中华第一龙舞演出、万人长跑健身活动、慰问演出、联谊活动等,均获得巨大成功,既锻炼了师生的能力,又提高了我校的社会声誉。现在铜梁的所有大型活动中都有二中学生的身影。三是积极参加各级各类艺体项目的比赛。我们以各级各类艺体项目比赛为契机,坚持以比赛促发展,以比赛促提高,大力推动学校艺体教育。几年来,学校组织了1000 多人次参加国家、省、市、县举办的书法、绘画、舞蹈、体育、演讲、播音、表演等比赛,取得了一系列成绩,如:美术方面,获国内国际比赛金奖达 10 多人次;舞蹈方面,获县中小学艺术节一等

奖,参加各种大型活动的演出均受到好评和表彰;体育方面,女子篮球队获市中学生篮球赛区县组第一名,柔道队员代表县参加市二运会及三运会,各获金牌一枚。学校的艺体特色教育已产生了良好的社会效应,重庆电视台、重庆晨报、重庆晚报、铜梁电视台、铜梁日报等多家媒体纷纷予以报道,使学校的影响力和美誉度大大提高。

我校在艺体教育方面虽然取得了一定的成绩,已扬帆起航,但离办人民满意学校的要求还有一定的差距,我们一定总结经验教训,解放思想,锐意创新,加强管理,使我校的艺体教育特色更加突出,为我县教育事业的发展作出更大的贡献。

学校科技创新教育的有效途径

重庆松树桥中学 刘庆先

科技教育金光照,万紫千红桃李明。我校坚持以科学发展观为指导,认真执行《中国青少年科学技术普及活动指导纲要》,在科技活动中大胆探索、大胆实践、勇于突破,努力探索出了一条以科技创新为突破口,全面推进素质教育的办学之路。为学生营造一种乐学、会学、活泼、和谐发展的教育环境,并采取了有力的措施,使学生的能力、个性、潜能、特长得到充分的开发。多年来,经过努力实践,效果较为显著,逐步形成了我校的办学特色,走出了一条以科技创新为特色的素质教育之路。

一、明确特色发展的办学指导思想

思想是一切行动的指南。每个学校要因地制宜、因校制宜、因人制宜,制订出适合本校特色发展的有效之路,充分彰显各自学校特色。重庆教育科学院评估院院长龚春艳强调:如果每个学校能充分展现自己的办学特色,那也算是一种优质教育。因此,我校在"开发多元智能,发展创新个性,涵养浩然正气,造就济世英才"的办学理念的指导下,结合我校自身特点——毗邻科技检测馆和众多高校,确立了在培养学生德智体美全面发展的基础上,打造科技创新特色学校的指导思想,围绕着"培养科技创新教育能力,铸就特色品牌学校"这一宗旨,扎实开展科技创新教育的实践与探索。

二、明确落实科技创新教育目标

学校结合中学教育教学实际,确立了科技创新活动的培养目标,即培养青少年学生的科学意识,训练青少年学生的创新思维方式。主要包含以下内容:

1.树立科学道德观念。包括责任感、情感价值观等。

2.学习科学知识技能。通过自主、合作、创新的学习,强化科学知识教育,开阔视野,夯实科学基础。

3.掌握科学方法,提高学习能力。通过改革课堂教学,开展研究性学习等综合实践活动,培养学生的创新精神和实践能力。

4.培养科学态度和科学精神。主要包括问题意识、批判意识、探究精神、创新精神,严谨求实、一丝不苟的研究态度和行为习惯等。

三、加强对科技创新教育的组织领导

科技创新教育在当今和未来都非常重要,不少人却视之为豆芽学科,不敢吃这只科技创新的"螃蟹"。我校敢为天下先,成立了综合实践活动、科技创新活动及研究性学习领导小组。领导小组以校长为组长,教科室主任担任常务副组长,初中各年级综合实践课、信息课、地理课、生物课教师,高中研究性学习课、信息课教师为成员,学校分管副校长全面负责学校综合实践活动和科技创新活动、研究性学习等工作。

四、组建强有力的科技辅导员队伍

诺基亚集团有一句至理名言:"科技以人为本"。人才的保障是一切事业成功的根本。我校加强了科技教育创新教师人才的引进。我校科技辅导员队伍有以下成员:两名专职科技辅导员,一名为计算机编程能力强,在机器人方面很有造诣的专职教师,一名为经验丰富、责任心强的专职教师。另外,班主任,综合性实践课教师,信息技术、地理、生物、研究性学习课教师组成兼职科技辅导、教练员。班主任主要负责本班的科普教育,组织学生参加多种多样的科技活动,以提高学生科技意识。综合性活动课老师上好每周一节的综合性活动课。科技辅导员主要负责组织好每周一次的科技小组活动,提高学生动脑动手能力和创造力。对这支队伍,我们学校保持相对稳定,落实了队伍的培养和提高、表彰和鼓励等一系列措施,以确保各项工作的扎实推进。

五、狠抓措施的落实到位

(一)建立班级科技活动和学校科技活动两级活动网络

1.班级科技活动的内容和要求是:(1)每周上一节科技课或科技活动课;(2)组织好以科技为内容的班会、队会;(3)组织学生外出参观、考察,了解前沿科技,培养创新意识;(4)组织学生参加每月一次的"科技月展示"活动;(5)在各门学科中渗透科技教育;(6)开展经常性的科普教育活动。

2.学校科技活动的内容和要求是:(1)组织全校性的科普教育活动;(2)保证科技活动的课时安排;(3)组织全校或部分年级学生参加专题讲座或外出参观考察活动;(4)组织科技辅导班,如"机器人"、"车模"、"创造发明"等辅导班。

(二)抓主渠道,渗透科技教育

学校在开展科技活动过程中,始终注意抓住课堂教学这个主渠道。具体做法是:(1)在备课时,各学科能结合进行科技教育的一定要结合;如语文课科普类课文,数、理、化、生、微机课与生活的结合等;(2)上好综合性实践课,进行科技教育。综合性实践课我们始终坚持发挥学生主体作用,自己动手、动脑,培养学生的科学素养。

(三)创造科技氛围,发挥校园环境的教育作用

学校要十分重视校园环境的教育作用,通过校园、走廊、教室

设置科技百花园、科技信息窗、科技知识专栏以优化校园环境,为学生创造学习科学的氛围。一是结合学校特色布置校园环境,突出科技内容,在各楼层悬挂著名科学家的画像。二是开辟"科技之窗",介绍科普知识。三是学校经常利用班会或升旗后时间对学生进行科技教育,宣传科学家的事迹,介绍同学们的小制作、小发明的创作原理,激励同学们搞好小制作、小发明,写好小论文。四是我们利用学校校园电台向学生讲解科学常识和古今中外科学家如何坚持不懈顽强地与困难做斗争的事迹。五是成立专门的科技荣誉室,师生作品、师生获奖证书、专利证书都陈列其中,组织师生参观。

(四)开展科技创新教育教研,深化科技教育

我校通过几年的实践,体会到只有把科技教育归入教科研轨道,才能从理论上、实践上更好地向深层发展。我们从不同角度,探讨科技教育,从全脑开发、创造能力及科技活动这几个方面丰富科技教育的内涵,更好地发展学生动手动脑能力、想象力和创造能力,促使科技教育向纵深发展。

(五)内引外连,借他山之石攻自己之玉

1. 与有关单位共建青少年科技创新实验基础

他山之石,可以攻玉。我们积极与有关单位共建青少年科技创新实验基础,充分利用共建单位的人力、物力,开展学校科技教育活动。聘请大学退休教授担任科技辅导员,定期为全校学生举办科技讲座,辅导科技兴趣小组活动,培训教师等,还充分利用大学的物力资源,如:让学生参观大学的"遥感实验室"、"电子显微镜实验室"、"理化中心实验室"等实验室,让学生大开眼界,增长知识,激发科学兴趣,从而培养他们学科学、爱科学的情感。

2. 开发科技教育资源,带领学生"走出去"

重庆有众多的科研机构、科技展馆。如重庆科技馆、博物馆、

海底世界、三峡博物馆等。这些单位都贮存了大量的科技信息，是学生获取科学知识，培养各种能力的重要阵地。充分利用这些科技教育资源，带领学生"走出去"参观、访问，以解决学校科技活动场地不足的困难。

3. 坚持"请进来"的原则，请科学家、科普学家到校举行讲座

今年著名的天文学学家、科普学家，81 岁高龄的李竞专家走进了松树桥中学。学校师生当面聆听了天文学家的声音，有了与科学家面对面提问互动交流的机会，零距离感受了科学家的人格魅力。这激发了学生一步学习科学、探究科学的热情，激发了学生学习科学家严谨求实、追求真理、开拓创新、勇攀高峰的科学精神。

六、开展形式多样、内容丰富的科技创新教育活动

（一）注重综合实践活动和科技创新活动成果的展示

学校每年应举办一次校园科技文化艺术节，集中展示我校课程改革、教研、科研、学生综合实践与科技创新成果，给学生提供表现自我的舞台，激发学生对科技创新的兴趣，在形成良好的科技创新氛围中，培育亮点，打造特色。

（二）鼓励师生参赛

比赛不仅是对平时训练水平的检验，更是学生综合能力的反映。因此，我校鼓励师生参加了以下比赛，并取得各种大奖。自2002 年以来，学校已连续九年获得重庆市青少年科技创新大赛一等奖，其中获全国一等奖 1 次，二等奖 5 次，三等奖 3 次，获市长奖 1 次，市长提名奖 4 次。近 3 年来，学校学生参加全国性的机器人大赛获得二等奖 2 次、一等奖 1 次。学校被授予"重庆市首批科技特色示范学校全国教育示范单位"、"全国宋庆龄少年儿童发明示范基地"和"全国青少年科技创新型学校"称号。

（三）大力开展"五个一"活动

学校为了把科技活动经常化，结合学校实际，并根据学生年龄、知识能力水平、兴趣爱好制订了"五个一"活动内容，并把它贯穿于学校平时活动之中。这"五个一"内容是：读一本科技书，做一件小制作或搞一件小发明，知道或了解一个科学家的故事，参加一次科技考察活动。这些内容有的要求在科技展示月中完成，有的则要求一学期内完成，细水长流，坚持不懈。

七、巧化误解、疑难

在中学教育这块土地上，抓质量教育是个永恒的主题。学校开展科技教育，面临师资、场地、器材、经费等困难。针对种种困难和误解，学校应采取有效途径和方法来解决。

（一）宣传与沟通

"瓜甜还得靠宣传，酒香还得勤吆喝。"虽然科技活动对于学生的能力培养作用明显，但在这教育方式日新月异的时期，怎样理顺家长、学生、教师三者间的关系，解决各方面的矛盾，就显得十分重要。

1.与家长沟通，让家长支持

科技活动的开展，对学生的课余时间占用较多，与家长的接触与联系也随之增加。要取得家长的支持与理解，必须给家长讲明道理，让他们看到科技活动的作用，并协助学校做好学生文化课的学习和科技训练的监督。一直以来，我校采用发《告家长书》、开家长会、家访等形式，与家长进行沟通，并取得了良好的效果，为科技活动的顺利开展铺平了道路。

2.激发学生兴趣，让学生主动参与

学生对于科技活动的参与热情，往往伴随着"有不有趣"、"好

不好玩"等问题。若能抓住学生的好奇心理,充分发挥科技活动中器材新颖,活动有趣,思维开放的优势,必能吸引一大群有潜力、爱科技的学生投入到这支科技创新的大军中来。

(二)学校每年预算创新活动的专用经费

经费是各项活动的重要保障,学校每期预算科技创新活动的专用经费,用于科技辅导员的学习、进修和工作奖励,派科技教师到市内外参观考察,各项科技创新活动器材、资料的购置,日常费用的开销和参与各级各类科技创新活动的活动费用都予以落实。同时,向市、区科协、科委争取项目专项经费,使科技创新活动得到有力保障。

(三)争取器材设备或资金的赞助

当前,中学开展科技教育,缺少必要的器材和资金。这也可以通过发掘社区力量来解决。现在,科学技术迅速发展,科研器材、设备,更新、淘汰的速度加快。有些设备、器材在科研单位看来已经落后、过时了,需要更新。但对于中学生来说,还是很"先进"的,还可以发挥它们的"余热"。去大学、科研机构联系,找有关部门牵线搭桥,这样做既帮助学校缓解了经费短缺,购置设备的困难,又使一批被淘汰的设备能继续发挥作用,为中学生参加科技实践、动手动脑提供了有利条件。

"竹中一滴漕溪水,涨起江西十八滩。"我相信,许多学校的科技创新教育已扬帆起航,我们一定要在"科学发展观"重要思想和"科教兴国"思想的指导下,结合基础教育新课程改革的要求,立足实际,培养人才,服务社会,进一步探索研究性学习、综合实践活动和科技创新活动的新途径,着眼于长效机制的建立,努力培养学生良好的科学素养,彰显学校的科技创新教育特色,全面促进学校办学水平的提高,从而提高学校的竞争实力。我们相信科技创新教育的未来一定会更加美好。

实施课程改革　助推内涵发展

百年大计,教育为本。教育是民族振兴,社会进步的基石,是提高国民素质,促进人的全面发展的根本途径,寄托着亿万家庭对美好生活的期盼。教育的发展离不开先进、完备的硬件设施,但对于承载育人重任的教育事业来说,软实力才是它的灵魂。这就需要贯彻新课程改革理念,重视学校内涵发展,提高学校的办学质量,提升学校的软实力。只有学校内涵不断充实和发展,学校才能迈上可持续发展道路。

一、用完善的制度保障学校教育的发展

随着新课程改革的全面启动,过去有些制度已经不能适应新形势和新要求的需要。学校结合新课程改革要求,进一步完善教学管理制度,要求教师在教学活动中严格遵守教师职业道德规范和学校的各种制度,增强广大教师教书育人的责任感和使命感。

"以制度管理人,以制度约束人,以制度激励人"这是学校在教学常规管理工作中的基本方法,也是提高质量的重要保证。

创建制订与新课程改革相配套的系列制度,包括新课程课堂教学评价制度、学生学科学习评价方案、学分认定与管理办法、学生学籍管理办法、学生选课指导制度、研究性学习实施方案、校本教研制度、校本课程开发制度等。

实行学分制管理是课改的基本特征制订学分管理办法,严格学分管理,可以端正学生的学习行为,规范学生的日常管理,有利于形成良好的学风。

修订和完善有关教学管理制度。包括常规教学制度、学生课外活动管理办法、教师工作绩效考核办法、教学质量奖惩办法。

二、用新课程的教育理念转变教学模式

新课程不单是指新教材,还有新的课程标准,更重要的是新的教育理念。新课改坚持以人为本,教育要尊重学生,面向全体学生,促进学生的全面发展。着力提高学生的社会责任感,勇于探索的创新精神和善于解决问题的实践能力。

新课改要求在教学上以学生为学习的主体,以教师为主导,在课堂上尽量发挥学生的主观能动性。课堂的魅力在于师生和谐的互动,在于它是师生共同经历、共同成长的一段特殊的生命历程。这就要求教师要充分地备课,对教材及学生要全面了解,认真分析、研究,才能在课堂上自如地驾驭教材。对学生指导得到位,靠的是教师的智慧、教师的悟性、教师的激情、教师的文化底蕴。教师关爱每个学生,以自己的人格魅力和学识魅力教育感染学生,对学生是春风化雨。学校充分尊重教育规律和学生身心发展规律,因材施教,给每个学生提供最适合的教育。

兴趣是学生学习的动力,新课改强调变"要学生学"为"学生要学",要激发学生的兴趣。教师在教学中要抓住这个关键,采取各种手段来调动学生学习的积极性,使学生感到在课堂上是一种快乐的享受,而不是在受苦受罪,让他们不断尝到成就感,真正做到变苦学为乐学,那我们的教学目的就算真的达到了。

三、用信息化建设促进教学手段更新

新课程改革强调课程内容与现代社会和科技发展的联系,信息化技术已逐步运用于我国中小学教育的各个领域,迅速影响着人们传统的教育、教学思想及教学方法和教学模式。因此作为当今的教育工作者,只有积极投身到这一变革中去,改革旧的教学观念和旧的教学模式,了解新的思想观念,掌握新的技术,使自己迅速具备和确立信息时代的文化价值观念,并能把它们熟练合理

地运用于教学实践活动当中。

运用计算机辅助教学成为了新课程改革的一个重要组成部分。为此学校设立电教中心、电子备课室、电子音像资料室、计算机教室等设施,供教师和学生使用和查询资料;教室安装了多媒体设备;建立校园网,确保教育教学信息畅通,沟通交流方便快捷。

运用多媒体教学,可以增强教学内容的感染力和表现力,增加教学的信息量,激发学生的学习兴趣,提高课堂教学效果。比如,物理教学,有很多无法进行实验的比较抽象的理论知识,学生很难理解,这时可以借助于多媒体课件的模拟制作让学生有非常详尽的了解。应用多媒体课件教学就凸显了其极大的优越性,使教学效果事半功倍。

四、用校本文化打造学校特色

新课程要求学校走个性化发展之路。以特色谋发展,是推进素质教育的重要途径。内涵发展也是一种特色发展,我校将办学特色放在学校改革与发展的突出位置,在特色的形成和品牌的培育中使学校上升到一个更高的新的水平。

完善校本制度,促进学生行为规范。"国防教育"是综合实践课程的第一个"模块"。学校根据新时期需要,拓宽教育内容。我校对高一入学新生进行了为期一周的军事化训练,加强了学生的组织性、纪律性;把军事化训练与学生的个人养成教育结合起来,养成自觉处理个人生活事务的习惯,养成礼貌待人、语言举止文明的习惯;培养其不怕苦、不怕累、勇于克服困难的精神。

开展多样活动,构建人文环境,促进学生全面发展。利用橱窗专栏、走廊墙壁来展示师生格言、学生作品和师生活动照片,体现师生的动态参与和学校特色。对于社区服务,学校团委组织学生走出校园,走进社区开展自愿者活动,各班每周开展主题班会,组织全校师生对贵州贫困山区的学生进行捐书活动,号召全校学生创办手抄报,充分利用节假日走向社会进行环保和创卫知识宣传,提高社会活动实践能力。

充分利用新课改,打造校本研究教学模式。新课程的实施,原来自上而下的教学研究制度显然已经不能适应新时代的要求,以校为本的教学研究制度应运而生,课堂为主阵地,教师为教研员,解决实施新课程中遇到的问题和困难。这就要求教师由传统型向研究型的角色转换,实现教师专业化发展。学校十分重视校本教研活动的开展,确定每周四为新课程教研活动日。充分调动各种积极因素,解决实施过程中的问题。加强教研组、备课组对新课程教学的研究。研究活动坚持个人研究与集体研究相结合,把个人领悟与集体讨论相结合,把课程资源共享,最终形成既有集体智慧又有个人风格的教学设计方案。

五、用精细化管理提高学校办学质量

学校的改革和发展涉及教学、德育、师生互动等方方面面,这需要在事关学校发展的每项工作上都力求精雕细琢,落实各种理念和制度。所以学校强化精细化管理,务求把各种工作落到实处。在教学管理中,我们坚持"三个不动摇",即执行制度不动摇,按照制度实行管理不动摇,奖励与惩罚不动摇。

经常对学生开展教育活动,注重学生常规落实。对于学生而言,就是要从小事做起,从基础做起,学会做人,学会学习。学校始终坚持放低重心,狠抓基础。坚持贯彻落实《中学生守则》、《中学生日常行为规范》。学校德育工作以文明礼仪教育为突破口,紧紧抓住学生日常行为规范养成这个重点。校学生会、校团委、各班以"文明礼仪岗"、"团员监督岗"为载体开展自我教育、自主管理和日常行为规范的考核。从卫生、课间秩序、班级管理等方面明确细则要求,实行日评、周评和月评并表彰。组织学生参与社会实践,开展体验性德育活动,让学生在活动中锻炼,在实践中成长,从而提高未成年人的思想道德素质,促进社会主义和谐社会的构建。

打造良师名师,师德师能一齐抓。树立"教师是学校发展第一资源"的观念,学校既要积极依靠教师,又要为教师专业成长创造条件,提供服务;对于教师而言,则必须踏实做好本职工作,以自身的发展促进学生和学校的发展,与学生同成长,与学校共荣辱。学校组织教师认真学习新课程改革有关文件,领会其精神,进一步深刻理解以学生发展为本的课改理念,努力在理论和实践中探索,树立敢为改革先的信念。

学校重视对教师的培训,2010年暑期组织全校所有高中教师参加了垫江县新课程改革培训大会,在培训大会上学校得到了教委余主任的表扬,随后学校50多人参加了国培及市课改培训,校内又多次组织了校本研训,并鼓励教师利用网络等现代信息技术手段获取各种高中课改资源。坚持做到先培训后上岗,不培训不上岗的原则。通过培训,更新理念,认识此次课程改革的指导思想和现实意义。

学校内涵发展是动态发展的过程,是一项长期的任务。我们有信心在新课程改革的道路上,继续坚定不移地发扬"务本"精神,继续坚持不懈地致力于内涵发展,积极利用现代化的教育资源,将新课改教育思想付诸教育行动。正确地处理继承与创新的关系,创新与务实的关系,积极挖掘、利用、整合学校资源,使学校迈上可持续发展的道路。

课改契机　瑞中扬帆　意气风发　再展风采

一、课改背景

全国第八次课改在全社会的期待与审视中于 2010 年秋期拉开了帷幕。和以往七次课改所不同的是,第八次课改着力于实现课程功能的转变,体现课程结构的均衡性、综合性和选择性,密切课程内容与生活和时代的联系,建立与素质教育理念相一致的评价与考试制度,实行三级课程管理制度。其核心就是改变传统的教学模式,用现代的对话式、交流式的教学取代传统的命令式、权威式的教学,培养学生的创新意识、自主学习意识。今后的课堂,不再是老师一言堂的教学,学生将是课堂的主体。总而言之,就是要从教育理念到教育行为上,构建一套真正符合素质教育要求的基础教育课程体系,实现"带着学生走向教材"的转变。一直走在改革前列的重庆市也紧紧围绕着这一宗旨,在全市全面实施推进此次具有"革命"意义的新课程改革。给全市教育带来了前所未有的机遇和挑战。

新课改势在必行,但作为一所由著名实业家、教育家卢作孚先生创办的百年老校,学校主体的三大要素却相对薄弱,我们究竟将何去何从? 但穷则变,变则通,挑战一经把握便成了机遇。经过每个瑞中人的深入思考、交流、学习,最后,全校师生认识高度统一,都认为这是一次难得的助推学校上档升级、特色发展的机遇,决心积极投身新课改,探索一条符合学校特色的课改之路,同时也坚信经过新课改的淬炼必能跻身一类重点中学的行列。

460

二、课改举措

思想是行动的指南,要实施新课改,首先要进行"教育理念"的更新。所以,学校在全面实施新课改的过程中坚定不移地走"理念先行"的路线,开展了一系列"转变思想、统一思想"的活动。与此同时,除抓好通识培训外,还紧抓以下几项符合学校实际的、可操作的工作来强力推进新课改。

(一)开展新课改大讨论,统一认识

针对部分教师对新课改的认识不统一的问题,在 2010 年秋季开学之初,学校便组织开展了全校师生参与的新课改大讨论活动,师生们畅所欲言,最终统一了思想,达成了共识,明确了方向,即以转变课堂教学模式为突破口,实现瑞中课堂由表及里的大转变。

(二)"请进来,走出去",拓宽学习视野

1. 为了提高全校教师对新课改的认识,破解新课改的难题,更新观念,学校于 2010 年 10 月邀请了重庆市教科院专家到校进行新课改调研,指导学校新课改工作;2010 年 12 月邀请北师大张秋玲等专家到校对课堂教学有效性等作了报告和现场指导。

2. 本着借鉴学习兄弟学校先进的新课改经验,探索提高课堂教学效率的有效途径的想法,学校分期分批组织干部、教研组长和部分教师,赴市内外兄弟学校参观学习,近距离观摩了高效课堂教学,在理论上和实际操作上都获益匪浅。同时,学校还组织了多次课改研讨会,外出考察学习的教师和未外出学习的教师都做了踊跃发言,其中彭锡钊和秦露平老师的发言让全校教师都感受到新课改的魅力,带动了一大批老师对课堂教学进行大胆改革,瑞中新课改的步伐迈得越发坚实。

(三)扎实开展校本教研

为了更好地推进课改工作,除了督促各教研组、备课组扎实

开展好常规工作外,学校还组织开展了"三课"(达标课、优良课、示范课)评比活动,执教未满 5 年的年轻教师必须参加达标课评比,在其余教师中开展优良课和示范课评比,要求统一采用学校探索设计的"高中新课程导学案——121 高效课堂模式"来实施课堂教学。我们设计的"高中新课程导学案——121 高效课堂模式",即教师重在组织、引领、指导学生探究学习。具体而言,教师重在课堂的导入、重难点部分的精讲点评等 10 分钟,课堂重在学生参与和过手,然后学生通过讨论、交流、自我展示等形式多样的探究学习 20 分钟或更多,再通过 10 分钟的课堂练习。在全校各年级统一推行这个模式。当然,"121"只对教师和学生课堂用时做了大概界定,并不是一成不变的,根据实际需要,学生探究学习时间也可多于 20 分钟。学校要求全校教师必须严格按照"高中新课程导学案——121 高效课堂模式"进行课堂教学,凡是未按这个模式推进的老师在评先、选优、评职时要相应扣分。我们认为:只有让所有学科先有了较为科学合理的新课改课堂的"形",才能最终实现提升课堂效率的"神"。

(四)专业引领,搭建课题研究平台

学校积极营造浓烈的研究氛围,要求全校教师都要参与到教育科研工作中来。目前学校已基本构建了从国家级课题,如《新课改中教师科学教法研究》、《分层教学对英语阅读教学的影响研究》;省市级课题,如《新高考和新课程对接研究》等;区级到校级的比较完善的科研体系,学校现有各级在研课题共计 16 个,对新课改起到了很好的推进作用。

(五)加强校本课程开发

校本课程是对课改的有效补充,有利于提高学生的综合素质,学校也在积极进行校本课程开发,比如《卢作孚生平事迹研究》、《生命教育》、《心理健康教育》等;创办"作孚论坛"、"学生成长论坛",让师生畅谈自己的点滴收获,展示自己的个性特长;通过举办讲座,如摄影、诗歌鉴赏、英语影视欣赏、生活中的数学等,

激发了学生的学习兴趣,也弥补了必修课中的知识短缺。

三、课改收获

通过新课改的扎实推进,学校取得了一定的成绩:

首先体现在"三个转变":

1. 教师教学思想从"苦干"、"肯干"逐渐提升为"巧干"、"乐干"。

2. 学生学习方式从"被动接受"开始尝试"自主"、"合作"学习。

3. 师生关系从"师道尊严"过渡为"平等合作"。

最值得可喜的是:3 月 30 日合川区高一新课改观摩活动的展示课上,学校教师彭锡钊、刘益国、刘信的展示课得到了北京大学张思明教授等专家的极大认可。这无疑为学校的新课改打了一剂强心针。

新课改还将如火如荼地进行,此时的瑞中人对未来充满了信心,新课改,将是学校上档升级的助推器! 瑞山中学将以课改为契机,不断强化管理,狠抓教学,发挥特色,将"求是兼济"的办学理念进一步延续、创新,在教育教学的道路上,意气风发,一路扬帆,止于至善!

课改成与败　"五力"是关键

重庆鱼洞中学　张忠俊

随着新课程改革的不断深入,中国基础教育课程改革已从宏观向微观、外部向内部、显性向隐性发展。其最终目的就是要引领学校走内涵发展之路,关注师生发展,追求师生共同成长,不断增强学校发展的主要推动力和核心竞争力。怎样提升高中学校的办学品位,推进课改的顺利进行,做到管理民主科学,质量又好又高,环境和谐宜人,关系着高中教育内涵的长远发展,关系着国运兴衰。校长作为教育方针的贯彻者,学校工作组织者和指挥者,要着力关注学生健康成长,引导教师素养提升,引领学校深度发展。

一、校园文化建设是课改推进的核动力

学校作为传播文化的场所,不但要继承文化,而且其本身也在不断创造着文化。一所学校基业长青的奥秘就是这所学校的文化,良好的校园文化使整个学校形成强烈而感人的文化氛围,产生一种无形而巨大的渗透性影响,使人体验到一种高尚的人际交往方式,感受到一种强烈的感召力、内化力、熏陶力和统摄力,使人自然而然地受到同化,进而潜在地支配、制约、引导着人们的价值取向、人生理想和行为习惯。作为校长,要肩负起学校文化建设的使命,要用自己的人格、品行、价值取向,成为优秀学校文化符号,成为学校文化的灵魂人物,成为学校文化的建设者和培育者。学校文化建设要致力于四个层面的落实,即精神文化的引领作用,制度文化的规范作用,活动文化的载体作用,物质文化的

保证作用。学校文化在提升学校教育品质的过程中要以转变领导的管理方式、更新教师的工作方式、改善学生的活动方式为落脚点，切实用"文化之水"浇灌"内涵之根"，使学校文化成为不断丰富与完善、不断凝练与生成的生态系统。没有优秀的文化，就不会有卓越的学校，学校将成为折翅的雄鹰，不管你有多么健硕的躯体，永远都无法腾空翱翔。在新课程的推进中，我们要切实用校园文化这一学校腾飞的"核动力"推进学校的各项工作，丰富学校的文化内涵，提升学校的办学品位，引领学校不断向更高的目标迈进。

二、课改新理念是课改工作的思想统领力

理念是行动的先导，是新课程改革的灵魂。高中新课程的实施不是校长可以选择的行为，而是需要积极的作为。我们唯有更新观念，建构新的教育教学理念，才能有效地实施新课程，真正贯彻新课程的核心理念："一切为了每一位学生的发展"。无论是从适应社会需求的多样化和学生全面而有个性的发展，还是从进一步提升所有学生的共同基础，同时更为每一位学生的发展奠定不同基础目标来看，课程改革的关键在实施，而实施的关键在学校。在政府的推动力、专家的引领力、学校的实施力中，真正的主体在学校，而教师又是具体落实改革的践行者。学校要在统一认识的基础上对学校整体工作进行全面的布局，在不断推进的过程中对每个环节进行互动的调试和完善，在保证教学的前提下进行有效的资源整合。立足学校的实际，要做好五项工作：规划学校的发展愿景和制定课改方案；建立课程开发组织，围绕新的办学理念，形成一批特色课程；建立科学的教学评价机制，发挥评价的导向作用；联系一个学生社会实践基地；搞好社团组织建设，切实让每位学生都有成长与发展的机遇。

三、制度重建是提升新课程管理水平的助推力

新课程倡导学生在高中阶段可以选课，让学生建立适合自身

发展需要的课程修习计划,学校还必须为学生提供丰富多样的课程资源,而课程的实施与管理是课程改革的关键环节。所以,如何建立与课程相配套的教学管理制度、考核评价制度等将成为学校的一个重要课题。在学校受教育经费、师资队伍、活动场地、教学设备等多种因素的影响下,要重点处理新课程实施中教学管理的三对矛盾:传统的教师工作量考核与新课程中跨学科、多兼课、活动课、校本课的质量的重新评价的矛盾;为教学提供高质量的教师队伍与现有数量、结构不合理的矛盾;学校的合理办学需求与政府不能足量供给的矛盾。要在学习和继承过去一些传统做法的同时,学习、借鉴并制订学生学分认定制度、学习小组建设制度、研究性学习办法、学生成长档案袋办法、教师工作量考核制度、校本课程研发制度、教师绩效成绩考核制度等。

四、激活学生思维是新课改课堂效益的生命力

课堂是课程的落脚点,课堂效率是体现课程落实的重点。如果每一位老师的每一节课都是有效的,都是受学生普遍欢迎的,每一个课堂都成为学生与教师的生命对话场所,都充满着生命的活力,那么课改就必然能够成功,也肯定能够创造出适合学生的教育。

其实,课改的本质就是要学生把被动学改为主动学,主动思考,积极参与,体验分享,培养学生创造思维。教师要改变教学传授方式和学生的学习方式,课堂要体现"五为主"教学原则,即以学生为主体、以教师为主导、以问题为主线、以训练为主轴、以思维为主攻。形成师生互动路径:目标—问题—思维—阻滞—启发—流畅—达标。

要激活课堂,教师就要精心备课,做到"一课三备"、"同课异构"、"一课三思",注重情感,注重学法,注重创造性思维培训。同时,教师要准备有效问题,要注意问题的宽度、深度、角度、难度,要把握综合性效果与学生实际的认知水平之间的距离,要认识到难度是由思维品质决定的。同时,还要注意到思维的发散性、聚

合性等特征。

新课程要着力从培养学生思维出发，课堂要有课标展示、问题引领、自主学习、合作探究、精讲精练、归纳延伸等环节，要把更多的时间留给学生。从目前学校课堂教学普遍存在的问题来看，需要在三个难点上突破：一是突破等、靠、要的惰性思想的难点，由被动转为主动，力求在教师的认识上有提升；二是突破满堂灌的传统教学模式的难点，由教师一人讲转为合作学习，力求在自主探究方面有亮点；三是突破依靠教参、教辅备课的难点，由依靠转为个人钻研与合作开发、围绕学生实际的辅导，力求在集体备课上创新路。

五、课程开发是新课改背景下教师发展的促进力

校本课程开发已经成为课程改革的一项基本政策。它是我国三级课程管理的重要组成部分，是对国家课程开发所遇到的挑战做出的实用主义的回应；它是在保证国家对教育的统一基本要求的前提下，尽可能地反映社区、学校和学生的差异性，及时融进最新的科技成果，充分考虑到教师的积极参与，学生的认知背景与需要，为学生提供多样化的选择课程；它在一定范围内补充国家课程开发的不足。这项改革赋予了基层学校和教师参与课程开发的权利，也促使了教师由政策执行者向决策参与者的角色转变。从学校来说，校本课程开发有利于形成学校办学特色，满足个性化的学校发展需求。从教师来说，校本课程开发有利于教师专业水平的提高，尤其是科研能力的提高。从学生来说，校本课程开发有利于学生主体性的发展，真正满足学生生存与发展的需要。

新课程提出教师要具备的课程意识和课程能力中，都强调了课程的设计意识和课程开发能力，这实际上对教师的专业发展提出了更高要求。所以，在新课程实施中，我们要努力做到用课程建设的需要来满足学生成长的需要、教师专业发展的需要，打造学校的特色文化，体现校本课程价值的追求。用教师专业发展的

成果来推动校本课程的研发，并在研发的过程中体现教师的智慧和专业的发挥。具体的思路有：抓好骨干队伍，完善组织机构，制订发展规划；抓住强势学科，先起步，做示范。在教师专业学习活动中要强化几种学习方式：教研学习要以课例和案例为内容；行动学习要以问题解决为驱动；合作学习要以团队为基础；研究学习要以发现规律为追求；反思学习要以经验提升为目的。

新课程改革是学校内涵发展的必经之路，是学校自身建设的必然要求，需要我们认真学习和领会新课改的精神实质，把新课改的精神和理念全面贯彻到教学当中，使教师受益，让学生成才，从而充实教育内涵，彰显学校特色，逐步实现教育民主，让教育真正回家。

新课程改革:建立科学的评价体系是关键

重庆黔江新华中学　　方亚平

一位教师在幼儿园的黑板上画了一个圆,问:"这个圆可能是什么?"结果在两分钟内小朋友们说出了 22 个不同的答案。有的说这是一个苹果,有的说是一个月亮,还有的说这是老师的眼睛。然而,同样的问题到大学一年级去问,两分钟过去了,结果没有一个学生发言,老师没有办法,只好点名请班长带头发言。班长慢吞吞地站起来迟疑地说:"这大概是个零"。中国的基础教育以学生知识背得多,考试能做对标准答案,高考能得高分为人才培养目标。学生缺少想象力和创造力,因为他们心中只有老师的标准答案。这可能就是要在高中全面推行新课改的原因吧。

从 2004 年部分省市开展新课程改革实验以来,短短 6 年,课改已经在全国各省市全面推广,各地的老师们用极大的热情投入到这场新课改中。许许多多的新课例和好做法如雨后春笋般出现,对各地教学水平的提高产生了极大的促进作用。然而在对较早实行新课改的省市进行了细致考察以后,我们却发现这些省市在经历了一轮或两轮高考以后,原来热火朝天的改革开始逐渐沉寂,教学的目光绕了一个圈后又重新回到了高考,回到了试题上。重庆作为最后一批加入新课改行列的省市应当借鉴其他省市的经验,避免新课程改革进入歧途。

一、新课程改革面临的尴尬:学校不认真作为

新课程改革以学生的终生发展为目标,强调学生自主学习能力和解决问题能力的培养,是教育理念的更新和教学方法的改

善。在考察山东、海南、江苏等较早实施新课改的省市的过程中，我们发现：理念的更新和方法的改善都为这些省市的学校所重视，并积极付诸实践。相对传统课堂来说，新课改使学生学得更活，知识占有面更宽，知识点掌握更加扎实，学生的高考成绩取得了较大进步。可以说，从知识掌握和书面解决问题能力的角度，新课改取得了积极成效，得到新课改学校的一致肯定。

然而新课改的根本目的却不只是为了单纯提高学生的高考成绩，而是为了培养学生的创新能力和自主能力，为他们的终身发展奠基。考察中我们发现一部分新课改学校在高一和高二基本按照课改要求进行，设立了艺术类、通用技术类等选修课，但选修课依然从高考出发，局限于高考内容，而到了高三所有的学科重新回到了传统教育的路上。一部分学校直接就把各类选修课程的重点内容发给学生，课程仅仅作为形式应付上级的检查。一位校长说："没有办法，选修课开的再多，学生的动手能力再强，高考考不好，学校依然不被上级和社会认可。"一句话道出了许多课改学校的无奈。新课程改革这棵苍翠的大树，在高考评价这把锋利的剃刀下，凡是不能结果的枝丫均被砍去，留下的是司空见惯的高考之树。新课改在喧嚣散尽后，最终沉淀下来的只是更好的考试方法，一场教育的革新，最终还是为高考服务。

二、学校面对的困境：高考评价制度制约改革

新课程改革在一定程度上赋予学校根据地理位置、师资力量、生源组成等实际情况灵活安排教学时段和设置选修课程的权利，肯定了学校作为教育组织者的自主性。但在实际操作过程中，学校却发现这种自主性是虚假的，它可以实施却不能真的实施，一旦自主选择的内容不在高考的范围之内，课程开了对学校来说并没有实际作用，相反因为过多课程的开设还会产生副作用，不利于学校的管理。要学生素质还是要高考成绩，成为了学校的一个两难选择。因此，学校明知错误却依然一方面高唱赞歌，一方面背道而驰。可以说，新课改解放了学生，但高考制度套

牢了学校,学校又一次陷入了带着枷锁跳舞的困境。

新课程改革本身面临的尴尬是学校造成的,而学校在新课程改革中的困境是谁造成的? 这一切似乎不言而喻,问题的矛头都指向了高考制度,都认为高考制度扼住了新课程改革的咽喉,制约了改革的前进和学校的发展。但实际上,高考本身是没有大过错的,在现行条件下,高考给予了普通民众公平的竞争机会,起到了公平、公正选拔人才的作用,避免了关系、权力等非智力因素的介入。 所以,错不在高考制度本身,而在进行了统一高考、集中录取后,运用高考成绩对学校和老师进行评价的评价制度。在以高考成绩为核心构建的评价制度下,任何学校和老师不敢真正放手追求素质,忽视分数。因此,没有合理、健全的评价体系的支撑,现行的新课程改革前途堪忧。对于开始新课程改革的重庆等省市来说,建立评价体系和新课改本身一样重要。

三、新课改的出路:建立合理、健全的评价体系

首先,重视新课程改革评价体系的建立,将评价体系的建立放到新课程改革本身同样重要的位置。评价体系对新课程改革来说等同于轮船与灯塔的关系,没有评价体系,学校和教师找不到改革方向,不知道改革的进程和对错,因此在新课改方案实施前,建立一套合理、有效、可操作性强的评价体系是至关重要的。

其次,让高考成绩与学校脱钩,上级对学校的评价不再以高考成绩或升学率为主。没有高考成绩的压力和束缚,学校才能真正发挥教学组织者的自主性,按照新课程改革的要求,贯彻新课改的理念和方法,开设符合规定、立足实际、彰显特色的课程,充分尊重学生对课程的自主选择权,促进学生在全面发展的基础上个性化成长,最终实现各高中学校在均衡发展的基础上办出特色,新课改的目标才能得到有效实现。高考与学校脱钩后,为了有效地评价学校,可以引入课程开设比率和学科毕业测试合格率相结合的评价模式,把课程开设的比率和学科毕业测试合格率作为学校等级区分的标准。在对教师的评价上,由于所有教师都已

经实行了绩效工资,运用常规的教学评价方法已经能很好地调动教师的教学积极性。因此,做好常规的监督和管理,教师就能够自觉主动地完成各自的教学任务,同时由于没有了高考成绩的束缚,教师的自主性能更好地发挥出来,对学生的成长必然是利大于弊。实施中可以采取强有力的行政命令,使高考成绩不和学校见面,而是直接发给学生,上级部门也不对成绩进行统计或不将统计结果与学校好坏挂钩,同时,禁止学校对高考成绩和录取情况进行宣传。

再次,逐步推行高校自主招生。统一考试和统一录取是高考被用来作为评价标准的一个重要原因。打破统一的考试和录取模式,能弱化高考成绩带给学校和相关教育部门的压力。随着现代通讯科技的进步和网络覆盖面的提高,网络考试已经具备可行性,各省市可以以区县为单位,设立网络考试中心,同时仿照高考志愿填报模式,规定学生报考学校的个数,各个高校根据学生报考情况组织报名学生参加网络考试,并对合格学生自主录取。这样考试内容不再模式化,难以通过统一复习、死记硬背来实现,学校在组织教学时不会再急功近利,不会再片面强调知识点的掌握,而忽视学生的独立学习能力的培养。

新课程改革是一个事关千家万户,影响国家未来的系统工程,评价体系作为这个工程的先锋,其重要性不容忽视,只有把教育目标定好了,实施道路打通了,新课程改革才能有效实施,才能为国家培养真正的创新型人才。

用校本课程资源推进校园文化建设

重庆荣昌永荣中学　李志辉

重庆市荣昌永荣中学创办于 1959 年，在上个世纪 70 至 90 年代，作为国家大中型煤矿企业的直属子弟学校，其师资、教学质量、办学规模，在重庆乃至西南地区厂矿企业子弟校中均名列前茅。1999 年学校移交地方，2009 年学校成为重庆市重点中学。在 50 余年的发展过程里，经过几代永荣人的不懈努力，学校形成了良好的校风，有着较浓厚的文化积淀。近年来，学校结合高中新课程改革，充分利用校本课程资源，推进校园文化建设，并以此作为学校内涵发展、特色发展的必由之路，取得较好效果。

一、富有特色的永荣中学学校文化建设理念

学校行政、教职工、学生经过多次酝酿讨论、座谈交流并请市县领导、专家、部分家长、政协委员、人大代表和友邻单位代表把脉、指导，历经多次修改，基本形成永荣中学学校文化建设理念。

【办学理念】明德立身勤学拓业

【管理理念】精益求精惟实拓新

【办学目标】构建师生共享的阳光校园、精神家园

【育人目标】培养有益于社会的现代人才

【文化特色】博大隽永并蓄荣昌

【文化主题】五色石

夯实基础，拓实真知——奠基求知学业发展

规范行为，拓展文明——养成良好生活习惯

道德励志，拓造人格——树立自立自强精神

加强艺体，拓宽技能——提升身心健康修养

热爱家国，拓辟乡土——培养爱国爱家情操

学校文化建设理念不仅较好地继承了学校传统，体现了学校地域文化特色，而且还融入了社会主义核心价值观，体现了以师生为本、科学发展的思想，对教育的本质有较深入的认识，指明了学校发展的方向，操作性强，适用性好，得到了三千余师生和社会的广泛认同，凝聚广大师生的人心，成为学校持续发展的核心竞争力和强大的精神动力。

学校为此将文化建设理念的含义、阐释等内容办为《永荣人》专刊，分发到每一位教职工和每一位学生手中，作为全校学习教育的校本资源，作为校验教职工教育教学、学生学习的一把尺子，为师生持续发展指明方向。

二、利用校本课程资源，营造浓厚的校园文化氛围

学校是广大师生学习生活的地方，学校不仅仅是教书育人的场所，更应该是师生怡情养性的场所，学校的环境对师生的发展成长至关重要。因此，学校环境也应该是学校校本课程的重要资源。为此，学校将校园环境也作为校本课程资源，并将其与学校文化理念结合，着力打造具有永荣特色的校园文化环境。在抓好常规的绿化、净化、亮化、美化工作的同时，还特别注意了以下方面：

1. 交通节点立塑石

学校对文化布局统一规划，并与所在功能区及周边环境相互统一，以塑石展示学校文化理念。办公楼前的塑石展示学校的核心理念和办学理念；教学楼前草坪中的塑石展示"五色石"特色教育的内容；在生活区，以传承传统文化为主题的塑石，阐释着"明德立身，勤学拓业"的理念；学雅园里的塑石上的"智者乐水，仁者乐山"、"君子强学而力行"、"博学于文，明之以礼"等无声地教育学生怎样生活、学习、修身。

2.走廊墙壁会说话

走廊墙壁是教育学生的重要场所，在不同的功能区，我们布置了不同的教育主题。教学楼里，有传承中国传统道德、继承中国古代优秀文化、树立现代世界意识的宣传板；在办公楼里，有展示学校师生风采，反映学校教育教育成果的宣传板；在实验楼里，有古今中外的科学家无声的激励；在宿舍楼里，有日常安全、心理健康、常见病预防等知识的讲解……

草坪、绿色植物、植物挂牌、励志宣传牌、学生成果展示板等与飞来飞去的小鸟相映成趣，构成一道道育人的美景。以传承传统文化和树立现代意识为主题的走廊文化、各具特色的班级文化、富有人情味的寝室文化、团结和谐的办公室文化、展示成果和宣传先进的橱窗文化让学校处处洋溢着浓浓的文化气息，使学生在校园中的每个地方都能受到无声的教育。

三、学生活动课程化

我们充分利用校本资源，依靠教师和学生，将学生重要活动课程化，推进教育教学改革，突显亮点。

德育活动课程化。德育活动是"育心"的工程，它是一个系统工程，有其自身的规律。德育教育要针对本校学生的实际发展情况，循序渐进，重点推进。在仔细总结我校德育教育和学生实际的基础上，针对学校和学生的发展目标，将德育活动，特别是主题班会活动系统化，组织相关教师整理相关资料，汇编成《永荣中学学生德育阅读材料》读本。它包含了学生行为礼仪、中国传统思想文化、学校安全、中学生心理健康、学校管理等五篇内容，作为学校主题班会活动课的读本。在此基础上，各班主任在具体处理上，可结合本班实际，适当增删相应内容。该读本克服了主题班会的随意性，既保证了德育教育的系统性和实效，又充分调动了师生的积极性，对我校德育教育的扎实有效的推进起了积极作用。

社团活动课程化。为促进学生个性发展，为学生提供展示才华的平台，增强学生自我教育和自我管理的能力，学校鼓励学生成立了许多学生社团组织，如：佳艺话剧社、合唱队、科技创新小组、体育俱乐部等，配备专业教师进行业务上的指导，将其活动作为综合实践课或选修课程。师生根据具体情况，编制活动计划，确定活动内容，并将内容序列化，整理成校本教材。如：佳艺话剧社将话剧介绍、话剧赏析、自编的话剧剧本、师生点评等整理成册，多次修改，成为话剧社活动读本；护绿小组在生物教师指导下，对全校植物进行调查，翻阅相关书籍，整理汇编成校本植物简介读本，并将其制作成植物挂牌，布置于校园各类植物上，让全校师生增添了对植物的认识和了解，也营造了浓浓的文化氛围。

　　我们将课程建设与学校文化建设结合起来，充分利用有形的和无形的校本资源，营造良好的文化氛围，开展文化活动，扎实推进学校文化建设，促进学校内涵发展和特色发展，学校文化建设已成为我校的特色，校本课程资源及课程活动彰显我校文化建设这一特色。

白鹭青山外　奋楫敢争先

重庆云阳江口中学　刘　红

2010年9月,重庆市高中面临着国家新一轮的课程改革。新课改的出台为每一所学校的发展都提供了新的契机。我校作为一所办学条件和教学质量不断提升的农村普通高完中,将通过倡导先进的教育教学理念、优化管理模式、促进校本教材的研发等手段,推动学校的内涵式发展。

内涵反映的是事物的本质属性,体现的是一事物区别于其他事物的内在品质与特征。内涵式发展是指把握事物的本质属性,推动事物朝着健康、高效、有序的方向发展。

学校的内涵式发展是指立足学校自身,以实现学校中人的主动发展,重视人的潜能开发,促进人的素质全面、富有个性、可持续发展的高水平、高质量、高效益的教育,即质量和效益相统一的教育。它以先进的教育思想为指导,以学生全面而富有个性的发展为目标,以高素质教师队伍为保证,以教育创新为动力,合理配置并不断优化教育资源,经过科学、高效、创造性、开发性的运作,最大限度地提高教育水平。

一、学校内涵式发展的核心是倡导先进的教育教学理念

有关专家明确指出:"新课程对教师的挑战,首先是观念的冲击,走进新课程,观念必须先'走进',没有教育观念上的真正转变,即使用上了新标准、新教材、新方法,也将走样、走味,一旦遇到困难或阻碍,最终必将回到老路上去。所以,要抓好教师教育

观念的转变。"可以看出,学校要推进内涵式的发展就必须倡导先进的、正确的教育教学理念。

内涵式发展是一种追求质量的发展。质量的产生很大程度上得益于教师素质的提升——"学校的内涵式发展要依靠教师来实现"。新课程改革对教师的教学行为提出了许多新要求,它要求教师必须尽快地从传统的角色中走出来,成为新课程的研究者、实践者和创造者。而教师的综合素质发展是一个被忽略的问题,特别是农村教师。因此,只有加强教师队伍综合培训,大力开展科研改革,才能使课程改革扎实有效地开展。

因此,学校坚持走内涵式发展的道路,努力实施校本师资培训,学校组织老师学习,采取专业人员引领学、专家指导学、集中辅导学等灵活多样的学习形式。参观访问,让老师走出去学习,增强老师的感性认识;征订书报杂志,为老师学习提供方便等。同时,学校努力创设交往时空,搭建对话、交流与展示的舞台。组织开展多种对话交流活动,定期组织老师开展学专题讨论、教学论坛、经验交流、现场观摩、编辑老师论文集等。开展新课程教学模式的"研究性公开课",形成"参与式"教师培训模式,要求以学科组或年级组为单位,每学期开设公开课,实现教师教学方式和学生学习方式的转变,由学科组或年级组集体备课,课改领导小组、本学科全体教师共同听课,大家一起评课,讨论交流。对自己讲授的内容在整个学科体系中的位置和它们怎样整体地显现教育的意义有了清醒的认识。

二、学校内涵式发展的根本是推行精细化管理

学校的精细发展是将教学、德育、教师素质提高等作为学校改革与发展的关注重点,在事关学校发展的每项工作上都力求精雕细琢。教学是学校内涵式发展的核心,规范、精细的教学常规管理是提升学校内涵式发展水平的重要保障。在制度建设方面,学校制订比较完备的教学常规管理制度,不以规章束缚人,而是要为广大教职工能更好地发挥主人翁作用创设良好的氛围与环

境。在课堂管理中,学校督促教师积极转变角色,由知识的传播者转化为学习的引导者。教师通过优化教学氛围,注重培养学生浓厚的学习兴趣和良好的学习习惯,注重转变学生学习方式,培养学生创新思维,构建互动、民主、和谐、平等的教学关系。

江口中学在新课改的背景下,建立了一系列的精细化的管理模式:一、落实听课制度,每期每人听课 40 节。二、组织师徒结对,骨干帮扶考核制度。三、各教研组开展"同课异构"的赛课活动。四、举行新教师汇报课展示。五、开展新教师高考题解题技能赛。在此基础上,还建立了"校长—教科室—教研组—备课组—教师"的管理模式,充分体现教师的主体作用,发挥每一位教师的积极性、主动性和创造性。

三、学校内涵式发展的关键是积极推动校本教研

学校内涵式发展是一种内源性的发展,发展的动力也来自学校内部因素。学校要获得发展的动力支持,保证内涵发展的健康、协调、稳定,就需要高度关注学校教育科研,通过科研找准发展的定位,明确发展的路径,理顺发展的关系,探索发展的举措。校本教研是解决学校问题的有效手段,是促进学校内涵发展的助推器。只要加强校本教研、依托校本教研、研究校本教研,建立校本教研的导向机制、激励机制和保障机制,就能有效推动学校深层次的内涵式发展。学校建立以校为本的研修制度,强化教师研修过程管理和质量管理,推动教师研修活动与教学实际紧密结合,引领教师专业化发展。从而提高教师队伍的整体素质,提高教育教学质量。

当前正在进行的新课程改革,从某种意义上讲是课程的变革,课程实施的过程就是新旧教学碰撞、融合的过程,课程的变革需要相应的符合变革理念的学校文化与之相适应,这样才能促进改革的顺利进行。近两年来,我们聚焦课堂,积极开展课堂研讨、即席指导,将培训地点设在课堂,一边教学,一边研讨。先让教育实践者亲自上课,然后结合实践讲理论的落实,讲理念如何体现

在课堂教学的各个环节上,将新课程的理念通过课堂直观地表现出来。有时请教师先讲教学预案,针对课堂教学中可能出现的问题,让富有教学经验的老师走上讲台,通过组织教学示范,进行即席指导,并引导教师展开评课讨论,使整个课堂变成一个学习与交流的场所。

四、学校内涵式发展的基础是加快校园设施建设

随着 2010 年秋季开学高中部顺利移迁新校区,我校如今形成了新老相连的两个教学区,实现了初高中分区教学。校园网铺设安装完成,实现了校园畅通和信息畅通。校园绿化正在有序进行,最终将实现道路绿色长廊、局部景观林的园林式绿化模式。与此同时,学校以"绿色校园、健康人生"为主题,动员全校师生开展"捐树、植树、认领"活动。以"读好一本环保书、种好一棵树、养好一盆花草、护好一片绿地、办好一次环保板报、开展一次绿色手抄报评比、提一项绿色建议"为载体,引领师生投入到创建绿色校园中。总之,学校校园设施的建设,已经为江口中学的内涵式发展打下了坚实的基础。

五、学校内涵式发展的活力是打造有特色的校园文化

学校由历史传统积淀而成的文化,彰显着学校团队成员的人格意识和道德实践意识,对他人、对社会有着持久的吸引力。良好的校园文化能够以一种隐性的方式时刻规范着学生的行为,对学生思想、道德观念和情操的形成具有潜移默化的作用,对学风、校风的养成具有不可估量的作用。"每块墙壁都会说话"、"每株花草都能育人"是校园文化的一种崇高境界。

学校秉承"教育以人为本,校长以教师为本,教师以学生为本"的办学理念,确立了以"奋"为核心精神的校园文化。"奋"作为学校的核心理念,是目前学校发展的主旋律,引领学校的发展。为此,学校专门在教科楼大厅设置了体现"奋斗不息"的美术浮雕墙和完整的楼道、教室文化布置,规划建设以"鲲鹏展翅"大型雕

像为主题的文化广场。

2008年，重庆市提出了"以城带乡、整体推进，城乡一体、科学发展，实现城乡教育规划布局、资源配置、政策制度、水平提升一体化"的城乡教育统筹改革思路。这对于地处农村、各方面资源相对薄弱的学校来说，是一个难得的历史发展机遇。作为一所农村普通高完中，我们的教育有其特殊性，但只要我们转变观念，因地制宜，敢于创新，勇于探索，以新课程改革为契机，坚持"以人为本"，坚持走内涵式的发展道路，全面推进素质教育，我校一定会在教育改革的浪潮中立于不败之地，从而为学校持续健康发展开拓广阔的前景。

师生相长　汉藏和泽

重庆西藏中学　季富群

作为重庆市唯一一所以援藏教育为主要任务的民族中学,二十多年来,西藏中学怀着高度的政治责任感和光荣的历史使命感,始终站在"内地办学,帮助西藏培养人才"的战略高度,奉行"祖国统一至上、民族团结为先"的办学宗旨,秉承"品业兼修,汉藏和泽"的办学理念,坚持"把学生培养成维护祖国统一的坚强战士,建设新西藏的骨干,传播现代文明的模范"的办学方向,筚路蓝缕,任劳任怨。汉藏师生,一同工作,一同学习,一同生活,相互帮助,相互包容,相互恩泽,和谐共处,携手并进,在巍巍歌乐山上和皑皑雪域高原间架起一座汉藏友谊的桥梁。

自 1985 年西藏中学建校以来,经过全校教职员工近三十年的辛勤耕耘,西藏中学在各级领导的关怀下茁壮成长,不断发展,目前,它已经成为一所学习氛围浓厚的校园,一个充满亲情、友情和关爱的家园,更是一个具有丰富多彩校园生活的"乐园"。在良好的氛围中孕育实现文明的行为,在浓厚的文化环境中养成良好的习惯,在素质教育为本的管理模式中打磨、锤炼全面发展的有用之才。默默奉献中,老师们在艰辛的工作中品尝到了成功的喜悦;朝夕相处的日子里,师生之间也建立了无比深厚的汉藏情谊。与此同时,在传统的教育教学过程中,一些问题时时困扰着我们的师生,影响着我们素质教育的成效。

西藏中学的孩子来自雪域高原,他们大多在十一二岁便远离父母,常年生活在学校,寒暑假也不例外。民族工作无小事,我们既办学,又办家;我们既是老师,又是父母。二十多个春秋冬夏,老师们没有寒暑假、没有节假日、没有周末休息日,被同行们称为"三无"老师。受地域环境、文化差异以及语言不通的影响,藏中的孩子们文化基础普遍薄弱,学习能力相对较差,尤其在抽象思维方面和内地的孩子相比,存在不小的差距。但是,在课堂上,我们的老师习惯于讲授式教学,习惯于直接发布结论,再运用大量的习题进行验证,很少让学生通过自己的活动与实践来获得知识,得到发展;依靠学生查阅资料、集体讨论为主的学习活动很少;教师经常布置的作业多是书面练习、阅读教科书与背诵,很少布置如观察、制作、实验、阅读课外书、社会调查等实践性作业;学生很少有根据自己的理解发表看法与意见的机会。学生则始终处于被动、接受的状态。长此以往,课堂变得缺乏生趣。学生学得苦,教师教得累,学生态度消极,效率低下,老师声音嘶哑,身心俱疲。传统的讲授式教学所呈现的课堂生态和课堂文化,是以对学生主体地位的不信任和不尊重为前提的,实质上也就剥夺了学生充分发展的自由,是对大多数生命发展权这一基本人权的漠视。

刚刚启动高中新课程是基础教育的一次深刻变革,这为学校的发展带来了新的机遇,也带来了新的挑战。在此背景下,西藏中学作为一所特殊的学校,但并不特立独行,而是与时俱进,大胆探索。为了改变传统课堂的现状,提升师生的教学成效和生活品质,结合学校的实际情况,学校以课堂教学改革为突破口,设计并推行了"'三环五步'问题导学式生态课堂"教学模式,力争让我们的中学教育充满青春活力、温馨浪漫的气息。

一、"'三环五步'问题导学式生态课堂"模式

教育家夸美纽斯在《大教学论》中这样描述其理想的课堂:"找出一种教育方法,使教师因此可以少教,但是学生可以多学;使学校可以因此少些喧嚣、厌恶和无益的劳苦,独具闲暇、快乐及坚实的进步。"西藏中学"'三环五步'问题导学式生态课堂"所要实现的,正是这样理想的课堂。

"'三环五步'问题导学式生态课堂"模式的基本构架设计如下：

1.“三环”是指课前、课中和课后三个环节。

2.“五步”是指课堂教学过程中的教学模式的五个步骤，即根据教学的实际需要，将课堂教学分成五个彼此紧密联系的教学环节，由此形成“自主学习—合作探究—展示提升—归纳小结—检测反馈”的五步课堂模式。

3.“问题导学”是由问题教学演变发展而来的。是通过创设特定的问题情景，将知识目标化、目标问题化、问题层次化、层次梯度化、梯度渐进化，让问题成为学生学习强大的“引擎”，引导学生在解决问题中学习，并主动获取和运用知识，发展其自主学习能力。

4.“生态课堂”即根据西藏中学学生的实际状态而设计的适合西藏学生学习的课堂教学模式。课堂就是一个生态环境，是汉藏师生动态学习、互助合作、激情展示、情感交流的场所，教师教学以“一切为了学生、高度尊重学生、全面依靠学生”为根本宗旨，采用多种新颖的形式，使学生和教师在愉悦中学习，在学习中发展，在发展中提升。

二、新课堂核心思想

1.核心一:改变传统教学课堂模式

新课程理念认为：课堂是学校一切教育活动的主要载体，是学生形成灵性知识与美好德行的沃土。从这个意义上说，课堂教学改革是课程改革的核心。“'三环五步'问题导学式生态课堂”对课堂教学的指导思想是：强调先学后教，少教多学，减少甚至限制老师在课堂上讲授知识的时间，限制老师直接发布结论。强调把课堂真正还给学生。把眼睛还给学生，让他们去观察；把大脑还给学生，让他们去思考；把嘴巴还给学生，让他们去表达；把双手还给学生，让他们去操作。让学生有充裕的学习时间，让学生拥有不受约束的思维自由。在教学形式上，“'三环五步'问题导学式生态课堂"强调师生的良性互动,在互动中,教师与学生分享彼此的思考、知识和经验,交流彼此的情感、体验和观念,丰富教学内容,求得新的发展,从而达成共识、共进和共享,实现师生相长、共同成长。

2.核心二:精心设计课堂问题

朱熹曾说:"读书无疑者,须教有疑,有疑者却要无疑,到这里方是长进。"问题是生长新思想、新方法、新知识的金种子,是学生学习的强大引擎。新课程强调问题在学习活动中的重要性,一方面强调通过问题来进行学习,把问题看做是学习的动力、起点和贯穿学习过程的主线;另一方面强调通过学习来生成问题,把学习过程看成是提出问题、分析问题和解决问题的过程。"'三环五步'问题导学式生态课堂"强调通过创设特定的问题情景,将知识目标化、目标问题化、问题思维化、思维层次化、层次梯度化、梯度渐进化,通过问题让学习任务具体化,引导学生在解决问题中学习,主动获取和运用知识,发展其自主学习的能力。

3.核心三:创设生态课堂

西藏中学学生来自遥远的西藏,受文化差异以及语言的影响,孩子们文化基础普遍薄弱,理解知识的能力相对较差,学习过程比较艰苦;而且他们大多在十一二岁便远离父母,常年待在学校,教师们对学生来讲,既是老师,又是父母。如何结合藏中的实际情况,进一步融洽师生关系?如何培养孩子们良好的学习和生活习惯,加强学生之间的交流与合作?怎样才能让他们在学习过程中体会到愉快和成功呢?我们认为,生态课堂就像一把钥匙,为师生们打开了一扇理想的大门。

就像自然环境中各种生物之间共生共荣的关系,我们把课堂看作一个特殊的生态环境。因为课堂是一个特定的师生活动场所,我们可以有规律地安排学习活动;课堂是一个特别的知识交流场所,我们就可依照信息的"吸收—加工—交流—融合"的规律调控学习节奏;课堂又是学生和师生之间情感交融的平台,我们就可按照情感领域的发展规律来培养非智力因素。

西藏中学的生态课堂从个人独立学习的方式转变为小组合作学习的方式;教师的角色从全权代理的灌输者转变为设计者和促进者;学生由被动的教学信息接受者转变为具有创造性的学习者。这样的课堂不是对学生进行训练的场所,而是师生智慧充分展现的场所。师生之间通过对话和各自阐述自己的理由进行争论,师生一起"协奏",他们"诗意地栖居在大地上"。生态的课堂让孩子不断地做他们的思维体操,生态的课堂让孩子们在新异的话题和思辨的语言中相互协作、共同驰骋。

课堂是有机的,只要灌溉如涓涓清泉,等待像云海观日,让师生的主体性充分地、自由地、和谐地发展,我们必将构建起一种新的教育情境,一种保持师生可持续发展的动力且生动活泼的教育生态。

4. 核心四:校市课程设置和开发

长期以来,我国课程开发的主体是课程专家和主管部门,教师只是课程的解释者和实施者。而新课程理念认为:教师是课程资源的开发者和利用者。为积极配合"'三环五步'问题导学式生态课堂"模式的顺利开展,我们群策群力开发校本课程,一方面要求教师充分利用校内资源,激发学生学习的热情,另一方面还要求教师积极开展课外活动,挖掘校外资源,为学生创造学习知识、增长经验的机会。

为了拓宽学生的知识领域,学校利用学生寒假和周末在校学习生活的机会,进行第二课堂教学,以户外为阵地,组织学生出校参观考察,进行系统的实地研究考察和研究性学习,一方面开阔了学生的视野,提高了他们的学习兴趣,另一方面让他们在学习中有所收获、不断进步。

藏族同胞生性豁达,能歌善舞,与学校的每一个藏族学生接触都能深刻感受到。每逢学校举办活动,无论是小型歌舞会还是大型庆典,学生们都是活动的积极分子,他们要么负责场地安排,要么负责活动策划,还有的学生使出看家本领唱起歌跳起舞来。

学校多次组织高一学生分批次地进行社会实践活动以及各类学科的研究型学习和参观活动，形成了《歌乐山抗战文化研究》等20多个研究性课题。学校还不断涌现出了雪鹰文学社、英语社、学法探究小沙龙等社团，书法研修课、跆拳道、球类活动等选修课以及环境兴趣小组、十字绣训练班、机器人训练及制作兴趣小组等15个兴趣小组，校园文化在新课改的推进中得到了进一步的充实。

"'三环五步'问题导学式生态课堂"模式在我校的尝试，有机地将汉藏文化与自身办学理念融合起来，极大地促进了我校的"师生相长，汉藏和泽"。在"中央第五次西藏工作座谈会"精神和"习近平同志在庆祝西藏和平解放六十周年大会上的讲话"精神的指引下，借助新课改的东风，这种藏汉文化交融的特色必将引领西藏中学的内涵发展跃升新的高度。

新世纪中学教育的思考与实践

坚持科学发展　推动教育创新

重庆开县实验中学　余　勇

胡锦涛总书记在党的十七大提出了"科学发展观"的重要论述，这是国家新一轮发展的非常重要的科学理论，是自改革开放以来中国特色社会主义建设的又一重要战略思想和战略观念。那么，在教育工作中，如何推动学校科学发展。我认为要抓好以下三点。

一、树立正确的办学理念

办学理念是学校、师生追求的理想信念，是校长基于"把学生培养成什么样的人"和"怎样培养人"的深层次思考的结晶，是一定的教育思想、办学思想与学校实际的有机结合。其核心是把学生培养成什么样的人，价值取向是为了学生的发展。从某种意义上说，办学理念就是学校的灵魂和核心，引领办学方向，决定办学思路。在办学过程中，学校领导特别是校长要以正确的理念来引领学校健康发展。开县实验中学是一所年轻的移民新校，学校在办学过程中确立了"以生为本、和谐发展、为学生幸福人生奠基"的办学理念。

第一，"以生为本"的主体对象就是每位学生。教师要以学生为本，一要尊重学生，二要关注学生的成长和成功的规律，相信每个学生、发展每个学生、关爱每个学生、尊重每个学生。教师应走进学生的情感世界，要用博大的爱心去滋润每个学生，善于从学习上关心学生的成败得失，从生活上关心学生的饥饱冷暖，从情绪上关注学生的喜怒哀乐，善于发现学生的闪光点，赏识每个学生的点滴进步。

第二,理念的价值取向就是"和谐发展,为学生幸福人生奠基",即让每个学生的价值得以发现,每个学生的潜能得以发掘,每个学生的特长得以发挥,每个学生的个性得以发展。基本要求就是要全面贯彻党的教育方针,以培养学生的创新精神和实践能力为重点,全面提高学生的思想道德素质、科学文化素质和身心健康素质。"和谐发展"在办学实践中要做到五个坚持:一是坚持德育为先,立德树人,培养学生有理想、学做人,促使学生坚定信念,爱国、爱家、爱校,立志成材、文明做人。二是坚持以智为主,抓学会求知,培养学生勤探究、学真知的能力,使学生勤学好问,自主学习,探究新知,学有成就。三是坚持以体为本,抓健康生存,培养学生学会健身强体,体格强壮,心理健康,意志坚强,生动活泼。四是以艺促美,抓审美教育,培养学生有能力会审美,使学生学习美育知识,在感受、鉴赏、内化过程中,形成真、善、美的价值观念,进而追求心灵美、人格美。五是坚持以特见长,抓个性发展,培养学生有个性、能发展,使学生的潜能得以发掘、特长得以展现、个性得到发展。

二、实施科学的学校管理

学校要科学发展,管理要科学。基本要求是"以人为本,科学建制,有效实施"。学校管理千头万绪,管理制度多种多样,但是如果抓好了考核评价、指导督查、人事分配,也就牵住了管理的"牛鼻子"。

第一,考核评价:正向激励,整体推进。学校工作,进行相应的考核评价都会产生杠杆作用。因此,学校各方面工作的考核评价,都要有激励作用和导向功能,面向全体,促进整体协调发展。突出德育工作、教师教学和学生学习三个方面的重点。班级评价侧重考核班主任和学生日常行为习惯。主要看各班级是否有切实可行的教育措施和教育活动,查各班级的学生一日行为常规落实情况;教师教学考核评价应包括课堂教学、学生评价、专业素质、教研成果、教学实绩等项目，而且要把学生对学科教学的兴趣度和满意度作为教师教学考核的一个重要权重。同样，对学生的评价应弱化分数评价，强化学习兴趣、习惯、态度、方法以及品德、特长、社团活动参与等方面的评价，改变学生只重书本知识和一味追求分数的不良趋向。考核评价的科学性和可操作性是衡量学校管理水平的一个重要标准，它从实践中来又到实践中去，必须经得起实践的检验。

第二，指导督查：发现问题，示范提高。学校管理的科学性还应体现管理者的执行力，这种能力主要是对被管理对象的指导和督查。指导的实质是唤醒，督查的目的是发现。二者的共同作用是推进管理落到实处。管理者的主要任务是指导、督促被管理者如何做好工作，从中发现学校管理存在的问题，并寻求解决的方法和途径，尤其要注重发现学校发展的瓶颈问题。如果当我们发现教师工作缺乏积极性和创造性，发现学生缺乏学习兴趣和进取精神的时候，就应该把二者联系起来思考其中的根源，及时采取有效措施予以解决。

第三，人事分配：激活创造，驱动发展。教师是人类灵魂的工程师，其工作富于挑战性和创造性。因此，学校在进行人事安排时，要充分考虑教师的兴趣爱好、能力素质和个性特长；在待遇分配时，要注重激活教师的工作责任心和上进心。实践证明：推行项目责任制、发展奖励制、工作优酬制会带来管理上的皮格马力翁效应。项目责任就是把学校工作分成若干项目，明确相应责权利，然后由教师自主选择责任项目，完成项目且达到基本要求的则获取相应的利益，否则，则根据具体情况扣减利益所得。发展奖励就是针对教师在专业能力发展上取得突出成绩而给予的奖励。如果一般教师发展成骨干教师，年轻教师发展成教学新秀，普通教师发展成知名教师，骨干教师发展成更高级别的骨干教师或区县学科领军教师……学校就应视其专业发展程度给予认可和嘉奖。工作优酬就是针对教师完成特殊工作、临时工作或课题研究工作且取得显著成效或成果而给予一定的报酬和荣誉。如此，就会从根本上克服吃大锅饭而带来的消极影响，刺激教师不断进取、开拓创新、持续发展,在教书育人这片天地中展现才干,成就美好人生。

三、不断推进工作创新

第一,调查研究,科学规划。教育是事业,事业要发展,规划必先行。学校发展规划不是做表面文章,而是学校发展方向和如何发展的行动纲领。它要求学校领导结合社会经济、文化背景、学校传统、师资素质、学生状况、办学条件、办学水平等实际,广泛开展调查研究,勾画出学校发展蓝图。其中包括近、中、远发展目标,教师发展目标,质量发展目标,校园文化建设目标,办学特色目标以及实现目标的方法步骤、策略措施、目标达成测评等。学校规划要择其重点和难点,体现事业发展的规律性、科学性和可行性,切忌规划与行动两张皮,目标与措施不关照。

第二,做实德育,做精教学。德育工作和教学工作是学校的两大支柱工作,二者互为表里,相互促进。"德育为首,教学中心"已成为教育界的共识。德育工作如何去虚务实,教学工作如何精中探宝,是教育科学发展的必然要求。当下,学校德育假大空,存在着教育主题不明,载体空泛,贴标签,做形式等不良趋向,以致学生集体主义观念、公共卫生习惯、感恩情怀、合作意识、文明礼仪等缺失,有的学生迷恋网络、情感偏激、自我中心、盲目冲动、不思进取,甚至有暴力倾向。这需要学校德育工作及时补位,从大处着眼、小处着手,坚持不懈地规范学生日常行为,持之以恒地开展丰富多彩的社团活动,可聘请家长以及社会各界人士担当学校德育工作志愿者,举办形式多样的互动活动,让学生潜移默化地受到正向感染和教育,逐渐夯实学生思想道德情感长城。

教学工作的真谛在于创新。相同的教材,不同的学生,需要教师认真研究学生、精心磨砺教材,不断寻找教学的生长点,追求"标新立异二月花"的卓越境界。美国教育心理学家古诺特博士曾深情地说:"在经历了若干年的教师工作之后,我得到了一个令人惶恐的结论:教育的成功和失败,'我'(教师)是决定性因素。

因此，教师应努力追求让学生喜欢你的学科，让学生喜欢你的课，让学生喜欢你的为人。"北京四中语文老师李家声老师上课，他讲《离骚》好像被屈原附体一样，散发出一种人性的光芒，让我们心里有说不出的感动。他朗读《离骚》，时而激扬，时而悲愤，学生不得不被屈原那种灵魂的美、精神的美所深深吸引。学而优则师，提升教师的人格魅力和学科素养既是学校的责任，又是教师个人的职业追求，更是学校做精教学的时代呼唤。

第三，兼容并包，改革创新。一所学校要科学发展，须有纳"百家之长、克一己之短"的胸怀和气度，有孜孜以求、不断探索、大胆改革的治学精神，还要有"本土化与国际化"的视野，"走出去与请进来"的方略，"校本培训与专家引领"的实招。我国上海教育之所以成为"排头兵、领头雁"，其根本原因是敢立潮头唱大风，登高望远觅真知。今天，务实求新，锐意改革的上海教育走出国门，迎来了新一轮课程改革的春天。

我思故我在。学习实践科学发展观，促进学校教育持续发展，需要我们沉下心来，用科学的思想和方法去发现问题和解决问题。只有这样，学习才会结出硕果，事业才会更好更快地发展。

农村高完中如何突破发展瓶颈

重庆永川景圣中学　刘才兵　叶　岗

针对全国农村高完中目前的现状,结合永川景圣中学的具体特点,如何突破瓶颈,让学校得到健康发展并适应社会的需求,使学校成为农村学生学习的满意校园,景圣中学未来的发展,我认为应该从以下几个方面入手。

一、理念的转变

景圣中学的核心理念是:走向圣贤。景圣中学处于永川区南部五间镇新建场圣水湖畔,坐落在恐龙化石——上游"永川龙"、永川古八景之一的"圣水双清"风景区独特的地理优势,有悠久的"圣贤文化"传统,有"景先贤、启后进"博学精神,有丰富灿烂的"人文建设",有硕果累累的"先贤"人格魅力。

为此,我们提出以下新观念:

1."天生我材必有用"的人才观。

2."圣水养天性,圣贤育英才"的育人观。

3."多个舞台,多个标尺"的评价观。

4."让校园充满活力,让校园散发书香"的学习观。

5."圣贤才子揽天地"的质量观。

二、创新管理机制,增强服务意识

要真正落实办学理念,把握办学方向,为学校的发展蓄势,转变领导干部的工作作风和凝聚向心力是相当关键的。学校领导除了要转变"上传下达我坐镇"的工作作风,还应做到"三超前"(一是观念超前,提高决策力;二是品行超前,提高人格魅力;三是行为超前,提高执行力),增强为师生主动服务的意识。不仅要有"我在干",而且还要有"我先干"的意识,为师生之所需、之所急,这样才能做到管理出成效。

(一)扩大学校资金来源,更换、增添硬件设施

成立学校资金管理督导小组,制定相应管理制度,加强对国家拨款、社会融资、个体捐资、学校自筹等多种方式的资金管理。利用这些资金来更新、添置教学设施,如:教学环境的美化、教学楼和学生宿舍的翻新与增设、校园文化的布置、教学功能室设备的更新等,给师生们创设一个舒适的教与学环境,这样才会吸引更多的优秀人才到景中来。

(二)扩大教育开放,多种途径发展教学

1.加强国际交流与合作。通过书籍或网络信息,甚至派出人员外出学习等方式借鉴国际上先进的教育理念和教学经验,促进我校教育改革发展,提升我校教育地位、影响力和竞争力。

2.引进优质教育资源。引进各地优秀教材,引进优秀教育人才为我校教育服务。如,继续坚持引进外教为景中学子服务。

3.提高交流合作水平。提倡"请进来,走出去"的方式,通过讲座、培训、远程教育、观摩学习、经验交流等形式,提高教师的业务水平。

4.建立一支"师道专、师风正、师纪严、师心善、师学博"的教师队伍。不断创造机会为教师提供学习、展示的平台,不断提升教师的道德水平和业务能力。

(三)营造一种和谐与美的教学气氛

领导要关爱师生的家庭生活、教学情况、思想动向、能力发展等方面,给师生提供一个良好的氛围,才能稳定师生的思想,让其

安心工作与学习,不断进步。另外,用景中特有的"圣贤"书香美化师生的心灵,端正师生的行为,提升师生的品位。

三、拓宽育人途径,明确办学目标

景圣中学坚持五个校园建设,分别是:人文校园、健康校园、绿色校园、平安校园、数字校园。

1.建设人文校园

景圣中学始建于 1942 年,距今有 66 年的"景先圣、启后进"的悠久历史和光荣传统。在民主革命时期,学校为民族解放、人民翻身和新中国诞生输送了一大批志士仁人。新中国成立以后,在社会主义革命、建设和改革开放的新时期,学校为祖国培养了一大批优秀毕业生,为社会做出了巨大贡献,声名卓著。既有省部级干部,也有区县级领导;既有科技界精英,也有商界巨子。景圣中学能获得如此丰硕的成果,离不开它有丰厚的文化底蕴。校园内建筑物的命名有独特的韵味,有深刻的内涵,体现"圣贤"文化的熏陶。

2.建设健康校园

硬件设施方面,永川景圣中学有现代化的周长为 250 米的塑胶跑道,有宽敞的摔跤馆,有 3 个广场供学生进行体育训练,有学生各项运动需要的器材。人力资源方面有专项教练。学校在经费好转的情况下,还将投入资金对体育设施进行添置与更新,大力培训教练,提升其水平,为创建健康的景中校园而努力。

3.建设绿色校园

当你踏进景圣中学校门,放眼望去,就可看到石阶两旁的花坛,花草与紫荆树俯仰生姿,绿叶红花、红叶粉霞相映衬,就给你一种步入园林般的美感。继续向前行,来到莲花广场,几棵参天的百年黄葛树,枝叶繁茂、苍翠碧绿,树干苍劲古朴,是莲花广场不可缺少的点缀，也是景中历史的见证。广场中央，有一个莲花状的花池，池中荷叶田田，游鱼嬉戏，怡然自得。池中三叠状荷花喷水塔，在清水的抚育下，光彩熠熠。沿缓坡前进，是一条幽静的林荫小径，小径两旁各种树木和各色花草搭肩擦背，相互掩映，上下课的师生们特别喜欢漫步其中，有一种"鸢飞唳天者，望峰息心"的境界，更有"曲径通幽处，禅路空人心"的感觉。景圣广场四周，排列整齐的小叶榕雄姿英发，微风过处，叶随风动。教学楼前，花坛中的球形黄金叶与水杉、铁树与紫荆树相互点缀，相映成趣。如此美好的环境，使景圣中学具备了创建绿色校园的基础。

4.建设平安校园

（1）创建了学校安全工作长效机制。设立安全工作台账，明确相关职能部门的责任和解决时间，并且把安全隐患的解决情况纳入对各责任部门的督导评估体系中去，进行严格考核和责任追究。聘请五间派出所所长担任景圣中学法制副校长，形成政府统一领导，部门分工负责，学校、家庭和社会多方联动，齐抓共管的学校安全工作长效机制，创造学校安全工作新局面。

（2）增加学校安全保障的经费投入。确保学校有保安人员以及安全防护装备的配置，完善学校人防、物防和技防措施。

（3）加强学校内部安全管理。学校特别重视制订应急预案并开展安全演练活动，让全校师生都非常熟悉预案，提高应对突发事件的基本技能。设立录像监控系统，随时掌握校园安全情况和学生动向。还采取学生上学、放学班主任护接、护送措施来保障学生安全。

（4）重视景圣校长和教师的安全管理和安全教育培训。确保校长掌握系统的安全管理知识，教师掌握系统的安全教育知识和技能，切实提高学校安全管理水平和安全教育的有效性。

5.创建数字学校

（1）继续实施现代远程教育工程，添置信息网络教室，为学校配备现代化信息设施。

（2）建立开放灵活的教育资源公共服务平台，促进优质教育资源的普及与共享。

（3）强化信息技术应用。一是提高老师应用信息技术的水平。二是加快全校师生信息技术普及和应用。

四、重视文化建设，提升师生精气神

景圣中学是一个有"圣贤"文化熏陶的校园。学校将采用"三个抓手"策略，继承传统，提升师生内涵。

（一）第一个抓手：以行为习惯为突破口

1.学校在《中学生日常行为规范》的基础上，根据学校和班级具体情况制定一些校纪、班规、室律，从制度上规范师生的行为。并责令德育处、宿舍管理老师、校警进行巡逻监督。学校制订相应操行评分制，作为班级考核和班主任评价的依据。班主任要在班会课和日常生活中强化行为习惯的教育，随时关注执行情况。

2.集体卫生方面，热爱劳动，维护教室、公地、寝室、厕所、饭厅、操场等公共卫生；个人卫生方面，学会自觉修剪长发、勤洗澡、穿干净衣；行为习惯方面，自觉讲文明礼貌，主动说普通话，不骂人，不挑拨离间，不乱写乱画，不在公众场合喧闹；学习方面，珍惜时间、刻苦求学、求真务实；道德方面，尊重师长、团结同学、乐于助人，在校园内每一个显眼的地方设立行为警示牌，作为提醒。

（二）第二个抓手：抓群体面貌，抓学风

1.通过班会活动进行思想渗透。班主任是群体面貌的塑造者，是班级群体面貌的引领者，有相当高的影响力。班主任可以通过班会课，通过一些先进人物的事迹讲述，展现优秀班集体的风采，从而在思想上给学生指明方向。

2.培养学生团队精神。班主任积极鼓励学生参加学生会、团委组织的各项活动。在活动中，培养学生的宣传能力、组织能力、协作能力、表演能力，从实践中锻炼自己，让智慧得到充分地

发挥。

3.大型活动聚风貌。学校通过体育艺术科技节,各级征文比赛、演讲比赛、说故事比赛、篮球比赛等,给学生提供展示自己能力和才华的舞台,通过与别人切磋,从而让学生体会到集体战斗的重要性和单打独斗逞个人英雄主义要失败的道理。同时,也能通过参赛,让学生为班级的荣誉感而战,激发他们空前的战斗意志和激情,也能通过比赛"吸取精华,去其糟粕",不断提升学生的能力。

4.走出去,学进来。派学生到先进学校去观摩学习,去感受别人学校的学习氛围和群体面貌,吸取别人的先进之处来弥补自己的不足,从内心深处调动不服输的战斗热情,从而奋发图强,形成良好的群体面貌。

(三)第三个抓手:提高师生内涵与素质

1.学校充分利用石刻文化、长廊文化、标牌文化、警示文化、园艺文化、广场文化、楼名文化等来弘扬"圣贤"传统,陶冶师生情操,纯洁师生心灵,净化师生行为。

2.学校还充分利用《圣水河》杂志、校园广播进行"圣贤"文化的宣传,在阅读大量"圣贤"知识的基础上不断提升自己的涵养。

3.选派优秀教师参加培训计划,学习先进的理念,领悟新的思想,学习先进的教育手段,为教学的发展与创新服务。

4.进行校际间的交流与合作。互派人员相互学习、交流,取长补短,做到教学相长,更有利于教学水平的提高。

5.学校鼓励师生订阅报刊杂志,让师生了解更多的社会知识、政治时事,开拓见闻,提升师生内涵。

6.开展各项大型活动,在实践中学习,在学习在成长,提升师生涵养。

7.提倡师生用普通话交流、文明待人、爱心教学、合作共事,提升师生涵养。

五、转变管理体制，依法治校

1.学校领导干部要依法行政。依法履行教育职能，落实教育行政执法责任制度，完善教育信息公开制度，提高学校行政人员的素质。

2.学校领导干部要依法治校。学校要建立完善的符合法律规定、体现自身特色的学校章程和制度，依法办学，从严治校，认真履行教育教学和管理职责。尊重教师权利，加强教师管理。保障学生的受教育权利。健全符合法治原则的教育救济制度。

3.健全教师管理制度。完善并严格实施老师准入制度，建立教师资格证书定期登记制度，逐步实行城乡统一的编制标准制度，严格学校教师职称聘任制度，加强教师管理，完善教师退出机制，完善教师监督制度和评优评先制度。

图书在版编目(CIP)数据

新世纪中学教育的思考与实践:重庆市中学校长论
文.十/重庆市中学校长联谊会编. —重庆:西南师范
大学出版社,2011.12
　　ISBN　978-7-5621-5616-1

　　Ⅰ.①新…　Ⅱ.①重…　Ⅲ.①中学教育—文集　Ⅳ.
G630-53

　　中国版本图书馆 CIP 数据核字(2011)第 245438 号

新世纪中学教育的思考与实践
——重庆市中学校长论文(十)

重 庆 市 中 学 校 长 联 谊 会
重庆市教育学会高中专业委员会　　编

责任编辑:尤国琴

封面设计:牟雪飞　田　震

西南师范大学出版社出版、发行
(重庆　北碚)
(网址:http://www.xscbs.com)
印　刷:铜梁县彩印厂
开　本:850mm×1168mm　1/32
印　张:16.125
字　数:450 千字
版　次:2011 年 12 月第 1 版
印　次:2011 年 12 月第 1 次印刷
书　号:ISBN 978-7-5621-5616-1

定价:48.00 元